Rechtsfragen
Elektrokrampfth

Europäische Hochschulschriften
Publications Universitaires Européennes
European University Studies

Reihe II
Rechtswissenschaft

Série II Series II
Droit
Law

Bd./Vol. 3080

PETER LANG
Frankfurt am Main · Berlin · Bern · Bruxelles · New York · Oxford · Wien

Antje Reinhardt-Gilmour

Rechtsfragen der Elektrokrampftherapie

Eine medizinrechtliche Studie mit Bezugnahme auf § 1904 BGB und weiteren vergleichenden Betrachtungen

PETER LANG
Europäischer Verlag der Wissenschaften

Die Deutsche Bibliothek - CIP-Einheitsaufnahme

Reinhardt-Gilmour, Antje:

Rechtsfragen der Elektrokrampftherapie : eine medizinrechtliche Studie mit Bezugnahme auf § 1904 BGB und weiteren vergleichenden Betrachtungen / Antje Reinhardt-Gilmour. - Frankfurt am Main ; Berlin ; Bern ; Bruxelles ; New York ; Oxford ; Wien : Lang, 2001
(Europäische Hochschulschriften : Reihe 2, Rechtswissenschaft ; Bd. 3080)
Zugl.: Jena, Univ., Diss., 2000.
ISBN 3-631-37586-7

ISSN 0531-7312
ISBN 3-631-37586-7

Meinen Eltern

Dietmar und Maria Reinhardt

Inhaltsverzeichnis 7

Teil A: Einführung

Immer wieder tauchen in den verschiedensten Bereichen der Medien weltweit Diskussionen um die Anwendung der Elektrokrampftherapie bzw. des Elektroschocks auf. Zwar stehen beide Begriffe in der Häufigkeit ihres Gebrauches nebeneinander, jedoch wird durch die Wahl der Termini die positive bzw. negative Haltung zur Anwendung dieser medizinischen Maßnahme signalisiert.[1]
Es handelt sich dabei um ein, selbst in Fachkreisen sehr umstrittenes Therapieverfahren zur Behandlung von schweren Depressionen oder schizophrenen Psychosen.[2]
Vor allem seit in einigen amerikanischen Staaten die Elektrokrampftherapie besonderen gesetzlichen Restriktionen unterstellt worden ist, gilt sie als Symbol einer repressiven Psychiatrie.[3] Während die eine Seite von dem „Wunder" Elektrokrampftherapie spricht, qualifizieren die Gegner diese Art der medizinischen Behandlung als „Barbarei" und „Schädigung der Persönlichkeit".
Die juristische Literatur ist diesbezüglich eher zurückhaltend. Es erschienen trotz langjährige Erfahrung und Anwendung der Elektrokrampftherapie kaum Publikationen. Auch fehlen Gerichtsentscheidungen, die den Umgang mit diesem Thema erleichtern würden. Dennoch wird sie in Deutschland eingesetzt.

Durch den Einfluß der U.S.A., insbesondere in der gesellschaftspolitischen Literatur[4] und den rechtswissenschaftlichen Publikationen[5], wird heute kritisch zur Elektrokrampftherapie Stellung genommen.
Die Ansicht einiger Psychiater, die Kontroverse der Elektrokrampftherapie sei beendet, ist nicht zutreffend. International ist der Streit um diese Behandlungsmethode bis heutige nicht beendet.[6]
Die Psychiatrie ist ein Teilgebiet der Humanmedizin, bei der die psychiatrischen Behandlungsverfahren vorwiegend auf empirischen Grundlagen beruhen. Durch entsprechende Behandlungen erschienen bestimmte Kardinalsymptome der Psy-

---

[1] Folkers, Deutsches Ärzteblatt 1995, 358ff.; Peters, Wörterbuch der Psychiatrie, S. 148 ff.; Hoffmann-Richter/ Alder/ Finzen, Nervenarzt 1998, 622ff.
[2] Sauer/Lauter, Nervenarzt 1987, 201ff.; Folkerts, Deutsches Ärzteblatt 1995, 358f.
[3] Ernst, Schweizer Ärztezeitung 1982,1396f.; Brakel/ Parry/ Weiner, The Mentally disabled and the law, S. 349f.
[4] Der Spiegel 10/1995, S. 214; 12/1995, S. 12 ff.; Raum & Zeit 1993, 102ff.; Die neue Dimension der Wissenschaft 1993 Nr. 62, S. 101 ff., etc.
[5] Der Rechtspfleger, FamRZ, NJW; BtPrax, Recht & Medizin; etc.
[6] Die vermeintliche Klärung des Problems legen Dodegge, FamRZ 1996, 74 (78); Batra/ Bartels/ Foerster, Nervenarzt 1999, 675 (659) dar, während sich Breggin, International Journal of Risk & Saety in Medicine 1998, 5ff., Breggin, Brain-Disabling Treatments in Psychiatry, 129ff.; Wisconsin Coalition for Advocacy, Informed consent for Electroconvulsive Therapy 1995, 6ff.; Reid, Journal of Electroconvulsive therapy; Committee for truth in Psychiatry, Shockwaves 1999, 1ff., u.a. sehr kritisch zu dem kontroversen Thema der Anwendung der EKT noch heute äußern.

chosen gebessert oder waren gänzlich verschwunden. Jeder Versuch, hieraus auf die Ursachen der Psychosen zu schließen, blieb hypothetisch. Auch die entscheidenden Wirkfaktoren konnten bis heute nicht analysiert werden.[7] Viele Ärzte haben daher ihren Verzicht auf die Elektrokrampftherapie als einen Beweis der Fortschrittlichkeit einer neuen Psychiatrie gewertet.[8]

Anliegen dieser Arbeit ist eine umfassende Analyse der Elektrokrampftherapie aus juristischer Sicht. Im Mittelpunkt steht der juristische Umgang mit einer medizinisch ungeklärten Maßnahme. Mit Hilfe dieser Erkenntnis soll dann in einem weiteren Schritt die Frage nach der Genehmigungspflicht der Elektrokrampftherapie durch das Vormundschaftsgericht im Rahmen des § 1904 BGB bei unter Betreuung stehender Personen erörtert werden. Dabei wird auch die Rolle des Staates und seiner Schutzpflicht gegenüber dem Bürger darzustellen sein. Um dabei nicht nur Deutschland isoliert zu betrachten, sondern auch die rechtspolitische Entwicklungen anderer Staaten mit einzubeziehen, wird ein allgemeiner Vergleich zu den USA angestellt und einzelne Staaten, die bereits juristische Lösungen in dem Umgang mit der umstrittenen Methode fanden, einbezogen.

7 Sommer, S. 14.
8 Folkerts, Deutsches Ärzteblatt 1995, 358 (363).

I. Die Entwicklung der Elektrokrampftherapie

Ein historischer Überblick

Die Elektrokrampftherapie wurde durch die römischen Psychiater Ugo Cerletti und L. Bini erstmals im Jahre 1938 am Menschen ausgeführt. Sie waren von der Beobachtung ausgegangen, daß die Tötung von Schweinen im Schlachthof mit Hilfe von elektrischem Strom bei zu geringer Dosierung lediglich zu einem Krampfanfall führte.[9]
Nachdem ein psychisch gestörter Mann durch die Polizei festgenommen wurde, brachte man ihn zu Cerletti, der diesem uninformiert an beiden Schläfen für die Dauer von 0,2 sec. einen Stromstoß von 80 Volt verabreichte. Nach einer Ruhephase wiederholte man das Experiment mit dem Resultat, daß der Patient mit klaren und bestimmten Worten bat, von dieser Behandlung abzusehen.[10]
Nach dieser Erkenntnis wollte man die Behandlung mit Strom zunächst nur als Disziplinierungsmaßnahme einsetzen, quasi als Ersatz für drastische Zwangsmittel wie die Zwangsjacke. Die Erfolge waren hierbei sehr gut, insbesondere verringerte sich das streitsüchtige Verhalten der Patienten deutlich.[11]

Erste Beurteilungen über die Anwendung der Elektrokrampftherapie als Heilbehandlungsmaßnahme erschienen von Sargant und Kalinowsky in den Lehrbüchern während des zweiten Weltkrieges, die wichtige Standards in der klinischen Anwendung aufzeigten und entwickelten. In den darauffolgenden Jahren war weltweit ein enormes Anwachsen der Therapiemethode feststellbar. Es folgten zahlreiche Publikationen, die zu weiteren wissenschaftlichen Erkenntnissen verhalfen. Man glaubte nunmehr, einen Durchbruch bei der Behandlung undurchsichtiger psychiatrischer Krankheiten herbeigeführt zu haben.

Mit der Einführung der Psychopharmaka begann ein neues Zeitalter der Psychiatrie, die man als die „messianische Erlösung" psychisch Kranker bejubelte.[12]
Als 1952 mit der Einführung der Phenothiazine in der Psychiatrie die neuroleptische Behandlungsform der Psychosen begann, traten die Elektrokrampfbehandlungen vorübergehend in den Hintergrund.[13] Zudem kam in den 70er Jahren im Zuge der sich damals entwickelnden antipsychiatrischen Bewegung die Elektrokrampftherapie noch stärker in Verruf und wurde zum Symbol einer inhumanen und repressiven Psychiatrie. Es wurde das Bild einer gefährlichen und schreckli-

---

[9] Sommer, a.a.O.

[10] Rufer, Widerspruch 1992, 113 (118).

[11] Reimer/ Lorenzen, Therapiewoche 1991, 766ff.; Breggin, Elektroschock, S. 185; Rufer, a.a.O., S. 119.

[12] Fink M., Der Nervenarzt 1993, 689 (690).

[13] Folkerts, Nervenarzt 1996, 509f., Both, Vergleichende Ergebnisse, S. 7 legt desweiteren dar, daß sich hierdurch der Einsatz der EKT um 25%-80% zugunsten der Pharmakotherapie verringert habe, bedenkt dabei aber auch, daß letztere ebenso nicht nebenwirkungsfrei sei.

chen Behandlung beschrieben, die schwere und bleibende Schäden verursache und nur eine symptomatische, aber keine kausale Behandlung sei.[14]

Mit der Erkenntnis, daß auch die Anwendung der einzelnen Psychopharmaka und Neuroleptika nicht nebenwirkungsfrei, vor allem aber langwierig sind, wurde die Elektrokrampftherapie als Heilbehandlungsmaßnahme wieder stärker angewandt.

[14] Folkerts, Deutsches Ärzteblatt 1995, 358; derselbe in Nervenarzt 1996, 509.

Teil B: Medizinische Erkenntnisse über die Elektrokrampftherapie[15]

I. Die Position der Befürworter der Elektrokrampftherapie

I.1. Die Kontroverse der Elektrokrampftherapie

Von ihren Anfängen im Jahr 1938 bis zu ihrer Einführung in Deutschland, den Vereinigten Staaten und anderen Ländern wurde die Elektrokrampftherapie von vielen Psychiatern vorurteilslos und enthusiastisch begrüßt. Aber genau so schnell erhoben sich warnende Stimmen.[16]

Dieser Konflikt zwischen den Befürwortern der Elektrokrampftherapie einerseits und den Gegnern andererseits wird immer gravierender, die Fronten immer härter. Aus der umfangreichen Literatur zu diesem Streitthema kann sowohl ihre Unverzichtbarkeit als auch ihre völlige Unwirksamkeit begründet werden.

Zieht man allein nur die Gegenliteratur heran, erweitert sich das Spektrum möglicher Wertungen bis zur Kriminalisierung, als ein das Gehirn schädigender Prototyp einer Foltermethode. Es formuliert sich die Forderung nach einem gesetzlichen Verbot.[17] Man betrachtet die Elektrokrampftherapie als eine rohe Methode, die durch indizierte Krampfanfälle auf das Gehirn einwirkt und befürchtet bleibende Schäden. Es wird sogar behauptet, daß der Mensch nie mehr er selbst sein werde, da man infolge der Einwirkung des elektrischen Stroms die Seele, die eigene Individualität und seine Einzigartigkeit zerstöre.[18]

Demgegenüber erklären eine Vielzahl von Psychiatern die Elektrokrampftherapie als eine sehr wirksame und ungefährliche psychiatrische Behandlung mit einem definierten Indikationsgebiet.[19]

In Deutschland werden, im Vergleich zu Großbritannien, den skandinavischen Ländern und den U.S.A., erheblich weniger[20] Patienten mit der Elektrokrampfthe-

---

[15] Hinsichtlich der medizinischen Darstellungen der Befürworter der Anwendung der EKT und deren Gegner sei darauf hingewiesen, daß es sich um eine Replikationsstudie aus den gängigsten Informationsmaterialien handelt, einem Extrakt der Hauptliteratur im Hinblick auf die EKT zum Zwecke der juristischen Begutachtung.

[16] Breggin, Elektroschock, S. 26.

[17] Weise, Sozialpsychiatrische Informationen 1994, 23ff.; Hoffmann-Richter/ Alder/ Finzen, Nervenarzt 1998, 622; Landesverband Psychiatrie-Erfahrener Berlin-Brandenburg e.V.; Kommission für Verstöße der Psychiatrie gegen Menschenrechte e.V. Hamburg; Bundesdeutsche Anti-Psychiatrie-Bewegung, National Head Injury Foundation-U.S.A; Committee For Truth in Psychiatry-Washington,D.C.; etc.

[18] Fink M., Der Nervenarzt 1993, 689 (690).

[19] Folkerts, Deutsches Ärzteblatt 1995, 358ff.; ebenso in Nervenarzt 1996, 509ff.

[20] In Deutschland wird pro Jahr an ca. 500 bis 600 Patienten die EKT durchgeführt. Die Tendenz ist in den letzten 10 Jahren steigend. Folkerts, Deutsches Ärzteblatt 1995, 358 (363); Sauer/ Laschka/ Stillenmunkes/ Lauter, Nervenarzt 1987, 519ff.; Müller/ Klimke/ Jänner/ Gaebel, Nervenarzt 1998,15ff. stellen die Steigerung, infolge des Beitritts der neuen Bundesländer, hinsichtlich der Gesamtzahl der mit der EKT behandelten Patienten der BRD mit 1992→895 Fälle, 1993→1012, und 1994→1050 (statistisches Mittel→985) dar.

rapie behandelt, obwohl die Einstellung der meisten deutschen Psychiater zur Elektrokrampftherapie durchaus positiv ist.[21]
1977 wurde in Deutschland in einer ersten wissenschaftlichen Umfrage in 288 psychiatrischen Krankenhäusern die Frage nach der Anwendung der Elektrokrampftherapie gestellt.[22]

Klinikart	Σ	Anwendung der EKT	Keine Anwendung der EKT
Krankenhaus in öffentl. Trägerschaft	130	69	61
Krankenhaus mit freigemeinnützigen Träger	64	23	41
Private Krankenhäuser	31	5	26
Psych. Abteilung im AKH	28	14	14
Psych. Universitätsklinik	13	10	3
Psychosomatische Klinik	22	1	21
INSGESAMT	288	122	166

Tabelle 1: Umfrage von 1977

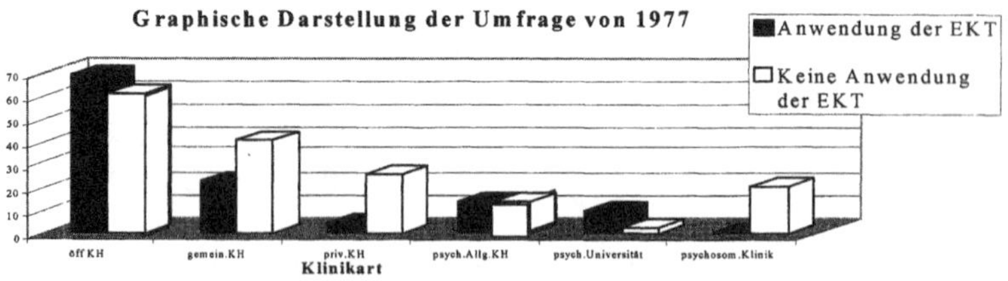

Graphik 1: Graphische Darstellung der Umfrage von 1977

Damit wendeten 42,4% der Kliniken die Elektrokrampftherapie an, während 57,6% darauf verzichten.
Hierin zeichnet sich auch die kontroverse Haltung der einzelnen Mediziner ab, obwohl zu dieser Zeit bereits eine 50jährige wissenschaftliche Erfahrung im Umgang mit der Elektrokrampftherapie weltweit bestand. Der Verzicht und das Absinken dieser Anwendungshäufigkeit resultiert neben den politischen und strukturellen Parametern aus der fehlenden, hinreichenden Praxis, der zu verbessernden Indikationsstellung und der Durchführungstechnik. Sie wird begleitet von der Furcht vieler Ärzte, durch den Einsatz der Elektrokrampfbehandlung dem guten

---

[21] Sauer/ Laschka/ Stillenmunkes/ Lauter, Nervenarzt 1987, 519ff.
[22] Dörner, Sozialpsychiatrische Informationen 1994, 30ff.; Reimer/Lorenzen, Nervenarzt 1981, 554ff.

Ruf der psychiatrischen Institution oder dem Ansehen der Psychiatrie im Ganzen zu schaden.[23]
Andere Psychiater vertreten den Standpunkt, daß sowohl die ungeklärten Wirkmechanismen als auch die zweifelhaften Nebenwirkungen ihr alleiniger Grund der Nichtanwendbarkeit seien.

Diese Umfrage erschien deutschen Psychiatern nicht mehr repräsentativ, so daß 1985/1986 eine neue, umfassendere Umfrage gestartet wurde. Neben der Häufigkeit der Anwendung, den technischen Details wurde auch die Einstellung der Psychiater zum Behandlungsverfahren, insbesondere der Gründe der Nichtanwendung mit dem Ziel erfragt, jene Faktoren zu identifizieren, die für die niedrige Anwendungshäufigkeit der Elektrokrampftherapie verantwortlich waren.[24]

Tabellarisch ist das Ergebnis der allgemeinen Einstellung leitender Psychiater zur Elektrokrampftherapie in den alten Bundesländern wie folgt darzustellen:[25]

Art des Krankenhauses	LKH 1985	AKH 1985	Universität 1985
Anzahl der befragten Einrichtungen	76 (87%)	84 (73%)	28 (82%)
Anzahl der Behandlungsplätze	45000	5100	3700
Psychiatrische Einrichtungen mit EKT	27%	39%	78%
Gesamtzahl der Behandlungen 1985	92	227	153
Elektrodenpositionen a)ausschließlich bilateral	44%	46%	17%
b)vorwiegend bilateral	0%	29%	33%
c)ausschließlich unilateral	22%	21%	17%
d)vorwiegend unilateral	28%	4%	33%

23 Reimer/ Lorenzen, Nervenarzt 1981, 554 (556); Müller/ Klimke/ Jänner/ Gaebel, Nervenarzt 1998, 15 (24ff.).

24 Sauer/Laschka/Stillenmunkes/Lauter, Nervenarzt 1987, 519ff.; Wetterling/ Michels/ Dilling, Nervenarzt 1998, 617ff.

25 Quelle: Sauer/ Laschka/ Stillenmunkes/ Lauter, Nervenarzt 1987, 519ff., die Fett und kursiv gedruckten Zahlen beziehen sich auf eine Untersuchung von Müller/ Klimke/ Jänner/ Gaebel, Nervenarzt 1998, 15ff, aus dem Jahre 1995.

Zahlenangaben in %	Ja		Nein		Ja		Nein		Ja		Nein	
	´85	´95	´85	´95	´85	´95	´85	´95	´85	´95	´85	´95
Durch die Einführung der Psychopharmaka ist die EKT überflüssig geworden	21	16	70	76	25	20	71	75	13	9	87	87
Jedes psychiatrisches Krankenhaus, das ein umfassendes Behandlungsangebot anbieten will, muß auch über die Möglichkeit einer EKT verfügen	53	51	45	38	57	57	33	37	96	83	4	17
Es gibt auch heute noch klare Indikationsgebiete für die EKT	80	87	15	2	72	86	23	9	96	96	4	4
Die EKT ist nur noch in „verzweifelten“ Fällen ausnahmsweise indiziert	44	37	50	51	36	30	52	58	22	17	74	65
Die EKT ist mit irreversiblen Gedächtnisstörungen verbunden	24	14	66	64	13	13	74	70	17	9	74	78
Die EKT wird seltener angewendet, als dies im Interesse der betroffenen Patienten sinnvoll und notwendig wäre	54	62	32	24	57	67	31	17	96	83	4	9

Tabelle 2: Umfrage aus dem Jahr 1985 im Vergleich zu 1995

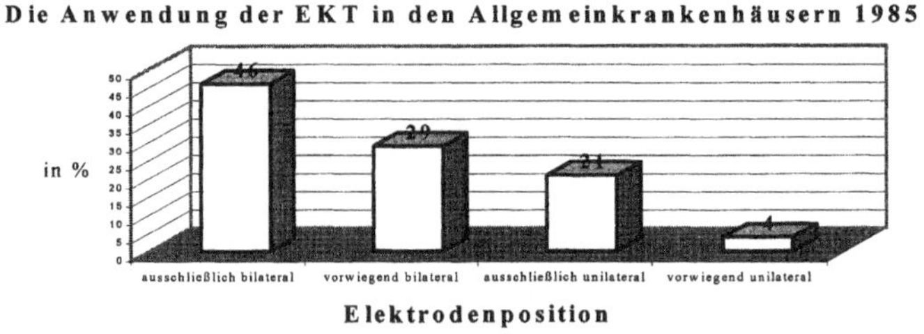

Graphik 2: Darstellung der Umfrage von 1985

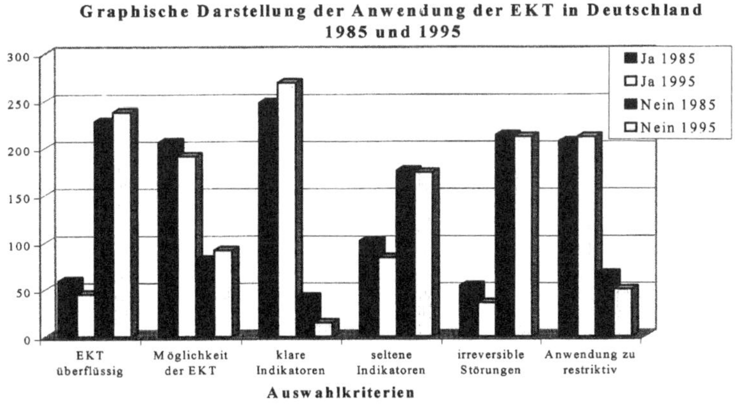

Graphik 3: Vergleich der Anwendung der EKT 1985 und 1995

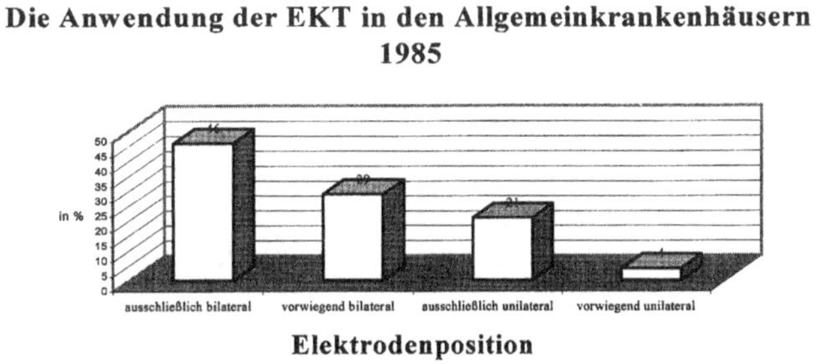

Graphik 4: Elektrodenpositionen bei der Anwendung der EKT in den Landeskrankenhäusern

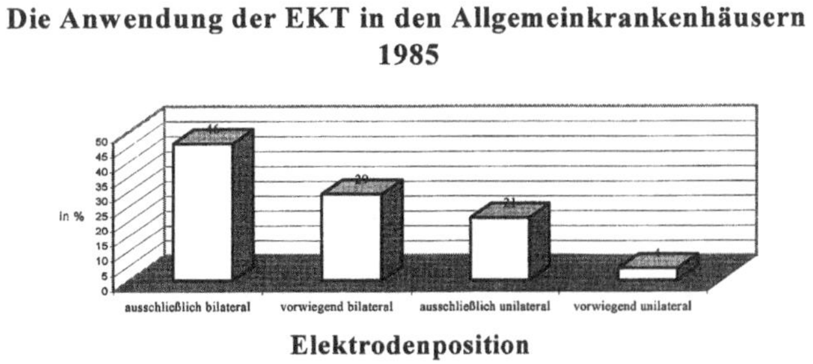

Graphik 5: Elektrodenpositionen bei der Anwendung der EKT in den Allgemeinkrankenhäusern

Die Anwendung der EKT in den Universitätskliniken 1985

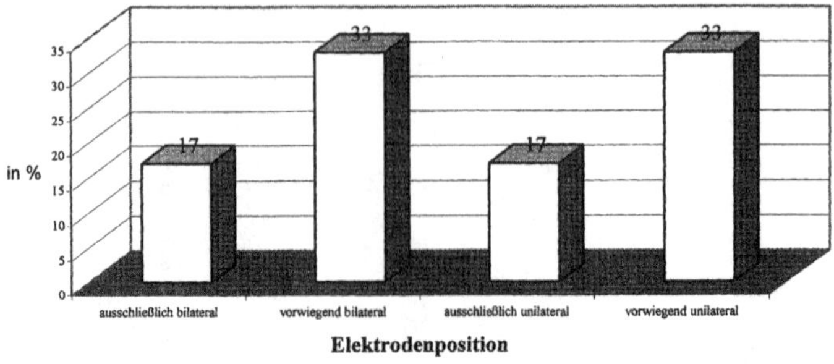

Graphik 6: Elektrodenpositionen bei der Anwendung der EKT in den Unikliniken

Als problematisch und widersprüchlich zugleich wird selbst von den Medizinern die Diskrepanz zwischen der seltenen Anwendung der Elektrokrampftherapie und der positiven Einstellung der Ärzte zur Methode generell eingeschätzt. Den Grund hierfür sehen sie in den einseitigen Polemiken und Fehlinformationen vor allem in den Medien. Davon seien insbesondere die Landeskrankenhäuser der stärksten Kritik ausgesetzt mit der Folge, daß hier die Indikation zur Elektrokrampftherapie am seltensten gestellt wird.[26]

Desweiteren liegt eine Untersuchung der Heinrich Heine Universität Düsseldorf[27] aus dem Jahre 1995 vor, die ebenso unter anderem die Einstellung der deutschen Psychiater zur Elektrokrampftherapie darlegt, die beide vorangegangenen Untersuchungen aus den Jahren 1977 und 1985 zueinander in Vergleich setzte und –um mögliche Änderungen feststellen zu können- nunmehr auch die neuen Länder mit einbezog und versuchte die alten, medial jedoch neu aufbereiteten Vorurteile[28] abzubauen.
Besonders hervorzuheben war hier die Auswertung der Einstellung der Klinikdirektoren gegenüber der Elektrokrampftherapie und letztendlich deren Anwendung:

[26] Sauer/Laschka/Stillenmunkes/Lauter, Nervenarzt 1987, 519 (521); Reimer/ Lorenzen, Nervenarzt 1981, 554ff.
[27] Müller/ Klimke/ Jänner/ Gaebel, Nervenarzt 1998, 15ff.
[28] Hofer/ Stuer, 1995, Hörfunk WDR 3 vom 25.03.1995.

Einstellung der Klinikdirektoren	Gesamt Anzahl	davon wenden die EKT an:				
		%	JA	%	NEIN	%
POSITIV (ohne Einschränkung)	30	13	23	15	7	9
POSITIV (als Therapieerweiterung)	46	20	36	23	10	13
POSITIV (bei enger Indikation)	115	50	78	50	37	49
POSITIV (ultima ratio)	30	13	17	11	13	17
DAGEGEN	9	4	1	1	8	11
INSGESAMT	230	100	155	100	75	100

Tabelle 3: Umfrage aus dem Jahr 1995

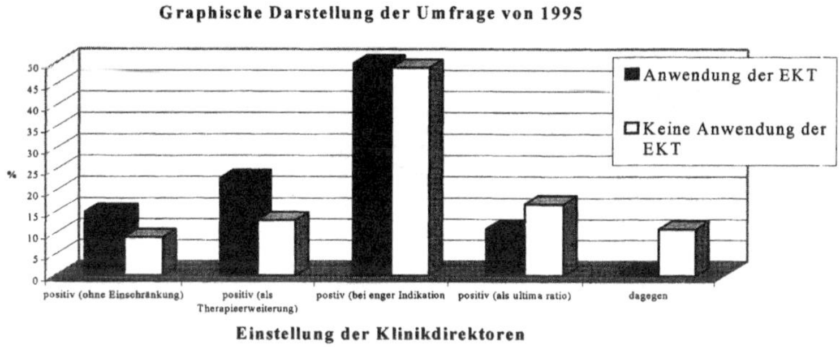

Graphik 7: Graphische Darstellung der Klinikdirektoren

Zusammenfassend konnte die Studie darstellen, daß die positiven Stellungnahmen zur Elektrokrampftherapie richtungsgleich sind, insbesondere aber 1995 pointierter ausfielen. Insgesamt zeigte sich, daß die Elektrokrampftherapie als Therapieverfahren unter den leitenden Ärzten zwar sehr positiv gesehen wird, die strenge Indikationsstellung aber als allgemeine Voraussetzung gilt. Aus dieser Studie resultierte auch die Feststellung, daß die grundsätzliche Einstellung zur Elektrokrampftherapie nicht der klinischen Praxis entspricht. Neben sozialen Faktoren, wie z.B. die Einstellung in der Bevölkerung, beeinflußt die ablehnende Haltung der Mitarbeiter, weitaus mehr die Nichtanwendung der Methode.

Die Elektrokrampftherapie wird in ihrer Anwendung unter den Psychiatern daher immer noch nicht als eine gleichwertige Therapiemöglichkeit angesehen, so daß sich die steigende Tendenz der Anwendung lediglich auf das Einbeziehen der neuen Bundesländer zurückführen läßt.
Tabellarisch ergab die Untersuchung der allgemeinen Einstellung leitender Psychiater zur Elektrokrampftherapie der alten und neuen Bundesländern 1995 folgende Statistik:[29]

	Fachkranken-häuser/ Univ.		Landeskliniken		andere Fachkliniken		Psych. Abteilungen	
	ja	nein	ja	nein	ja	nein	ja	nein
Durch die Psychopharmaka ist die EKT überflüssig geworden	7	86	13	81	9	75	18	75
Jedes psychiatrisches Krankenhaus muß auch die EKT anbieten	82	14	57	34	50	34	61	33
Es gibt nach wie vor klare Indikationsgebiete der EKT	93	4	88	3	75	11	87	8
Die EKT ist nur ausnahmsweise indiziert	14	68	31	57	14	68	29	55
Die EKT ist mit irreversiblen Gedächtnisstörungen verbunden	7	79	14	71	11	59	12	71
Die EKT wird seltener angewendet, als erforderlich wäre	82	7	68	20	61	9	65	18

Tabelle 4: Umfrage aus dem Jahr 1995

[29] Müller/ Klimke/ Jänner/ Gaebel, Nervenarzt 1998, 15ff., dessen Ergebnis in die Graphiken 4, 5, 6 im Vergleich zu 1985 eingearbeitet wurde.

Die durchführenden Psychiater dieser Studie erklärten die tendenzielle Gleichheit der Stellungnahmen der Klinikleiter der alten und neuen Bundesländer bezüglich der gestellten Fragen. Insgesamt wird aber von einem drastischen Rückgang gesprochen, der letztlich auch auf die veraltete Technik zurückführbar sei.[30]
Nicht unerwähnt bleiben darf auch der Umstand, daß die Elektrokrampftherapie in der ehemaligen DDR weitaus häufiger als in den alten Bundesländern durchgeführt wurde. Hier gab es also vor der „Wende" einen deutlichen Unterschied zwischen Ost und West. Durch die Veränderung der politischen Verhältnisse beeinflussen erstmals gesellschaftliche Einflußgrößen wie z.B. die öffentliche Meinung der Bevölkerung die Anwendung der Therapie. Während in den alten Bundesländern der Durchschnitt der Anwendungen der Elektrokrampftherapie in den Jahren 1992-1994 je Tausend der Einwohner bei 0,015 lag, wurde in den neuen Bundesländern bei gleichen Bedingungen mit 0,036 um mehr als das Doppelte die Elektrokrampftherapie angewandt. Daß vor allem in Hessen, Bremen und Niedersachsen die wenigsten Elektrokrampfbehandlungen durchgeführt werden, führen die Autoren auf politische Einflußnahmen zurück.
Die Anwendungshäufigkeit der Elektrokrampftherapie innerhalb der DDR-Psychiatrie unterlag allerdings auch je nach internationaler Situation im Laufe der Zeit vielfältigen Schwankungen. Der größte Unterschied zu den Ergebnissen der statistischen Untersuchungen in den alten Bundesländern besteht aber darin, daß in allen der ausgewerteten Einrichtungen die Elektrokrampftherapie durchgeführt wurde. Hinsichtlich der Entscheidung ob die Elektrokrampftherapie durchgeführt werden soll oder nicht, bestanden in der ehemaligen DDR weder Vorgaben administrativer, noch politischer Art.[31]
Um derartig kontroverse Unstimmigkeiten nicht nur in medizinischer, sondern vor allem in rechtlicher und gesellschaftspolitischer Hinsicht versuchsweise auf einen gemeinsamen Nenner bringen zu können, wurde Ende 1998 bis Anfang 1999 eine allgemeine Bitte bundesweit an psychiatrische Kliniken aller Art, an überörtlichen Betreuungsbehörden der Länder, Justiz- Gesundheits- und Familienministerien der Länder und des Bundes, an den Bundestag, an Psychiatriegesellschaften, an die Bundes- und Landesärztekammern und deren Ethikkommission, an die kassenärztlichen Bundesvereinigung, an die Kranken- und Ersatzkassen, an die Landeswohlfahrtsverbände, an die Betreuungsrechtsvereine und an einige Betroffene geäußert, ob sie zu dem Thema der Anwendung der Elektrokrampftherapie in Deutschland hinsichtlich der dargelegten Problematik ein eigenes Statement abgeben könnten. Leider verlief diese Umfrage nicht positiv wie erwartet, sondern sehr zurückhaltend.
Bei einem Rücklauf der Antworten von ca. 85% äußerten sich 70% der befragten Einrichtungen oberflächlich dahingehend, auch nicht mehr als das breite Band der

[30] Müller/ Klimke/ Jänner/ Gaebel, Nervenarzt 1998, 15ff.
[31] Müller/ Klimke/ Jänner/ Gaebel, Nervenarzt 1998, 15 (17ff.) Seidel, unveröffentlichtes Manuskript für den Kongreß der DGPPN in Darmstadt vom 03.-07.09.1994; allgemein zur Anwendung in der DDR, Grüss, Psychiat. Neurol. Med. Psychol. 1985, 160ff.

Öffentlichkeit zu wissen, während 5% der Befragten gänzlich ihre Unkenntnis zu diesem Thema dokumentierten. Nur ca. 10% reagierten selbstkritisch zu dem Problem des Umgangs mit der Elektrokrampftherapie und stellten eigene Erfahrungswerte zur Verfügung.
Einzelne Universitätskliniken und deren bekannte Forscher und Publizisten erklärten ihre aktive Bereitschaft, an der Verobjektivierung dieser Behandlungsmethode durch persönliche Gespräche und entsprechender Studien beizutragen. Auf deren Inhalte wird später noch in den entsprechenden Problemschwerpunkten einzugehen sein.
Besonders enttäuschend war jedoch die fehlende Mitwirkung oberer Bundes- und Länderbehörden trotz des vorher angezeigten Interesses, sowie der einzelnen Bundes- und Länderministerien und der Bundes- und Landesärztekammern, die sich hierzu nicht konkret äußerten, obwohl dieses Thema bereits mehrfach in den entsprechenden Institutionen durch entsprechende Öffentlichkeitsarbeit Problemschwerpunkt war. Ebenso verwunderlich war, daß zum Beispiel die Ethikkommission der Bundesärztekammer keine Aussage zu diesem Problemkreis treffen konnte, da gerade diese erster Anlaufpunkt für die Ärzte zur Regelung ethisch nicht eindeutiger Behandlungsmaßnahmen ist. Auf Grund der Kontroverse des Verfahrens ist es nur schwer vorstellbar, daß diesem Thema dann keine höherrangige Bedeutung beigemessen wird.
Auf Grund dieses Untersuchungsergebnisses konnte keine repräsentative Darstellung der derzeitigen Stellung der Elektrokrampftherapie in gesellschaftspolitischer Hinsicht vorgenommen werden.
Damit bleibt es nach wie vor bei der Feststellung, daß es sich bei der Elektrokrampftherapie um eine der fast umstrittensten Methoden in der Medizin handelt, so daß im Folgenden eine genaue Analyse Behandlung unumgänglich ist.

I.2. Die Indikation der Elektrokrampftherapie

Das Hauptanwendungsgebiet der Elektrokrampftherapie liegt bei den affektiven[32] und schizophrenen[33] Psychosen, insbesondere wenn es sich um schwere, vital bedrohliche Erkrankungen handelt (Indikation der ersten Wahl) oder wenn eine be-

---

[32] Die affektive Psychose stellt ein älteres Synonym für manisch-depressive-Erkrankungen mit der Störung des Affekts dar. Peters, Wörterbuch der Psychiatrie, S.8.

[33] Die Schizophrenie ist ein psychisches Krankheitsbild der Gruppe endogener Psychosen von herausragender praktischer und theoretischer Bedeutung, bei der es im Gegensatz zu allen anderen psychischen Defekten zu einer Störung des Denkens und der Sprache kommt, ohne das die Intelligenz gestört wird. Neben den typisch schizophrenen Denkstörungen, wie Zerfahrenheit, Sperrung, Begriffszerfall, Begriffsverschiebung, Kontamination und Symboldenken, kommen die uncharakteristische Konzentrations- und Denkstörungen dagegen häufiger vor. Vor allem Beziehungs- und Verfolgungswahn, als auch die akustischen Halluzinationen sind häufiger anzutreffen, als leibliche, optische oder olfaktorische. Wörterbuch der Psychiatrie, S. 464.

gonnene Pharmakotherapie keine Besserung brachte (Indikation der zweiten Wahl).[34]
Eine primäre Indikation zur Elektrokrampftherapie besteht bei lebensbedrohlichen Zuständen im Rahmen einer perniziösen Katatonie[35], bei einer ausgeprägten Suizidalität im Verlauf einer schweren Depression aber auch bei einem depressiven Stupor[36] oder einer katatonen Erregung, die in seltenen Fällen auch neben einer Pharmakotherapie angewendet werden kann.[37]
Bei Therapieresistenz, d.h. bei mindestens zweimaligen, erfolglosen Einsatz zweier unterschiedlicher Antidepressiva oder Neuroleptika, insbesondere bei anhaltend schwerer Krankheit des Patienten und bei dem Auftreten unvermeidbarer Nebenwirkungen der Pharmakotherapie besteht eine Indikation der zweiten Wahl für die Elektrokrampftherapie, sofern diese sinnvoll ist.[38]

Andererseits zählen Persönlichkeitsstörungen, Suchterkrankungen und Störungen der sexuellen Identität nicht zu den psychischen Erkrankungen, die eine Indikation zur Elektrokrampftherapie rechtfertigen, da hierbei eine Begründung für den Einsatz der Elektrokrampftherapie fehlt. Vielmehr kann es sogar zu Verschlechterungen kommen, da andere notwendige Behandlungsschritte unterbleiben.[39]

---

[34] Folkerts, Deutsches Ärzteblatt 1995, 358 (360).

[35] Die perniziöse Katatonie ist eine akute Psychose gewöhnlich ungeklärter Genese. Schrankenlose motorische Unruhe scheint sich unter Entwicklung ungeheuerer Körperkräfte ungehemmt zur Selbstvernichtung zu steigern, schwerste Akrozyanose. Die feuchte Haut der Extremitäten ist kalt und übersät mit Stellen, in denen durch Druck oder Schlag flächenhafte Blutaustritte bald zu gelben Flecken werden. Der anfänglich erhöhte Blutdruck sinkt. Die Erregung ebbt ab mit dem Ausdruck innerer Gespanntheit, oft bewußtseinsgetrübt im Bett. Bei kalter Haut ist die Körpertemperatur oft bis 40° C erhöht. Die Sektion ergibt kein klares Bild über die Ursache des Todes und keinen Befund, der auf eine wesentliche Krankheitsursache hindeutet. Wörterbuch der Psychiatrie und medizinischen Psychologie, S. 276.

[36] Der Stupor, als ein abnormalen Zustand ohne jeglicher körperlicher oder psychischer Aktivität ist daran erkennbar, daß der Kranke trotz wachen Bewußtseins in keiner Weise auf Versuche reagiert, mit ihm in Beziehung zu treten. Hierbei bleibt das Gesicht starr, der Blick ausdruckslos und die Mimik läßt keine emotionale Regung erkennen. Ebenso fehlen sämtliche spontane Bewegungen, selbst auf Schmerzreize erfolgt keine Reaktion, sprachliche Äußerungen bleiben aus. Die Nahrung muß mit der Sonde zugeführt werden, Stuhl und Harnabgang werden nicht angezeigt. Ein Sonderfall bildet der depressive Stupor, ein hochgradige Denk- und Willenshemmung bedingter Stupor bei endogenen Depressionen. Dieser Zustand gilt als gefahrbedrohend, weil es plötzlich aus dem Stupor heraus zu einem Erregungszustand mit gewaltsamen Selbsttötungshandlungen kommen kann. Wörterbuch der Psychiatrie und medizinischen Psychologie, S.511.

[37] Folkerts, Deutsches Ärzteblatt 1995, 358ff.; Peters, Wörterbuch der Psychiatrie, S. 148 ff.; Berger, S.539.

[38] Folkerts, Deutsches Ärzteblatt 1995, 358, (360); Klieser/ Klimke, MMW 1994, 153 (155).

[39] Folkerts, EKT, S. 2.

I.2.1.Die Indikation bei depressiven Erkrankungen

Der Entwurf der DGPPN[40]-Leitlinien sieht die therapieresistenten Depressionen, insbesondere bei den vital bedrohlichen Zustandsbildern als Hauptindikationsgebiet der Elektrokrampftherapie an, da diese unter Zugrundelegung der Feststellungen der APA[41] auch heute als die effektivste zur Verfügung stehende Behandlungsform schwerer monopolarer depressiver Episoden und schwerer depressiver Episoden im Rahmen von bipolaren affektiven Störungen, die sich in erster Linie durch Veränderungen des Affekts, des Gefühls, des Willens und des Antriebes äußern, gilt.[42]

Sofern neben der Diagnose das Alter, die medizinische Gesamtsituation (Begleiterkrankungen, vitale Bedrohung), der Schweregrad der Symptomatik (z.B. Stupor, Suizidalität, Nahrungsverweigerung, körperliche Erschöpfung) sowie frühere Erfahrungen mit der Elektrokrampftherapie bzw. der Pharmakotherapie (z.B. Unverträglichkeit bei älteren Patienten) und die Einstellung des Patienten berücksichtigt werden, kann die Responserate der Elektrokrampftherapie bei primärer Anwendung (also bei zuvor unbehandelten depressiven Patienten) ca. 70-90% betragen. Die besten Resultate wurden bei Patienten mit ausgeprägter psychomotorischer Hemmung und bei Depressionen mit Wahnsymptomatik erreicht. Patienten mit einer in typischer Weise ausgeprägten schweren depressiven Symptomatik dagegen (u.a. Herabgestimmtheit, Angst, Stupor, Wahn, Unruhe, Schuldgedanken, Gewichtsabnahme) sind für eine besonders rasche Besserung prädestiniert.[43]

Die Elektrokrampftherapie ist bei therapieresistenten depressiven Patienten anderen Behandlungsoptionen auch insoweit überlegen, wenngleich die Erfolgsquoten bei dieser Patientengruppe im Mittel mit 50-75% angegeben werden.[44]

I.2.2. Die Indikation bei schizophrenen Psychosen

Ebenso wie bei den einzelnen Depressionsarten ist die Elektrokrampftherapie bei einer therapieresistenten, schizophrenen Psychose indiziert, sofern eine Kombinationsbehandlung mit Neuroleptika eine neuroleptische als Erhaltungstherapie

---

[40] Deutsche Gesellschaft für Psychiatrie, Psychotherapie und Nervenheilkunde.

[41] American Psychiatric Association.

[42] Folkerts, Nervenarzt 1996, 509ff.; im Ergebnis so auch Wetterling/ Michels/ Dilling, Nervenarzt 1998, 617ff.; Hasse-Sander/ Müller/ Schurig/ Kasper/ Möller, Nervenarzt 1998, 609ff.; Ernst, Schweizerische Ärztezeitung 1982, 1396; Mannseicher ;Hinweise des Herstellers des Elektrokrampfgerätes Thymatron™ DG, S. 28; Meyendorf/ Bender/ Baumann/ Athen/ Ortlieb, Archiv für Psychiatrie und Nervenkrankheiten 1980, 89ff.; Bleuler, Lehrbuch der Psychiatrie, S. 188; Consensus Conference on ECT (NIH-Statement), Journal of the American Medical Association 1985, 2103ff.; National Institutes of Health-Online; Kohring, EKT.

[43] Folkerts, Nervenarzt 1996, 509 (510).

[44] Klieser/ Klimke, MMW 1994, 154ff.; Folkerts, Nervenarzt 1996, 509 (510); ebenso im Deutschen Ärzteblatt 1995, 358 (360).

durchgeführt wird. In diesen Fällen ist mit einer Besserungsquote von 80% zu rechnen.[45]
Hierzu gehört insbesondere die Katatonie, deren Leitsymptome neben Wahn und Halluzinationen motorische Störungen, akute Erregung und Sperrzustände sind.[46]

Die Art der akuten, febrilen Katatonie, bei der neben den Symptomen der katatonen Schizophrenie aus noch ungeklärter Ursache massive zentrale Regulationsstörungen wie hohes Fieber, Störungen des Wasser- und Elektrolythaushaltes, Atem- und Kreislauffunktionsstörungen auftreten, hat sich als ein Krankheitsbild herausgebildet, bei dem es im Zusammenhang mit der psychiatrischen Grunderkrankung zu spezifischen Organstörungen kommt. Hierfür sehen die Psychiater allgemein die Indikation zur Elektrokrampftherapie als bewiesen, da die neuroleptische Therapie zumeist nicht die von dem Hintergrund der Lebensbedrohlichkeit zu fordernde Bedingung eines prompten Wirkungseintrittes erfüllt und zum anderen zu bedenken ist, daß Neuroleptika die gleichen somatischen Kernsymptome erzeugen, zu deren Behandlung sie bei der akut febrilen Katatonie eingesetzt werden.[47]

Keine Indikation besteht hingegen bei Patienten mit chronischen Psychosen ohne akute Symptomatik.

I.2.3. Die Indikation bei Manie[48]

Bei manischen Psychosen[49] wandte man die Elektrokrampftherapie sehr lange gar nicht oder nur in vereinzelten Fällen an, obwohl ihre Effektivität bei den Manien im Verhältnis zu hoch dosierter Behandlung mit Neuroleptika auf Grund des rascheren Wirkungseintrittes als gesichert angesehen wird. Schlußfolgernd ist die Elektrokrampftherapie die Therapie der ersten Wahl für akut manische Patienten, z.B. bei schwersten Manien, Schwangerschaft und dem malignem neuroleptischem

---

45 Both, Vergleichende Ergebnisse, S. 15, Folkerts, Deutsches Ärzteblatt 1995, 358 (360).
46 Leick-Belger/ Kreuter, Pflegezeitschrift 1997, 597f.
47 Renfordt/ Wardin, Nervenarzt 1985, 153; Folkerts, Nervenarzt 1996, 509ff; Klieser/ Klimke, MMW 1994, 136, 33ff.
48 Nachweise bei Folkerts, EKT, S. 8f.; Sauer/ Lauter, Nervenarzt 1987, 201 (205); Berger, S.549; Consensus Conference on ECT (NIH-Statement), Journal of the American Medical Association 1985, 2103; National Institutes of Health-Online.
49 Endogen entstehende, heitere Verstimmungen, die mit der endogenen Depression zusammen die manisch-depressive Erkrankung bildet. Die Symptome sind hier die heitere Grundstimmung, unbegründeter, strahlender Optimismus, Gehobensein aller Lebensgefühle zum Teil verbunden mit Gereiztheit, Antriebsüberschuß, Enthemmung, erhöhte Triebhaftigkeit, vermehrte Ablenkbarkeit, Ideenflucht, Selbstüberschätzung und gesteigertes körperliches Wohlbefinden. Ein Krankheitsgefühl kommt hierbei gar nicht erst auf.

Syndrom[50], deren Besserungsrate bei unbehandelten Patienten bei ca. 80% liegt. Ebenso besteht eine Indikation auch bei weniger schweren Manien bei denen die Standardbehandlungen mit Neuroleptika versagten. Die Besserungsquote der Elektrokrampftherapie bei pharmakoresistenten Manien wird mit 50-70% angegeben.

I.2.4 Die Indikation bei neurologischen Erkrankungen

Insbesondere in den USA und den skandinavischen Ländern wurde in den vergangenen Jahren vermehrt diskutiert, ob die Elektrokrampftherapie auch ein mögliches Behandlungsverfahren für Erkrankungen im Grenzgebiet zwischen Neurologie und Psychiatrie bzw. für bestimmte neurologische Krankheiten sein könnte. Beim sogenannten Parkinson-Syndrom besteht nach der Ansicht Folkerts[51] eine Indikation zur Elektrokrampfbehandlung, wenn es zu einem gravierenden Wirkverlust oder zu erheblichen Nebenwirkungen der Anti-Parkinson-Medikamente kommt, mit der Einschränkung, daß die Behandlung mit der unilateralen Elektrokrampftherapie beginnen sollte.

I.3. Die Kontraindikation der Elektrokrampftherapie

Nachdem die Indikation der Elektrokrampftherapie durch den behandelnden Psychiater festgestellt wurde, muß in einem zweiten Schritt eine mögliche Kontraindikation ausgeschlossen werden. Da unter Umständen auch das Risiko einer Elektrokrampfbehandlung zum Teil erheblich erhöht sein kann, ist eine individuelle Nutzen-Risiko-Analyse des Einzelfalles erforderlich.[52] Insbesondere sind hierbei die möglicherweise mit der Durchführung der Elektrokrampftherapie auftretenden somatischen Begleiterkrankungen internistischer, speziell kardiovaskulärer und neurologischer Art, wie Hirninfarkt und Hirnaterienaneurysma zu beachten. Vor allem für Patienten mit kardiovaskulären Krankheiten stellt die Elektrokrampftherapie infolge der Kreislaufveränderung ein erhöhtes Risiko dar.[53] Dies gilt besonders für ältere Patienten und solche Patienten, die ein deutlich erhöhtes Anästhesierisiko aufweisen. Nach einem Herzinfarkt sollte die Elektrokrampfbehandlung möglichst um 3 Monate aufgeschoben werden. Frühestens 4 Wochen

---

[50] Das maligne neuroleptische Syndrom ist eine seltene, jedoch schwere, vital bedrohliche Komplikation der Behandlung mit Neuroleptika, die eine Elektrokrampfbehandlung bei Versagen einer adäquaten Pharmakotherapie nach spätestens 48 Stunden indiziert.

[51] Ausführlich Folkerts, Nervenarzt 1995, 241 (242).

[52] Sauer/ Lauter, Nervenarzt 1987, 210.

[53] Exner-Hansen, Tierexperiment zur EKT, S.27.

nach einem Hirninfarkt sollte eine Elektrokrampfbehandlung durchgeführt werden.[54]
Anerkannt ist, daß generell weder erhöhtes Alter noch Schwangerschaft oder Herzschrittmacher eine Kontraindikation darstellen. Bei älteren Patienten, die besonders gut auf die Behandlung ansprechen, ist die Elektrokrampfbehandlung vor allem dann indiziert, wenn Antidepressiva in ausreichender Dosierung nicht toleriert werden.[55]
Hinsichtlich der Kontraindikationen unterscheidet die meisten Psychiater mit Ausnahme Folkerts[56] zwischen den absoluten und den relativen Kontraindikationen.
Als relative Kontraindikationen gelten z.B. die Stenose der Koronararterien, Angina pectoris, Herzfehler, Herzinsuffizienz, chronische Niereninsuffizienz, schwere arterielle Hypertonie, bronchopulmonale Erkrankungen und Venenthrombosen.[57]
Bei diesen Erkrankungen muß die Entscheidung über die Behandlung mit dem Elektrokrampf gemeinsam mit dem Internisten bzw. dem Neurologen abgesprochen werden.[58]
Absolute Kontraindikationen stellen Erkrankungen dar, bei denen ein rascher Blutdruckanstieg gefährlich ist. Dazu zählen der gesteigerte intrakanielle Druck, zerebrale oder aortale Aneurysmen, zerebrale Angiome und ein kürzlich überstandener Myokardinfarkt. Ferner ist die Elektrokrampftherapie bei erhöhtem Hirndruck kontraindiziert, da damit die Gefahr der Einklemmung des Hirnstammes im Foramen magnum besteht.[59]

I.4. Die Wirkungsweise der Elektrokrampftherapie

I.4.1. Der Wirkmechanismus

Der Wirkmechanismus ist bei der Elektrokrampftherapie noch weitestgehend ungeklärt. Bekannt ist aber, daß es sich hierbei um eine elektrische Auslösung eines generalisierten Krampfanfalls aus therapeutischen Gründen handelt.[60] Es bleibt aber nach wie vor in den neurophysiologischen, metabolischen, endokrinen, neurovegetativen und psychodynamischen Vorgängen verborgen, bei denen das zerebrale Krampfgeschehen sowie Regulations- und Gegenregulationsprozesse eine Rolle spielen.[61] Zwar gibt es bereits einige medizinische Befunde und Studien hierzu, dennoch ist die Wirkung eine „empirische“. Es mangelt an einer wissen-

---

[54] Folkerts, EKT, S. 32ff.
[55] Sauer/ Lauter, Nervenarzt 1987,210; Ernst, Schweizerische Ärztezeitung 1982, 1396
[56] Folkerts, a.a.O., S. 32.
[57] Klieser/ Klimke, MMW 1994 154.
[58] Sauer/ Lauter, Nervenarzt 1987, 210.
[59] A.a.O.
[60] Folkerts, Nervenarzt 1995, 241; Both, Vergleichende Ergebnisse, S. 8ff.
[61] Both, Vergleichende Ergebnisse, S.11.

schaftlichen oder theoretischen Erklärungen und damit an einer geschlossene Theorie.
Einigkeit besteht nur dahingehend, daß der generalisierte, zerebrale Krampfanfall die conditio sine qua non der eintretenden Wirkung ist. Es kommt hierbei zu zahlreichen neurohumoralen Veränderungen und Beeinflussungen an verschiedenen Rezeptorsystemen.[62] Es wird vermutet, daß der Krampfanfall ein gestörtes, mit anderen Systemen verknüpftes, Neurotransmittermuster[63] als Wurzel psychiatrischer Verhaltensauffälligkeiten löscht, und dieses dann korrekt neu aufbaut.[64] Nach der sogenannten „Theorie der diencephalen Stimulation" würde die Elektrokrampftherapie also den, in den indizierten Anwendungsbereichen liegenden, Stoffwechsel im Zwischenhirn anregen.[65]
Nach anderer Ansicht[66] führt die generalisierte Entladung zu Veränderungen der Hirndurchblutung und des Hirnstoffwechsels.
Zum Teil spricht man auch von einer zentral-vegetativen Umstellung. Die künstlich elektrische Auslösung eines epileptischen Krampfanfalls hat damit dasselbe Prinzip wie die Pharmakotherapie[67] auch. Nach der umstrittenen Ansicht Dörners verwandeln die Psychiater „den seelisch leidenden vorübergehend in einen hirnorganisch kranken Menschen."[68]

Die ursprüngliche Form der Elektrokrampfbehandlung bestand in der Auslösung eines Grandmal-Anfalls[69] mit Bewußtlosigkeit, Apnoe[70], tonischen und klonischen Zuckungen und postictaler Verwirrung, wobei nicht selten Frakturen entstanden.[71]
Heute hingegen wird die Elektrokrampftherapie in modifizierter Weise durchgeführt. Durch eine kurzzeitige, elektrische Stimulation des Gehirns unter ständiger Mitarbeit eines Anästhesisten und intensiv medizinischen Bedingungen, intravenöser Kurznarkose und kurzzeitiger Muskelrelaxation wird ein epileptischer Krampfanfall ausgelöst, der sich vorwiegend nur noch neuronal und nicht mehr motorisch äußert. Dennoch sollte nicht verkannt werden, daß die Elektrokrampftherapie mit dem typischen kurzdauernden adrenergen Stimulus auch für den Anästhesisten eine besondere Herausforderung darstellt.[72]

---

[62] Folkerts, Deutsches Ärzteblatt 1995, 358; Klieser/ Klimke, MMW 1994, 153.
[63] Chemischen Substanzen, die für die Reizweiterleitung im Nervensystem verantwortlich sind, nach Knittel, § 1904 Nr. 13a.
[64] Ebert, Psychiatrie systematisch, S. 61ff.
[65] Ernst, Schweizerische Ärztezeitung 1982, 1396f.
[66] Sauer/ Lauter, Nervenarzt 1987, 210ff.
[67] Bei der Pharmakotherapie handelt es sich um eine Lehre von der medikamentösen Behandlung psychischer Störungen mit Stoffen die am zentralen Nervensystem angreifen und menschliche Erleben und Verhalten beeinflussen. Peters, Wörterbuch der Psychiatrie, S. 378, 422.
[68] Dörner/Plog, Irren ist menschlich, S. 547.
[69] Häufig gebrauchtes Synonym für großer epileptischer Anfall. Peters, Wörterbuch der Psychiatrie, S.211.
[70] Atemstillstand. Peters, Wörterbuch der Psychiatrie, S.43.
[71] Ernst, Schweizer Ärztezeitung 1982, 1396.
[72] Exner-Hansen, Tierexperiment zur EKT, S. 6; hinsichtlich der Anästhesie Becker, S. 118f.

Gewöhnlich und nicht auf Grund eines starren Anwendungsschemas wendet man die Elektrokrampftherapie als Serie bestehend aus durchschnittlich 8–10, in manchen Fällen auch bis zu 16 Einzelbehandlungen, die in der Regel zwei- bis dreimal wöchentlich verabreicht werden, an. (Kurzbehandlung).[73]
Im Ausnahmefall werden bei besonders schweren Verläufen, z.B. bei einer Katatonie, auch tägliche Behandlungen durchgeführt. Bei gerontopsychiatrischen[74] Patienten wird aus Gründen der Verträglichkeit die optimale Behandlungsfrequenz auf maximal zwei Anwendungen pro Woche reduziert.[75] In seltenen Einzelfällen können auch längere Behandlungsverläufe erforderlich werden, so daß Patienten bereits mit mehr als 100 Elektrokrämpfen behandelt worden sind. (Langzeittherapie)[76]

I.4.2. Die technische Durchführung

Die technische Applikation des elektrischen Stroms kann nach der altersabhängige Stimulusdosierung, der fixen Hochdosisstimulation oder einer Dosierung über der 2,5fachen Krampfschwelle erfolgen. Die individuelle Variabilität des elektrischen Stimulus ist wegen der unterschiedlichen Kalottengrößen und –dicke, dem unterschiedlichen Gewebswiderstandes der Patienten, sowie auf Grund der Variabilität der Krampfschwelle und deren Abhängigkeit von Alter, Geschlecht und vorangegangen Konvulsionen notwendig.[77]
Diese Stimulusdosierung wird durch das Drücken des Behandlungsschalters ausgelöst, bei dem nur für einen kurzen Moment der Verabreichung des Stimulus die Beatmung unterbrochen wird.[78]
Ein besonderer Fortschritt ist durch die Kurzpulstechnik erreicht worden, da durch die Optimierung des elektrischen Impulses des ursprünglichen Wechselstromes die überflüssige Energie zur Induktion der generalisierten Entladung nicht mehr mit appliziert wird. Die Stromapplikation erfolgt nunmehr bei der Anwendung von Elektrokrampfgeräten mit dieser Kurzpulstechnik über einen Kurzpulse von 1,0 msec Dauer mit einer Frequenz von 30 bis 70 Hz.[79]
Um genügend Neuronen zur Auslösung eines vollgeneralisierter Krampfanfall zu depolarisieren, muß der Elektrokrampfimpuls selbst eine ausreichende Anzahl von Elektronen („Ladung") mit einer Spannung oberhalb der Auslöseschwelle aufwei-

---

[73] Folkerts, S. 89; Sauer/ Lauter, Nervenarzt 1987, 210 (216); Wolpert/ Lolas, Nervenarzt 1977, 293 (297); Berger, S.126.
[74] Alterspsychiatrische Patienten. Peters, Wörterbuch der Psychiatrie, S. 204.
[75] Wolpert/ Lolas, Nervenarzt 1977, 293 (296f.).
[76] Breggin, Elektroschock, S. 22.
[77] Sauer/ Lauter, Nervenarzt 1987, 210ff.
[78] Folkerts, EKT, S. 53.
[79] Sauer, Nervenarzt 1992, 142 (143); Folkerts, Deutsches Ärzteblatt 1995, 358 (359); Seit dem 10.05.1993 ist das, aus den USA stammenden Gerät Thymatron™ DG auch in Deutschland zugelassen und löste weitestgehend die Sinuswellengeräte ab.

sen. Die Ladung, dessen Einheit in Millicoulomb angegeben wird, ergibt sich dabei durch die Multiplikation der Stromstärke in Ampere mit der Gesamtlaufzeit in Millisekunden.[80]
Hierbei wird ausführlich dargestellt[81], daß durch das Elektrokonvulsionsgerät die Wechselstromschwingungen unseres Stromnetzes in gleichgerichtete Stromimpulse unter Herausfilterung der gegengerichteten Halbschwingungen umgewandelt werden, so daß die elektrische Energie, die zur Erzeugung des zerebralen Krampfanfalls benötigt wird, hierdurch um die Hälfte abnimmt. Weiterhin erfolgt eine Modifizierung der Sinuswelle dahingehend, daß ihr erster Teil, d.h. der aufsteigende Schenkel der Halbschwingung, quasi „abgeschnitten" wird mit der Folge, daß der Reizanstieg dann sehr schnell erfolgt und die Schwingung sofort mit ihrem Maximum beginnen kann, so daß die zur Krampfauslösung benötigte Energie hierdurch noch einmal um die Hälfte verringert wird. Durch die Begradigung des zweite Teil der Schwingung verliert der elektrische Impuls seinen sinusförmigen Charakter.
Im Endergebnis resultiert hieraus eine Stromform, die durch einen steilen Anstieg, kürzere Aufrechterhaltung des Impulses und ebenso raschen Abfall gekennzeichnet ist. Diese technische Modifikation stellt dann den besprochenen „Puls" dar. Die hierbei entstehenden Pulswellen zeigen ihren Vorteil gegenüber den Sinuswellen in den noch geringeren elektrischen Energiemengen, der konstant gehaltenen Stromstärke bei variierbarer Spannung, so daß die im Einzelfall sehr unterschiedlichen Gewebswiderstände durch letztere ausgeglichen werden können.

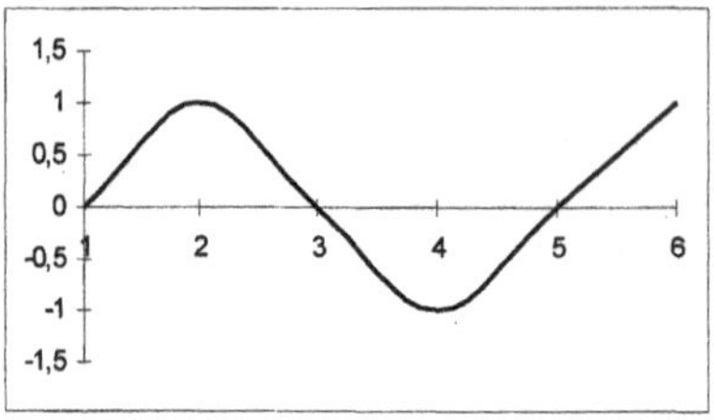

Abb. 1) Darstellung des ursprünglichen Wechselstromes

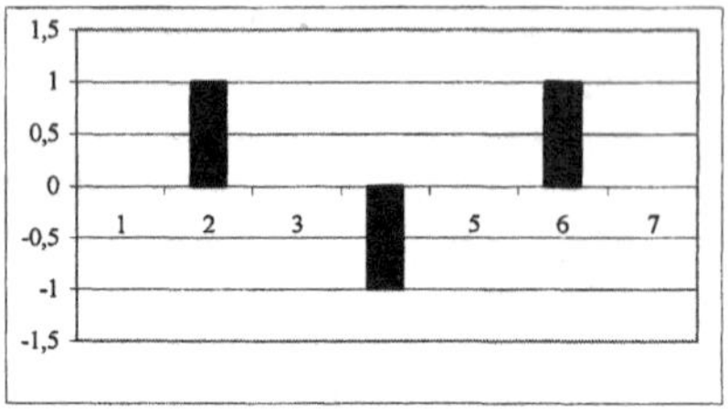

Abb. 2) Darstellung der modernen Kurzpulstechnik

Die Dauer des Krampfanfalls ist an der motorischen Krampfaktivität am abgestauten Arm und der Krampfaktivität im EEG erkennbar, wobei erstere in der Regel kürzer ist.[82] Angestrebt wird eine optimale Krampfdauer, die 25 Sekunden übersteigen, aber unter 120 Sekunden betragen sollte. Sollten längere Krampfzeiten auftreten, so werden sie durch die intravenöse Gabe eines Benzodiazepins un-

[80] Hinweise des Herstellers des Elektrokrampfgerätes Thymatron™ DG, S. 45; Brakel/ Parry/ Weiner, The Mentally disabled ans the law, S. 349.
[81] Nachweis geführt von Sauer/ Lauter, Nervenarzt 1987, 210 (213).
[82] Folkerts, EKT, S.54.

terbrochen, während bei zu kurzer Krampfdauer eine Restimulation etwa eine Minute nach der letzten Stromapplikation erfolgt.[83] Pro Narkose können 2-3 Restimulationen durchgeführt werden. Am Ende des Krampfanfalles wird die Überwachung solange fortgesetzt, bis der Patient wieder alleine ausreichend atmet, die Schutzreflexe vorhanden sind und er wieder ansprechbar ist.[84]

I.4.3. Die Plazierung der Elektroden

Die Elektrokrampftherapie wird in der neuen, moderneren Medizin nach der Plazierung der Elektroden unterschieden.
Während bei der bilateralen Elektrokrampftherapie an beiden Schläfen die Elektroden befestigt werden, werden bei der unilateralen Elektrokrampftherapie nur auf einer Seite des Kopfes, meist in der Gegend des Schläfen- oder Hinterhautlappens der nicht dominanten Hemisphäre, die Elektroden angelegt.[85]

Abb.a) unilaterale EKT[86]

Abb.b) bilaterale EKT[87]

Während früher die Elektrokrampftherapie in der Regel bilateral durchgeführt wurde, wird heute die bilaterale Stimulation von einigen Medizinern vorrangig, von anderen nur bei mangelndem Erfolg der unilateralen Elektrokrampftherapie oder gar nicht mehr angewendet.[88]
Unter den Psychiater besteht weitestgehend Einigkeit, daß die bilaterale Stimulation rascher eintrete und deutlichere Besserung zeige. Noch im Jahre 1976 wandten 75% der Psychiater nach einer Umfrage der American Psychiatric Association[89]

[83] Folkerts, Deutsches Ärzteblatt 1995, 358 (361).
[84] Folkerts, EKT, S.53f.
[85] Peters, Wörterbuch der Psychiatrie, S.148.
[86] Aus Folkerts, a.a.O. S. 57
[87] A.a.O.
[88] A.a.O., S. 89.
[89] Die APA ist eine, im Jahre 1844 als Verein der Leiter von psychiatrischen Heilanstalten gegründete und heute mit 35.000 Mitgliedern bedeutendste Vereinigung amerikanischer Psychiater, die jährlich einen Kongreß veranstalten, eine eigene Zeitschrift (The American Journal of

die bilaterale Elektrokrampftherapie an.[90] Dieser Trend konnte sich auch fortsetzen, da zahlreicher Studien die höhere Effektivität der bilateralen Anwendung auf Grund der Entladung über die Frontalregion bestätigten. Mit der Auslösung der Entladung über diese Frontalregion ist eine stärkere Generalisierung des Anfalls und damit vermutlich auch die höhere Wirksamkeit verbunden. Dies hat zur Folge, daß bei der unilateralen Elektrokrampftherapie höhere Stromstärken verabreicht werden müssen, als bei der Krampfschwelle über die Zentralregion erforderlich ist, um auch die Frontalregion stärker in die Auslösung und Generalisierung des Anfalls miteinzubeziehen und die Wirksamkeit einer bilateralen Stimulation zu erreichen.[91]
Es folgten entsprechend gleichlautende Untersuchungen durch Sackeim[92], die eine höhere Effizienz der bilateralen Elektrokrampftherapie gegenüber der unilateralen ergaben, sofern bei der unilateralen Elektrokrampftherapie nur knapp oberhalb der Krampfschwelle stimuliert wurde. Es wurden für die unilaterale und die bilaterale Elektrokrampftherapie jeweils hoch- und niedrig dosierte Behandlungsformen miteinander verglichen, wobei sich bei der unilateralen Elektrokrampftherapie ergab, daß die Responserate bei Patienten mit deutlich (2,5 facher Krampfschwelle) oberhalb der Krampfschwelle liegenden Stimuli um 26% höher lag, als bei Patienten, deren Stimulusenergie lediglich nur knapp oberhalb der Krampfschwelle lag.
Dennoch waren beide Formen der bilateralen Elektrokrampftherapie der Unilateralen überlegen auch geschuldet der Tatsache, daß die kognitiven Störungen anstiegen.[93] Selbst die höherdosierte bilaterale Elektrokrampftherapie war bezüglich ihrer Effektivität, der niedriger dosierten überlegen. Der klinische Vorteil der bilateralen Elektrokrampftherapie wird mit 10–20% geschätzt, ein Vorteil der sich in der höheren oder schnelleren Reaktion einiger schwer Kranker und in der Vorstellung, daß weniger Behandlungen erforderlich seien, widerspiegelt.[94]

Andere Studien hingegen ergaben, daß die unilaterale Stimulation über eine Dauer von 0,5-2ms der nicht-dominanten Hemisphäre vergleichbare, nur geringfügig abweichende Ergebnisse aufwies und mit geringeren kognitiven Einschränkungen einherging, weil gerade die dominante Hemisphäre der elektrischen Energie in sehr viel geringerem Umfang ausgesetzt wird. Die an sprachliche Leistungen gebundenen Gedächtnisfunktionen wurden somit weniger in Mitleidenschaft gezogen.[95] Darüber hinaus schildern Studien, daß die unilaterale Anwendung der Elektrokrampftherapie eine Verbesserungen des verbalen Gedächtnisses und der Konzen-

---

Psychiatry) und ein diagnostisches Handbuch (DSM) herausgibt., Peters, Wörterbuch der Psychiatrie, S.23.

[90] Breggin, Elektroschock, S. 23; Hinweise des Herstellers des Elektrokrampfgerätes Thymatron™ DG, S.35.

[91] Sauer/ Lauter, Nervenarzt 1987, 210 (213ff.)

[92] zit. nach Folkerts, EKT, S. 57ff.

[93] im Ergebnis zustimmend Sauer/ Lauter, Nervenarzt 1987, 210 (214).

[94] Hinweise des Herstellers des Elektrokrampfgerätes Thymatron™ DG, S.35.

[95] Meyendorf/ Bender/ Baumann/ Athen/ Ortlieb, Archiv für Psychiatrie und Nervenkrankheiten 1980, 89ff.; Sauer, Nervenarzt 1992, 142f; Folkerts, Deutsches Ärzteblatt 1995, 358 (361).

trationsleistung zur Folge hatte. Uneinheitlich wird hingegen die Frage, ob die in der nicht-dominanten Hemisphäre verankerten optisch-räumlichen Gedächtnisleistungen bei der unilateralen Elektrokrampftherapie weniger stark beeinträchtigt werden, beantwortet.[96]

Vermittelnden Hinweisen Folkerts entsprechend stellt die unilaterale Elektrokrampftherapie auf Grund der geringeren Rate kognitiver Nebenwirkungen die vorzuziehende Methode dar, wenn bereits früher eine rasche, klinische Besserung erreicht werden konnte, die Geschwindigkeit der Besserung nicht vordringlich erscheint und kognitive Störungen vermieden werden können. Demgegenüber solle die bilaterale Behandlungsmethode eingesetzt werden, wenn ein rascher Therapieerfolg notwendig ist, die unilaterale Behandlung keinen Erfolg verzeichnen konnte und wenn bereits frühere bilaterale Behandlungen ohne Nebenwirkungen blieben.[97] Diese, von den Psychiatern uneinheitlich beantwortete Frage bestätigte auch das Ergebnis der 1995 erfolgte Untersuchung[98], in der von den 451 befragten psychiatrischen Einrichtungen bei 21% eine vorwiegend unilaterale Elektrokrampftherapie, bei 19% eine bilaterale Elektrokrampftherapie und bei 18% zunächst eine unilaterale, nach mangelndem Erfolg die bilaterale Behandlungsmethode, eingesetzt wird.

I.5. Die Folgen der Elektrokrampftherapie[99]

Die stark divergierenden Ansichten über die Elektrokrampftherapie haben zum größten Teil ihre Grundlagen in den Nebenwirkungen. Es ist äußerst erstaunlich, wie die Anwendung der gleichen Behandlungsmethode derart widersprüchliche Resultate erzielen kann. Damit ist es für eine spätere juristische Begutachtung unumgänglich, alle möglichen Erfolge und Mißerfolge gleichermaßen darzustellen. Hinsichtlich spezieller medizinischer Auswertungen wurden zum größten Teil die Originalaussagen der Mediziner zu Grunde gelegt.
Die Anwender der Elektrokrampftherapie betonen stets, daß es sich hierbei um eine der sichersten medizinischen Behandlung mit einem geringen Spektrum möglicher Nebenwirkungen seit dem Einsatz der Kurzpulstechnik, der Narkose und dem EKG und EEG Monitoring handelt und insbesondere das Mortalitätsrisiko nur bei

---

[96] Sauer/ Lauter, Nervenarzt 1987, 210 (214), die darlegten, daß entsprechende Befunde dies bislang nicht bestätigten.

[97] So im Ergebnis auch Sauer/ Lauter, Nervenarzt 1987, 210 (215); Hinweise des Herstellers des Elektrokrampfgerätes Thymatron™ DG, S. 34; Wolpert/ Lolas, Nervenarzt 1977, 293ff.; Demgegenüber konnte die Studie von Meyendorf/ Bender/ Baumann/ Athen/ Ortlieb, Archiv für Psychiatrie und Nervenkrankheiten 1980, 89 (94) den rascheren Wirkungserfolg der bilateralen gegenüber der unilateralen EKT nicht feststellen.

[98] Müller/ Klimke/ Jänner/ Gaebel, Nervenarzt 1998, 15, (20).

[99] Folkerts, a.a.O., S. 92ff.

1:50.000 Behandlungen liegt. Damit ist das Mortalitätsrisiko geringer als zum Beispiel bei einer hochdosierten antidepressiven Pharmakotherapie.[100] Die meisten Begleiterscheinungen der Elektrokrampftherapie sind auf die peripheren Anfallsmanifestationen, wie z.B. der Muskelkontraktionen, der Blutdruckerhöhung, der Hypoxie, der Auswirkungen auf Herz- und Kreislauffunktionen, zurückzuführen. Die nur sehr selten auftretenden Todesfälle sind auf kardiovaskuläre Komplikationen zurückzuführen.[101]
Die möglicherweise auftretenden Nebenwirkungen realisieren sich in zerebralen Störungen, wie Kopfschmerzen, Verwirrtheitszustände, retrograde und anterograde Amnesien, Konzentrations- und Merkfähigkeitsstörungen sowie seltene kardiovaskuläre Komplikationen, verlängerte Apnoen, Aspirationspneumonien oder Verletzungen im Rahmen des Krampfanfalles, wie zum Beispiel Bißverletzungen im Bereich der Mundhöhle oder Extremitätenverletzung bei mangelhafter Relaxation.[102]

I.5.1. Strukturelle Hirnschäden

Strukturelle Hirnschäden wurden durch die Anwender nach einer lege artis durchgeführten Narkose und der sich anschließenden Elektrokrampftherapie nicht beschrieben.[103] Bereits Cerletti und Bini versuchten durch das Tierexperiment den Nachweis zu erbringen, daß durch den Elektrokrampf das Hirngewebe nicht geschädigt wird. Spätere Untersuchungen bestätigten dieses Ergebnis dahingehend, daß bei Primaten erst nach ununterbrochener Krampfaktivität von 1,5 bis 2 Stunden ein Nervenzelluntergang erkennbar sei. Auch nur annähernd vergleichbare Bedingungen sind bei der therapeutischen Elektrokrampftherapie am Patienten nicht denkbar, da u.a. die Stimulationsintensität bei tierexperimentellen Untersuchungen um den Faktor 10 bis 100 höher lag.[104]

Auch bei prospektiver Anwendung der Kernspintomographie und der kranialen Computertomographie konnten keine Beweise für morphogisch nachweisbare anatomische Hirnschäden erbracht werden, da insbesondere gut kontrollierte Studien im Tierversuch selbst bei ungewöhnlich langen Elektrokrampf-Serien keinen Nervenzellverlust nachweisen konnten. Weder der Stromdurchfluß, noch die minimalen thermischen Effekte (kalkulierte Erhöhung der Hirntemperatur um 0,0026 °C) und die vorübergehende Erhöhung der Durchlässigkeit der Bluthirnschranke

[100] Folkerts, EKT, S. 92; Hess, EKT bei pharmakoresistenten endogenen Psychosen, S. 2; Sauer/ Lauter, Nervenarzt 1987, 201ff.; Hundt, S.2; Batra/ Bartels/ Foerster, Nervenarzt 1999, 657; Sauer/ Lauter, Nervenheilkunde 1992, 142, hingegen nennen einen Zahlenwert von 1:25.000.
[101] Folkerts, a.a.O., S. 102ff.; ebenso in, Nervenarzt 1996, 509 (510f.).
[102] Folkerts, a.a.O., S. 92ff.
[103] A.a.O. S. 92.
[104] Both, Vergleichende Ergebnisse, S. 11; Klieser/ Klimke, MMW 1994, 153 (154); Folkerts, a.a.O.

30-60 Sekunden nach einzelnen ECS[105] führen zu strukturellen Hirnschäden.[106]

Durch eine umfassende Metaanalyse in der Literatur kamen einige Mediziner zu dem Schluß, daß die Elektrokrampftherapie weder zu einer strukturellen Hirnveränderung beim Menschen, noch bei Tieren führt.[107]

I.5.2. Kognitive Störungen

Die kognitiven Beeinträchtigungen gehören zu den häufigsten Nebenerscheinungen der Elektrokrampftherapie.[108]
Das Hauptinteresse gilt in erster Linie den Beeinträchtigungen des Gedächtnisses, die subjektiv am meisten auffallen und auch objektiv nachgewiesen werden konnten. Sie wurden von einigen Anwendern sogar für den therapeutischen Erfolg als notwendig angesehen.[109]
Während anästhesiologischerseits durch die Einführung der Pulsoxymetrie die Gefahr der Hypoxie verringert wurde, hat die Entwicklung moderner Elektrokrampfgeräte, die auf einer Kurz- oder Ultrakurzpulstechnik basieren, die Häufigkeit und Ausprägung der möglichen kognitiven Nebenwirkungen erheblich vermindert.[110]
Der Umstand, daß gegenüber der bilateralen Methode der unilateralen der Vorzug gegeben wird, hat dem Anteil von Verwirrtheitszuständen und Kopfschmerzen im Allgemeinem erheblich gemindert.[111] Diese Überlegenheit der unilateralen Behandlung ist jedoch dann weniger beträchtlich, wenn das sogenannte nonverbale Gedächtnis geprüft wird. Visuelle Gedächtnisleistungen erwiesen sich bei rechtsunilateral stimulierten Patienten mehr beeinträchtigt als die verbalen und zwar sowohl im Kurz- als auch Langzeitgedächtnisbereich.[112]
Unter den Anwendern gilt als erwiesen, daß die postkonvulsiven Gedächtnisstörungen stärker sind als bei leicht supraliminarer Reizung, da die zur Erzeugung eines generalisierten Anfalls verwendete elektrische Energiemenge weit oberhalb der individuellen Krampfschwelle des jeweiligen Patienten liegt.[113]
Nach der Beendigung der Elektrokrampftherapie bzw. der Narkose braucht es bei

---

105 Als Konvention wird mit ECS (electroconvulsive shock) die tierexperimentelle Durchführung der EKT bezeichnet. Hierauf wird im Teil der tierexperimentellen Untersuchungen unter II.3. genauer einzugehen sein.

106 Folkerts, a.a.O.

107 Batra/ Bartels/ Foerster, Nervenarzt 1999, 657.

108 Sauer/ Lauter, Nervenarzt 1987, 201; Birk, Ergebnisse der EKT, S. 38f.

109 Hasse-Sander/ Müller/ Schurig/ Kasper/ Möller, Nervenarzt 1998, 609.

110 Folkerts, Deutsches Ärzteblatt 1995, 358 (361).

111 Batra/ Bartels/ Förster, Nervenarzt 1999, 657; Folkerts, Deutsches Ärzteblatt 1995, 358 (361).

112 Hasse-Sander/ Müller/ Schurig/ Kasper/ Möller, Nervenarzt 1998, 609ff.; Meyendorf/ Bender/ Baumann/ Athen/ Orthlieb, Archiv Psychiatrischer Nervenkrankheiten 1980, 89ff., Squire/ Slater, Am J Psychiatry 1978, 1316ff.

113 Sauer/ Lauter, Nervenarzt 1987, 210 (214f.).

allen Patienten einiger Zeit bis die Orientierung vollständig wiederhergestellt ist. Im Regelfall sind die Patienten zuerst wieder zur Person orientiert, dann zum Ort und zuletzt zur Zeit. Nicht selten kann es in der direkten postiktalen Zeit zu Aufmerksamkeitsstörungen und vorübergehenden neurologischen Auffälligkeiten kommen. Darüber hinaus kann während der Elektrokrampf-Serie eine geringfügige Desorientierung ("interictal desorientation") andauern, die von den jeweilig verschiedenen Behandlungsparametern abhängt. Akute Effekte hinsichtlich der Gedächtnisfunktionen können als anterograde und retrograde Amnesien auftreten. Während erstere die Informationen nach oder während der Elektrokrampf-Serie umfassen, handelt es sich bei letzterer um Gedächtnisinhalte, die bereits vor der Behandlung erworben wurden.[114] Diesen Gedächtnisstörungen liegt zum Teil die Entladung zerebraler Neurone zugrunde, die zusätzlich auch die Folge des peripheren Anfallgeschehens sowie der unmittelbaren Reize auf die Nervenzellen des Gehirns darstellen.[115]

Anterograde Amnesien betreffen vor allem Gedächtnisinhalte, die in den ersten Tagen nach der ersten Elektrokrampftherapie erworben wurden und die komplexe Assoziation oder mnestische Organisation erfordern. Die untersuchenden Psychiater sehen hierbei die Erinnerung an Gedächtnisinhalte dieser Form eher durch die Elektrokrampftherapie als durch die Grunderkrankung (insbesondere Affektpsychosen) beeinträchtigt. Das raschere Vergessen neu erworbener Informationen geht in aller Regel schnell vorüber und ist, sofern es überhaupt auftrat, nach 4 Wochen praktisch nicht mehr nachzuweisen. Nur in Ausnahmefällen, die weniger als 0,5% der Patienten betreffen, können diese Defizite auch länger andauern.[116]
Andererseits können retrograde Amnesien, die als subakute oder auch längerandauernde Störungen auftreten, länger pertistieren. Es handelt sich hierbei um den Verlust von persönlich relevanten autobiographischen Daten des letzten halben Jahres vor der Elektrokrampfserie. Wiederum sehr selten werden auch permanente Störungen von isolierten Informationen, die sogenannten "gaps" beschrieben. Die untersuchenden Psychiater stellten hierbei fest, daß die depressiven Patienten nach der Beendigung der Elektrokrampfserie Verbesserungen beim Aufmerksamkeitstest und hinsichtlich des Kurzzeitgedächtnisses zeigten, die oft in Korrelation zum Ausmaß der Verbesserung ihrer depressiven Symptomatik standen. Hieraus konnte der Schluß gezogen werden, daß die kognitiven Störungen zu einem großen Teil krankheitsbedingt sind.[117] Diese retrograde Amnesien sind ebenso reversibel, wenngleich sie in Ausnahmefällen noch 6 Monate nach einer Elektrokrampfbe-

---

[114] Folkerts, EKT, S. 92f.
[115] Sauer/ Lauter, Nervenarzt 1987, 210 (212)
[116] Folkerts, a.a.O., S. 93
[117] A.a.O.; hierzu zustimmend für den Bereich der endogenen Depressionen und mit weiteren Nachweisen Hasse-Sander/ Müller/ Schurig/ Kasper/ Möller, Nervenarzt 1998, 609ff.

handlung beschrieben wurden.[118] Obwohl andere Studien die Registrierung kumulativer Effekte durch eine Abhängigkeit hinsichtlich der Frequenz, der Anzahl und dem Maß, um das die Krampfschwelle bei den Elektrokrampfbehandlungen überschritten wird, eine zunehmende Verschlechterung der Leistung in Gedächtnistests mit jeder folgenden Elektrokrampfbehandlung aufwiesen[119], sind andere andauernde kognitive Einschränkungen, wie die Intelligenz; die Abstraktionsfähigkeit und die Fähigkeit Neues zu erlernen heute nicht mehr zu befürchten.[120] Neuere Ergebnisse deuten sogar darauf hin, daß die kognitiven Störungen vor der Elektrokrampftherapie und die verlängerte Phasen postiktaler Desorientierung Prädiktoren für das Ausmaß der retrograden Amnesie darstellen.[121]
Es erfolgte eine Untersuchung[122] des Gedächtnisses und anderer kognitiver Funktionen von 27 depressiven Patienten vor und nach einer bilateralen Elektrokrampf-Serie, wobei eine Untergruppe von 14 Patienten einen Monat nach Elektrokrampftherapie und dann sechs Monate später erneut kontrolliert wurden. Anterograde und damit verbal und visospatiale Aufgaben, als auch retrograde Funktionen wie Tagesereignisse und persönliche Ereignisse waren nach dem Ende der Elektrokrampf-Serie signifikant beeinträchtigt. Bei der Nachuntersuchung einen Monat nach Elektrokrampftherapie waren kognitive Störungen bis zu dem Niveau vor der Behandlung verbessert und nach sechs Monaten waren die kognitive Funktionen gegenüber dem Ausgangsniveau vor Elektrokrampfserie sogar erkennbar verbessert. Durch die Studie konnte aufgezeigt werden, daß die depressive Grunderkrankung und die Elektrokrampftherapie unabhängig voneinander die Gedächtnisfunktionen beeinträchtigen.
Ein Durchschnittswert zahlreicher anderer Studie wurde bezogen auf die Wiederherstellung der Gedächtnisfunktionen nach einer anterograden Gedächtnisstörung nach Abschluß der Behandlung mit 72 Tagen angegeben.[123] Weitaus schwieriger schätzen die Mediziner die Beurteilung der retrograden Gedächtnisinhalte nach unilateraler Behandlung ein. Hierzu liegen nur geringe Vergleichsstudien vor. Eine Verbesserung der Funktionen zeigte sich zwischen einer Woche und 7 Monaten. Eine Verschlechterung konnte nicht nachgewiesen werden.

Zusammenfassend stimmen die Psychiater grundlegend überein, daß dem Patienten bei der Anwendung der Kurzpulstechnik und der Technik mit unilateralen Stimulation versichert werden kann, daß entweder keine oder nur geringfügige retrograde oder anterograde Amnesien auftreten.[124]

---

[118] Batra/ Bartels/ Foerster, Nervenarzt 1999, 657 (659) mit dem Hinweis, daß diese Patienten eine bilaterale Stimulation mit der inzwischen nicht mehr empfohlenen Sinuswellentechnik erhalten haben.
[119] Hasse-Sander/ Müller/ Schurig/ Kasper/ Möller, Nervenarzt 1998, 609 (610), mit weiteren Hinweisen auf gleichlautende Untersuchungen.
[120] Folkerts, a.a.O., S. 93.
[121] M.w.N. Folkerts, EKT, S. 93.
[122] Calev/ Phil/ Kochavle/ u.a., Convulsive Therapy 1991, 184
[123] Hasse-Sander/ Müller/ Schurig/ Kasper/ Möller, Nervenarzt 1998, 609f.
[124] Folkerts, Deutsches Ärzteblatt 1995, 358 (361).

I.5.3. Neurologische Störungen

Unmittelbar nach der Elektrokrampftherapie bzw. der Narkose werden in den medizinischen Unterlagen rasch vorübergehende neurologische Auffälligkeiten, wie die Aphasie, die Apraxie und die Agnosie beschrieben, die im engeren Sinne aber nicht als Komplikation zu bewerten sind. Neben möglichen prolongierten Krampfanfällen wurden auch postiktale Erregungen nach einer Elektrokrampfbehandlung festgestellt, die jedoch beide medikamentös behandelbar seien.[125]
Die im Jahre 1995 an 451 psychiatrischen Einrichtungen durchgeführte Untersuchung ergab, daß 2 der Kliniken das häufige Auftreten eines hirnorganischen Psychosyndroms und 3 Kliniken häufig auftretende neurologische Störungen beschrieben.[126]

I.5.4. Andere Nebenwirkungen

Spontane Krampfanfälle nach einer Elektrokrampf-Serie sind ein seltenes Ereignis. Sie kommen zumindest nicht häufiger vor als in der Allgemeinbevölkerung. Es gibt keine Hinweise darauf, daß die Elektrokrampftherapie nach abgeschlossenen Behandlung das kindling-Phänomen und damit das Auftreten spontaner Krampfanfälle begünstigt.
Bei Patienten mit Pseudocholinesterasemangel kann es durch die Relaxierung mit Succinylcholin zu verlängerter Apnoe kommen, die als potentiell lebensbedrohliche Komplikation bewertet werden muß, da der Patient künstlich beatmet werden muß.[127]
Ebenso wurde bereits die Möglichkeit einer Blasenruptur (Riß an der Harnblase) beschrieben. Grund hierfür kann die nicht ausreichend entleerte Blase sein.[128]

Bei ca. einem knappen Drittel der Patienten sind neben der Übelkeit und dem Erbrechen leichte Nebenwirkung der Elektrokrampftherapie möglich. Hierbei handelt es sich zumeist um rasch vorübergehende Schmerzen. In seltenen Fällen können sie auch als typische Migräneattacken auftreten. Vereinzelt kann es bei depressiven Patienten mit bipolaren Erkrankungen zu einer Hypomanie kommen, die jedoch nicht ausschließlich als negativ bewertet werden darf und auch im Rahmen der psychischen Erkrankung spontan auftreten kann. Eventuell sollte der Arzt den Abstand zur nächsten EKT vergrößern.

---

[125] Folkerts, a.a.O., S. 94.
[126] Müller/ Klimke/ Jänner/ Gaebel, Nervenarzt 1998, 15 (20).
[127] Folkerts, EKT, S. 95.
[128] A.a.O., S. 95f..

I.5.5. Patientenerfahrungen

Folkerts selbst führte eine Studie durch, in der er 74 Patienten nach deren Empfindungen nach einer Behandlung mit der Elektrokrampftherapie befragte.[129]
Danach zweifelte er allerdings die Negativerlebnisse an, und stellte insbesondere in Frage, ob es sich bei den Empfindungen um Nebenwirkungen der Elektrokrampftherapie oder der Krankheitssymptome handelt.
In diesem Zusammenhang griff er eine amerikanische Studie auf, nach der 2/3 der Patienten die Elektrokrampftherapie als hilfreich empfanden. Die Patienten nahmen eine ganz andere Stellung zur Elektrokrampftherapie ein, als es von den Gegnern dargestellt und von vielen Ärzten befürchtet wird.[130]

Er stellt hierbei folgendes Resultat dar:[131]

Vorübergehende Gedächtnisstörung	36,5 %
Müdigkeit	25,7 %
Kopfschmerzen/ Kopfdruck	24,3 %
Schwindel	10,8 %
Übelkeit	9,5 %
Muskelschmerzen	8,1 %
Anterograde Amnesien	9,5 %
Retrograde Amnesie	44,5 %
Nebenwirkungsfreiheit der Elektrokrampftherapie	39,2 %
Generelle Nebenwirkungen bei der EKT	32,4 %
Konzentrations- und Merkfähigkeitsstörungen	3,7 %
Keinerlei Auswirkung der EKT auf das Gedächtnis	7,4 %
Verbesserung kognitiver Funktionen nach der Elektrokrampftherapie	11,1 %

Tabelle 5: Darstellung von Folkerts

[129] A.a.O., S. 99.
[130] Folkerts, Deutsches Ärzteblatt 1995, 358.
[131] A.a.O. S. 100.

II. Die Position der Gegner der Elektrokrampftherapie

II.1. Der Begriff der Wissenschaft

Die Wissenschaft ist das sich stetig entwickelnde System von Erkenntnissen, Begriffen, Aussagen, Theorie, Hypothesen und ähnliches über die Natur, den Menschen, die Gesellschaft und das Denken selbst, das in letzter Instanz aus der Praxis hervorgeht und auf sie einwirkt. Sie zählt zu jener spezifischen Form gesellschaftlicher Tätigkeit, die auf die Gewinnung, Reproduktion und Anwendung dieser Erkenntnisse gerichtet ist. Als ein besonderer Bereich der gesellschaftlichen Arbeit stellt sie daher den schöpferischen Prozeß der Produktion neuen Wissens dar und schließt sogleich die Gesamtheit derjenigen Erkenntnisse ein, die im Resultat aus der wissenschaftlichen Arbeit gewonnen werden. Diese Erkenntnisse, das empirische und theoretische Wissen stellen eine Widerspiegelung der zum Objekt gewordenen Wirklichkeit im menschlichen Bewußtsein dar.[132]
Ebenso stellt die Medizin, als die Gesamtheit der wissenschaftlichen Forschungen und Tätigkeiten, gerichtet auf die Förderung der Gesundheit der Menschen, der Krankheitsvorbeugung, Heilung und Linderung von Leiden, einen Teil unserer Wissenschaft dar.[133] Dies bedeutet, sich mit allen objektiv erworbenen Kenntnissen auseinanderzusetzen, Hypothesen zu beweisen, um so gesicherte Erkenntnisse zum Wohl des Menschen weiter zu entwickeln, zu fördern und auszubauen. Gleichzeitig erfaßt dies aber auch die Aufnahme und Verfolgung anders gelagerter Erkenntnisse und Theorien, sei es die eigene Theorie zu stützen oder zu stürzen. Nur dann kann von einer, dem Menschen zugewandten Wissenschaft, gesprochen werden.
In der selben Weise verhält es sich auch mit der Elektrokrampftherapie. Es muß jederzeit die Möglichkeit bestehen, die vorab dargestellten Ansichten und Studien auf ihre Richtigkeit und Vollständigkeit, ihre tatsächlichen Erfolge und Mißerfolge überprüfen zu können. Keine Theorie kann als absolut und herrschend betrachtet werden, denn die menschliche Gesellschaft, ihre Entwicklung und ihr Wesen und damit letztendlich auch die Wissenschaft ist von einem stetigem Wandel betroffen. Das bedeutet, daß sich auch die Befürworter der Elektrokrampftherapie, sei ihre Ansicht über die Behandlungserfolge auch noch so gefestigt und bewiesen, „im Namen der Wissenschaft“ immer überprüfen lassen müssen und selbstkritisch anderen Darstellungen gegenübertreten. Es wäre keine Wissenschaft, sich nicht mit Gegenargumenten auseinanderzusetzen, sofern letztere zumindest eine nachvollziehbare und sachliche Grundlage besitzen.
Dörner als ein Psychiater, der zwar von der Notwendigkeit der Elektrokrampftherapie als Behandlungsmaßnahme ausgeht, selbst allerdings nie die medizinische Indikation hierzu stellte, argumentierte diesbezüglich zutreffend. Jeder in der Auseinandersetzung mit der Elektrokrampftherapie soll seine Position begründen, darf aber zu Durchsetzung dieser nicht die Gegenposition verteufeln.[134]

---

[132] Meyers Lexikon, Band 15, S. 267.
[133] Meyers Lexikon, Band 9, S. 257.
[134] Dörner, Deutsches Ärzteblatt 1996, 138.

In diesem Sinn werden im Folgenden nur Berichte und Darstellungen aufgeführt, die sich wissenschaftlich mit der Elektrokrampftherapie beschäftigen und damit eine objektive Ausgangsbasis beinhalten. Nicht eingegangen wird auf Berichte, die sich mit der Psychiatrie als Machtinstument beschäftigen, insbesondere kriminelle Vorgehensweisen von Psychiatern und Pflegern beschreiben,[135] die die Elektrokrampftherapie als Folter- und Bestrafungsmittel darstellen[136] und anderer einseitiger Berichterstattungen, denen es an jeglicher wissenschaftlichen Basis mangelt.[137]

II.2. Die Argumentation der Gegner[138]

Nach der Ansicht der Gegner der Elektrokrampftherapie eskalierte die Anwendung in den USA und Kanada immer stärker, während in Europa –speziell aber Deutschland- ein derartiges Anwachsen noch nicht zu verzeichnen ist,[139] und das, obwohl sie auch hier bereits in vielen psychiatrischen Einrichtungen angewandt wird.

Dieser amerikanische Trend wird sich nach der Ansicht Breggins[140] wahrscheinlich aber auch in Europa fortsetzen, denn die Befürworter der Elektrokrampftherapie ermutigen und präsentieren die Anwendung derzeit international. Dieses Ziel unterstützend, stellte ein Team von befürwortenden Amerikanern, unter ihnen Max Fink, Harold Sackeim und Richard Weiner, auf dem Symposium im März 1992 in Graz, bei dem neben 13 europäischen Ländern, auch Rußland, Israel, Kanada und die USA teilnahmen, die Vorzüge der Elektrokrampftherapie vor.

Einen elementaren Vorwurf formulierten die Gegner der Elektrokrampftherapie in dem medizinischen Aspekt. Sie stellten fest, daß alle Psychiater, die die Elektrokrampftherapie beschreiben, erforschen oder bewerten selbst Anwender dieser Methode sind und wie es auf Abrams und Schwarz zutrifft, Shareholders der Gerätehersteller sind. Damit setzten sie sich der Kritik der unzulässigen Koppelung von finanzielle Bindung und medizinischen Indikation aus.
Mit dieser Intention, so behaupten einige Autoren und dem weiteren Umstand, daß der Patient privat versichert ist, werde die Indikation zur Anwendung der Elektroschocks in den meisten Fällen gestellt. Diese Entwicklung unterstützend kommt hinzu, daß selbst die Krankenversicherer und die nationalen und bundesstaatlichen Gesundheitsbehörden in den USA weitaus eher bereit seien, die Kosten für den

[135] Weiss, Psychologie heute 1977, 37ff.
[136] Degen, Psychologie heute 1984, 7ff.
[137] Vo Cubillus, Raum & Zeit 1993, 101ff.; Müller-Eckhard, S. 126ff.
[138] Hierbei handelt es sich ebenfalls um eine Replikationsstudie und damit um eine Analyse und Stoffsammlung der Gegner der Elektrokrampftherapie.
[139] Breggin, Elektroschock, S. 17.
[140] Breggin, International Journal of Risk & Safety in Medicine 1998, 5.

Elektroschock zu übernehmen, als für die weniger technisch und medizinisch erscheinenden, jedoch kostenintensiveren Sprechtherapien.[141] Breggin[142] statuierte hierzu ein Rechenexempel, wonach ein Psychiater, der innerhalb eines Jahres pro Woche 3 Elektroschocks verabreicht, 75.000,00 US$ und damit mehr als der durchschnittlich verdienende Psychiater in der ganzen Woche erwirtschaftet, wenn man pro Elektroschock 300,00 US$ veranschlagt. Er erhebt sogar den belastenden Vorwurf, daß Kliniken Elektroschocks verabreichen würden, um so ihre finanzielle Stabilität zu sichern, ohne die generellen Probleme um die Anwendbarkeit der Elektroschocktherapie und die damit einhergehenden gesundheitlichen Schäden hinreichend zu berücksichtigen.[143]

Dieser Ansatz wird jedoch nicht ausschließlich in der dargestellten extremen Gegenposition vertreten, denn selbst einige dieser Mediziner sind sich im Grundsatz einig, daß die positiven Wirkung bei der Behandlung der sogenannten affektiven Störungen tatsächlich zwischen 75% und 90% liegen kann. Sie halten diesem jedoch die zweifelhafte Art und Länge der Wirkung, sowie deren unergründeten Nebenwirkungen entgegen, die außer Verhältnis zu dem Erfolg stehen. In ihrer Grundhaltung zur psychischen Erkrankung behaupten sie den generellen Widerspruch zur gewaltsamen „Depressionsniederschlagung“ und erklären hieraus die mittelfristig schlechteren Ergebnisse der Elektroschocktherapie.

Andere Mediziner[144] wiederum konnten Studien vorlegen, nach denen kein effektiver Vorteil der Elektrokrampftherapie gegenüber der medikamentösen Behandlung festgestellt werden konnte.
Breggin[145] geht sogar soweit, der Elektroschocktherapie den Status einer medizinischen Behandlung abzusprechen und deklariert die Vorgehensweise der Psychiater als eine, dem Menschen in einer seelischen Krise eine innere -durch Elektrizität verursachte- Kopfverletzung zuzufügen.

II.2.1 Die Modifikationen des Elektroschocks

Nach der gefestigten Ansicht Breggins haben die Befürworter in den letzten Jahren eine Medienkampagne organisiert, Sie wollten aufklären, daß infolge durch den Elektroschock die besorgniserregenden Probleme beseitigt sind oder zumindest wesentlich verringert werden konnten. Damit sollte die bestehende und stetig wachsende Skepsis der Öffentlichkeit gegenüber der Therapie zerstreut werden. Die genannten Techniken konzentrieren sich neben dem Einsatz von Betäubungs-

[141] Frank, Schöne neue Psychiatrie, S. 293.
[142] Breggin, in Kempker/Lehman, Statt Psychiatrie, S. 165.
[143] Frank, a.a.O., S.293; Friedberg, Psychologie heute 1977, 29ff.
[144] Rifkin, Journal of Clinical Psychiatry 1988, 3ff.
[145] Breggin, in Kempker/Lehmann, a.a.O., S. 156ff.

mitteln und Muskelrelaxantien auch auf die Änderungen der Elektrodenplatzierung sowie auf den Einsatz der elektrischer Kurzpulsstimulation.[146]
Die Absicht der Einführung dieser Modifikationen sei jedoch, entgegen den Behauptungen der Befürworter, keinesfalls dazu in der Lage, den Gedächtnisverlust und die Hirnschädigungen zu reduzieren. Allein die Muskelrelaxantierung ist lediglich zur Verhinderung von Frakturen der Extremitäten und der Wirbelsäule sowie von Rissen der Zähne bestimmt, die aus den schweren Muskelkrämpfen resultieren. Die künstliche Beatmung hingegen sei nur eingesetzt worden, um die ständige Sauerstoffversorgung des Organismusses zu gewährleisten. Letztenendes bewirkt die Modifikation aber auch, daß der Anblick der Behandlung weniger erschreckend und damit humaner erscheint.[147]

Diese Modifikationen, nunmehr angewandt durch die neuen Elektrokonvulsatoren, verdeutlichen für die Gegner der Elektroschocktherapie den Umstand, daß der künstliche Krampfanfall in den Folgen weitaus schwerer wiegt, als der spontane Epelepsieanfall. Insbesondere Patienten mit Krampfanfällen unbekannten Ursprungs oder Anfällen infolge von Hirnverletzungen, erleiden nur sehr selten Knochenbrüche oder Wirbelverletzungen während eines solchen Krampfanfalls.
Im Rahmen zahlreicher Gegenstudien versuchten sie daher den Beweis dafür zu erbringen, daß diese, ihrer Ansicht nach hochgelobten, vermeintlichen Neuerungen tatsächlich gar keine sind. Nachweislich wurde bereits in den Jahren 1963/1964 an der Havard Medical School und dem Massachusetts Mental Health Center die modifizierte Elektrokrampftherapie angewandt. Insbesondere konnten einige Studien belegen, daß bereits Ende der 40er, Anfang der 50er Jahre die unilaterale Behandlung mittels Kurzpulstechnik Anwendung fand.[148]
Das somit öffentlich „beirrte“ Ansehen der Elektrokrampftherapie basiert folglich schon auf der modernen, seit langem angewandten, modifizierten Applikation, die genaugenommen sogar noch viel gefährlicher ist, als die ursprüngliche Anwendung. Damit unterliegt man bezogen auf die Verringerung der Nebenwirkungen einem Zirkelschluß.[149]

Selbst unter dem Aspekt der Veränderung der Modalitäten der Elektroschocktherapie wurde vorgetragen, daß Untersuchungen sowie logisches Denken nur zu einem richtigen Ergebnis führen können, wenn die elementaren Grundlagen der Elektroschocks gleich bleiben. Denn weder die Beschaffenheit des menschlichen Gehirns, noch die des elektrischen Stroms haben sich seit der Einführung des Elektroschocks geändert. Sobald man daher dem Gehirn eine, für den Krampfanfall hinreichende Dosis an elektrischem Strom verabreicht, schädigt man es zumindest in einem bestimmten Ausmaß, wenn nicht sogar zum Teil auf Dauer. Hinzu komme,

---

[146] Breggin, Journal of Risk & Safety in Medicine,1998, 5 (19).
[147] A.a.O.
[148] Goldmann J Nerv Ment Dis 1949, 36; zit. nach Hess, EKT bei pharmakoresistenten endogenen Psychosen, S. 4; Breggin, International Journal of Risk & Safety in Medicine 1998, 5 (19)
[149] A.a.O.

daß durch die Medikamentenvergabe dem Elektroschock eine größere zerstörerische Wirkung gegeben werde als je zu vor. Mittel zur Lähmung des Zentralnervensystems, Betäubungsmittel und Muskelrelaxantien erhöhen die Krampfschwelle und dies wiederum macht eine höhere Dosis an elektrischen Strom zur Auslösung eines Krampfanfalls nötig. Damit wird mehr als die Dosis erreicht, die in den tierexperimentellen Studien Hirnblutungen verursachte und Hirnzellen zerstörte. Hieraus zog man die Schlußfolgerung, daß durch die bedingte Erhöhung der Stromstärke, resultierend aus der Verwendung der Muskelrelaxantien, die Amnesien und die Schädigungen des Gehirns noch schwerer sein müssen, als bislang bewiesen wurde.[150] Versuche, die Stromstärke zu verändern und herabzusetzen führten im Gegenzug nur zu einer Erhöhung der Anzahl der verwendeten Schocks.[151]

Selbst wenn dem nicht so ist, ist nach der Ansicht Heim´s die conditio sine qua non der Therapie der iatrogen provozierte, in kurzen Abständen mehrfach wiederholten Grand-mal-Anfall, der normalerweise neurologischerseits unter Einsatz massiver Medikation zu vermeiden versucht wird. Der Hauptgrund wird hier vor allem wegen der im Verlauf der Krankheit erworbenen Hirnschädigung und der daraus folgenden „epileptischen Demenz“ erblickt.[152]
Auch nach Breggin sei es völlig egal wie auch immer die Elektroschocktherapie modifiziert werde, fest steht: „Die Evolution hat uns gezeigt, daß sich die Menschlichkeit als solche immer gegen den Schock wehren wird, denn zur Überwindung unseres Schutzsystem des Gehirns muß eine derart hohe Schädigung erst zugefügt werden.“[153]

II.2.1.1. Die unilaterale Anwendung

Zahlreiche Gegner der Elektroschocktherapie kritisieren, daß der unilateralen Durchführung zu große Bedeutung beigemessen wird und daß, obwohl es hierdurch weder zu einer Ablösung des bilateralen Elektroschocks kam noch kommen wird. Genau genommen steht die fehlende heilende Wirkung der unilateralen Verfahrensweise in direktem Zusammenhang mit der Vermeidung des Gedächtnisverlustes.[154] Nur eine mehrfach wiederholte Anwendung kann die beabsichtige Wirkung herbeiführen. Das wiederum führt zu mehr Stromstößen pro Behand-

---

150 A.a.O., S.9; Breggin, Elektroschock, S. 152; Frank, Schöne neue Psychiatrie, S. 310ff.; Heim, Deutsches Ärzteblatt 1996, 137 f.

151 Breggin, Elektroschock, S. 152.

152 Heim, Deutsches Ärzteblatt 1996, 137.

153 Breggin, Journal of Risk & Safety in Medicine,1998, 5 (20).

154 Zitat Thigpens, Convulsive Therapy Bulletin 1976, 40 nach Lehmann, Schöne neue Psychiatrie, S. 313

lungsreihe bzw. einer erhöhten Stromstärke zur Erreichung des Krampfanfalls. Im Endeffekt werden noch schwerere Hirnschäden herbeiführt.[155]
Man stützt man sich hierbei auf die Aussage der APA[156], die in ihrem Bericht die unilaterale Durchführung der Elektrokrampftherapie nicht ausschließlich für gut heißt. Sie stellt mit dem Hinweis auf die Vergleichsstudien Sackeims die bessere Wirksamkeit der bilateralen Elektrodenplatzierung dar, so daß die Behauptung um die erhöhte Sicherheit dieser Anwendungsmethode erneut in Frage gestellt wurde. Es ist daher unbestritten, daß die bilaterale Elektrokrampftherapie weltweit in nicht reduziertem Umfang auf Grund derartiger Studien angewandt wird. Weiterhin ist zu beachten, daß für die Anwendung der unilateralen Elektrokrampftherapie weitaus überhöhte Dosen elektrischen Stroms erforderlich sind.[157]
Auch Aussagen, daß die Elektrode bei der unilateralen Elektrokrampftherapie lediglich an die sogenannte „stumme Zone“ angesetzt wird, ist in diesem Zusammenhang stark kritikbedürftig. Es wird als unverantwortlich eingeschätzt, von einer derartigen Zone zu sprechen. Der Grund hierfür liegt in der Tatsache, daß an dieser Stelle des Hirns die räumlichen Wahrnehmungsfunktionen sowie die visuellen und emotionalen Funktionen angesiedelt sind. Akustisches und musikalisches Verständnis, auch die ganzheitliche Wahrnehmung von Zusammenhängen finden dort und damit in einem Gebiet des Hirns statt, das sehr wichtig für das „Menschsein“ als ganzes ist.[158]
Ebenso argumentierte Breggin, als er ausführte, die Plazierung der Elektroden über eine Hirnseite mache weder psychologischen noch physiologischen Sinn zu glauben, den Schaden hierdurch geringer zu halten. Er kehrt die aufgestellte These vielmehr in ihr Gegenteil und behauptet, der verursachte Schaden liegt bei der unilateralen Plazierung der Elektroden möglicherweise viel höher. Grund dafür ist die Zentrierung der gesamten Energie auf eine kleinere oder begrenzte Region einer Hirnseite, die vermutlich einen größeren Schaden bewirkt, als die Streuung der Energie über beide Seiten. Insbesondere gleicht die rechte Hirnhälfte als die „stumme Zone“ in ihrer Funktion der großen stummen Zone, dem sogenannten Vorderhirnlappen, die an schwer definierbaren Funktionen wie Intuition, Kreativität und Persönlichkeit erkennbar ist. Daraus folgert er, daß der nichtdominante Elektroschock oberflächlich betrachtet den einzelnen Patienten als Individuum nicht so eklatant schädigen kann wie der bilaterale Elektroschock, wenngleich gerade dessen destruktive Wirkung nicht verkannt werden darf. Diese Annahme wird von Studien bestätigt, die zeigen, daß der Elektroschock, der der dominanten Seite des Gehirns versetzt wird, die verbalen Zentren mehr schädigt, als der bilateral angewendete. Es gibt daher insgesamt keine akzeptable, nachvollziehbare Argumentation, die die Behauptung der geringeren Schädlichkeit der unilateralen Elektrokrampftherapie stützen könne.[159]

[155] Frank, a.a.O., S. 313.
[156] American Psychiatric Association (1990) A task force report. 89-91, 103.
[157] M.w.N. Frank, Schöne neue Psychiatrie, S. 312ff.
[158] Zitat Rufers nach Lehmann, Schöne neue Psychiatrie, S. 313.
[159] Zitat Breggins nach Lehmann, a.a.O., S. 313f.; Rufer, Widerspruch 1992, S.113 (115f.).

In diesem Sinne stellen die Befürworter der Elektrokrampftherapie dar, lieber die bilaterale Elektrokrampftherapie anstatt der unilateralen anzuwenden, da erstere unbestritten die Wirkungsvollere sei.[160]

II.2.1.2. Die Anwendung der Kurzpulstechnik

Eine weitere Neuerung stellten die Anwender der Elektrokrampftherapie in der Anwendung der Kurzpulsstimulation[161] vor. Diesbezügliche Kritik äußert sich darin, daß die Probleme des Kurzpulselektroschocks denen des unilateralen Elektroschocks entsprechen. Während die Kurzpulsstimulation möglicherweise weniger Gedächtnisverlust hervorruft, als die gewöhnlich eingesetzte Sinuswellenstimulation, kann sich die neuere Technik jedoch insoweit als untauglich erweisen, den erforderlichen generalisierten Krampfanfall auszulösen. Damit ist eine größere Anzahl dieser gemäßigteren Behandlungseinheiten nötig, um das gewünschte therapeutische Ergebnis zu erzielen.[162]

Pippard[163] jedoch erkannte und kritisierte darüber hinaus, daß die Haupt zahl der von ihm untersuchten psychiatrischen Einrichtungen nur die älteren Elektrokonvulsatoren mit veralteter Technik verwendeten. In der selben Studie legte er dar, daß es keine einheitliche Anwendung der Elektroschocktherapie gibt. Diese wird vielmehr von Region zu Region unterschiedlich gehandhabt.

II.2.2. Die Folgen der Anwendung der Elektroschocktherapie

II.2.2.1 Strukturelle Hirnschäden

Im Mittelpunkt dieser Frage stehen die Thesen Breggins bezogen auf die hirn- und persönlichkeitsschädigenden Folgen der Elektrokrampftherapie. Als amerikanischer Psychiater und Leiter des Center for the study of Psychiatry in Bethesda/ Maryland behauptet er die Wirkungsweise der Elektrokrampftherapie liegt in der Verursachung bleibender Hirnschädigungen.[164] Auf Grund dieser Untersuchungen gelangte er zu der generellen Ablehnung der Elektrokrampftherapie als Behandlungsmethode psychisch erkrankter Personen.

---

[160] Rufer, a.a.O., S.113ff., nennt hierbei Psychiater wie Lothar Kalinowsky und führt an, daß auch Sackheim, Hippius, Klein, Decina, Prohovnik, Malitz und Abrams betonten, daß die unilaterale Methode weniger wirkungsvoll sei.
[161] Vgl. Abschnitt I.2.2
[162] Frank, Schöne neue Psychiatrie, S. 314.
[163] Pippard, British Journal of Psychiatry 1992, 621 (623).
[164] Breggin, Elektroschock, S. 144.

Selbst einige Anwender der Elektrokrampftherapie äußerten, daß bei dem Typus einer solchen Behandlungsmethode ein gewisses Maß an Hirnschädigung wohl unabdingbar ist. Besonders die Vorderhirnlobotomie zeigte, daß die Besserung infolge einer eindeutigen Zerstörung bestimmter Hirnteile eintrat.[165] Breggin[166] zitierte in seiner Darstellung die Argumentation Abrams, einem der wichtigsten Befürworter der Elektrokrampftherapie aus dem Jahre 1997, daß ein Patient -der sein Bewußtsein nach einer Elektrokrampfbehandlung zurück erlangt hat, verschiedenste Abnormalitäten zeigen kann, die eine akkurate Beschreibung eines erlittenen Kopftraumas beinhalten. Replizierend unterstütze auch Max Fink diese Aussage mit dem Argument, daß die wichtigen neurologischen Folgen des Krampfanfalles, sowohl konkret die Änderung des geistigen Zustandes als auch die Entwicklung organisch-mentaler Syndrome, für die Wirksamkeit Elektroschocks ursächlich seien.
Wenngleich diese drei Psychiater die kontroversesten Gegner der These über die Hirnschädigung infolge einer Elektroschockbehandlung sind, so besteht zwischen ihnen dennoch insoweit Einigkeit, daß sie sich lediglich über die Interpretation des Begriffs der Hirnschädigung streiten. Sie definieren diese einerseits als einen positiven Effekt, andererseits als eine nicht hinzunehmende Nebenwirkung.

Im Rahmen dieser Auslegung habt auch Sament[167] keine Zweifel daran, daß ein elektroschockbehandelter Patient unter den gleichen Symptomen leidet, die denen eines ehemaligen Boxers mit dem Boxersyndrom gleichen. Der Grund hierfür liegt in der Tatsache, daß die Symptome nach einer Elektroschockbehandlung dieselben sind, wie die einer Gehirnerschütterung. Bereits nach einigen Behandlungen erreiche man die Symptome einer mittelschweren zerebralen Prellung mit der Folge, daß ein weiterer enthusiastischer Gebrauch dann dazu führen könne, daß der Patient nur noch auf einer subhumanen, also menschenähnlichen Ebene funktioniere.
Ebenso wird angebracht, daß die elektroschockbedingten Krampfanfälle ebenso wie die generalisierte spontane Krampfanfälle bei Epileptikern in unterschiedlich lange Perioden der Desorientierung münden die, sofern sie anhaltend sind, man im allgemeinen auf ein organisches Hirnsyndrom zurückführt.[168]
Auch andere Untersuchungen haben die schädigende Wirkung des elektrischen Stroms bestätigen können. Insbesondere kann die elektrische Stimulation, ohne bereits Krampfanfälle auszulösen, Schädigungen und Funktionsstörungen bewirken. Klinische Berichte[169] und kontrollierte Untersuchungen[170] der modifizierten

[165] Frank, a.a.O., S. 304; Breggin, International Journal of Risk & Safity in Medicine 1998, 5 (8ff.).
[166] Breggin, a.a.O., S. 9.
[167] Sidney Sament zit. nach Frank , Schöne neue Psychiatrie, S. 293ff.
[168] Sackeim, PB 1986, S. 482, ebenso Frank, a.a.O., S. 305.
[169] Watkins et al, Psychiat. Q., 1941, 724ff., Jaffe et al, J Nerv. Ment. Dis. 1960, 235ff. zit. nach Breggin, Elektroschock, S. 144.
[170] Pulvers/ Jacobs Dis. Nerv. Syst. 1961, 382 ff., Larsen/ Vraa-Jensen, Acta Psychiat. Neurol. Scand. 1953, 75 ff. zit nach Breggin, a.a. O., S. 144.

Elektrokrampftherapie belegen, daß subkonvulsive Stromstöße schwere, akute Hirnfunktionsstörungen beim Menschen hervorrufen.

Nicht widerlegt sind tierexperimentelle Studien, bei denen die Stimulation eines Elektrokrampfes mit Hilfe der, an die Größe des Tieres angepaßten Stromstärke erfolgte. Die zum Teil vergleichsweise sehr geringe Stromstärke und Dauer hat bereits zu erheblichen histopathologisch nachgewiesenen Hirnschäden geführt, deren Resultate nur durch neue histopathologische Studien und Langzeitbeobachtungen entkräftet können.[171] Auch Autopsien des menschlichen Gehirns wiesen Zerstörungsmuster in Form diffuser Verletzungen kleiner Blutgefäße, Gefäßwandveränderungen, petechiale Blutungen, Gliawucherungen, Degeneration und den Tod von Neuronen auf.[172]

II.2.2.2. Kognitive Störungen

Die schwerste und häufigste Auswirkung des Elektroschocks sind nach den Aussagen von behandelten Patienten der Verlust des Erinnerungsvermögens in allen Bereichen der Persönlichkeit. Diese werden oft als das Verkümmern des Selbst erlebt. Entscheidend wehrt man sich aber gegen die Behauptung, der Gedächtnisverlust sei ein Symptom der ursprünglichen Krankheit, der Depression als natürliches Zeichen des Alterns, in schweren Fällen auch als Symptom der Vergreisung. Eine Studie über unbehandelte depressive Patienten wies gerade keine Gedächtnisprobleme auf.[173]

Bei den Gegnern besteht nahezu Einigkeit, daß die, bei der Elektroschocktherapie in allen Fällen auftretenden retrograden und anterograden Gedächtnisstörungen das erste Anzeichen einer traumatischen Hirnschädigung sind. Die Kontroversität hierbei bezieht sich konkret auf die Schwere und die Hartnäckigkeit dieser Defizite.
Es wurde beschrieben, daß vor allem ältere und intellektuell arbeitende Patienten über dauernde Störungen der Erinnerung nach einer Elektroschockserie klagten.[174] Neben anderen, von der APA in ihrem Task Force Bericht unerwähnten Studien belegte auch die von Squire und Slater[175], daß nach einem Patientenbericht 7 Monate nach der letzten Elektrokrampfbehandlung durchschnittliche Gedächtnisverluste auftraten, deren Ereignis bereits 27 Monate zurücklag. In einem weiteren Fall legten die untersuchenden Mediziner dar, daß ein Patient die Erinnerung von 10 Jahren verlor.

---

[171] Heim, Deutsches Ärzteblatt 1996, 137; m.w.N. Breggin, a.a.O., S. 64 ff.
[172] Rufer, Widerspruch 1992, S.113ff.
[173] Frank, Schöne neue Psychiatrie, S. 308ff.
[174] Bleuler, Lehrbuch der Psychiatrie, S. 188.
[175] Squire/ Slater, British Journal of Psychiatry 1983, 6.

Eine weitere kontrollierte Studie von Janis/ Universität Yale konnte einen dauerhaften Verlust des Gedächtnisses einschließlich der autobiographischen Lebensgeschichte nach einer routinemäßig durchgeführten Elektroschocktherapie nachweisen. Es wurde anhand des Verhaltens der Patienten dargelegt, daß bei ihnen die Tendenz besteht, ihre Gedächtnisverluste zu minimieren oder gar zu leugnen und sich nicht spontan bei ihren behandelnden Ärzte beklagten. [176]
Die Ergebnisse dieser Studie blieben durch die APA[177] unbeachtet.
Eine Studie Weiners versuchte den Verlust autobiographischer Gedächtnisinhalte nach der Anwendung der Elektroschocktherapie zu untersuchen. Da diese die beständigsten sind, beklagen sich die meisten Patienten hierüber. Es wurde der Verlust autobiographischer Gedächtnisinhalte, die mehrere Jahre vor der Therapierung umfaßten, über die gesamte sechsmonatige Dauer der Untersuchung festgestellt.[178]
In einer Konkretisierung hierzu wird ausgeführt, daß Amnesieopfer, die ihre Probleme vergessen haben dazu neigen, sich weniger zu beklagen. Ähnlich verhält es sich mit der Verdrängung. Auf Grund des Schamgefühls haben Elektrogeschockte den Hang, ihre ungelösten Probleme und nunmehr vorhandenen intellektuellen Defizite unterzubewerten oder zu leugnen. In einer Phase der Euphorie erscheint die Depression als aufgehoben, während mit einer Apathie die Erregung abnehme. Abhängigkeit und Fügsamkeit schließlich verwandeln den zuvor widerspenstigen und feindseligen Betroffenen in kooperative und freundliche Patienten.[179]
Was von den Psychiatern als Heilung einer Depression verstanden wird ist lediglich als eine euphorische Überspielung der durch die Elektroschockbehandlung erlittenen Schädigung zu verstehen.[180] Hinzu kommt die Angst der Patienten, die Zerstörung ihrer Persönlichkeit bewußt zu durchleben mit der Folge gar nicht mehr zurecht zu kommen. Manche vergessen wer sie sind und kennen ihr Umfeld nicht mehr. Genau dieser Zustanden ist ein Delirium, ein hirnorganischen Psychosyndrom, das als Folge der Elektroschockbehandlung in zahlreichen Studien beschrieben wird.[181] Eine ehemalige Patientin berichtet, daß es ihr größtes Problem ist, an vieles nicht mehr erinnern zu können. Besonders an die Zeit in der Anstalt kann sie sich nur rudimentär, an die Zeit davor und danach in großen Teilen nicht mehr erinnern.[182]

---

[176] Breggin, International Journal of Risk & Safity in Medicine 1998, 5 (12).
[177] American Psychiatric Association (1990) A task force report.
[178] Vgl. Abschnitt I.5.2.
[179] Frank, Schöne neue Psychiatrie, S. 297 f.
[180] Rufer, Widerspruch 1992, S.113.
[181] Breggin in Kempker/Lehmann, Statt Psychiatrie, S. 162.
[182] Aussage von Kempker in der WDR Dokumentationsserie "Kontraste" vom 03.08.1992, 21.00 Uhr.

II.2.2.3. Der Tod

Angesichts der geringen Zahl der Studien über Elektroschocktodesfälle ist das gegenwärtige Ausmaß kaum bestimmbar.
Dennoch ist keine medizinische Ausbildung erforderlich, um die zerstörerische Energie zu erkennen, die das Durchfließen eines elektrischen Stroms von 100 bis 150 Volt und einer Spannung, die im Brustbereich verabreicht tödliche Wirkung zeigt, auf das menschliche Gehirn hat. Betrachtet man unterschiedliche Forschungen, so schwanken die Zahlen der Todesfälle bei der Elektrokrampftherapie zwischen 2% und 0,03%. Andere Autoren vermuten die Todesrate bei 1:1000, bzw. 1:200 bei Risikogruppen.[183] Selbst die Kritiker der Elektroschocktherapie sind hinsichtlich derartiger Zahlenangaben zurückhaltend und halten es zum Teil für bedenklich, hier überhaupt einer Zahl vertrauen zu können.
Breggin[184] führt aus, daß die moderne Literatur zur modifizierten Elektroschocktherapie weitaus weniger Autopsieberichte liefert. Das kann aber keinesfalls mit der Annahme verbunden werden, die Sterbeziffer habe abgenommen. Er stellt demgegenüber dar, daß die einzelnen beschriebenen Modifikationen der Elektrokrampftherapie und die in diesem Zusammenhang stehenden Risiken durch zusätzliche Komplikationen der medikamentös erzeugten Muskelrelaxation und der Anästhesie die Sterblichkeitsrate erhöht haben. Desweiteren weist er auf eine Studie[185] hin, in der ein 23 jähriger Mann bereits nach den ersten Behandlungen mit der Elektrokrampftherapie Hirnschäden erkennen ließ und nach weiteren zwei starb. Auch in diesem Fall hat eine Autopsie diffuse Hirnschädigungen ergeben.
Für diese Thesen aber genaue Daten und kontrollierte Studien liefern zu können, sieht Breggin[186] für problematisch an. Da zwischen der Applikation der Elektrokrampftherapie und dem Tod oftmals ein größerer Zeitabstand liegt, wird die Interpretation der Befunde erschwert. Gesteigerte Bedeutung mißt er der Tatsache zu, daß bereits eine einzige modifizierte Elektrokrampftherapie eine zerebrale Schädigung verursachen kann, die den Tod bedingt.

II.2.2.4. Elektroschock und Suizid

Die Gegner der Elektroschocktherapie verwehren sich absolut gegen die Aussage, Elektroschocks seien bei Depressionen mit Suizidrisiko unabdingbar. Keine wissenschaftliche Studie hat diesen Umstand je nachweisen können.[187]

---

[183] Breggin, Elektroschock, S. 83 ff.; Frank, a.a.O., S. 300 ff.
[184] Breggin, a.a.O. mit dem Hinweis auf die Testergebnisse Impastatos'.
[185] Breggin, Elektroschock, S. 84, mit dem Hinweis auf die Studie von McKegney und Panzetta (1963).
[186] Breggin, a.a.O., S. 84 f.
[187] Breggin, International Journal of Risse & Safety in Medicine 1998, 5.

Eine Studie von Avery und Winokur[188] ergab, daß die Elektrokrampftherapie nicht in der Lage ist, die Suizidrate zu beeinflussen.
Während Studien der FDA und APA 1990 darlegten, die Position der Elektroschocktherapie zur Verminderung der Suizidfälle sei bewiesen, konnten andere Studien[189] keine Erfolge dieser Art registrieren.

Nach der eigenen klinischen Erfahrung Breggins stellte sich sogar das Gegenteil ein. Er konnte beobachten, daß durch die Anwendung der Elektroschocktherapie das Risiko eines Suizides für einige Patienten stieg. Bekannt ist der Fall von Ernest Hemingway, dessen Suizid auf die vorangegangene Elektroschocktherapie zurückzuführen war. Er verzweifelte am Verlust seines Gedächtnisses und seiner Fähigkeit zu schreiben. Hinsichtlich der Anwendung der Elektroschocktherapie äußerte er: „Also, was hat es denn für einen Sinn, mir den Kopf zu ruinieren, meine Erinnerungen auszulöschen, die mein Betriebskapital sind und mich in den Bankrott treiben? Die Operation ist gelungen, aber der Patient ist tot.“ [190]

II.2.2.5. Die Wirkungsdauer

Mit der Behauptung der nur zeitweisen Wirkungsdauer des Elektroschocks, begründen die Gegner der Anwendungsmethode ihre Abstinenz. Sie zweifeln, solange nicht der Beweis für einen signifikanten langfristig therapeutischen Nutzen erbracht ist. Insbesondere hat in diesem Zusammenhang eine Auswertung zahlreicher methodologisch fundierter Studien ergeben, daß keine von einer heilsamen Wirkung von länger als von 4 Wochen berichteten konnte.[191]
Um hierbei Kontroversitäten nunmehr auf einen gemeinsamen Nenner zu bringen, haben Kritiker und Befürworter der Elektroschocktherapie in einer Konsensuskonverenz in den USA versucht, die Streitfrage um die Anwendung und Effektivität der Elektrokrampftherapie zu klären. Die Anwender waren jedoch nicht in der Lage, eine wissenschaftlich kontrollierte Studie mit dem Ergebnis der Langzeitwirkung der Elektroschocktherapie darzulegen. Vielmehr bewiesen zahlreiche Studien fehlende bzw. nur verschwindend geringe Besserungen.[192]
Es wird dargestellt, daß die Rückfallquote nach einer erfolgreichen Behandlung mit einer Elektroschockserie wegen affektiver Störungen zwischen 20 und 50 % liegt, da affektive Störungen weitestgehend chonisch und irreversibel seien. Aus-

---

188 Avery/ Winokur, Archives of General Psychiatry 1976, 1029 ff.
189 Milstein/ Small, Convulsive Therapy 1986, 3,; Avery/ Winokur, Biological Psychiatry 1977, 508 ff.
190 Zitat Hemmingways nach der WDR Dokumentationsserie „Kontraste“ vom 03.08.1992, 21.00 Uhr.
191 Consensus Conference on ECT, Journal of the American Medical Association 1985, 2103 ff.; Frank, Schöne neue Psychiatrie, S. 298.
192 Consensus Conference on ECT, Journal of the American Medical Association 1985, 2103 ff.

geübte Kritik besteht daher gegenüber den Anwendern, nach denen es kaum ein Versagen des Elektroschocks gibt. Sie sprechen lediglich von Patienten mit wiederkehrenden Episoden regelmäßiger, psychiatrischer Langzeitbehandlung.[193]
Mit der Feststellung, die Elektroschocktherapie zeigt nach 4 Wochen keine positiven Effekte mehr, sehen die Gegner den Beweis der hirnschädigenden Wirkung der Behandlung. Genau dieser angegebene Zeitraum stellt die Erholungsphase von den offensichtlichen und euphorischen Wirkungen der angewandten Elektroschocktherapie und damit des organischen Hirnsyndroms dar.[194]

II.2.2.6. Patientenerfahrungen[195]

...Ich litt nachher schwer unter Konzentrationsunfähigkeit, Gedächtnislücken, dem eigenem Unverständnis für das, was mit mir geschehen war, und die Schwierigkeit etwas Neues zu lernen und zu behalten. Es bestand auch nicht vor, sondern nachweislich erst nach der Schocktherapie bei mir Suizidabsicht, weil ich mich nicht darauf umstellen konnte, infolge der Behandlung nun ein Geisteskranker geworden zu sein, meine früheren Erfolge und Interessen aufgeben zu müssen, ja meine Persönlichkeit verloren zu haben...
...Meine Frustration reduzierte sich nur dann ein bißchen, als ich Niveau- und Realitätsverlust, Gedächtnisausfälle, Persönlichkeitsabbau, schlechte Schulleistungen, sozialer Abstieg und Ansehensverluste, körperliche Schäden und psychische Einschränkungen als mein Schicksal hinnahm und den mir verbleibenden Rest kritischen Denkens und die Einsicht in die Situation auszuschalten versuchte. Erst nach langer Erholungsphase mit vielen Rückschlägen war es mir dann möglich, mich laienhaft und in engen Grenzen nach und nach wieder mit dem für mich schrecklichen und unfaßbaren Mysterium Psychiatrie und der mir zugeschriebenen Schizophrenie zu befassen. Es hat mich dabei immer deprimiert, wenn mein Verlangen mehr, Richtigeres, Authentischeres über psychiatrisches Handeln und Denken zu wissen, vergleichen und verstehen zu können, nicht nur durch die deutlich spürbaren eigenen Defizite, sondern auch durch die abweisende Verschwiegenheit der Psychiatrie dem Patienten gegenüber enge Schranken gesetzt wurden....
...Nach der Elektroschockbehandlung hatte ich Ausfallerscheinungen auf allen Gebieten, deutlich vor allem in der räumlichen Orientierung, aber auch beim Sprechen. Daß ich im schulischem und privatem Bereich stark zurückstecken mußte, mir von –in mein Schicksal nicht Eingeweihten oft Hänseleien und Tadel wegen meiner Zerstreutheit und Vergeßlichkeit gefallen lassen mußte, die ich nur mit so-

---

[193] Frank, a.a.O., S.299.
[194] Consensus Conference on ECT a.a.O.
[195] Der folgende Abschnitt enthält gekürzte Auszüge des Anschreibens Deisenhofers vom 18.11.1992 an Prof. Dr. med. H. Lauter mit dem Inhalt der aktiven Auseinandersetzung des ehemaligen Patienten und heute pensionierten Lehrers mit seiner Erfahrung bei der Anwendung der EKT.

zialem Rückzug quittieren konnte, daß ich mich dann immer schämte und vor mir und anderen zu verbergen versuchte, daß ich mich an die Jahreszahl und andere ganz selbstverständliche Dinge nicht mehr erinnern konnte, ganz zu Schweigen von feineren und differenzierteren Assoziationen. Hätte ich mich nun über meine schlechte Konzentrationsfähigkeit und meine jetzt falschen Schulnoten oder eine falsche Behandlung beklagt, hätte man das bei einem Geisteskranken wie mir lästig empfunden und mit den Worten von Prof. Fink abgetan: „Jeder klagt über sein schlechtes Gedächtnis, aber keiner über seine schlechte Intelligenz". Sicher macht Gedächtnis allein keine Intelligenz, aber ohne Gedächtnis ist auch keine wirksame menschliche Intelligenz mehr möglich...

...Natürlich setzte einige Zeit nach der Elektrokrampfbehandlung auch eine Kompensationstätigkeit ein. Ich fand mich schließlich mit dem Abstieg und dem Verfall ab und schaffte mir Eselsbrücken, um die Ausfälle vor mir und den anderen zu überspielen, versuchte das Vorherige ganz zu vergessen, daß Beste aus der Situation noch zu machen, um zu leben, ich dissimulierte Depressionen, schwieg über meine Leiden, um den somatischen Ärzten nicht einen Vorwand zum erneuten Eingreifen mit Schocks zu geben, obwohl ich ein sehr großes Bedürfnis hatte, über meine Beschwerden mit jemanden anderem zureden...

...Das Ausfälle im biographischen Gedächtnis für den Betroffenen nur etwas lästig und kein ernst zunehmender Beunruhigungsgrund seien, glaube ich nicht, es sei denn, man hält jemanden für so abgestumpft und derangiert, daß der teilweise Verlust der Identität ihm nichts mehr anhaben kann. Ich habe die Erfahrung gemacht, daß sensible und intelligente Menschen, die ihr geistiges Potential beruflich und privat ausschöpfen, besonders unter derartigen Ausfällen leiden...

...Ausfälle, sowie Konzentrations- und Orientierungsstörungen wurden kritiklos als Schizophreniesymptom, Residualzustand und zusätzliche endogene Depression interpretiert. Bis heute habe ich diese auffällige Merkschwäche vor allem im räumlichen Bereich, die früher noch wesentlich schlimmer war, die man aber in keinem Zusammenhang mit der Schocktherapie bringt, da man per definitoriem ausschließt, daß eine Schocktherapie überhaupt Ausfälle verursachen könne...

...Durch die Störung des biographischen Gedächtnisses wird beim Patienten nichts geheilt, sondern nur der Zugang zum eigenen Leben und den biographischen Auslösern einer etwaigen Depression, der bislang nur verstellt und nicht erreichbar war, zerstört und verschüttet, die Verbindung zu den Wurzeln abgeschnitten...

...Das die ersten Schocks schon ein Gefühl der Hilflosigkeit, Ratlosigkeit und Verzweiflung bei mir auslösten, war aber für die Ärzte trotz meiner dringender Bitten kein Grund, ihre Diagnose und Therapie zu überdenken, mich nochmals zu untersuchen, sondern veranlaßte sie erst recht, in der erfolglosen und für mich schädlichen Serie fortzufahren, nur um am Ende festzustellen, daß die Zwölferserie wenig genutzt hat und verstärkt fortgesetzt werden müsse. Man hatte die Erfolglosigkeit der Therapie registriert, nicht aber die Diagnose revidiert, sondern stur meine Äußerung, daß ich nach dieser willkürlichen Fehlbehandlung nicht mehr weiterleben wolle, weil ich meine Persönlichkeit zerstört sah und mein bisher zuverlässiges

Gedächtnis eingebüßt hatte, als Beweis für Hebephrenie mit Depression und Selbstgefährdung gesehen...

... Meine Hoffnung und Bitte wäre, daß man, wenn schon solche vergleichende Untersuchungen über Einzelschock und Schockserie vorliegen, es wenigstens bei einer einzelnen Konvulsion beläßt und dann versucht, unter Einbeziehung des dann noch nicht so sehr gestörten biographischen Gedächtnisses psychologisch den Zugang zum Patienten zu finden. Das wird mit der zunehmenden Zahl der Schocks sicher immer schwieriger. Die Gefahr ist, daß man bei häufiger Anwendung das biographische Gedächtnis soweit ausschaltet, daß ein persönlicher psychologischer oder psychotherapeutischer Zugang nicht mehr möglich und nicht mehr nötig ist und der Patient als seelisch Amputierter und Entwurzelter auf Gedeih und Verderb auf weitere somatische kontraproduktive Behandlungen angewiesen ist...

III. Tierexperimentelle Untersuchungen[196]

Da Untersuchungen am Zentralnervensystem sich nicht am menschlichen Hirn nachprüfen lassen, ist auch die psychiatrische Grundlagenforschung auf das Tierexperiment angewiesen. Durch derartige Experimente kann zumindest die Frage geklärt werden, welche Auswirkungen die Elektrokrampftherapie auf das Nervensystem haben könnte.

Weltweit existieren bereits umfangreiche Tierexperimente, die Hirnschäden nach Elektrokrampfbehandlungen feststellten. Diese wurden auch an menschlichen Autopsiestudien, Studien über Hirnströme und an einzelnen CT Studien nachgewiesen.[197] Darüber hinaus existieren Studien, in denen Hirngewebsveränderungen nachgewiesen wurden.[198]

Die wohl bekannteste Studie Deutschlands zur Überprüfung derartiger Thesen erfolgte durch Sommer. Sie untersuchte 20 ausgewachsene Katzen. Die elektrisch erzeugten Krampfanfälle wurden auf die physikalischen Bedingungen der Elektrokrampftherapie abgestimmt, so daß mit einer Stromstärke von 350 mA und 210 V bei einer Einwirkungszeit von 0,7 s experimentiert wurde. Insgesamt applizierte sie 10 Elektrokrämpfe in den Anständen von 2 –3 Tagen. Um erste nachweisbare Veränderungen am Nervengewebe zu erreichen. Dabei wurde die verabreichten Elektroschocks gestaffelt, wobei die Elektrodenpositionen verändert. Der Test hinsichtlich der Krampfschwelle an der Katze ergab, daß bei einer Stromstärke von 150 mA, einer Spannung von 195 V bei einer Durchlaufzeit von 0,7 s ein generalisierter Krampfanfall eintrat. Diese Schwelle liegt nur gering unter der des Menschen.

Das Gesamtbild des Verhaltens wich mit steigender Anzahl applizierter Elektroschocks eindrucksvoll vom Zustand vor der Krampfbehandlung ab.

Während die anfänglich zutraulichen Tiere immer scheuer und ängstlicher wurden, trat bei den bösartigen Tieren eine konträre Wesensänderung ein. Sie wurden anhänglicher und zutraulicher.

Ebenso konnte eine Störung des Orientierungsvermögen der Versuchstiere festgestellt werden. Sie liefen gegen Gegenstände oder konnten nur noch im letzten Moment ausweichen. Ebenso wurde das Reaktionsvermögen auf akustische Reize stark herabgesetzt.

Im Gesamtverhalten wirkten die Tiere längere Zeit verstört, suchten dunkle Ecken auf und wurden ungesellig.

Sowohl die zelebrar als auch die bifrontal krampfbehandelten Katzen verweigerten die feste Nahrung am Tag nach der Krampfbehandlung. Es traten Lähmungserscheinungen in beiden Hinterextremitäten auf, die ca. 12 Stunden andauerten.

---

[196] Dieser Teil enthält die tierexperimentellen Untersuchungen von Sommer wobei auf zitierte Sekundärliteratur, verzichtet wurde.

[197] Breggin, International Journal of Risk & Safety in Medicine 1998, 5.

[198] Both, Vergleichende Ergebnisse, S. 11.

Gegenüber der Krampfbehandlung bildete sich ein bedingt reflektorisches Abwehrverhalten heraus. Die Tiere wurden bereits vor dem Ansetzen der Elektroden ängstlich und wollten sich verkriechen. Sie koteten ein und gaben ängstliche Laute von sich. Diese Erscheinungen können die Reaktionen auf eine psychische Veränderung nach der jeweiligen Behandlung sein.

Zusammenfassend ist auszuführen, daß nach dem 3. Elektrokrampf die ersten faßbaren Verhaltensstörungen auftraten. Das Orientierungsvermögen war angegriffen, eine Abnahme der Libido und des Spieltriebes waren zu beobachten und auch die Freßlust ließ zunehmend nach. Diese Veränderungen erfuhren eine Ausprägung mit der Steigerung der Anzahl der applizierten Elektrokrämpfe und waren auch nach 2 Monaten noch nicht reversibel, so daß von einem zerebralem Defektsyndrom gesprochen werden kann.
Innerhalb der Nervenzelle konnte Sommer den Nachweis erbringen, daß die bekanntlich marklosen Nerven im Gegensatz zu den markhaltigen Fasern einen höheren Stoffwechsel haben. Durch mehrfaches Einwirken des elektrischen Stroms in der angegebenen Stromstärke wurde eine allmähliche Blockierung der intrazellulären Fermentsysteme bewirkt. Dadurch wurde der Zellstoffwechsel zunächst verlangsamt. Dem ist anzumerken, daß die irreversible intrazelluläre Funktionsstörung unausbleiblich ist und histologisch als akute Zellerkrankung zu definieren ist.

Die histologischen Befunde ergaben, daß differenziert nach der 2., 3., 4. und 10. Elektrokrampfbehandlungen bei einem Abstand von 2–3 Tagen bereits nach der 3. Elektrokrampfbehandlung eine eindrucksvolle quantitative und qualitative Zunahme der morphologischen Veränderungen vorlag.
Nach der 2. Elektrokrampfbehandlungen konnte lediglich ein geringer Nervenzelluntergang beobachtet werden, der sich von dem physiologisch bedingten Zelluntergang nicht mit Sicherheit abgrenzen läßt. Das Zellbild erschien bis auf geringfügige Gliaaktivierung als normal.
Nach der 3. Elektrokrampfbehandlung waren die Anzeichen einer akuten Nervenzellreizung mit einer beginnenden Gliaaktivierung bereits unverkennbar. Auch das zelluläre Schichtungsgefüge der Rinde erfuhr im fronto-basalen Bereich bereits auffällige Veränderungen.
Nach der 4. Elektrokrampfbehandlung waren diese Veränderungen bereits schon sehr stark ausgeprägt.
Nach der 10. Elektrokrampfbehandlung fand man frontal sowie abnehmend perieto-temporal schwerste Veränderungen in allen Rindenschichten. Die Gesamtveränderungen konnten sich infolge der angelegten Schnittserien durch das Gehirn ausschließlich im Stromdurchgangsgebiet verfolgen. Die nicht vom Stromdurchgang betroffenen Gebiete blieben unverändert. Die Zellausfälle traten verstärkt in der III. und V. Rindenschicht auf. Sie waren schwer gelichtet und enthielten mehr oder weniger dicht gelagerte aktivierte plasmatische Gliazellen. Im einzelnen fand man die verschiedensten Formen und Stadien des akuten Nervenzelluntergangs. Auch

Zellschatten und Trümmer waren häufig von aktivierten Gliazellen umgeben und im Sinne der Neuronophagien verändert.

Ähnliche Ergebnisse konnte Breggin[199] durch eine Analyse der Studie von Hartelius darstellen, der zunächst mit der Behauptung schwerster irreparabler Hirnschädigungen vorsichtig war. Dabei habe er nur relativ geringe Dosen verwendet, einen Bruchteil derer, die heute bei Psychiatriepatienten appliziert wird.
Eine weitere kontrollierte Studie der Columbia University (New York State Psychiatric Institute) über die Effekte klinischer Dosen der Elektroschocktherapie an Affen erfolgte nach den Angaben Breggins[200] durch Ferraro und Roizin. Ihre Bedingungen im Experiment waren bereits sehr hoch entwickelt. Sie verwendeten die regulären Elektrokonvulsatoren, kleinere, dem Tierkopf angepaßte Elektroden, Schutzvorrichtung des Kopfes gegen Schläge und minimale Dosen an elektrischer Energie, gerade erforderlich, einen Elektrokrampf auszulösen. Sie arbeiteten in der Regel unter 102 mA und 90 V bei einer Einwirkzeit von 0,1 s, wobei sie ca. drei mal wöchentlich insgesamt 4-18 Elektroschockbehandlungen applizierten. Sie stellten annähernd die selben Resultate wie Sommer dar und konnten ebenso beweisen, daß mit steigender Anzahl applizierter Elektroschocks auch die Intensität der Schädigung des Hirns stieg.
Auch de Caro fand postmortal Diapedesis- und Rhexisblutungen sowie perivaskuläre Ödeme nicht nur am Ort der angelegten Elektroden, sondern auch auf der gesamten Hirnoberfläche von elektrokrampftherapierten Menschen.[201]

---

[199] Breggin, Elektroschock, S. 58 ff.; ders. in International Journal of Risk & Safety in Medicine 1998, 5 (16).
[200] Breggin, a.a.O., 16f.
[201] de Caro, Osped. Psichiat. 1942, 10ff., zitiert nach Both, Vergleichende Ergebnisse, S. 11.

Teil C: Die Elektrokrampftherapie in Nordamerika[1]

Wie bereits an mehreren Stellen dieser Arbeit[2] dargelegt, sind die angelsächsischen Rechtsgebiete in der Häufigkeit der Anwendung der Elektrokrampftherapie Deutschland zahlenmäßig überlegen, obgleich das Thema auch dort den unterschiedlichsten Kontroversen ausgesetzt ist.[3] Um weitere Regelungsmöglichkeiten für Deutschland aufzuzeigen, empfiehlt sich ein Überblick der rechtlichen Behandlung der Elektrokrampftherapie in den USA.
Hierbei bietet sich ein Vergleich zum Commen[4] bzw. Statute[5] law der U.S.A. an, da der Umgang mit der Elektrokrampftherapie und den hieraus resultierenden Problemen bereits seit längerem diskutiert und seit zwei Jahrzehnten Gegenstand zahlreicher Reformen war. Die hierzu entwickelten Grundsätze zum rechtlichen Umgang mit der Elektrokrampftherapie sind zum Teil bereits so mannigfaltig und detailliert, daß sie als Anregung für das deutsche Recht durchaus herangezogen werden können.

Dieses Rechtssystem einleitend, entwickelte sich in den späten 50er bis in die 70erJahre[6] die gesamte Rechtsprechung und Gesetzgebung bezogen auf das Er-

---

[1] Bezüglich der europäischen Perspektiven der Ethik, der Rechtslage und der klinischen Praxis wurde bereits durch Koch/ Reiter-Theil/ Helmchen, Informed Consent, die fragliche Situation bezüglich der Einwilligung, der Aufklärung durch den Arzt, der Einwilligungsfähigkeit, der Betreuung und der hiermit im Zusammenhang stehenden Problemfelder der Anwendung der Elektrokrampftherapie ausführlich im Hinblick auf die Rechtslage in Dänemark, England, Wales, Frankreich, Deutschland, Griechenland, Irland, Italien, der Niederlande und Spanien dargestellt. Tayler, Journal of medical ethics, 1983, 146ff.; Lesser, Department of Philosphy, 144ff.

[2] Vgl. hierzu Abschnitte B I.1.

[3] APA-Online, American Psychiatric Association, Publik Information, „Electroconvulsive Therapy. Background and Ordering Information", http://www.psych.org, „State Newsletters"; „Attempts to ban ECT Renewed in Texas Legislature"; „Elektroconvulsive Therapy"; Johnson, L&P, 1993, 155 (158); Allgemein zur Psychiatriesituation: Stone, Am J Psychiatry 1977, 273ff.

[4] Hay, Einführung in das amerikanische Recht, S. 3f. führt hierzu aus, daß das amerikanische Rechtssystem heute weder rein „fallrechtlich" gestaltet ist, noch ausschließlich auf Gesetzen oder einer Kodifikation beruht, sondern ein quasi gemischtes System darstellt. Das geltende Case Law schließt als das Richterrecht das Common Law ein, wenngleich beide Begriffe oftmals als Synonyme verwendet und im häufigen Sprachgebrauch vom Common Law als Richterrecht gesprochen wird, dem das gesetzte Recht (statutory law) gegenüber steht. Case Law bedeutet folglich das Fallrecht, während dessen das Common Law, je nach sprachlicher Verwendung, das ursprüngliche Richterrecht der Common Law Courts oder, weitergefaßt, das gesamte Richterrecht umfaßt. Einen Rechtsvergleich bezüglich des „informed consent" ziehen Meisel/ Kabnick, University of Pittsburgh Law Review 1980, 407 (417ff.).

[5] Bundesgesetze.

[6] Common law durch den Richter Benjamin Cardozo, so Koch/ Reiter-Theil/ Helmchen, Informed Consent, S. 38., Eldergill, Mental health Review Tribunals, 1998, 237 ff.; Appel-

fordernisses des „informed consent", dem Einverständnis des Patienten nach erfolgter Aufklärung. Eine der meist zitierten Entscheidung[7] statuierte dabei den, noch heute gültigen Rechtssatz: „Jeder Mensch hat das Recht darauf selbst zu entscheiden, was mit seinem Körper geschehen soll."
Damit hat sich die gesamte Anwendungsproblematik bereits in einigen U.S. Staaten derart gesetzlich niedergeschlagen, daß Ärzte und Patienten gleichermaßen genauen gesetzlichen Erfordernissen unterworfen sind mit der Folge, daß sie bei der Anwendung der Elektrokrampftherapie genaustens die gesetzliche Basis als Vorgabe beachten müssen und sich eben gerade nicht in einem, gesetzlich bislang nicht geregeltem Territorium, der nur durch Richterrecht und zahlreichen streitigen Diskussionen geprägt ist, bewegen.

---

baum in Weisstub, Law and Mental Health, 45 (47f., 66f.); Johnson, L&P, 1993, 155 (159).

[7] Schloendorff v. Society of New York Hospital, 211 NY 125, 129-130, 105 NE 92, 93 (1914) per Cardozo: „Every human being has a right to determine what shall be done with his own body" Dieser zentrale Satz gibt in einem einzigen Satz die deutsche Rechtslage dar.; Giesen, Arzthaftungsrecht, S. 166; Leong/ Eth, Psychiatr Clin North Am 1991, 1007 (1009); Johnson, a.a.O., 158.

I. Die Rechtslage zur Anwendung medizinischer Maßnahmen in den U.S.A.

Die Entscheidung, ob die Anwendung der Elektrokrampftherapie in den Vereinigten Staaten von Amerika gesetzlich statuiert werden soll oder nicht, ist ebenso wie das gesamte Arzthaftungsrecht Bestandteil des Zivilrechts und fällt allein in die Kompetenz der einzelnen Bundesstaaten, die hiervon auch völlig unterschiedlich Gebrauch gemacht haben.
Einen Grund, gesetzliche Regelungen im Umgang mit der Anwendung der Elektrokrampftherapie zu schaffen, sehen die einzelnen Gesetzgeber in dem Umstand, die Rechte der Psychiatriepatienten, besonders bei deren Einwilligungsunfähigkeit vor dem anfänglichen Mißbrauch der Psychiater umfassend zu wahren.[8]
Nicht unerheblich erscheint dabei der Umstand, daß die fachorientierte Öffentlichkeitsarbeit[9] in den USA breiter und organisierter angelegt ist, so daß sich bislang bereits einige Fachverbände gründeten und gemeinsam mit bestehenden Organisationen fachbezogene, wissenschaftliche Berichte, Anregungen und Vorschläge, die auch die Rechtslage nicht unerheblich beeinflußten, unterbreiteten. Hierbei erfolgte gezielte Aufklärungsarbeit durch die „National Depressive and Manic Depressive Association-NDMDA“, die „National Alliance for Mentally Ill-NAMI“, die „National Mental Health Association-NMHA“, die „National Association of Protection and Advocacy Systems-NAPAS“, die „National Association for Rights and Advocacy-NARPA“ und die „American Psychiatric Association-APA“ um nur einige zu nennen.

Ausgangspunkt einer gesamteinheitlichen Betrachtung stellt folglich die aus dem Common Law dieses Jahrhunderts entwickelte „doctrine of informed consent“ dar, die sich allgemeinsprachlich nur als „informed consent“ eingebürgert hat.[10] Diese insoweit etwas mißverständliche Terminologie umfaßt nicht den Erfolg der Aufklärung bei einem Patienten im Sinne des effektiv erzielten Erfolges, sondern ausschließlich die Aufklärungsleistung des Arztes. Fehlt diese oder ist sie unvollständig, so handelt es sich um eine sogenannte „negligence“, einem, von der gleichnamigen Verschuldensform zu unterscheidenden Fahrlässigkeitsdelikt, welches die Anspruchsgrundlage zur Durchsetzung von Schadensersatzansprüchen bildet[11]. Amerikanische Gerichte allerdings nehmen es mit dem Aufsuchen der Anspruchsgrundlage häufig gar nicht so ernst.[12] Außerdem haftet

---

[8] Felthous, American Academy of Psychiatry and Law 1993, 69.

[9] Überblick bezüglich der U.S. amerikanischen Studien in Electroconvulsive Therapy, Background Paper; Research-Able, Inc., http://www.ect.org.

[10] Appelbaum in Weisstub, Law and Mental Health, 46ff.

[11] Appelbaum, a.a.O., 54ff.

[12] Hausschild, Der Maßstab der ärztlichen Aufklärung, S. 51, 55f.; Linzbach, Informed Consent, S. 34 stellt ein entsprechendes Prüfungsschema dieser Schadensersatzklage dar. So auch Zweigert/ Kötz, Bd. II, S. 348.

der Arzt nach den Grundsätzen der „battery und assault", d.h. einem vorsätzlichen Eingriff in die Körperintegrität, wenn er eine Behandlung ohne die Einwilligung des Patienten durchgeführt hat.[13]

Versuche einer Gruppe von politischen Experten und Wissenschaftlern, eine gesetzliche Grundüberlegung hinsichtlich des generellen Rechts, ärztliche Behandlungen zu verweigern und durch spezifische gesetzliche Bemühungen die Anwendung der Elektrokrampftherapie zu regeln, ist auf beachtlichen Widerstand, Konfrontation und Mißverständnisse gestoßen. Auf der Basis einer gesetzlichen Analyse, deren Parameter die aufgeklärte und die ersetzte Einwilligung ist und unter Berücksichtigung führender Gerichtsentscheidungen sowie der staatlichen Gesetzgebung ist die Entwicklung eines akzeptablen Rahmens vorgesehen und zum Teil bereits klar normiert worden.[14]
Daß dieses Thema auch in den U.S.A. noch nicht abschließend gelöst werden konnte, verdeutlichen die folgenden Ausführungen, die zunächst im Rahmen einer kurzen Abhandlung die allgemeinen Diskussionsforen sowie deren Bedenken und Annahmen unzureichender Gesetzesgrundlagen bundeslandunabhängig darstellt.

I.1. Die Einwilligung geistig behinderter Menschen in ärztliche Maßnahmen[15]

Das Rechtsinstitut der Einwilligung wurzelt im Common Law des Deliktsrechts. Ebenso wie im deutschen Recht verhindert die Einwilligung die deliktische Haftung für vorsätzliche ärztliche Eingriffe in die rechtlich geschützten Interessen des Patienten. Dieses „Einwilligungsrecht" gilt im amerikanischen Rechtssystem ebenso als Ausdruck des verfassungsrechtlich geschützten Rechts auf Selbstbestimmung. Eine systematische Einordnung der Einwilligung, wie sie in Deutschland vorgegeben ist, ist jedoch im U.S. amerikanischen Recht auf Grund des geltenden Common Law nicht denkbar, da hierfür einzig und allein der zugrunde liegende Fall maßgeblich ist. Ebenso findet keine eindeutige Einordnung der Einwilligung auf Tatbestands- oder Rechtfertigungsebene statt. Allgemein wird die Einwilligung als „defense" aufgefaßt.[16]

---

[13] A.a.O.; Markus, Einwilligungsfähigkeit in amerikanischem Recht, S. 55; Kim, Aufklärungspflicht, S. 227.
[14] Parry, J. Mental and Physical Disablelity Law reporter 1985, 162ff.
[15] allgemein hierzu Appelbaum in Weisstub, Law and Mental Health, 45 (69ff.); Meisel/ Kabnick, University of Pittsburgh Law Review 1980, 407 (417ff.).
[16] Markus, Einwilligungsfähigkeit in amerikanischem Recht, S. 50 ff.; zustimmend Linzbach, Informed Consent, S. 15.

Daneben besteht eine weitere, von der deutschen Rechtslage abweichende Besonderheit bezüglich der Einwilligung in die Anwendung der Elektrokrampftherapie.
Im Laufe der Entwicklung und der zahlreichen öffentlichen Kontroversen und Rechtsstreitigkeiten kristallisierte sich die allgemeine Praxis heraus, die Einwilligungserklärung nur in schriftlicher Form zu akzeptieren. Das führte zu einer Verringerung der Klagen gegen die einzelnen Psychiater einerseits und vermutlich auch zur Abnahme der applizierten Anwendungen andererseits.[17] Hinsichtlich der gesetzlichen Normierung des Erfordernisses einer schriftlichen Einwilligungserklärung war Texas der erste Bundesstaat.[18]

I.2. Die Einwilligung

Der „informed consent" beinhaltet im wesentlichen drei Elemente, die neben der Freiwilligkeit und das hinreichend erforderliche Wissen um die Behandlung, die Einwilligungsfähigkeit des Patienten erfordern. Diese Prinzipien beherrschen den rechtlich gebotenen Sorgfaltsmaßstab („standard of care") als prägendes Merkmal der „negligence" und definieren die gesetzliche Beziehung zwischen Patient und Arzt.[19]
Bevor jedoch grundlegende Veränderungen empfohlen und in das existierende Recht des „informed consent" bei geistig kranken Menschen eingeführt werden konnten, war es wichtig zu bedenken, daß Erfahrungswerte hinsichtlich der Beziehung zwischen den Patienten, den Ärzten und der Gesellschaft bislang größtenteils fehlen.
Bis heute haben sich daher die Elemente der „informed consent" bei geistig erkrankten Patienten nur aus den Gesamtumständen und den existierenden Erfahrungswerten heraus entwickeln können, um die Angemessenheit der Information zur Entscheidungsfindung festzustellen.[20]

Der Streitpunkt, ob die Einwilligung ohne eine Anordnung der Zwangstherapierung in eine medizinische Maßnahme freiwillig abgegeben wurde, nimmt eine überragende Stellung für geistig erkrankte Menschen in Institutionen oder Krankenhäusern ein. Zahlreiche unterschiedliche Faktoren können die Freiwilligkeit der Einwilligung beeinflussen. Vor allem Gewalt, Zwang, Schwindel, Täuschungen und andere Arten der „Überordnung" gefährden und beeinflussen die

---

[17] Brakel/ Parry/ Weiner, The Mentally disabled ans the law, S. 349.
[18] Vgl. Abschnitt C.II.2.
[19] Leong/ Eth, Psychiatr Clin North Am 1991, 1007 (1009f.).
[20] Parry, J. Mental and Physical Disableility Law reporter 1985, 162ff.

Freiwilligkeit der Entscheidung des Patienten oder dessen Entscheidungsträgers.[21]
Diesen Menschen ist die Freiwilligkeit ihrer Entscheidung ohne Einschränkungen zu gewährleisten. Das entspricht unzweifelhaft dem Willen des Gesetzgebers, jedoch können Verfehlungen für die Praxis, seien sie bewußt oder unbewußt, nicht ausgeschlossen werden. Dementsprechend sollte in jedem Stadium sorgfältig geprüft werden, ob dieses elementare Recht eingehalten wurde. Keinesfalls darf die Freiwilligkeit der Entscheidung durch nur eine teilweise Aufklärung umgangen werden.
Viele Rechtswissenschaftler sehen daher nur eine Entscheidung eines Richters oder einer Kommission für neutral und geeignet zur Wahrung der Rechte dieser Psychiatriepatienten an.[22]

I.2.1. Die Aufklärung

Ausgenommen der Notfälle und denen der vernünftigen Vorenthaltung der Information über schädlicher Wirkungen der Behandlung gegenüber dem Patienten als ein therapeutisches Privileg des Arztes und der Minimierung der Risiken, wird eine durch vorherige ärztliche Aufklärung erzielte Einwilligung des Patienten in die Elektrokrampfbehandlung gefordert.

Das dies aber nicht ausschließlich galt, zeigt die Entwicklung des „informed consent". Vor dessen Geltung war die Durchführung der Behandlung ohne die entsprechende Einwilligungserklärung des Patienten insoweit unschädlich, da dem Arzt nur in den wenigsten Fällen Probleme hieraus erwuchsen.
Für die Herauskristallisierung diesen neuen Rechts war die kalifornische Entscheidung des Salgo v. Leland Stanford Jr. University Board of Trustees von 1957 wegweisend, der die eigentliche Urheberschaft des informed consent zugeschrieben wird.[23] Dennoch war nach wie vor unklar, wie das rechtliche Institut der vollständigen Aufklärung einerseits und das ärztliche Ermessen andererseits miteinander verbunden werden sollten, so daß das hieraus resultierende, unbefriedigende Ergebnis zur Entwicklung zweierlei gesetzlicher Standards in der amerikanischen Rechtsprechung führte. Diese Entwicklung begann mit dem Aufsatz des McCoid[24], der die „negligence" als einheitliche Haftungsgrundlage der Fälle fehlerhafter ärztlicher Aufklärung betrachtete und wurde vom Kansas

---

[21] Leong/ Eth, a.a.O., 1010; m.w.N. Appelbaum in Weisstub, Law and Mental Health, 45 (63f.).
[22] Leong/ Eth, a.a.O.
[23] Hauschild, S. 59
[24] McCoid, „A Reappraisal of Liability for Unauthorized Medical Treatment", 41 Minn.L.R. 381 (1957) zit. nach Hauschild, S. 60.

Supreme Court im Fall Natanson v. Kline (1960) beeinflußt, der daraufhin die eindeutige Wende zur „negligence" brachte.
Mit diesem Präzedenzfall einer fahrlässigen Körperverletzung begründete die Rechtsprechung die Ansicht, daß das Gesetz einem Arzt verbietet, seine eigene Entscheidung über die Anwendung einer Heilbehandlung durch List und Täuschung durchzusetzen.[25] Das Gericht betrachtete hierbei die Pflicht zur Aufklärung als eine zusätzliche allgemeine ärztliche Berufspflicht, deren Rechtfertigung im Selbstbestimmungsrecht des Patienten liegt.[26]
Hieraus konnte sich der allgemeine Standard der Aufklärungspflicht des Arztes, der sogenannte „professional standard of disclosure", unter dem „the practice of doctors in the same or a similar community or legality"[27] zu verstehen ist, entwickeln. Der Aufklärungsumfang wurde dementsprechend durch die Praxis eines „reasonable medical practitioner" bestimmt.[28] Das rechtlich zu sanktionierende Fehlverhalten des Arztes, auf dem von nun an die Ansprüche aus der „negligence" gestützt werden konnten, resultierte aus einer unterlassenen oder mangelhaften Aufklärung vor der Durchführung des Heileingriffs.[29]
Diese Gerichtsentscheidung prägte die Rechtsprechung der Vereinigten Staaten derart nachhaltig, daß zahlreiche Gerichte dieser nunmehr bereits „major rule" der amerikanischen Rechtsprechung[30] ausdrücklich folgten.

Eine Trendwende dieser Rechtsprechung begann 1972 durch den, vom Court of Appeal des Districtes of Columbia zu entscheidende Fall des Canterbury v. Spence[31]. Konsequent wurde die, bis zu diesem Zeitpunkt als richtungsweisend und herrschend geltende Rechtsprechung abgelehnt und die ärztliche Aufklärungspflicht in ihrer Entstehung und in ihrem Umfang nunmehr an einem „professional standard" orientiert. Danach ist eine, den jeweiligen Umständen angemessene Aufklärung rechtlich erforderlich und geboten, die die Rechte des Patienten durch eine eigenverantwortliche Entscheidung über die medizinische Behandlung nach vorangegangener ausreichender Aufklärung wahrt, um die Risiken und den Nutzen abzuschätzen und mögliche Alternativen in Betracht ziehen zu können. Dies verpflichte den Arzt, dem Patienten alle wesentlichen Risiken zu unterbreiten, die der Patient für seine Entscheidung als wesentlich ansieht.

---

[25] Koch/ Reiter-Theil/ Helmchen, Informed Consent, S. 38.
[26] Hauschild, a.a.O.; so auch Johnson, L&P, 1993, 155 (161).
[27] Ludlam, Informed consent, S. 27 zit. nach Kim, Aufklärungspflicht, S.230.
[28] A.a.O. m.w.N. der Gerichte, die diesen Ausdruck verwendeten.
[29] A.a.O., S. 230 f.
[30] Kim, a.a.O., S. 230 enthält die Aufzählung der hierzu ergangenen, richtungsweisenden Urteile unterschiedlicher, amerikanischer Gerichte.
[31] Linzbach, Informed Consent, S. 48 ff. stellt den gesamten Gerichtsprozeß und das darauf ergangene Urteil des Falls Jerry Canterbury ausführlich dar. So auch Appelbaum in Weisstub, Law and Mental Health, 45 (52); Meisel/ Kabnick, University of Pittsburgh Law Review 1980, 407 (409f.); Johnson, L&P, 1993, 155 (162).

Bei dem „material risk standard“ wurden die Maßstäbe an die Art und Weise der medizinischen Aufklärung sowie deren Qualität sehr streng ausgelegt.[32]
Die APA hat zu diesem Zweck in ihrem Task Force Bericht über die Anwendung der Elektrokrampftherapie beispielhafte Erläuterungen an Hand der einzelnen allgemein geltenden Standards aufgeführt, die unabdingbare Wirksamkeitsvoraussetzungen für die Einwilligung und der darauf beruhenden Aufklärung sind.[33]

Beide Standards sind heute noch gleichermaßen gebräuchlich, sei es generell oder als Schema für die verschiedensten Gerichte, die diese Maßstäbe untereinander auch verbinden. Jedoch haben sich durch zahlreiche, sich hieran orientierenden Gerichtsentscheidungen starke Kontroversen über einen angemessenen Aufklärungsstandard entwickelt, die sich noch heute in dem stark divergierenden einzelstaatlichen Recht widerspiegeln.
Im Common Law wird die genaue Formulierung des generellen Aufklärungsmaßstabes, den sogenannten Aufklärungs-„Standards“ bereits seit längerem diskutiert.[34] Die jeweils erforderliche Aufklärung schreibt das Gesetz aber nur in den seltensten Fällen detailliert vor. Den Maßstab bildet nach der Rechtsprechung vielmehr dasjenige Verhalten, das ein sogenannter „reasonable man of ordinary prudence“ unter gleichen hervorgebracht hätte. Man spricht hier von den Standards, deren Art der Normbildung für das anglo-amerikanische Recht typisch sind. Um den anzulegenden Standard herausfinden zu können, muß die Person des Aufklärungspflichtigen, der innerhalb seiner Berufsgruppe differenziert eingeordnet wird, qualifiziert werden. Relevant ist das äußerlich zutage getretene Verhalten, nicht die innere Einstellung des Handelnden. Man erkennt dies als ein rechtliches Gebilde an, das dem objektivierten bzw. typisierten Fahrlässigkeitsmaßstab des deutschen Zivilrechts ähnelt.[35]
Dieser „standard of care“, erfaßt folglich nicht lediglich den empirischen Durchschnitt des unter Ärzten Üblichen bzw. dem Verhalten des Durchschnittsarztes, sondern das Verhalten, das tatsächlich notwendig ist und ist mit dem im Verkehr erforderlichen Sorgfaltsmaßstabes des § 276 Abs. 1, S. 2 BGB vergleichbar.[36]
Als Vergleichsmaßstab ist daher das hypothetische Verhalten qualifizierter, de lege artis vorgehender Ärzte ausschließlich Minderqualifizierter anzulegen, so daß innerhalb der Ärzte nicht das höchstmöglichste Können gefordert wird, sondern lediglich die Umsetzung des in dieser Vergleichsgruppe geltenden Standards.[37]

---

[32] Hauschild, S. 62 f.; Leong/ Eth, Psychiatr Clin North Am 1991, 1007 (1010).
[33] American Psychiatric Association (1990), A task force report, S. 11ff.
[34] A.a.O., S. 50.
[35] A.a.O., S.52.
[36] A.a.O., S. 53.
[37] A.a.O.

Dieses Erfordernis der Aufklärung entsprechend des maßgeblichen Standards darf der Arzt nicht dadurch umgehen, daß er den Patienten für einwilligungsunfähig erklärt oder sein Therapieprivileg[38] unzulässigerweise in Anspruch nimmt, indem er vorschnell die Annahme begründet, daß das Wissen des Patienten um die Behandlung diesen nur schaden würde. Dennoch sehen zahlreiche Psychiater, wie Beresford, Kalinowsky, Impastato und Bennett diese Nichtinformation des Patienten als die für ihn bessere Variante an.[39]

In einigen Bundesstaaten, wie z.B. Alaska, Hawaii, Kalifornien, Michigan, Missouri, North Dakota sind diesbezüglich bereits völlig neue Gesetzeslagen in Form der „Statutes", dem geschriebenen Recht geschaffen worden, wie zum Beispiel die Einführung eines Aufklärungsgremiums, der sogenannten „Medical Disclosure Panels"[40], die kontinuierlich in einem Katalog zusammengefaßte Aufklärungsregeln mit Gesetzeskraft produzieren. Anlaß dieser, für den angloamerikanischen Raum untypische Gesetzgebungsaktivität war die in den 70er Jahren einsetzende Arzthaftungskrise.[41] Die meisten Gesetze fixierten aber lediglich den ohnehin bislang geltenden Common Law-Rechtszustand, in dem sie hinsichtlich der einzelnen Anwendungsstandards, wie dem „professional standard", dem „reasonable patient standard" und dem „subjective patient standard" unterscheiden. Was die Normierung einzelner Gegenstände der Aufklärung anbelangt, so reicht die Palette von der völligen Zurückhaltung bis hin zu detaillierten Vorgaben. Besonders stark divergieren die Anforderungen im Bereich der Risikoaufklärung.[42]

Dementsprechend ist auf Grund der weiterhin bestehenden medizinischen Kontroversen um die Elektrokrampftherapie die konkrete Bestimmung des Aufklärungsmaßstabes für die meisten Richter nach wie vor eines der schwierigsten Probleme. Ein großer Teil des Schrifttums geht daher unter Verweisung auf die Möglichkeit dauerhafter Gedächtnisverluste von sehr strengen Maßstäben aus.[43]

Ausnahmen ergeben sich in jeder Gesetzgebung bezüglich des medizinischen Notfalls, der zwei Bedingungen streng voraussetzt:

---

[38] Vgl. hierzu den folgenden Abschnitt I.2.3.

[39] Breggin, Elektroschock, S. 230.

[40] Hauschild, S. 164 kritisiert einen derartigen Zustand auf Grund der fehlenden gesetzgeberischen Qualität, fehlender Einzelfallbeweglichkeit und der fehlenden Einbeziehung der Patientensicht, legt aber auch dar, daß es der Zustimmung wegen seiner auf Rechtssicherheit bedachten Grundtendenz verdient.

[41] Sabella, VersR 1990, 1186 (1188 f.).

[42] Hauschild, S. 66.

[43] MacDonald, Osdoode Hall Law Journal, 1984, 683 (697f.) unter Verweis auf Salzman, Amer. J. Psych 1977, 1006 (1007); Taylor, A Psychiatrists View 1983, 146 (147); Aufklärungsformulare bei Lebensohn, Readings in Law ans Psychiatry, 1975, 386 (388f.); Leong/ Eth, Psychiatr Clin North Am 1991, 1007 (1017ff.).

Erstens muß der Patient tatsächlich unfähig sein, seine Entscheidungen selbst zu treffen und zweitens muß Lebensgefahr bestehen, beziehungsweise die sofortige Behandlung erforderlich sein. Einige andere Gesetzgebungen sehen daneben vor, daß zwar die Gefahr des Todes nicht bestehen muß, aber daß eine dauernde Gesundheitsschädigung bei Unterlassen der sofortiger Behandlung wahrscheinlich ist.

In diesen Fällen wäre eine Gerichtsentscheidung auf Kosten des Lebens des Patienten nur eine unnötige Formalität. Die Einschätzung des Vorliegens eines Notfalls, der den Verzicht staatlicher Kontrolle rechtfertigt, ist jedoch nicht unproblematisch. Vielmehr stellt sich die Frage, ob im Einzelfall genügend Zeit vorhanden ist, eine Einwilligung durch eine dritte Person einzuholen. Diesbezüglich entwickelte sich die generelle Auffassung, daß ein Notfall, der zur Nichtoffenbarung entscheidungserheblicher Informationen berechtigt, immer bei Gefährdung des Lebens oder der Gesundheit des Patienten vorliegt, d.h. immer in Fällen akuter Lebensgefahr.[44]

Einen weiteren Ausnahmefall rechtfertigt das therapeutische Privileg des Arztes. Für die Annahme dieses Ausnahmezustandes ist maßgeblich, ob die Informationserteilung gegenüber dem Patienten von einem Mediziner ex-ante als kontraindiziert angesehen wird. Es handelt sich hierbei um eine fachmännische Abwägung des angestrebten Behandlungserfolges und der voraussichtlichen Risiken der Therapie im Verhältnis zum Zustand des Patienten im Fall der Nichtbehandlung. Denknotwendig sind die Maßstäbe auch hieran sehr streng anzulegen.[45]

I.2.2. Die Einwilligungsfähigkeit

Die Fähigkeit in eine ärztliche Behandlungsmaßnahme einwilligen zu können, unterliegt ebenso wie im deutschen Recht der Abwägung zwischen dem Selbstbestimmungsinteresse und dem Interesse des Einzelnen am Erhalt seiner übrigen Rechtsgüter.[46]

Allgemein wird daher entsprechend des, sich am Common Law orientierten, amerikanischen Rechtssystems bei der Beurteilung der Einwilligungsfähigkeit des Patienten vorrangig dazu Stellung genommen, wer worin einwilligen kann.

---

[44] M.w.N. Linzbach, a.a.O., S. 62 ff.

[45] A.a.O., S. 67 ff.

[46] Winick, Fn 40 zit. nach Markus, Einwilligungsfähigkeit in amerikanischem Recht, S. 57; im Ergebnis zustimmend Linzbach, a.a.O., S. 15 ff.; m.w.N. Appelbaum in Weisstub, Law and Mental Health, 45 (61ff.); Johnson, L&P, 1993, 155 (163).

Einige Gesetzgebungen[47] versuchten zu gunsten der Rechtssicherheit bereits die Maßstäbe an die Einwilligung gesetzlich zu normieren. Oftmals handelt es sich hierbei jedoch um Leerformeln, ohne einen konkreten Aussagegehalt.[48] Lediglich Idaho[49] und Mississippi[50] haben eine genauere Definition gesetzlich statuiert.

Differenzen bestehen auch in der Art der Feststellung der Einwilligungsfähigkeit. Während sich Juristen und die Verfechter der Patientenrechte auf den Standpunkt stellen, daß die Einwilligungsfähigkeit nur durch ein unabhängiges Gericht festgestellt werden kann, stellen sich Ärzte und Psychiater auf den Standpunkt, diese eigenständig bestimmen zu können. Sie gehen davon aus, daß nur sie die umfassende Kenntnis um den Zustand des Patienten und die hierfür erforderliche Behandlungsmethode besitzen.[51]

Zur Bestimmung der Einwilligungsfähigkeit sind daher die Einzelfallentscheidungen vor allem in Zusammenhang auf die Unterbringung, auf die Sterilisation, auf die Organspende und auf das Humanexperiment heranzuziehen. Nach dem entsprechend gelagerten Einzelfall wurden Grundsätze herausgearbeitet, die nunmehr einen gewissen gesicherten Standard aufweisen. Danach ist anerkannt, daß auch der psychisch kranke Mensch Träger des verfassungsrechtlich garantierten Rechts auf Selbstbestimmung ist und ihm nicht allein wegen der Grunderkrankung die Fähigkeit hierfür und damit die Einwilligungsfähigkeit abgesprochen werden darf.[52]

Eine erhöhte Schwierigkeit besteht darin, daß es sich um Psychiatriepatienten handelt, deren Rechte keinesfalls infolge der psychiatrischen Erkrankung eingeschränkt werden dürfen, wenngleich Stimmen in diesem Teilbereich der Medizin immer wieder das Gegenteil behaupten.[53]
In diesem Zusammenhang gewinnt auch das Recht, eine medizinisch indizierte Behandlung ablehnen zu können,[54] immer mehr an Bedeutung. In einem streng zu trennenden zwei-Schritte System trifft die herrschende Rechtsprechung zunächst eine Abwägung zwischen dem Selbstbestimmungsinteresse des Patienten

[47] Model Penal Code von 1962, Restatement of the Law of Torts von 1934 bei Markus, a.a.O., S. 59 ff. genau dargestellt; MacDonald, Osdoode Hall Law Journal, 1984, 683 (699); Culver/ Ferrel/ Green, Amer. J. Psych 1980, 586ff.; Sherlock, Journal of medical ethics, 1983, 141 (142).

[48] „Under all surrounding circumstances is mentally and physicaly competent to give consent“, Markus, a.a.O., S. 65.

[49] § 39-4302 Idaho Health and Safity Code.

[50] § 41-41-3 Mississippi Code.

[51] Johnson, a.a.O., S. 164.

[52] M.w.N. Markus, a.a.O., S. 134.

[53] Lebensohn, Readings in Law ans Psychiatry, 1975, 386; Sherlock, Journal of medical ethics, 1983, 141 (143).

[54] „Right to refuse treatment“.

und dem Interesse des Staates an dem Erhalt der Gesundheit seiner Bürger und stellt damit quasi die Verfügungsbefugnis des Patienten fest. In einem zweiten Schritt wird die Einwilligungsfähigkeit des Patienten dahingehend überprüft, ob er die Tragweite und die Risiken der Behandlung verstehen kann.[55] Diese Prüfung erfolgt im Rahmen der Untersuchung des psychiatrisch erkrankten Patienten. Die Entscheidung zur Anwendung der Elektrokrampftherapie gilt aber als eine solche, die der Patient trotz seiner Erkrankung in vielen Fällen selbst treffen kann.[56] Letzteres verdeutlicht die umstrittene Ansicht, bei zweifelhafter Einwilligungsfähigkeit im Falle der Ablehnung der Elektrokrampftherapie durch den Psychiatriepatienten dessen Einwilligungsunfähigkeit anzunehmen. Als Grund hierfür wird angeführt, daß allein der behandelnde Arzt am besten das Wohl des Patienten einschätzen könne.[57]

I.2.3. Die ersetzte Einwilligung einwilligungsunfähiger Personen

Da der einwilligungsunfähige Patient in die ärztliche Behandlungsmaßnahme selbst nicht wirksam einwilligen kann, muß für ihn eine dritte Person oder bei schwerwiegenden Fällen der Richter entscheiden. Dabei soll sich der Vertreter auf der Grundlage eines „substituted judement" möglichst danach richten, wie der Patient entscheiden würde, wenn er einwilligungsfähig wäre. Nur wenn dieser Wille nicht erforschbar ist, ist entsprechend dem Patientenwohl (best interest) zu entscheiden.[58] Dieser Umriß stellt den, in allen Staaten der USA geltenden Mindeststandard dar, obwohl hinsichtlich des Erfordernisses der Einwilligung in eine für eine einwilligungsunfähige Person die meisten Gesetzgebungen eine gesetzliche Grundlage normierten.[59] So ist generell, nachdem die Einwilligungsunfähigkeit des Patienten richterlich festgestellt wurde und keine Vollmacht in Gesundheitsangelegenheiten besteht, durch das Gericht eine Dritte Person zu bestimmen, die an der Stelle des Patienten dessen Selbstbestimmungsrechte wahrnehmen muß. Entscheidungen dieses gerichtlich bestellten Betreuers sollten aber stets durch das Gericht dahingehend überprüft werden, ob die Entscheidung auch dem mutmaßlichen Willen des Patienten entspricht, die dieser für den Fall seiner Einwilligungsfähigkeit auch getroffen hätte.

---

[55] Markus, Einwilligungsfähigkeit in amerikanischem Recht, S. 57; Johnson, L&P, 1993, 155 (160).

[56] MacDonald, Osdoode Hall Law Journal, 1984, 683 (700); Lebensohn, a.a.O.; Tayler, Journal of medical ethics, 1983, 146ff.

[57] Culver/ Ferrel/ Green, Amer. J. Psych 1980, 586ff.

[58] Markus, Einwilligungsfähigkeit in amerikanischem Recht, S. 58.

[59] Vgl. Anschnitt I.1 die den allgemeinen gesetzlichen Überblick über die gesetzlichen Grundlagen in den U.S.A. enthalten. Alberts-Online, http://www.members.aol.com./DKM1/20.Cp.55D.html

Bezüglich des Verfahrens stellt das Gesetzesrecht dem Gericht für die Auswahl und die Bestellung eines Betreuers zugunsten des einwilligungsunfähigen Patienten generell drei alternative Verfahrensweisen zur Verfügung: [60]
Es kann zunächst einen unabhängigen Betreuer bestellen, der nur beschränkt oder aber auch vollumfänglich tätig werden kann.
Eine weitere Möglichkeit des Gerichts besteht in der alleinigen Bevollmächtigung des Arztes, sämtliche Entscheidungen hinsichtlich der Behandlung des Patienten selbst zu treffen, ohne weitere Überprüfungen oder Anweisungen durch Dritte. Diese Alternative stößt jedoch mit der Argumentation auf den nicht unbegründeten, beachtlichen Widerstand, daß mit der traditionellen Wahrnehmung der Ärzte als Entscheidungsträger die Wünsche und nichtmedizinischen Interessen weitestgehend unberücksichtigt bleiben.
Ebenso kann eine beliebig andere Person durch das Gericht zur Entscheidungsfindung bestimmt werden, die jedoch durch das Gericht festgelegten Schwerpunkte zu berücksichtigen hat.
In jeder dieser aufgezeigten Möglichkeit kann das Gericht dem Betreuer aufgeben, in der konkreten Entscheidungssituation stets den mutmaßlichen Willen des Patienten zu erforschen und in seinem Interesse entscheiden. Das Gericht kann sich desweiteren vorbehalten, auch künftig die Entscheidung des Betreuers zu überwachen und zu überprüfen.

I.3. Die historische Entwicklung der Gesetzgebungsaktivitäten

Die Geschichte der gesetzlichen Regelung der Elektrokrampftherapie ist nahezu genau so alt wie die Elektrokrampftherapie selbst. Seit Beginn der aktiven Öffentlichkeitsarbeit in den 50er Jahren wurde in den USA vermehrt gefordert, diese Therapiemethode gesetzlichen Restriktionen zu unterwerfen.

Der wohl erste größere Präzedenzfall in der amerikanischen Geschichte der Anwendung der Elektrokrampftherapie wurde durch den Fall „Wyatt v. Stickney“[61] im Bundesstaat Alabama begründet. Hier wurde die Anwendung der Therapie richterlich untersagt, weil die Einwilligung des Patienten nach hinreichender Aufklärung durch den Arzt nicht auf einer Konsultation eines Rechtsanwalts oder einer Person des Vertrauens beruhte. Eine weitere darauffolgende Entscheidung, bekannt als die „Wyatt v. Hardin“[62] Akte, führte die anfängliche Entscheidung hinsichtlich der Anwendung der Elektrokrampftherapie weiter aus, indem nunmehr 14 eigenständige Regeln hinsichtlich der Beschränkung dieser Therapie aufgestellt wurden.[63] Hierin waren unter anderem einzuhaltende Ver-

---

[60] Parry, J. Mental and Physical Disableility Law reporter 1985, 162ff.
[61] Wyatt v. Stickney, 325 F Supp 781 (MD Ala 1971).
[62] Wyatt v. Hardin, No 3195-N (MD Ala 1975).
[63] Leong/ Eth, Psychiatr Clin North Am 1991, 1007 (1008).

fahrensgarantien, Anforderungen an die Einwilligungserklärung und die Zustände, unter denen die Elektrokrampftherapie angewandt werden durfte, als auch Qualifikationsbestimmungen der anwendenden Mediziner enthalten.[64]

1967 wurde in dem Bundesstaat Utha die erste gesetzliche Regelung zur Anwendung der Elektrokrampftherapie erlassen, dessen Auslöser der voran dargestellte Präzedenzfall war und die Gesetzgebung in nicht unerheblichen Maß beeinflußte. Die Gerichte mußten bei der Entscheidung um die Anwendung der Elektrokrampftherapie zahlreiche Regelungen beachten, die zum Teil direkt die Elektrokrampftherapie betrafen oder sich allgemein auf psychiatrische Behandlungsmethoden bezogen.

In den verschiedensten Bundesstaaten wurden nach und nach Regelungen der rechtlichen Anforderung an die Anwendung der Elektrokrampftherapie bezüglich der Einwilligungsfähigkeit, der Beschränkung bei Minderjährigen, dem Recht, die Behandlung zurückzuweisen und dem Erfordernis der Indikationsstellung durch einen zweiten Psychiater in gesetzlicher Form oder durch Richterrecht getroffen.[65]

I.4. Kritik an der allgemeinen Gesetzeslage und den Bestrebungen[66]

Für einige Personen, zumeist Psychiater ist es verwunderlich, daß auf Grund der erhöhten Öffentlichkeitsarbeit einzelner Gruppen bislang der Regelungsbereich der Elektrokrampftherapie weitaus differenzierter und komplexer gelang, als es zum Beispiel mit dem Recht auf das humane Sterben erfolgte.
An derartigen gesetzlichen Bestrebungen üben Brakel, Parry und Weiner insoweit starke und federführende Kritik, als daß ihrer Ansicht nach der Grund für die gesetzlichen Regelungen lediglich in den Nachwirkungen der ursprünglich aufgetretenen Nebenwirkungen und dem Mißbrauch der Elektrokrampftherapie liegt.[67] Aber auch Leong/ Eth sehen für die zahlreichen gesetzlichen Regelungen kein Bedürfnis, da einige Gruppen die Anwendung der Elektrokrampftherapie nur als einen Kreuzzug gegen die Psychiatrie benutzen.[68] Weitzel[69] hingegen sieht in dieser gesetzlichen Restriktion durch die Einschaltung eines Gerichts eine Verzögerung bzw. Verhinderung der Anwendung der Elektrokrampftherapie als eine wirksame psychiatrische Behandlungsmethode. Sich an diese An-

---

[64] Parry, J. Mental and Physical Disableility Law reporter 1985, 162ff.
[65] Leong/ Eth, Psychiatr Clin North Am 1991, 1007.
[66] Brakel/ Parry/ Weiner, The Mentally disabled and the law, S. 458.
[67] A.a.O., S. 349; so auch Johnson, L&P, 1993, 155 (158).
[68] Leong/ Eth, a.a.O.; so auch B. Parry, Am J Psychiatry, 1981, 1128f.
[69] Weitzel, Am J of Psychiatry, 1977, 293ff.

sicht nähernd, äußert Johnson,[70] daß die juristischen Restriktionen zu weitgehend sind. Insbesondere ist die sorgfältige und gewissenhafte Diagnosestellung des Psychiaters zum Schutz des einwilligungsunfähigen Patienten ausreichend. Es bedarf zu diesem Schutz neben den allgemeinen Parametern wie des „informed consent“ und der Qualitätssicherung medizinischer Behandlungsmaßnahmen gerade keine weitergehende gerichtliche Kontrolle, die auf Grund der verstärkten Bürokratisierung in der Lage ist, die Anwendung der Elektrokrampftherapie um Wochen zu verzögern.
Die meistens Psychiater, die sich nicht punktuell mit der neuen Gesetzeslage auseinandersetzen, sehen in den gesetzlichen Regelungen zur Anwendung der Elektrokrampftherapie allgemein ein internationales Berufsproblem, dem die erforderliche Unterstützung der Gesetzgebung oder der Gerichte keinesfalls Rechnung trägt.

Zahlreiche Untersuchungen und Studien, die den Streitpunkt um die Anwendung der Elektrokrampftherapie zu lösen versuchten, haben ergeben, daß trotz der Vielzahl von Wortmeldungen die positiven fachlich wohl überwiegen, sofern diese beiden Tendenzen überhaupt in eine Relation gesetzt werden können.[71] Demzufolge differenziert auch die einzelstaatliche Gesetzgebung, so daß sich hier zwei Entwicklungstendenzen auch auf Grund des Mißbrauches in der Vergangenheit voneinander abgezeichnet haben.
Zum einen wurden durch die strenge Indikationsstellung der behandelnden Ärzte, dem medizinische Fortschritt und der Überwachung der Anwendung der Elektrokrampftherapie die beträchtliche Nebenwirkungen und die ernsthaften Verletzungsgefahren beseitigt, so daß die Therapie als solche in 12 Bundesstaaten nur den allgemeinen Restriktionen, wie jede andere gefahrverbundene Behandlung auch, unterliegt.
Die restlichen 39 Bundesstaaten der U.S.A haben die Frage der Anwendung der Elektrokrampftherapie oder einer psychiatrischen Behandlungsmaßnahme generell gesetzlich geregelt, die aber hinsichtlich der Regelungsintensität bundesstaatlich voneinander abweichen. Versuche, die Elektrokrampftherapie gesetzlich verbieten zu lassen, waren vielfach Thema gesetzlicher Beratungen. Bislang geht aber kein Bundesstaat von dem Erfordernis eines solchen Verbotes aus.[72]

I.5. Überblick über die bundesstaatliche Gesetzeslage in den USA

Vgl. Anlage

---

70 Johnson, L&P, 1993, 155ff. (170).
71 Überblick bezüglich der U.S. amerikanischen Studien: Electroconvulsive Therapy, Background Paper.
72 M.w.N. Electroconvulsive Therapy, Background Paper, S. 6f.

II. Die Darstellung einzelner U.S. Bundesstaaten

Im vorangegangenen Abschnitt wurde die allgemeingültige Gesetzeslage der USA bei der Anwendung medizinischer Behandlungsmaßnahmen einwilligungsunfähiger Personen oberflächlich reflektiert. Daß dies keinesfalls die Besonderheiten der Rechtslage der einzelstaatlichen Gesetzgebungen erfaßt, bedarf keiner weiteren Erläuterung. Dementsprechend soll im folgenden Abschnitt an Hand ausgewählter Bundesstaaten auf deren rechtlichen Umgang mit der Elektrokrampftherapie eingegangen werden.

II.1. Die Rechtslage in Kalifornien[73]

Kalifornien, als der Vorreiter gesetzlicher Restriktionen bei der Anwendung der Elektrokrampftherapie, erhielt auf seine gesetzgeberische Aktivität nicht nur positive Resonanz, sondern erregte durch die geschaffenen Unsicherheiten viel Unmut und Unstimmigkeiten von anderen Bundesstaaten.[74] Bislang blieb Kalifornien der einzigste Bundesstaat, der eine derart detaillierte und restriktive Rechtslager diesbezüglich begründete.[75]

Mit der ursprünglichen Grundintention des Schutzes geistig erkrankter Menschen und den hieraus resultierenden zahlreichen Gerichtsprozessen, deren Inhalt die kontroversen Diskussionen um die Anwendung der Elektrokrampftherapie waren, reformierte Kalifornien seine Gesetzgebung mit dem Hintergrund des gesetzlichen Verbotes der Therapie dahingehend, daß am 1.1.1975 eine gesetzliche Regelung durch das California State Assembley Bill 4481[76] in Kraft trat.

Starke Kritik, vor allem durch Dr. med. Gary C. Aden führte dazu, daß sich die Gesetzeslage erneut am 1.1.1977 änderte und nunmehr die Assembly Bill 1032[77] galt, deren Regelungen aber auch so restriktiv gestaltet waren, daß die Anwendung der Elektrokrampftherapie faktisch nicht möglich war.[78]
Damit erließ Kalifornien als erster Bundesstaat Restriktionen, für die Anwendung der Elektrokrampftherapie, die das Recht des Einzelnen begründeten, diese Therapie generell abzulehnen („right to refuse treatment")[79]. Resultat der Ge-

[73] California Department of Mental Health 1989-1994/ California Statistics- Online, http://www.banshock.org./links/shocked40000V/studies&statistics.
[74] So auch Brakel/ Parry/ Weiner, The Mentally disabled and the law, S. 458.
[75] Johnson, L&P, 1993, 155 (165).
[76] Cal. Welf. & Inst. Code.(1974), sec. 5325.
[77] Cal. Welf. & Inst. Code.(1976), sec. 5325.
[78] Kramer, Am J Psychiatry 1985, 1190f.
[79] Dem haben sich einige weitere Staaten angeschlossen mit der Begründung, es handele sich hierbei um eine logische Ausprägung des Common Law „doctrine of informed consent". Im Unterschied zur deutschen Rechtslage ist diese Rechtsfrage von den Verfassungsgrund-

setzgebung war ein drastischer Rückgang der Anzahl der Anwendungen der Elektrokrampftherapie in den privaten Kliniken. Mit diesem Gesetz gelang dem kalifornischen Gesetzgeber daneben eine umfassende Regelung der Anforderungen an die Einwilligung in die Therapie nach einer erfolgten, hinreichenden ärztlichen Aufklärung entsprechend den oben genannten Grundsätzen mit dem Hinweis auf die Risiken, Nebenwirkungen und alternativen Behandlungsmaßnahmen. Es schließt eine Erläuterung der Konsequenzen bei einer Nichttherapierung, der Freiwilligkeit dieses „informed consent“ und dem Erfordernis der gerichtlichen Genehmigung der Elektrokrampftherapie bei bestehender Einwilligungsunfähigkeit des Patienten ein. Bezüglich letzteren wurde den Ärzten angeraten, die Umstände, die eine Entscheidung hinsichtlich der Einwilligungsfähigkeit des Patienten begründeten aus Beweisgründen in späteren Arzthaftungsverfahren schriftlich zu dokumentieren. Die kommentierende und sehr kritisch beurteilende Literatur sah vor allem in den Behandlungen einwilligungsunfähiger Patienten die Gesetzeslage als unglücklich an. Trotz strenger Indikationsstellung muß gemäß Cal. Welf. & Inst. Code Sec. 5326.7-.8, 5327 eine Anhörung innerhalb von drei juristischen Tagen nach dem Antrag der Klinik auf Durchführung der Elektrokrampftherapie an das Gericht erfolgen, welches die Therapie später genehmigen muß. Die Praxis aber hat ergeben, daß ein solcher Anhörungstermin oftmals erst Wochen später erteilt wurde, so daß diese starke zeitliche Verzögerung die Anwendung der Elektrokrampftherapie nicht unerheblich behindert habe.[80]

Die Reformbestrebungen waren damit aber noch nicht beendet, sondern wurden durch Ted Chabasinski, der als Kind selbst mit der Elektrokrampfbehandlung therapiert wurde, weitergeführt. Er organisierte 1982 in Berkeley/ Kalifornien eine Bürgerinitiative, um erstmals auf kommunaler Ebene einen Volksentscheid über das Verbot der Elektrokrampftherapie herbeizuführen. Nachdem die Vorlage von den Wahlberechtigten mit überwältigender Mehrheit angenommen wurde, wurde das Verbot unter Schirmherrschaft der American Psychiatric Association und weiterer Mediziner durch Gerichtsbeschluß per einstweiliger Verfügung mit der Begründung der Versagung einer möglicherweise lebensrettenden Behandlungsmaßnahme gekippt.
Eine Klage der Psychiater hiergegen verlief jedoch insoweit erfolgreich, als daß die Anwendung der Elektrokrampftherapie nunmehr seit 1994 unter speziellen gesetzlichen Restriktionen als Behandlungsmaßnahme legal ist.

In diesem Zusammenhang hat das California Department of Mental Health bezüglich der jetzigen Rechtslage des California Probate Code 5326 (1994) zur

sätzen generell weitestgehend unabhängig. M.w.N. Hauschild, S. 67 f.. In Kalifornien besteht im Vergleich zu der überwiegenden Zahl der Bundesstaaten die Besonderheit, daß hier das Persönlichkeitsrecht (Right to privacy) gesetzlich ausdrücklich erwähnt wird.

[80] Byrne/ Gerner, J Clin Psychiatry 1981, 300f.; Johnson, L&P, 1993, 155 (165f.) beschreibt hierzu auch konkrete Fälle.

Anwendung der Elektrokrampftherapie Leitlinien zur rechtlichen Vorgehensweise erarbeitet und für allgemein verbindlich erklärt. Entsprechend dieser muß vor jeder Anwendung der Elektrokrampftherapie folgendes beachtet werden:

1. Nachweis des behandelnden Arztes hinsichtlich der Indikation der Elektrokrampftherapie und der erforderlichen rechtlichen Bedürfnisse gegenüber dem medizinischen Direktor der Klinik, der diesen Antrag wiederum an einen entscheidungsbefugten Mitarbeiter des Direktors für psychiatrische Angelegenheiten des Gesundheitsministeriums zuzuleiten hat.
2. Sofern dieser Mitarbeiter Zweifel an der Rechtmäßigkeit der Anwendung der Elektrokrampftherapie hat, hat er die Stellungnahme der Rechtsabteilung des Ministeriums einzuholen.
3. Die Schlußentscheidung wird sodann an den behandelnden Arzt und dem Ausschuß für Elektrokrampfbehandlung zugesandt.
4. Die persönlichen Daten des Patienten werden in das vertraulich behandelte Elektrokrampfregister eingetragen.
5. Die Akte des Patienten ist mit dem genehmigten Antrag auf Anwendung der Elektrokrampftherapie an die Behörde für Patientenrechte weiterzuleiten, wo sie auch zu keinem Zeitpunkt mehr zu entfernen ist.

II.1.1. Die Anzahl der Patienten insgesamt

Jahr	Σ	Freiwillig Mit Zustimmung	Freiwillig Ohne Zustimmung	Zwangsaufenthalt Mit Zustimmung	Zwangsaufenthalt Ohne Zustimmung
1989	2.503	2.403	4	33	63
1990	2.671	2.566	12	26	67
1991	2.251	2.160	11	34	46
1992	2.356	2.233	9	42	72
1994	2.529	2.426	41	23	39
Insg.	12.310	11.788	77	158	287

Tabelle 1: Die Anwendung der EKT nach der Einwilligung der Patienten

Die Statistik ergab, daß während dieser fünfjährigen Periode über 12 tausend Patienten mit Elektrokrampftherapie im Bundesstaat Kalifornien behandelt wurden. Davon waren 445 (3,6%) unfreiwillige Psychiatriepatienten. 364 (3,0%) der Patienten erhielten die Behandlung mit der Elektrokrampftherapie ohne ihre Zustimmung, wovon 287 Patienten wiederum einwilligungsunfähig waren und 77

davon zwar für einwilligungsfähig gehalten wurden, aber dennoch die Zustimmung verweigerten, so daß die Behandlung gegen ihren Willen durchgeführt wurde.
Eine ähnliche Statistik wurde durch Kramer[81] für die Jahre 1977–1983 aufgestellt. Nach dieser sind 18.627 Patienten im Bundesstaat Kalifornien mit der Elektrokrampftherapie behandelt worden. Das entspricht einem jährlichen Anwendungsumfang von ca. 2.661 Patienten. Das bedeutet, daß die Zahl der Anwendungspatienten weder gestiegen noch gefallen ist, obwohl die restriktive Gesetzgebung hier die Zahl der Anwendungen fast nicht beeinflußte. Entsprechend seiner Ausführung sind auch die Behandlungen einwilligungsunfähiger Patienten, die im Gesamtvolumen der Anwendungen mit ca. 3% ebenso gleich blieben, durch richterliche Einwilligungen ersetzt worden. Diese Zahlenangaben Kramers entstammen dem „Annual Report to the California State Legislature on Convulsive Therapy and Psychosurgy“ [82]. Bezogen darauf schätzen Byrne und Gerner[83] eine weitaus höher liegenden Anzahl einwilligungsunfähiger Patienten ein, da die Assembly Bill 1032[84] die Anwendung der Elektrokrampftherapie für einwilligungsunfähige Patienten administrativ zu sehr verkomlizierte und führen hierzu den Nachweis an Hand vier autentischer Fälle.

II.1.2. Die Anzahl der Patienten aufgeschlüsselt nach Alter, Geschlecht, Abstammung und Zahlung

Alter	1989	1990	1991	1992	1994	Gesamt
12-15	2	2	2	0	0	6
16-17	2	7	3	2	1	15
18-24	63	95	62	40	42	302
25-44	627	710	531	566	518	2.952
45-64	607	583	515	599	677	2.981
>65	1.202	1.274	1.133	1.149	1.280	6.038

Tabelle 2: Die Anwendung der EKT nach dem Alter der Patienten

Geschlecht	1989	1990	1991	1992	1994	Gesamt
Männlich	798	903	671	814	751	3.937
Weiblich	1.705	1.768	1.580	1.715	1.605	8.373

Tabelle 3: Die Anwendung der EKT nach dem Geschlecht der Patienten

81 Kramer, Am J Psychiatry 1985, 1190 ff.
82 California State Department of Mental Health, Sacramento, California 1978.
83 Byrne/ Gerner, J Clin Psychiatry 1981, 301.
84 Cal. Welf. & Inst. Code.(1976), sec. 5325.

	1989	1990	1991	1992	1994	Gesamt
Weiß	2.271	2.394	2.050	2.140	2.279	11.134
Schwarz	58	60	58	49	64	289
Mischlinge	108	133	82	104	122	549
Andere	66	84	61	63	64	338

Tabelle 4: Die Anwendung der EKT nach der Abstammung der Patienten

	1989	1990	1991	1992	1994	Gesamt
Privat	669	652	515	522	432	2.790
	549	528	458	507	652	2.694
Krankenkasse	1.146	1.322	1.192	1.274	1.240	6.174
	139	169	86	53	205	652

Tabelle 5: Die Anwendung der EKT nach der Zahlungsweise der Patienen

Eine Auswertung dieser Daten läßt erkennen, daß die Hauptpatientengruppe bei der Anwendung der Elektrokrampftherapie Frauen sind, die das 65 Lebensjahr überschritten haben.

Daß die Anwendungszahlen bei Kindern und Jugendlichen in diesem Verhältnis nahezu verschwindend sind, liegt in der gesetzlich normierten, äußerst restriktiven Anwendung der Elektrokrampftherapie bei Minderjährigen.

Dem Umstand, daß die meisten Patienten entsprechend ihrer Abstammung Mischlinge sind, wird in der vorliegenden Arbeit auf Grund der multikulturellen Bevölkerungsdichte Kaliforniens keine weitere Bedeutung zugemessen. Ebenso kann hinsichtlich der Zahlungsweise keine abschließende Wertung im Sinne Franks[85] getroffen werden, da eine Vergleichbarkeit zum deutschen Sozialversicherungsrecht in der erforderlichen Kürze nicht hergestellt werden kann.[86]

---

85 Vgl. Fn. 130.

86 Hinsichtlich der Kosten: Reid, J Tex Med, 2993, 58 (61); Byrne/ Gerner, J Clin Psychiatry 1981, 302.

II.1.3. Zahl der Komplikationen[87]

Art der Komplikation	Anzahl der Patienten	In Prozent
Kardiovalsk. Komplikationen	0	0
Gedächtnisverluste	498	95,8
Frakturen	0	0
Apnoe	22	4,2
Tod	0	0
Gesamt	520	20

Tabelle 6: Jahr 1989

Art der Komplikation	Anzahl der Patienten	In Prozent
Kardiovalsk. Komplikationen	1	0,2
Gedächtnisverluste	538	82,0
Frakturen	3	0,5
Apnoe	114	17,4
Tod	0	0
Gesamt	656	24,7

Tabelle 7: Jahr 1990

Art der Komplikation	Anzahl der Patienten	In Prozent
Kardiovalsk. Komplikationen	1	0,2
Gedächtnisverluste	510	96,2
Frakturen	2	0,4
Apnoe	17	3,2
Tod	0	0
Gesamt	530	23,5

Tabelle 8: Jahr 1991

Art der Komplikation	Anzahl der Patienten	In Prozent
Kardiovalsk. Komplikationen	2	0,8
Gedächtnisverluste	249	98,8
Frakturen	0	0
Apnoe	1	0,4
Tod	0	0
Gesamt	252	10,7

Tabelle 9: Jahr 1992

[87] California Statistics- Online, „California Figures from the Department of Mental Health". Ziel dieser Statistik ist es, alle Gedächtnisversluste, die noch 3 Monate nach der Elektrokrampfbehandlung auftaten, über 20 Minuten andauernde Apnoen und den innerhalb von 24 Stunden eintretenden Tod zu dokumentieren.

Art der Komplikation	Anzahl der Patienten	In Prozent
Kardiovalskuläre Komplikationen	2	0,3
Gedächtnisverluste	629	99,7
Frakturen	0	0
Apnoe	0	0
Tod	0	0
Gesamt	631	25

Tabelle 10: Jahr 1994

Art der Komplikation	Patientenzahl	Patienten in %	Komplik. in %
Kardiovalsk. Komplikationen	6	0,04	0,3
Gedächtnisverluste	2.424	19,7	93,6
Frakturen	5	0,04	0,2
Apnoe	154	1,25	5,9
Tod	0	0	0
Gesamt	2.589	21,03	./.

Tabelle 11: Gesamtüberblick aus den Jahren 1989-1994

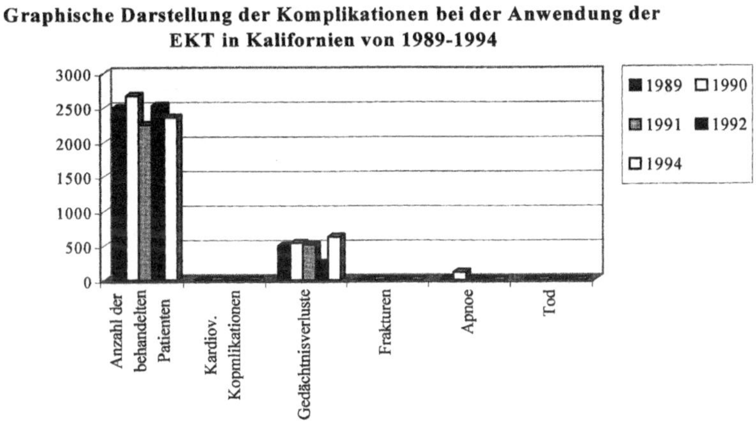

Graphik 7: Darstellung der Komplikationen

II.1.4. Die Rechtslage in Kalifornien gemäß dem California Probate Code 5326.7

Schematische Darstellung – unter Beihilfe von Leonard M. Zunin, M.D. Ass. To the Director, Psychiatric Affairs

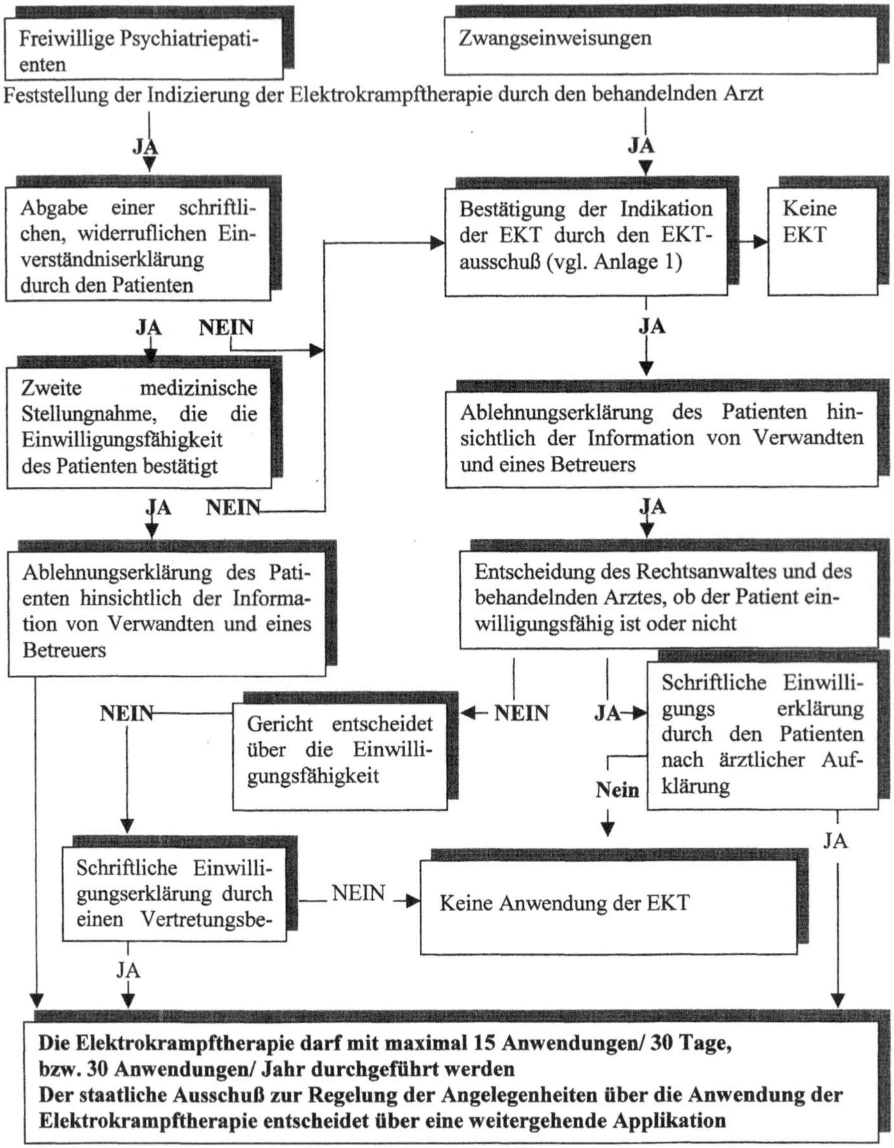

II.1.5. Der Entscheidungsantrag über die Anwendung der Elektrokrampftherapie[88]

Empfänger: ______________________________
(Facharzt der anzuwendenden Elektrokrampftherapie)

Adressat: ______________________________
Vorsitzender, Ausschuß für Elektrokrampftherapie

Bezug: Antrag zur Anwendung der Elektrokrampftherapie für
____
(Name, Krankenhaus)

Anliegende, mit der Anfrage zur Anwendung der Elektrokrampftherapie zusammenhängende Dokumente:

1. Antrag durch den behandelnden Arzt, Dr. ________________
2. Berichte der Fachärzte

   Dr. ____________________ (das Gesundheitsministerium vertretend)

   Dr. ____________________ (Ärztekommission)

   Dr. ____________________ (Medizinische Bescheinigung)
3. Gerichtliche Anordnung der Anhörung ☒
4. Schriftliche Einwilligungserklärung nach ärztlicher Aufklärung ☒

Dem Antrag auf der Erteilung einer Genehmigung zur Anwendung der Elektrokrampftherapie wird stattgegeben.

______________________________ Datum ____________
Medizinischer Direktor

______________________________ Datum ____________
Facharzt, Elektrokrampftherapie/ Gesundheitsministerium

[88] California Department of Mental Health.

II.1.6. Zusammenfassung

Der kalifornische Gesetzgeber normiert mit dem California Probate Code 5326.7 (1994) die Anwendung der Elektrokrampftherapie einwilligungsunfähiger Patienten mit der Folge, daß das Handeln des Arztes nur dann legitimiert ist, wenn das vorab dargestellte, mehrstufig ausgestaltete gesetzliche Verfahren eingehalten wurde.

Dementsprechend hat der behandelnde Arzt zunächst in der Krankenakte des Patienten ausdrücklich neben den Gründen der Therapiewahl, auch den Ausschluß jeglicher Alternativbehandlung infolge der Indikationsstellung zu dokumentieren und eigenhändig zu unterschreiben. Diese Indikationsstellung der Elektrokrampftherapie muß durch die eigenhändige Unterschrift eines weiteren Psychiaters bzw. Neurologen der Klinik und dem Direktor des Gesundheitsamtes in der Krankenakte bestätigt werden. Sofern nur einer von ihnen diese Indikationsstellung nicht bestätigen kann, darf die Elektrokrampftherapie nicht angewandt werden. Sofern die Einwilligung durch einen Rechtsanwalt und den behandelten Arzt positiv festgestellt werden kann, obliegt es allein dem Patienten, in die Anwendung der Elektrokrampftherapie nach vorangegangener hinreichender Aufklärung einzuwilligen. Kommen der Rechtsanwalt und der behandelnde Arzt hingegen zum Schluß der Einwilligungsunfähigkeit des Patienten, so hat das zuständige Gericht auf Antrag hierüber zu befinden. Kann dieses Gericht die Annahme der Einwilligungsunfähigkeit nicht bestätigen, so behält der Patient sein ureigenes Selbstbestimmungsrecht. Für den Fall der festgestellten Einwilligungsunfähigkeit hingegen ist durch einen Betreuer oder einem Stellvertreter in Gesundheitsangelegenheiten das Selbstbestimmungsrecht des Betroffenen wahrzunehmen.

In dieser Vorgehensweise liegt bereits der erste Schutzgesichtspunkt. Indem das Gericht die letzte Entscheidung über die Einwilligungsfähigkeit des Patienten trifft, werden Mißbrauchsvorwürfen gegen die staatlichen Kontrolle insoweit begegnet, als daß der Arzt nicht willkürlich von der Einwilligungs(un)fähigkeit ausgehen kann, um so strengen Restriktionen zu entgehen.

Wenn der Betreuer oder der Stellvertreter in Gesundheitsangelegenheiten nach entsprechender Aufklärung eine schriftliche Einwilligungserklärung zur Anwendung der abgegeben haben, so ist der Arzt berechtigt, maximal 15 Elektrokrampfbehandlungen in 30 Tagen, bzw. 30 Anwendungen verteilt auf ein Jahr, zu applizieren.
In dieser quantitativen Beschränkung liegt der zweite Schutzaspekt. Wie die medizinischen Darstellungen ergeben haben, liegt zwischen der Anzahl der applizierten Elektrokrämpfe und der möglicherweise eintretenden Hirnschädigung ein kausaler Zusammenhang. Um derartigen Schäden vorzubeugen bzw. diese im Rahmen einer Risiko-Nutzen Abwägung möglichst gering zu halten,

kann die Anzahl der Anwendung bis zum ersten Eintritt des therapeutischen Erfolges reduziert werden.

II.2. Die Rechtslage in Texas

Den Gesetzgebungsaktivitäten Kaliforniens folgend, erfolgte auch in Texas 1993 eine umfassende „Reformierung des Rechts des Psychiatriepatienten". Mit der Intention eines umfassenden Patientenschutzes gerade in der Psychiatrie, den man durch Rechtsinstitute wie der Zwangsbehandlung und den Skandalen in Psychiatrieeinrichtungen gefährdet sah, erließ der Gesetzgeber sieben neue Regelungen. Durch diese sollte der Mißbrauch eingeschränkt werden. Trotzdem riefen Kritiker dazu auf, diese Vorschriften zu verschärfen, um selbst die Gefahr des Mißbrauchs ausschließen zu können.

Der ursprüngliche „Texas Mental Health Code" sah zunächst vor, daß der behandelnde Arzt den freiwilligen Psychatriepatient für 96 Stunden in der Klinik aufhalten konnte, sofern keine schriftliche Bitte seinerseits auf Entlassung vorlag. Diese Regelung öffnete dem Mißbrauch in der Psychiatrie Tür und Tore. Die Reformierung der Gesetzgebung eliminierte diese Regelung als erste. Jetzt konnte jeder Patient mit einer schriftlichen Entlassungserklärung den stationären Aufenthalt in der Psychiatrie beenden, sofern seine Einwilligungsfähigkeit feststand und keine gerichtliche Entscheidung hierüber abgewartet werden mußte. Mit Ausnahme der gerichtlich angeordneten Einweisung und in Notfällen ist die Klinik oder der behandelnde Arzt nunmehr berechtigt, innerhalb von 4 Stunden eine gerichtliche Entscheidung in Zweifelsfällen zu erreichen. Hierüber muß der behandelnde Arzt den Patienten spätestens 24 Stunden nach dessen Entlassungserklärung in Kenntnis setzen.
Im übrigen verstärkte man die Rechtsposition des Betreuers und der Gerichte, deren Einwilligungerfordernis zu psychiatrischen Behandlungsmaßnahmen einwilligungsunfähiger Patienten nunmehr außer Zweifel steht.[89]

Eine wesentliche Neuerung erfuhr die Gesetzgebung durch die Einführung des Erfordernisses einer schriftlichen Einwilligungserklärung.
Die texanische „Society for Psychiatric Physicans" startete eingeninitiativlich und nicht anläßlich einer Gerichtsentscheidung, eines öffentlichen Skandals oder ähnlichem den Versuch, psychiatrische Behandlungsmaßnahmen in Kategorien aufzunehmen. Danach waren die Anforderungen an die Einwilligungserklärung zu bestimmen. Sie unterbreitete dem „Texas Medical Disclosure Panel" den

[89] Felthous, AAPL 1993, 69 f.; Advocating the legal rights of texans with disabilities/ Advocacy, Incorporated Handout Materials-Online, http://www.advocacyinc.org, „Declaration for mental health treatment"; „How to make an advanced direktive"; „Legally adequate Consent"; „Guardianship for Texans with Disabilities".

Vorschlag einer Listenlösung, nach der die Elektrokrampftherapie in die Liste A, die stets eine schriftliche Einverständniserklärung erfordert, aufgenommen werden sollte. Dieser Empfehlung wurde zum Schutze des Psychiaters und des Patienten vollständig entsprochen.[90]
Daneben bestanden die dargestellten Grundsätze der Aufklärung als Voraussetzung des schriftlich zu erteilenden „informed consent"[91], wonach der Psychiater dem Patienten in der, ihm verständlichen Sprache, den Nutzen und die Risiken und Nebenwirkungen der Elektrokrampftherapie mündlich darlegen sollte. Als Mindeststandard ist der Patient entsprechend der gesetzlichen Regelung auf Gedächtnisverluste während und nach der Behandlung, auf den Eintritt möglicher Frakturen und patientenspezifischer Komplikationen hinzuweisen. Ihm sind Alternativbehandlungen vorzuschlagen und sämtliche Fragen zu beantworten.[92]

Den Kontrollaspekt unterstützend und den Mißbrauchsvorwurf gegenüber den privaten Kliniken abzubauen, fordert das Gesetzesrecht[93] weiterhin eine Dokumentationspflicht jeder Anwendung der Elektrokrampftherapie in allen nicht staatlichen Krankenhäusern für den Zeitraum von 19 Monaten. Dafür war eine eine gesonderte Akte für jeden Patienten anzulegen, die den Krankheits- und Genesungsverlauf neben allgemeinen Erfassungsdaten in staatlich vorgegebener Form beeinhalten mußte. Hieraus resultierend konnten nunmehr für den Zeitraum 1. September 1993 bis 31. März 1995 die Statistiken unter Angabe der jeweiligen Untersuchungsgruppe sehr ausführlich veröffentlicht werden.[94]

II.3. Die Rechtslage in Massachusetts

Auch in Massachusetts führten öffentliche Diskussionen in den frühen 70er Jahren dazu, Richtlinien für die Anwendung der Elektrokrampftherapie festzuschreiben.
Der gesetzgeberische Angriff gegen die Anwendung der Elektrokrampftherapie veranlaßte den Commissioner of Mental Health, Dr. Milton Greenblatt, eine „Massachusetts Task Force on Electroconvulsive Therapy" unter dem Vorsitz von Dr. Fred Frankel der Havard Universität ins Leben zu rufen. Diese Task Force veröffentlichte ihre Ergebnisse in zwei Berichten. Ihre darin enthaltenen Empfehlungen für die Behandlungsstandards wurden durch den Gesetzgeber in

---

90 Felthous, TSPP, 1989, 13; Tex. Civ. Stat. (1989), Art. 4591, sec. 601.2.
91 Tex Health & Safity Code (1993) Chapter 578, sec. 003.
92 Felthous, a.a.O., S. 14.
93 Tex Health & Safity Code (1993) Title 7, Subt.C, ch. 5.01; Tex Adm. Code, Part II, Chapter 405, Subchapter E.
94 Veröffentlichung von: Reid/ Keller/ Leathermann/ Mason, J of Clin Psych 1998, 8ff.

Massachusetts als geeignete Regelung für die medizinische Anwendung angenommen.[95]

In Bezug auf die Rechtslage der Anwendung der Elektrokrampftherapie bei einwilligungsunfähigen Patienten hat sich durch das Common Law der gefestigte, restriktive Standpunkt herausgebildet, daß allein dem zuständigen Gericht unter Zuhilfenahme von Sachverständigen die abschließende Kompetenz zur Feststellung der Einwilligungsunfähigkeit des Patienten obliegt. Sofern dies der Fall sein sollte, kann nur dieses Gericht wirksam in die Anwendung der Elektrokrampftherapie unter Ermittlung des mutmaßlichen Willens des Patienten an dessen Stelle einwilligen. Bestellten Betreuern oder Vertretern in Gesundheitsangelegenheiten hingegen wird diese Befugnis im Hinblick auf die Elektrokrampftherapie vollständig abgesprochen.[96]

II.4. Zusammenfassung

Die Darstellung der gesetzlichen Regelung der Elektrokrampftherapie bei einwilligungsunfähigen Patienten an Hand Kaliforniens, Texas und Massachusetts verdeutlichte, daß das Problembewußtsein der rechtssetzenden Gewalt der U.S.A. hinsichtlich dieser psychiatrischen Behandlungsmethode allgemein verschärft ist, so daß das Bedürfnis nach einer restriktiven Anwendung legislativ geregelt wurde.

Daß diese drei genannten Staaten keinesfalls Einzelfälle auf dem Gebiet der gesetzlichen Regelung der Elektrokrampftherapie sind, ist der Übersicht zu den einzelnen bundesstaatlichen Rechtslagen in der Anlage zu entnehmen.
Der Rückgriff auf die drei Bundesstaaten Kalifornien, Texas und Massachusetts liegt lediglich in dem Umstand begründet, daß sich diese Rechts- und Gesetzesentwicklungen zwar einander bedingten, aber dennoch unabhängig voneinander erfolgten. Dies läßt auch die Intensität der einzelnen Regelung erkennen, die in Kalifornien unzweifelhaft die stärkste Ausprägung erfuhr. Darüberhinaus wurde durch die kurze Darstellung der unterschiedliche Schutzaufbau ersichtlich, der mit unterschiedlichen administrativen Regelungen ausgestattet wurde.

Ziel dieser Erörterung war die Darstellung der gesetzlichen Restriktionen bei der Anwendung der Elektrokrampftherapie und der hierdurch bedingten Kontrollmöglichkeit des Staates. Auf Grund der vorab erläuterten differenten Rechtssy-

---

[95] Fink M., Nervenarzt 1993, 689ff. der darüber hinaus ausführt, daß dieser genannte Bericht zum Modell der American Psychiatric Association wurde, die dann ihre eigene Task Force unter dem Vorsitz von Dr. Frankel bildete.

[96] The Commonwealth of Massachusetts, Committee For Public Counsel Services/ Mental Health Legitationegal Advocacy Project.

steme konnte jedoch eine aufbaugleiche Darstellung dieser Rechtslagen entsprechend dem deutschen Recht nicht vorgenommen werden. Dennoch konnte aufgezeigt werden, daß diesen Rechtslagen neben der staatlichen Kontrolle dieser umstrittenen Behandlungsmethode die Einschränkung des Mißbrauchspotentials und der erhöhte Schutz einwilligungsunfähiger Patieten immanent ist. Es wurde staatlicherseits in nicht einheitlichem Umfang anerkannt, daß es sich bei der Elektrokrampftherapie um eine Behandlungsmethode handelt, die auf Grund ihrer ungeklärten Wirkungsweise, den möglichen Nebenwirkungen und der hierauf basierenden Öffentlichkeitsarbeit, nicht allein durch das Therapieprivileg des Arztes legitimiert ist. Allein die Anerkennung und Umsetzung dieses Schutzgedankens von mehr als drei Viertel der Staaten der USA verdeutlichte die Dringlichkeit und Bedürftigkeit staatlichen Eingreifens. Der, auf Grundlage der gesetzlichen Restriktion basierende Schutz des einwilligungsunfähigen Patienten hat desweiteren die staatliche Registrierung der Anwendungen bewirkt, so daß an Hand derer nunmehr gesichertere Erkenntnisse über die Elektrokrampftherapie gewonnen werden können.

Die dargestellten Grundüberlegungen sollen nunmehr Ausgangsbasis für die juristische Betrachtung der Elektrokrampftherapie im deutschen Recht sein.

Teil D:
Die Juristische Betrachtung der Elektrokrampftherapie im deutschen Recht

I. Einleitung

Die Medizin als Heilauftrag verlangt auf Grund ihrer immer weniger begrenzten Möglichkeit nach einem „Sachwalter des Rechts", der die Grenzen für diesen Berufsstandes setzt, wenngleich auch die immer stärker ausgebildeten reglementierenden Maßgaben des Sozialstaates das ärztliche Berufsbild zusehend verändern.[1]
Diesen Zustand spiegeln gleichermaßen die vorab dargestellten, immer stärker werdenden, Kontroversen hinsichtlich der Anwendung der Elektrokrampftherapie als eine medizinische Maßnahme der Psychiatrie wieder. Für eine Verobjektivierung des Verfahrens besteht daher in Deutschland das dringende Bedürfnis, nach einer Stellungsnahme des Gesetzgebers zur Anwendung der Elektrokrampftherapie. Denn selbst der uneinheitliche Rechtsstandpunkt birgt Gefahren für Ärzte und Patienten gleichermaßen. So müssen Ärzte heute unter dem gestiegenem forensischen Druck des Haftungsrisikos und der Bereitschaft des Patienten zum Haftpflichtprozeß arbeiten. Daneben besteht deren beträchtliche und derzeit wachsende Gefahr der Strafverfolgung.[2]
Erarbeitet wurde bislang aber nur der Entwurf einer Stellungnahme der DGPPN[3] zur Elektrokrampftherapie durch Folkerts.[4]

Vorliegend soll an Hand der divergierenden Darstellungen eine rechtliche Würdigung der Elektrokrampftherapie vorgenommen werden. Hauptschwerpunkt bildet der allgemeine Versuch, eine derartig umstrittene Materie juristisch einzuordnen und einer möglichen Lösung zugänglich zu machen.
Mittels allgemeiner Rechtsansichten, der Intention des Gesetzgebers und dem Vergleich zu anderen medizinischen Maßnahmen soll die Elektrokrampftherapie den strengen Regeln des Arztrechts unterworfen werden. Besonderes Interesse wird dem Bereich des Betreuungsrecht, d.h. der Anwendung der Elektrokrampftherapie bei einwilligungsunfähigen Patienten, gewidmet werden.
Dabei wird jedoch das Anliegen dieser Untersuchung im juristischen Bereich liegen. Keinesfalls kann eine medizinisch aussagekräftige Lösung präsentiert werden, aber weitere wissenschaftliche Forschungsansätze anregen, die zu einer schrittweisen, für Ärzte und Patienten gleichermaßen akzeptablen, Lösung des Problems beitragen könnten.

---

1 Laufs, Der ärztliche Heilauftrag aus juristischer Sicht, S.9, 19.

2 Laufs, a.a.O., der hierzu ausführt, daß die Zahl der Arzthaftungsverfahren in der BRD während der vergangenen Jahre um ein Mehrfaches gestiegen seien.

3 Deutsche Gesellschaft für Psychiatrie, Psychotherapie und Nervenheilkunde.

4 Folkerts, Nervenarzt 1996, 509ff.

Bezüglich der rechtlichen Betrachtung der Anwendung der Elektrokrampftherapie werden eine Vielzahl arztrechtlicher Probleme und Konstruktionen anzusprechen sein, die jeweils für sich allein betrachtet bereits mehrfach Gegenstand juristischer Diskussionen und Dissertationen waren. In der vorliegenden Studie sollen die aussagekräftigsten Ansichten im Überblick dargestellt werden. Anhand dieser ausgewählten Grundsätze soll dann die Rechtslage bezüglich der Elektrokrampftherapie herausgearbeitet werden. Dabei wird insbesondere vorausgesetzt, daß der Eingriff an sich lege artis durchgeführt wird.
Auf weitere Problemdarstellungen bezüglich der Arzthaftung als Haftung für pflichtwidriges Verhalten und die sich hieraus ergebenden unterschiedlichen Sorgfaltsmaßstäbe wird nicht einzugehen sein.[5]

[5] Ausführlich Schramm, Schutzbereich der Norm, S.79 ff.

II. Rechtliche Voraussetzungen bei der Anwendung der Elektrokrampftherapie einwilligungsfähiger Patienten

Da die ärztlichen Behandlungen zwangsläufig die Körpersphäre des Patienten tangieren, kommt ihnen auf Grund der Natur der Sache regelmäßig strafrechtliche Relevanz zu. Dies bestätigt auch die Tendenz der Rechtsprechung, wonach seit Mitte der 70er Jahre die strafrechtliche Verfolgung von Delikten mit dem Ursprung des berufsspezifischen Fehlverhaltens von Ärzten zunehmend steigen.[6] Obgleich das Strafrecht vom Zivilrecht dogmatisch abgekoppelt ist, findet sich hier eine „faktische Akzessorietät" im Bereich der Delikte zum Schutz vor Eingriffen in die körperliche Unversehrtheit.[7] Den Schwerpunkt bildet aber auf Grund haftungsrechtlicher Konsequenzen nach wie vor das Zivilrecht.

Aus den fortschreitenden Möglichkeiten in der Medizin und dem steigenden Persönlichkeitsbewußtsein resultiert das Bedürfnis der Patienten, über ihr Schicksal selbst bestimmen zu können.[8] Mit der Selbstverständlichkeit des persönlichkeitsrechtlichen Schutzbedürfnisses und dem Selbstbestimmungsrecht des Patienten geht ein notwendiges gegenseitiges Verständnis einher, daß die Einsicht voraussetzt, daß Kollisionen zwischen diesen elementaren Rechten der Patienten einerseits und der ärztlichen Fürsorgepflicht und dem Streben nach medizinischen Fortschritt andererseits nicht vermeidbar sind.[9] Diese Interessenkollisionen wurde in Deutschland zugunsten des Patienten gelöst. Hierbei stellte schon das Reichsgericht fest, daß das Selbstbestimmungsrecht des Patienten Vorrang vor dem ärztlichen Heilauftrag hat.[10] Es gibt weder ein besonderes Berufsrecht der Ärzte noch ein generelles Behandlungsrecht vermöge dessen ein Eingriff in die körperliche Unversehrtheit des anderen ohne oder gegen dessen Willen erlaubt wäre,[11] selbst dann nicht, wenn diese Entscheidung möglicherweise den Tod des Patienten zur Folge hat.[12] Denn selbst ein lebensgefährlich Kranker kann triftige, sowohl menschlich als auch sittlich achtenswerte, Gründe haben eine Behandlungsmethode abzulehnen.[13]
Dementsprechend hat sich das Handeln der Ärzte an einem rechtlich vorgegebenen Rahmen zu orientieren.[14]

---

[6] Ulsenheimer, S. 27.
[7] Bauer/ Tag, S. 209.
[8] Füllmich, S. 38.
[9] Laufs, VersR 1972, 1.
[10] RGST 25, 375 ff.; 68, 431 ff.
[11] RGZ 68, 431 ff.; RGSt 25, 379; 61, 252; ebenso Weißauer, Fortschr. Med. 1980, 1629f.
[12] BGHSt 11, 111, 113; Keinesfalls ist die Auffassung Neidhardts, NJW 1956, 1097 (1098) nachvollziehbar, der Arzt allein solle auf Grund seiner speziellen Erfahrung das Maß der Aufklärung bestimmen.
[13] BGHSt 11, 111 (113).
[14] Voll, Einwilligung im Arztrecht, S. 2; Steffen, MedR 19983, 88 ff.

II.1. Die Einwilligung

Der Begriff der Einwilligung wird im deutschen Recht in verschiedenen Varianten gebraucht, die ihrerseits unterschiedliche Aufgabenbereiche abdecken und differenzierte Wirkungen entfalten. Die Vielzahl der Regelungen im BGB[15] dokumentieren die Bedeutung dieses Rechtsinstitutes. Daneben verwendet die Rechtsprechung diesen terminus technicus. Damit werden die tatbestandsausschließende[16] und die rechtfertigende Einwilligung auch als nicht kodifizierte Rechtsfiguren allgemein gebräuchlich und anerkannt. Die Einwilligung entfaltet daher rechtfertigende Wirkung, so daß die Widerrechtlichkeit der unerlaubten Handlung mit der Folge entfällt, daß Schadensersatzansprüche nicht entstehen können.

Demgegenüber hat der Strafgesetzgeber in § 228 StGB die Einwilligung gesetzlich normiert. Alle Maßnahmen des Arztes, die die körperliche Integrität des Patienten betreffen, können daher durch die wirksame Einwilligung gerechtfertigt sein. Die Einwilligung als solche ist daher rein strafrechtlich betrachtet die bewußte Entscheidung des Patienten, die ärztlichen Eingriffe in seine rechtlich geschützte Interessensphäre hinzunehmen, so daß die Rechtswidrigkeit unter den noch zu benennenden Bedingungen entfällt.[17]

II.1.1. Die Rechtsnatur der Einwilligung

Im Arztrecht leitete das RG[18] in einem Fall aus dem Jahre 1893 erstmals das Erfordernis der Einwilligung ursprünglich mittelbar aus der Körperverletzungsdoktrin ab. Heute leitet die Rechtsprechung diese unmittelbar aus dem Selbstbestimmungsrecht ab.[19]

Vorrangig sieht man den Patienten nunmehr in allen Lebensbereichen als einen mündigen Bürger an. Er ist fähig, über sich selbst zu bestimmen, so daß er auch als kranker Patient als eine „ganze Person" gesehen und respektiert werden muß.[20]

Die Rechtsnatur der Einwilligung, die einen Eingriff in das geschützte Rechtsgut ermöglicht, wird in der zivilrechtlichen Rechtsprechung nach wie vor dogmatisch uneinheitlich betrachtet.

---

[15] Vgl. §§ 182 ff.; 107, 111, 114, 267, 556b f., 565d, 593, 1365ff., 1423ff., 1726ff., 1740b, 1746ff., 1452ff., 2120, 2206 BGB.

[16] Oft auch als Einverständis gebraucht.

[17] Voll, Einwilligung im Arztrecht, S. 36.

[18] RGSt 25, 375ff.

[19] M.w.N. bei Schramm, Schutzbereich der Norm, S. 194f.

[20] Wolfslast in Byrd/ Hruschka/ Joerden, S. 301f.

Während große Teile in der Literatur[21] bei der Einwilligung von einer geschäftsähnlichen Handlung in Form einer Willensäußerung sprechen, halten andere an der strikten Einordnung als rechtsgeschäftliche Willenserklärung fest. Als herrschend gilt die Ansicht, die in der Einwilligung weder eine Willenserklärung noch eine rechtsähnliche Handlung sieht, sondern lediglich einen Verzicht auf weitergehenden Rechtsschutz statuiert.[22]
Die Relevanz dieses Streites ist zweifelhaft. Denn die wiederholte Begründung des BGH[23] zeigte die analoge Anwendung der Vorschriften über die Willenserklärung und das, wenn auch fragliche Abstellen auf die Norm des § 138 BGB auf. Zu dem selben Ergebnis gelangt ebenso die Lehre von der Sonderkategorie, die auf den Schutzbereich des verzichteten Gutes abstellt.[24]

Allgemeingültig anerkannt ist, daß grundsätzlich nur der Patient selbst in eine Heilbehandlungsmaßnahme einwilligungsberechtigt ist, da nur er über seine eigenen, höchstpersönlichen Rechtsgüter der körperlichen Integrität und der Selbstbestimmung verfügen kann, sofern er einwilligungsfähig und damit geistig befähigt ist, einen Verzicht auf den Rechtsgüterschutz erklären zu können.[25]
Rechtlich unproblematisch ist daher die Anwendung der Elektrokrampftherapie, wenn der Patient einwilligungsfähig ist, d.h. wenn durch ihn die Bedeutung und Tragweite der Behandlung und der Krankheitssituation erkannt werden können und eine erkennbare Fähigkeit zu einer nachvollziehbaren, realitätsbezogenen, vernünftigen und angemessenen Entscheidung besteht. Dieser Fall der Einwilligung des Patienten in die Elektrokrampfbehandlung läßt letztere unter bestimmten Bedingungen als rechtmäßig erscheinen. Lediglich die dogmatische Begründung der Rechtmäßigkeit auf Tatbestands- oder aber auf Rechtswidrigkeitsebene unterliegt noch keiner gefestigten Ansicht.[26]

II.1.2. Die Rechtsgrundlagen der Einwilligung

Die Meinungsverschiedenheiten hinsichtlich der dogmatischen Struktur der Einwilligung begründeten sich in der strafrechtlichen Judikatur.
Im Rahmen der rechtswissenschaftlichen Erörterung der Einwilligung nimmt daher der Streitstand um die Einordnung der Verfügungsbefugnis eine weitergehende Stellung ein. Da die Grundpositionen hierzu jedoch zu abweichenden rechtlichen Ergebnissen und Folgen führen, hat die Einordnung dieser Rechts-

---

[21] Schwab in MüKo § 1904 Rdnr. 2.
[22] Nachweise bei Mayer, Medizinische Maßnahmen an Betreuten S. 27; Müller, Betreuung, S. 223f.
[23] BGHZ 67, 48 (51); BGH NJW 1980, 1903; BGH VersR 1980, 676.
[24] Nach Mayer, a.a.O., S. 27ff., ausführlich Eisenbart, Patiententestament, S. 87ff.
[25] Voll, Einwilligung im Arztrecht, S. 61.
[26] BVerfGE 52, 131 (168).

grundlage, für das Zivil- und das Strafrecht gleichermaßen hohe Bedeutung, wenngleich dieser Streit der Rechtsgeschichte angehört.

In Anlehnung an die herrschende Lehre[27] liegt eine Ressortierung der „Einwilligung" bereits im Tatbestand nahe, wenn man das tatbestandsmäßig geschützte Rechtsgut als Verbindung von Realgut und Selbstbestimmungsrecht ansieht. Terminologisch handelt es sich hierbei um ein Einverständnis, daß das jeweilige Rechtsgut aus dem Schutzbereich der Norm herausnimmt, so daß eine Tatbestandserfüllung mangels einer tauglichen Angriffsfläche beim geschützten Rechtsgut nicht eintreten kann.[28] Infolge eines wirksamen Einverständnisses entfällt daher der Erfolgsunwert und mit ihm der hierauf bezogene Handlungsunwert.[29] Gegen alle anderen dogmatischen Ansätze, die von dieser Ansicht abweichen, wendet sich ein großer Teil der Lehre und die Mediziener mit der Begründung, daß ein lege artis durchgeführter ärztlicher Heileingriff bereits tatbestandlich keine Körperverletzung sein kann, da er gerade nicht auf Verschlechterung, sondern auf die Verbesserung des körperlichen Zustandes gerichtet sei und der Wiederherstellung der Gesundheit diene. Keinesfalls nachvollziehbar sei ein pauschale Tatbestandskonstruktion durch die tatbestandliche „Gleichstellung mit dem Messerstecher". Während der ärztliche Eingriff und die ärztliche Motivationslage tendenziell auf Heilung und nicht auf Verletzung ausgerichtetet sind, müsse dies als ein Gesamtakt der Tätigkeit des Arztes beurteilt werden.
Dementsprechend fungiere die Einwilligung bei medizinisch indizierten Heilbehandlungsmaßnahmen nur noch als Rechtmäßigkeitsschranke.[30]

Anders stellt sich die Auffassung der Rspr. dar, die die Einwilligung als Rechtfertigungsgrund betrachtet.
In dem vom Bestimmtheitsgebot des Art. 103 Abs. 2 GG gesteckten Grenzen ist die Einstufung der Einwilligung als Rechtfertigungsgrund in § 223 StGB rechtlich geboten, da von der „Gesundheitsbeschädigung" und nicht von einem „Angriff auf die Verfügungsfreiheit über die eigene Gesundheit" gesprochen wird.[31] Konkret angewandt bedeutet dies, daß jede ärztliche, die körperliche Integrität berührende Maßnahme eine tatbestandsmäßige Körperverletzung ist und zwar zunächst unabhängig davon, ob sie erfolgreich oder mißglückt ist, kunstgerecht oder fehlerhaft ausgeführt wurde.[32] Dementsprechend wird die medizinische

---

[27] Schönke/ Schröder-Eser, § 223 Rdnr. 30; Perron, Rechtfertigung und Entschuldigung, S. 107; m.w.N. Meyer, Einwilligungsunfähigkeit, S. 41ff; insbesondere Laufs, NJW 1969, 529ff.; derselbe in NJW 1974, 2025ff.
[28] Sternberg-Lieben, S. 61, Zipf, S. 28 f.
[29] Zipf, S. 31, Sternberg-Lieben, S.61; m.w.N. Bauer/ Tag, S. 211.
[30] Voll, Einwilligung im Arztrecht, S. 43.
[31] Sternberg-Lieben, S. 63f., Ponsold/ Bockelmann, Gerichtliche Medizin, S. 18.
[32] RG 25, 375ff.; BGHSt 11, 111(114); BGHSt 12, 379 (382ff.); BGHSt 16, 309 (311ff.); BGH NJW 56, 1106.(); m.w.N. Steffen/ Dressler, Rechtsprechung zum Arzthaftungsrecht, S. 114; Eser in Schönke/ Schröder § 223 StGB Rdnr. 29; Rieger, Lexikon des Arztrechts,

Heilbehandlung, die bis zu diesem Zeitpunkt eine Körperverletzung darstellt, nur durch die Einwilligung des Patienten, beziehungsweise durch das Vorliegen anderer Rechtfertigungsgründe, rechtmäßig.[33]

Uneinheitlich ist diese Ansicht dahingehend, ob die Einwilligung auch Rechtfertigungsgrund für den Heileingriff sein kann, wenn die entsprechende medizinischen Indikation nicht vorliegt.
Vertreter der Ansicht, die auf das Indikationserfordernis verzichten, sehen in der Einwilligung die Erlaubnis zum Eingriff in die körperliche Unversehrtheit des Patienten an den Arzt und statuieren damit einen Rechtsschutzverzicht, soweit die Einwilligung reicht.[34]
Andere Rechtswissenschaftler fordern mit der Indikation ein weiteres einschränkendes Regulativ für die Rechtmäßigkeit der Heilbehandlungsmaßnahme. Hier schließt sich die Frage an, ob die medizinische Indikation der Grund der ärztlichen Eingriffsbefugnis ist, während die Einwilligung selbst nur als eine Rechtfertigungsschranke fungiert.[35] Das heißt, daß aus ärztlicher Sicht der, unter Beachtung der anerkannten ärztlichen Kunstregeln durchgeführte, Eingriff geboten gewesen sein mußte, bzw. daß der begründete Hinweis auf eine Handlungsnotwendigkeit bestand. Damit bildet die sich aus der medizinische Indikation ergebende Einwilligungsbefugnis dogmatisch begründet einen Rechtfertigungsgrund, die Einwilligung selbst die Rechtfertigungsschranke.[36]
Desweiteren ist zu beachten, daß die Einwilligung des Patienten den Arzt nicht von den ethischen Grundsätzen freistellt[37].
Folglich ist der nichtindizierte medizinische Heileingriff rechtswidrig, sofern die mangelnde Indikation trotz der Einwilligung des Patienten mit der strafbaren Körperverletzung gleichgesetzt wird. Das bedeutet aber keinesfalls, daß dem Patienten die Dispositionsbefugnis und damit seine Einwilligungsmöglichkeit in die ärztliche nicht notwendige Maßnahme entzogen wird.[38] Folgerichtig handelt nur derjenige rechtswidrig, der mit Einwilligung des Verletzten in den therapeutisch sinnlosen Eingriff gegen die guten Sitten verstößt.[39]

Rdnr. 804; Knittel, § 1904 Rdnr. 1; Ehlers, Ärztliche Aufklärung, S. 42; Th. Zimmermann, S. 41; Diederichsen in Venzlaff/ Foerster, S. 539 f.

[33] Eser in Schönke/ Schröder § 223 StGB Rdnr. 29ff.; BGH FamRZ 1959, 200 (202); ebenso Ehlers, a.a.O., S. 42; Mertens in MüKo § 823, Rdnr. 361ff., Bockelmann, NJW 1961, 945; Schröder, NJW 1961, 951; Weißauer, S. 17; Giesen, Arzthaftungsrecht, S. 166 ff.

[34] M.w.N. Voll, Einwilligung im Arztrecht, S. 43; so auch Sternberg/ Lieben, S. 194.

[35] Voll, a.a.O.

[36] Sternberg-Lieben, S.172; Eser in Schönke/ Schröder § 223 StGB Rdnr. 32 ff.; Ehlers, a.a.O., S. 43; Kern/ Laufs, Ärztliche Aufklärungspflicht S. 9; m.w.N. Meyer, Einwilligungsunfähigkeit, S. 36 ff.; Voll, a.a.O., S. 44ff.

[37] M.w.N. Steffen/ Dressler, Rechtsprechung zum Arzthaftungsrecht, S. 115.

[38] Meyer, Einwilligungsunfähigkeit, S. 39.

[39] Ulsenheimer in Laufs/ Uhlenbruck, Arztrecht, § 139 Rdnr. 42; Meyer, S. 40.

Die letzte Voraussetzung für die Abgabe einer wirksamen Einwilligung ist die Freiheit von Willensmängeln. Das bedeutet, daß die Einwilligung auch dem wahren Willen des Patienten entsprechen muß, um so rechtfertigende Wirkung entfalten zu können und das Selbstbestimmungsrecht des Patienten zu gewährleisten.[40] Unter welchen Voraussetzungen dies jedoch der Fall ist, ist umstritten und bislang noch nicht abschließend geklärt.

Nach der Auffassung der Rechtsprechung[41] ist die Einwilligung unwirksam, wenn sie durch Drohung, Täuschung oder auf Grund eines Inhalts- oder Erklärungsirrtums zustande gekommen ist, während allein der Motiv-irrtum, z.B. über die Behandlungskosten als unbeachtlich gilt. Die Abgrenzung zu den beachtlichen Irrtümern bleibt aber bislang größtenteils noch unklar.[42] Beruht jedoch die Einwilligung auf einem Irrtum, so ist er nur auf Grund des „Rechtsgutbezuges" beachtlich, wenn er sich auf die medizinische Bedeutung der Maßnahme bezieht, etwa auf den Zweck und die Notwendigkeit des Eingriffs.[43]

Fazit dieser Betrachtung ist, daß die Anwendung der Elektrokrampftherapie als ärztlicher Eingriff in die körperliche Integrität des Patienten eine tatbestandliche Körperverletzung darstellt, die zu ihrer Rechtfertigung grundsätzlich einer wirksamen vorherigen Einwilligung bedarf. Sollte der Arzt das allgemeine Erfordernis der Einwilligungserklärung mißachten, so macht er sich gemäß §§ 223 ff. StGB strafbar.

Zivilrechtlich betrachtet ist er infolge der Nebenpflichtverletzung aus dem Behandlungsvertrag ohnehin und auch gemäß §§ 823 Abs. 1; Abs. 2 i.V.m. §§ 223 StGB schadenersatzpflichtig, sofern sich ein mit der Behandlung verbundenes Risiko durch das schuldhafte Handeln des Arztes verwirklicht. Zu beachten ist, daß zwischen dem Schutzbereich des § 223 StGB und dem des § 823 BGB Unterschiede bestehen.[44]

---

[40] M.w.N. a.a.O., S. 59.

[41] BGHSt 16, 309 (310f.).

[42] M.w.N. Meyer, a.a.O., S. 59.

[43] Lenckner in Eser/ v. Lutterotti/ Sporken, Spalte 275.

[44] Th. Zimmermann, S. 49 ff. hinsichtlich der Unterschiede im Schutzbereich; Ohne das es den Nachweis des Vorliegens eines Kunstfehlers durch den Arzt bedarf, dient § 823 BGB bei einer Aufklärungspflichtverletzung bereits als anspruchsbegründende Norm. Zur näheren Ausführung hinsichtlich des Behandlungsvertrages, vgl. Giesen, Arzthaftungsrecht, S. 7ff.

II.1.3. Das Patiententestament als wirksame Einwilligung

Fraglich ist in diesem Zusammenhang, ob die im Patiententestament enthaltenen Willenserklärungen die Rechtswirkungen einer solchen rechtfertigenden Einwilligung entfalten können und die Elektrokrampftherapie als medizinische Maßnahme allein auf Grund dessen rechtmäßig durchgeführt werden kann.
Anhaltspunkte über die Einwilligung zur Durchführung der Elektrokrampftherapie finden sich nicht selten in dem vom Patienten zum Zeitpunkt seiner Einwilligungsfähigkeit vorgefertigten Patiententestament. Oftmals wird der Ausgangspunkt allerdings ein negierter sein, denn das Patiententestament stellt das exakte Gegenteil der Einwilligung dar, nämlich gegen den Willen des Arztes eine bestimmte Behandlungsmaßnahme abzulehnen.

Vor etwa 15 Jahren setzte in Deutschland die Diskussion um das Patiententestament ein, welches bereits aus dem angelsächsischen Rechtsraum, als „Living Will" bekannt war.
Entgegen der verbreiteten Ansicht beschränkt sich diese „Vorab-Einwilligung" nicht nur auf die am stärksten diskutierten Sterbefälle, sondern ist im Gegenteil allgemein auf sonstige ärztliche Eingriffe und Behandlungsmethoden[45] und damit auch auf die Elektrokrampftherapie anwendbar und findet immer größer werdenden Zuspruch. Es handelt sich hierbei um Erklärungen des Patienten gegenüber dem Arzt, was zu geschehen hat, wenn der Patient in eine Lage gerät, in der er nicht mehr wirksam sein Selbstbestimmungsrecht ausüben kann.

Hauptproblem ist und war es, ob diese Vorausverfügung in Form des Patiententestament als Direktive an den Arzt diesen rechtlich bindet oder nicht, so das sich hierzu im Laufe der Zeit drei wesentliche Ansichten herausbildeten.[46]
Ein großer, in sich nicht einheitlicher Teil der Literatur lehnt jegliche Bindungswirkung mit unterschiedlichen Argumentationsansätzen ab. Während einige den bedeutendsten Schwachpunkt derartiger Vorab-Erklärungen darin sehen, daß sie nur in den seltensten Fällen hinreichend präzise auf die anstehende Situation und Behandlungsformen mangels Vorhersehbarkeit abgefaßt sind, halten andere die Einflußnahme eigensüchtiger Dritter für besonders beunruhigend. Es ist ihrer Ansicht nach nicht auszuschließen, daß Fälle eintreten könnten, bei denen die im Patiententestament geschilderte Situation nicht mit der eintretend Aktuellen übereinstimmt. Vielmehr sei es unmöglich, für alle denkbaren Fälle im voraus Anweisungen zu treffen, um so Mißbrauch zu entgehen. Dem Patiententestament jedoch seine Bindungswirkung wegen der Gefahr einer Fehleinschätzung abzusprechen, kann wohl kaum gefolgt werden, da diese letztlich der „Preis der eigenen Entscheidungsbefugnis" ist.[47]

---

[45] Uhlenbruck, MedR 1992, 134.
[46] Füllmich, S. 72; Th. Zimmermann, S. 109 ff.
[47] Sternberg-Lieben, NJW 1985, 2734 (2735).

Darüberhinaus wird vorgebracht, daß ein möglicher Widerruf für den Arzt in den seltensten Fällen erkennbar sei. Aber auch diese Argumentation der Widerruflichkeit geht bereits im Ansatz fehl, da der Einwilligung in die ärztliche Heilbehandlungmaßnahmen die freie Wiederruflichkeit als Ausfluß des Selbstbestimmungsrechts immanent ist.[48]
Selbst ablehnende Stimmen sehen in dem Patiententestament zunehmend ein wichtiges Indiz zur Erforschung des mutmaßlichen Willens des Patienten.[49]

Demgegenüber völlig kontrovers ist die in etwa gleich starke Meinung, die dem Patiententestament absolute Bindungswirkung bis zu dessen Widerruf zuspricht. Mit der Intention des Grundgesetzes, nach der das Selbstbestimmungsrecht des Menschen als Ausdruck des allgemeinen Persönlichkeitsrechts Rang höchst ist, muß es jedem zum Zeitpunkt der Einwilligungsfähigkeit selbst überlassen bleiben, seine Wünsche und Vorstellungen über eine ärztliche Behandlungsmaßnahme zum Ausdruck zu bringen, obwohl noch gar nicht feststeht, ob eine derartige Verfügung jemals zur Anwendung kommen wird.[50] Einschränkend ist aber zu berücksichtigen, daß diese Bindungswirkung -ähnlich der Wirksamkeit einer rechtfertigenden Einwilligung in die Vornahme eines ärztlichen Eingriffs- ihre Grenze an §§ 138 Abs. 1, 134 BGB findet, denn auf Grund des persönlichkeitsrechtlichen Charakters ist diese Art. 2 Abs. 1 GG zuzuordnen und damit dem Vorbehalt des Sittengesetzes unterworfen.[51]

Vermittelnd tritt daher die Ansicht auf, die in dem Patiententestament eine relative Bindungswirkung sieht. Dementsprechend ist eine Bindungswirkung nur für die Fälle denkbar, in denen die in der Verfügung antizipierte Situation mit der behandlungserfordernden Situation tatsächlich identisch ist.[52]

Gerade diese uneinheitliche Rechtsprechung verunsichert jedoch die Anwender mit der Folge, so daß bereits die Befürchtungen einer eigenen strafrechtlichen Verfolgung, den wahren Patientenwillen zurücktreten läßt.

Einer derartigen schriftlichen Patientenverfügung und damit einer schriftlich dokumentierten Willensbetätigung sollte dennoch der Vorzug gegeben werden, da die darin enthaltene Erklärung einen konkreten Anhaltspunkt über den Willen enthält, der nicht durch Mutmaßungen Dritter ersetzt werden muß.[53]
Damit stellt eine derartige Vorausverfügung eine Selbstbestimmung durch zukunftswirksame Festlegung mit Bindungscharakter einer Einwilligung oder Versagung dar. Dieser nicht die erforderliche Bedeutung zuzumessen, hieße, die

---

[48] M.w.N. Mayer, Medizinische Maßnahmen an Betreuten S. 85
[49] M.w.N. Eisenbart, Patiententestament, S. 39f.
[50] Eisenbart MedR 1997, 305.
[51] Mayer, a.a.O., S. 87.
[52] Deutsch, NJW 1979, 1905 (1909).
[53] Eisenbart, a.a.O., S. 239f.; Sternberg-Lieben, NJW 1985, 2734 ff.

Einwilligung als vorherige Zustimmung nicht anzuerkennen, da sie gerade in einem Zeitpunkt Wirksamkeit entfalten soll, in der der Zustand der freien Selbstbestimmung nicht mehr besteht. Folglich ist die Vorausverfügung als Ausdruck der durch die Grundrechte geschützte Selbstbestimmung anzuerkennen.[54]
Es ist daher zulässig, die Anwendung der Elektrokrampftherapie im Vorfeld rechtsverbindlich zu regeln, so daß der schriftlich niedergelegte Wunsch des Patienten die Elektrokrampftherapie nicht erhalten zu wollen zwingend Berücksichtigung finden muß, daß sie als Behandlungsmethode dann auch ausscheidet. Im Rahmen der Rechtsverbindlichkeit muß der Verfügende im Zeitpunkt der schriftlichen Niederlegung seines Patiententestamentes die erforderliche Einsichts- und Urteilsfähigkeit besitzen.

II.2. Die Einwilligungsfähigkeit des Patienten

Wie bereits dargestellt, kann der Patient nur dann wirksam in die ärztliche Behandlung einwilligen, wenn er die hierzu erforderliche natürliche Einsichts- und Urteilsfähigkeit besitzt. Die konkrete Bestimmung der Einwilligungsfähigkeit blieb bislang durch den Gesetzgeber unvollständig geregelt. Nur einzelne Spezialgesetze bieten Anhaltspunkte zur Frage der Feststellung der Einwilligungsfähigkeit geistig Behinderter und Erkrankter und solcher, die vor allem das Mindestalter der Einwilligungsfähigkeit betreffen.
Diesbezüglich dienen die Unterbringungsgesetze der Länder[55] und des Bundes[56] nach wie vor als Auslegungrichtlinien.
Versucht man daher an Hand der spezialgesetzlichen Umschreibungen die Einwilligungsfähigkeit zu bestimmen, so wird dieser Versuch mißlingen, da die Bestimmungen uneinheitlich und unbestimmt sind. Dabei darf jedoch der unterschiedliche Regelungszweck der normierten Vorschriften nicht außer Acht gelassen werden.

Im Laufe eines langjährigen rechtlichen Entwicklungsprozesses hat sich die gefestigte Ansicht herausgebildet, daß die Einwilligungsfähigkeit sowohl von der zivilrechtlichen Geschäftsfähigkeit im Sinne der §§ 104 ff. BGB, als auch von der strafrechtlichen Schuldfähigkeit im Sinne der §§ 20f. StGB streng zu unter-

---

[54] Hillgruber, Der Schutz des Menschen vor sich selbst, S. 122.
[55] Vgl. z.B. § 26 Abs. 3 Satz 2 NdsPsychKG, § 26 Abs. 2 Satz 2 NWPsychKG, § 13 Abs. 4 ThürPsychKG.
[56] Vgl. z.B. § 3 Abs. 3 KastrG, §§ 40 Abs. 2, 41 Nr.3 Satz 4 AMG, § 41 Abs. 6 Nr.1 Satz 6 StrahlenSchVO und § 81c Abs. 3 Satz 2 StPO.

scheiden ist.[57] Hierbei handelt es sich nicht nur um unterschiedliche termini, sondern um differente Fähigkeiten mit dem Unterschied, daß sich die Einwilligungsfähigkeit auf eine konkret zu bestimmende Maßnahme bezieht.[58] Folglich ist allein auf die Fähigkeit zur sachgerechten Beurteilung des konkreten Rechtsgutsverzichts abzustellen.
Demgegenüber ist die Schuldfähigkeit eine anomale psychische Verfassung, die normgemäßes Handeln ausschließt und entschuldigt.[59]

Versucht man daher für die Einwilligungsfähigkeit eine Definition an Hand der bisherigen Rechtsprechung und der vielseitigen wissenschaftlichen Abhandlungen zu finden, so sollte deren Inhalt zumindest die Reife und die Fähigkeit des Patienten umfassen, die Tragweite und die Schwere des ärztlichen Eingriffs für den Körper, den Beruf und das allgemeine Lebensglück zu erkennen und danach selbstverantwortlich Entschlüsse zu fassen. Der Patient muß in der Lage sein, den Grund und die Dringlichkeit der ärztlichen Maßnahme und die therapeutischen Möglichkeiten zu begreifen und die mit dem Eingriff verbundenen Heilungschancen und Risiken richtig einschätzen können.[60] Dieser allgemein verwandte Grundsatz liegt trotz fehlender ausdrücklichen Normierung dem Gesetz zugrunde[61] und kann auch dem Gedanken des § 828 BGB entnommen werden, der von einer isolierten Einsichtsfähigkeit ausgeht[62].

Demzufolge spielt die, hiervon unabhängige Geschäftsfähigkeit, als eine Fähigkeit Rechtsgeschäfte selbständig vollwirksam vorzunehmen, im Arztrecht auch nur eine nur sehr untergeordnete Rolle, wenngleich die Rechtssicherheit erheblich gesteigert werden könnte.
Den Grund für eine solche Differenzierung sieht die Rechtsprechung in dem Umstand, daß die Einwilligungsfähigkeit nur eine Gestattung oder Ermächtigung zur Vornahme tatsächlicher Handlungen in dem Rechtskreis des Einwilligenden ist.[63] Diese Ansicht der Rechtsprechung resultiert aus der dogmatische Einordnung der rechtfertigenden Einwilligung weder als reine Tathandlung, da an die eigentliche Willensäußerung eine Rechtsfolge geknüpft ist, noch als rechtsgeschäftliche Erklärung, da es an einem, sich auf den rechtlichen Erfolg beziehendem, finalem Element mangelt.

---

[57] Kern, NJW 1994, 753(755); Amelung, NStW 1992, 525 (526ff.); Rieger, Lexikon des Arztrechts, Rdnr. 805; Laufs, Arztrecht, S. 61; Müller, Betreuung, S. 49 ff.; Diederichsen in Venzlaff/ Foerster, S. 540; Wojnar, BtPrax 1999, 11 (14).
[58] Dreher/Tröndle, vor § 32, Rdnr. 4.
[59] Dreher/Tröndle, § 20 Rdnr. 3.
[60] Kern, MedR 1991, 66 (68); Mertens in MüKo, § 823 Rdnr. 423; Schwab in MüKo § 1904 Rdnr. 6; Elzer, Klinische Prüfungen an Einwilligungsunfähigen, S. 19; Voll, Einwilligung im Arztrecht, S. 12, 61 ff.; BGHZ 29, 33 (36).
[61] Kern, MedR 1991, 66 (68); BT-Druck 11/4528 S. 71f.; vgl. Ausführungen unter D.III.2.
[62] Mertens in MüKo, § 828 BGB Rdnr. 5; Elzer, a.a.O., S. 19.
[63] BGHZ 29, 46ff.; m.w.N Giesen, Arzthaftungsrecht, S. 215 ff.

Die Einwilligungsbefugnis in einen ärztlichen Heileingriff rechtfertigt es daher, bei jedem Patienten die Einwilligungsfähigkeit von der Geschäftsfähigkeit strikt zu trennen. Dies gilt um so mehr für die Beurteilung der Einwilligung psychisch Kranker und geistig Behinderter, um ihnen im Rahmen einer Betreuung im größtmöglichsten Umfang eigene, selbstbestimmte Entscheidungen zu ermöglichen.[64]

Grundsätzlich ist die Einwilligungsfähigkeit und damit die freie Willensbestimmung bei volljährigen Bürgern generell anzunehmen.
Jedoch kann sie selbst einem volljährigen, an sich sogar verständigen Patienten fehlen, wenn er derart auf seine Krankheit oder seine Schmerzen fixiert ist und nicht mehr in der Lage ist zu beurteilen, um was es geht. In den Fällen „isolierter Schmerzen", in denen der Patient nur noch durch seine Krankheit bestimmt wird, sind die Anforderungen besonders hoch anzulegen, so daß das Verhalten des Patienten in seinem äußeren Erscheinungsbild Schlüsse darauf zuläßt, daß der in der Person liegende, festgestellte Defekt sich in dem Verhalten derart widerspiegelt, daß es für die getroffene Entscheidung jedenfalls mitursächlich war.[65]
Andererseits kann ein noch minderjähriger Kranker allein und selbständig eine voll wirksame Einwilligungserklärung abgeben, wenn er die Bedeutung und die Tragweite des vorzunehmenden Eingriffs in seinem Für und Wider hinreichend zu beurteilen vermag.[66] Es kommt daher maßgeblich auf den individuellen Reifegrad des Patienten an,[67] also darauf, ob der Patient nach seiner geistigen und sittlichen Reife die Bedeutung und Tragweite des Eingriffs und seiner Gestattung zu ermessen vermag.[68]

Amelung[69] übte an dieser Rechtsprechung Kritik, da die verwendete Umschreibung der Einwilligungsfähigkeit Lücken im voluntativen Bereich aufweist, und damit von geringer Präzision und Lenkungskraft ist. Dies ist der Fall, wenn der Patient in der Lage ist, eine vernünftige Entscheidung zutreffen, d.h. wenn sie den subjektiven Wertungen des Rechtsgutsträgers entspricht, auf einer zutreffenden Würdigung der bewertungsrelevanten Tatsachen und Kausalverläufe beruht und im Fall eines Konflikts zwischen den Gütern des Betroffenen nach dessen Wertungsmaßstäben zur Konfliktlösung erforderlich ist. Nur in den Fällen, in denen auf ein solches präexistentes Wertungssystem nicht zurückgegriffen werden kann, wird man von dem normalerweise subjektiven Wertungsmaßstab

---

[64] Voll, Einwilligung im Arztrecht, S. 43, Schünemann, VersR, 1981, 306 (307)
[65] OLG Frankfurt/ Main, VersR 1984, 289 (290).
[66] Eser in Schönke/ Schröder § 223 Rdnr. 38; Th. Zimmermann, S. 165 ff.; Ponsold/ Bockelmann, Gerichtliche Medizin, S. 24; Markus, Einwilligungsfähigkeit in amerikanischem Recht, S. 38; Rieger, Lexikon des Arztrechts, Rdnr. 807.
[67] Kern, FamRZ 1981, 738f., allgemein Ott in Baer, Psychiatrie für Juristen, S. 128.
[68] St. Rspr., BGHZ 29, 34 (36).
[69] Amelung, ZStW 1992, 825 (541, 550).

abweichen müssen, und sich an dem „objektiv vernünftigen" Wertungsmaßstab orientieren, um festzustellen ob eine „Verzerrung" vorliegt. Als Voraussetzung ist jedoch nie zu verkennen, daß allein das Abweichen von der „objektiv vernünftigen" Präferenzordnung die Einwilligungsunfähigkeit begründet, sondern erst der Nachweis, daß diese Abweichung auf einem Defekt beruht, der in der Person des wertenden begründet ist. Sofern der Nachweis des Vorliegens dieses Defektes nicht gelingt, so ist auch die „objektiv unvernünftige" Entscheidung zu akzeptieren.

Mit dieser Aussage erreicht Amelung eine Annäherung an die Grundsätze der Rechtssprechung, so daß lediglich ein Unterschied in der Dogmatik zu erkennen ist. Er legt eine „Arbeitshilfe" vor, an Hand derer er die Einwilligungsfähigkeit punktuell bestimmen will.

Einhellig sind die Anforderungen aber um so niedriger anzusetzen, je mehr eine Einwilligungsentscheidung einer „objektiv vernünftigen" entspricht, weil „der fürsorgerische Wert der Verneinung der Einwilligungsfähigkeit" um so geringer ist, „je mehr eine Einwilligung sich dem objektiv Vernünftigen annähert".[70]

Danach ist der Patient einwilligungsfähig, wenn er eine vernünftige persönliche Wertung zu treffen vermag, sofern er entsprechend seines Intellekts die hinreichende Aufklärung des Arztes versteht und in der Lage ist, sich seiner Einsicht und subjektiven Beurteilung entsprechend zu steuern.

Diesen Ausgangspunkt konkretisiert Geilen[71], der die Anforderungen an die Einwilligungsfähigkeit mit dem Wert der beteiligten Rechtsgüter steigen läßt und damit bei folgeschweren Eingriffen strengere Maßstäbe anlegt, als bei Bagatelleingriffen.

Folglich darf der unvernünftige Wunsch des Patienten zur Ablehnung oder Zustimmung des medizinischen Eingriffs allein nicht zur Unwirksamkeit der Einwilligung mangels Urteils- oder Einsichtsfähigkeit führen. Die bloße Unvernunft kann lediglich Indizwirkung beanspruchen, keinesfalls aber die Unfähigkeit der freien Willensbildung beweisen. Als zusätzliches Element muß in der Person des Einwilligenden ein Defektzustand vorgelegen haben, der zum Ausschluß der freien Willensbestimmung geeignet ist und tatsächlich geführt hat.[72]

Nur vereinzelt wird zur Beurteilung der Einwilligungsfähigkeit neben der „Einsichts- und Urteilsfähigkeit"[73] auch die „Steuerungsfähigkeit", d.h. die Fähigkeit, sich nach der gewonnenen Einsicht zu bestimmen, verlangt. Die hierbei in Frage stehenden Zweifel bezüglich der inneren Widerstandsfähigkeit des Betroffenen werden allerdings von der Rechtsprechung nicht einheitlich behandelt.[74]

---

[70] Amelung, a.a.O., 821 (544ff.).
[71] Geilen, Einwilligung und ärztliche Aufklärungspflicht, S. 113ff., 194.
[72] Meyer, Einwilligungsunfähigkeit, S. 113, 129 unter Ablehnung des BGH NJW 1978, 1206.
[73] BGH NJW 1963, 1679ff.
[74] Nachweise bei Markus, Einwilligungsfähigkeit in amerikanischem Recht, S.38 f.

Ein besonderes Problem im Zusammenhang mit der Anwendbarkeit der Elektrokrampftherapie entsteht, da es sich in der Regel nicht um somatisch Erkrankte handelt, sondern um psychisch Kranke.
Die Literatur und die Rechtsprechung sind sich einig, daß allein der Umstand der psychischen Krankheit es nicht rechtfertigt, generell Einwilligungsunfähigkeit anzunehemen.[75]
Bei dem, die Anwendung der Elektrokrampftherapie indizierten Krankheitsbild kann daher Einwilligungsfähigkeit, als auch die Einwilligungsunfähigkeit vorliegen, so daß es auf den Einzellfall ankommt. Diese Feststellung ist schwierig, denn viele psychisch erkrankte Menschen sind gehemmt, reserviert oder verunsichert.[76] Die Entscheidung, ob der Patient willensfähig ist oder nicht, stellt daher eine medizinische Frage im Zeitpunkt der Abgabe der Einwilligung dar, die durch den Mediziner beantwortet werden muß.[77]
Eine Hilfestellung bei der Beurteilung der Einwilligungsfähigkeit psychisch erkrankter Menschen versuchte Zimmermann[78] an Hand der einzelnen psychiatrischen Krankheitsbilder darzustellen, in dem er die Verhaltensauffälligkeiten der Betroffenen juristisch charakterisierte.
Entscheidend hierbei ist für den zu beurteilenden Arzt in der Regel zunächst, ob der Patient Auffälligkeiten im Verhalten aufweist. Derartig objektiv feststellbare Faktoren sind oftmals aber nur Indizien, die allein eine endgültige Beurteilung der Einwilligungsfähigkeit nicht zu tragen vermögen.[79] Auf Grund dessen haben Ärzte bereits Kataloge von Fragepools zur Feststellung der Einwilligungsfähigkeit psychisch kranker Patienten entwickelt, die entweder auf das Krankheitsbild oder die Beurteilung der kognitiven Fähigkeiten abstellen.[80] Es empfiehlt sich hierbei immer einen weiteren sachverständigen Mediziner zu Rate zu ziehen. Sofern auch er die Einwilligungs(un)fähigkeit bestätigt, so ist die Entscheidung des Patienten unter der Dokumentation der Gründe zu achten.[81]

Bei einer großen Zahl von Patienten, denen der Vorschlag zu einer Elektrokrampfbehandlung gemacht wurde, zeigte sich trotz einer schweren psychischen Krankheit die Einsicht für ihren Krankheitszustand und die hierdurch hervorgerufenen Hilfs- und Behandlungsbedürftigkeit. Diese Patienten, die die Beseitigung dieses Zustandes wünschen, sind in der Regel dazu fähig, Informationen

[75] Kern/ Laufs, Ärztliche Aufklärungspflicht, S. 26 ff.; Kern, NJW 1994, 753(756); Schünemann, VersR, 1981, 306 (307); Th. Zimmermann, S.191 ff.
[76] Eberbach, MedR 1986, 14 (16).
[77] BGH, NJW 1966, 1856, BGHZ 29, 46 ff.; Ehlers, Ärztliche Aufklärung, S. 57; Neubauer, Psychiatrische Praxis 1993, 166 (167ff.)Voll, a.a.O., S. 65; Laufs in Laufs/ Uhlenbruck, Arztrecht, § 66 Rdnr. 9.
[78] Th. Zimmermann, S.191 ff.
[79] Meyer, Einwilligungsunfähigkeit, S. 191.
[80] Neubauer, Psychiatrische Praxis 1993, 166 (167ff, 170), die auch einen solchen Fragebogen als Muster vorstellt; Bienwald in Staudinger, § 1904 Rdnr. 24.
[81] Schünemann, VersR, 1981, 306 (309).

über die vorgeschlagene Behandlungsmethode aufzunehmen und diese Auskünfte für eine realitätsbezogene und vernünftige Entscheidung zu gebrauchen.[82] Erscheint die Entscheidung des Patienten, Hilfe nicht anzunehmen, als noch nachvollziehbar, das heißt plausibel, wenngleich bereits nicht mehr deckungsgleich mit dem uns vor Augen stehendem Normalverhalten, das in der Regel das sein wird, das wir ganz persönlich für richtig erachten, so wird auch in diesem Fall die Einwilligungsfähigkeit anzunehmen sein.
Vergleicht man nämlich den Ausgangspunkt eines somatisch erkrankten Patienten, dessen „unvernünftige" Zustimmung oder Ablehnung der Behandlungsmaßnahme generell zulässig ist, weil es seinem Willen entspricht und das Selbstbestimmungsrecht ihm dieses Recht ohne Beachtung der medizinischen Indikation in den Grenzen der Sittenwidrigkeit gibt, mit dem eines psychisch kranken oder geistig behinderten Patienten, so darf für diese kein anderer Maßstab angelegt werden, sofern der Respekt vor Würde und Selbstbestimmung nicht zu Floskel degradiert werden soll.[83]

In diesem Zusammenhang tauchen bei einer derartig komplexen und nicht gesetzlich ausdrücklich normierten Rechtslage immer wieder die Befürchtungen auf, daß Ärzte zur Vermeidung unnötiger Formalien so oft wie nur möglich von der Einwilligungsfähigkeit des Patienten ausgehen werden. Dies ist insoweit zweifelhaft, als das dem Arzt bei der fehlerhaften Annahme der Einwilligungsfähigkeit gegenwärtig sein muß, daß ihm später der Vorwurf gemacht wird, er habe den Patienten ohne rechtswirksame Einwilligung behandelt.
Andererseits riskiert der behandelnde Arzt gerade bei psychiatrischen Behandlungsverhältnissen, das Vertrauensverhältnis empfindlich zu belasten, wenn er allzu großzügig die Einwilligungsunfähigkeit annimmt und einen Betreuer bestellen läßt, der dann die Einwilligung in die Behandlungsmaßnahme gegebenenfalls mit der Genehmigung des Vormundschaftsgerichts zu erteilen hat.[84]
Daß diese Frage sehr sorgfältig geprüft und einer Einzelfallbeurteilung zugänglich gemacht werden muß, bestätigt die Tatsache, daß durch die Annahme der Einwilligungsunfähigkeit der Patient in seiner persönlichen Freiheit derart beschränkt wird, als das nunmehr ein Dritter über die Einwilligung in den körperlichen Eingriff und über das grundrechtlich geschützte Selbstbestimmungsrecht befindet.[85]
Kommt es nach der Durchführung des ärztlichen Eingriffs zu einer gerichtlichen Auseinandersetzung zwischen dem Arzt und dem Patienten, so wird die Einwilligungsfähigkeit als unabdingbare Wirksamkeitsvoraussetzung der Einwilligung durch das Gericht nachzuprüfen sein. Damit wird erneut der Konflikt zwischen

---

[82] Sauer/Lauter, Nervenarzt 1987, 210 (211).
[83] Voll, Einwilligung im Arztrecht, S. 89; Meyer, Einwilligungsunfähigkeit, S. 113, so auch BayOblG, MDR 1987, 210 (211).
[84] Neubauer, Psychiatrische Praxis 1993, 166 (167); Knittel, §1904 Rdnr. 4.
[85] Müller, NJW 1956, 1099f.; Schünemann, VersR 1981, 306 (308f.); Roßner, Aufklärung, S. 176

der Medizin, konkret der Psychiatrie und dem Recht hervorgerufen. Denn der die Einwilligungsfähigkeit beurteilende Psychiater muß den Patienten auf Regeln abstrahieren und entscheiden, während umgekehrt der Richter die Kette der Fakten zurück zur Situation der ärztlichen Entscheidung verfolgen kann und dabei die existenten Regeln am Einzelfall konkretisiert.[86]

II.3. Die Aufklärungspflicht des Arztes

Grundsätzlich ist der Patient in der Disposition über seinen Körper frei, in den meisten Fällen hierzu faktisch aber nicht fähig, weil er die Möglichkeiten und die Gefahren einzelner Behandlungsmethoden mangels Fachwissen gar nicht überblicken kann. Auf Grund dieses medizinischen Wissensdefizits muß der Arzt ihn über das Wesen und die Tragweite der Maßnahme hinreichend aufklären, bevor der Patient seine Einwilligung in den geplanten Eingriff rechtswirksam erklären kann.[87]

Diesen Grundsatz, daß die Einwilligung eines Patienten in eine medizinische Maßnahme zu deren Wirksamkeit der vorherigen Aufklärung durch den Arzt bedarf, erkannte bereits das RG[88] in den 30er Jahren. Obwohl dieses Erfordernis seit dem unwidersprochen anerkannt ist, konnte man sich bislang bezüglich des Umfangs der Aufklärungspflicht im Einzelnen nicht einigen. Auch die vertretene Ansicht, dieses Thema sei einer baldigen, abschließenden Klärung zugänglich, geht fehl. Dennoch versuchen zahlreiche Publikationen, Gerichtsentscheidungen, Lehrbücher und Kommentare dieses Thema allgemeinen Grundsätzen zu unterwerfen.[89]
Auf Grund dieses Defizits erfolgten zahlreiche Anregungen zur allgemeinen gesetzlichen Regelung hinsichtlich Art und Umfang der ärztlichen Aufklärungspflicht, die im Endergebnis mangels einer Notwendigkeit nicht befürwortet wur-

[86] Helmchen/ Pietzker/ Möllhoff, Psychiatrie und Recht, S. 9 f.

[87] Ehlers, Ärztliche Aufklärung, S. 54; Giesen, Arzthaftungsrecht, S. 179 ff.; sehr ausführlich hierzu Kim, Aufklärungspflicht, S. 61ff.; Rieger, Lexikon des Arztrechts, Rdnr. 253 ff.; Kern/ Laufs, Ärztliche Aufklärungspflicht S. 7; Gaisbauer, JBl 1991, 756f.; Kuhlmann; NJW 1973, 2239; Laufs NJW 1991, 1516 (1523); Weißauer, Notfallmedizin 1980, 719.

[88] RG JW 1932, 3328 (3329).

[89] Ehlers, a.a.O., S. 48 ff.; Rieger, a.a.O., Rdnr. 280f.; Giesen, a.a.O., S. 7; Schramm, Schutzbereich der Norm, S. 53, 65 ff. bezüglich der Differenzierung zu vertraglichen Ansprüchen im Arzthaftungsrecht., S. 196ff. hinsichtlich der Differenzierung der Erscheinungsformen der ärztlichen Aufklärungspflicht.; m.w.N. bezüglich der ständigen Rechtsprechung der Sicherheitsaufklärung auch Steffen/ Dressler, Rechtsprechung zum Arzthaftungsrecht, S. 116 ff.; Schlosshauer-Selbach, NJW 1985, 660 ff.; Wolfslast in Byrd/ Hruschka/ Joerden, S. 312ff.

den.[90] Nur in einzelnen Spezialgesetzen, wie § 3 Abs. 1 des KastrG, erfolgte eine Normierung.

Es muß von vorn herein bei einer entsprechenden Betrachtung zugestanden werden, daß eine in allen Punkten vollständige Aufklärung wohl von keinem Arzt gefordert werden kann, es sei denn, der Patient wünscht dies ausdrücklich. Grundsätzlich ist auch kein medizinischer Fachvortrag geschuldet, sondern nur die Schilderung des Eingriffs in den „groben Zügen“ und in laienverständlicher, dem individuellen Auffassungsvermögen des Patienten angepaßter, Sprache.[91]
Insbesondere das Abstellen der Rechtsprechung auf die Konstruktion des „verständigen Patienten“ beinhaltet ein juristisches Wertungsmodell, das den Aufklärungsstandard generell-individuell mit der Einschränkung ausrichtet, daß der Arzt das Selbstbestimmungsrecht des Patienten nicht dadurch verkürzen darf, indem er negativ das Informationsbedürfnis eines nach seinem Maßstab verständigen Patienten zur Obergrenze des Geschuldeten erhebt, sondern das individuelle Element des jeweiligen Einzelfalls in den Vordergrund zu stellen hat.[92] Die hierzu auftauchende Kritik einiger Bundesverfassungsrichter in dem Beschluß vom 25.07.1979 an der gängigen Rechtsprechung, die Zumutung für einen Patienten, nach den Maßstäben Dritter „vernünftig“ zu sein, verkenne grundlegend das in Art 2 Abs. 2 GG verbürgerte Selbstbestimmungsrecht des Patienten[93], fand allgemein keine Beachtung.
Damit beschränkt sich die Aufklärung auf Umstände, die einem „durchschnittlich vernünftigen, in seiner Willensfreiheit nicht eingeschränkten Patienten“ in der Regel wissenswert erscheinen.[94]
Versuche, diesbezüglich auch den Bildungsstand und die Intelligenz des Patienten in die Aufklärungsverpflichtung des Arztes mit einzubeziehen, blieben trotz ihrer weitgehenden Verbreitung ebenso nicht kritiklos. Auffassungen, nach denen sich der Genauigkeitsgrad der Aufklärungspflicht weniger nach einer subjektiven Einschätzung des Kranken bestimmt, sondern sich in erster Linie an dem gegenwärtigen Stand der medizinischen Forschung und damit rein objektiv orientiert,[95] begegnen den Vorwurf der Vermischung des objektiven Aufklärungsumfangs und der davon unabhängigen sekundären Frage von Intelligenz und Bildung des Patienten.[96]

---

[90] Schwalm, MDR 1962, 689ff.; NJW 1962, 1854 (1856f.); NJW 1978, 2185, 2193.
[91] Hausschild, Der Maßstab der ärztlichen Aufklärung, S.29 der insbesondere bei seinen Ausführungen von der des BGH aufgestellten Formel der Aufklärung „im großen und ganzen“ ausgeht.; m.w.N. Kim, Aufklärungspflicht, S. 118ff.; im Ergebnis so auch Ehlers, Ärztliche Aufklärung, S. 70; Weißauer, S.18; Rieger, Lexikon des Arztrechts, Rdnr. 256 ff.
[92] Schramm, Schutzbereich der Norm, S. 205; ausführlich zur Rspr. des verständigen Patienten vgl. Steffen, MedR 1983, 88ff.
[93] BVerfGE 52, 131 (184, Minderheitsvotum).
[94] Kim, a.a.O., S.118.
[95] Eser in Schönke/ Schröder § 223 StGB Rdnr. 40.
[96] Tempel, NJW 1980, 609 (611).

Aus den oben angeführten Gründen des Selbstbestimmungsrechts kann dieser objektiven Ansicht nicht der Vorzug eingeräumt werden, so daß die, von der Rechtsprechung herausgearbeiteten Grundsätze weiterhin der geltende Wertungsmaßstab bleiben. Je intelligenter und je aufgeschlossener ein Patient daher ist, um so geringer darf die Information im Aufklärungsgespräch ausfallen, denn gerade Intelligenz und Bildung eines Patienten ermöglichen ihm, komplexe Sachzusammenhänge ohne weitergehende Informationen zu erschließen. Andererseits wird der einfach strukturierte Patient, dem analytische Fähigkeiten fehlen, mehr Informationen benötigen, um den selben Einblick in den Eingriff zu erhalten.[97]

Der Arzt sollte sich dementsprechend bei der Beurteilung des Umfangs seiner Aufklärungspflicht im Hinblick auf die voran dargestellten Grundsätze stets vergegenwärtigen, daß die Aufklärung nicht den Zweck verfolgt, dem Patienten medizinisches Entscheidungswissen zu vermitteln, sondern ihm aufzeigen, was der Eingriff speziell bedeuten kann und damit ein persönliches Bild von der Schwere und der Richtung des konkreten Risikospektrums vermitteln.[98] Dennoch darf er auch nicht verkennen, daß gerade durch das extreme Ansteigen der Anzahl der Arzthaftungsverfahren und dem damit einhergehenden angewachsenem Sachverstand der Juristen, diese Anforderungen stetig höher geschraubt werden,[99] obwohl Laufs trotz des bekannten Konfliktes der Mediziner und der Juristen darauf hin weist, daß sich die alten Gegensätze zwischen diesen beiden Berufsgruppen im Zuge der ausführlichen wissenschaftlichen Diskussion und verfeinerten Gerichtspraxis nunmehr zu entspannen scheinen.[100]

Die ärztliche Aufklärungspflicht ist innerhalb des Zivilrechts in unterschiedlichen Zusammenhängen von Bedeutung. Einerseits ist sie eine Nebenpflicht des Behandlungsvertrages, deren Verletzung zu Schadensersatzansprüche aus positiver Vertragsverletzung führen kann.
Andererseits hat wegen eines angestrebten Schmerzensgeldes gemäß §§ 847, 253 BGB das nur im Deliktsrecht gewährt wird, eine größere Bedeutung.

Dogmatisch ist zwischen der Sicherungs- und der Selbstbestimmungsaufklärung zu trennen, wenngleich bezüglich der rechtlichen Anforderungen an den Umfang der ärztlichen Aufklärungsverpflichtung kein Unterschied besteht. Wäh-

---

[97] Ehlers, Ärztliche Aufklärung, S.55; im Ergebnis zustimmend und m.w.N. Kim, Aufklärungspflicht, S. 151 ff.

[98] M.w.N. Steffen/ Dressler, Rechtsprechung zum Arzthaftungsrecht, S. 119 f.

[99] Laufs, Der ärztliche Heilauftrag aus juristischer Sicht, S.20.

[100] Laufs, Arztrecht Rdnr. 173 der hierzu bereits mehrfach darlegte, daß „die Zeit des heftigen Streites und des Zerwürfnisses zwischen Ärzten und Juristen" als überwunden gelte, wird andererseits stark kritisiert. So führt z.B. Ehlers, a.a.O., S. 1 ff. aus, daß sich der zum Teil verbreitete Optimismus verflüchtigen werde und das Konflikte auf dem Gebiet des Arztrechts immer heftiger und zu Lasten aller ausgetragen werden.

rend letztere dazu dienen soll, die in Art. 2 GG garantierten Rechte des Patienten zu verwirklichen, dient die Sicherungsaufklärung den Interessen des Arztes.
Die Aufklärungspflicht ist eine direkte Vertragspflicht, deren Verstoß einen Behandlungsfehler darstellt. Das ursprüngliche Risiko des Patienten hinsichtlich des Eintritts medizinischer Probleme geht damit auf den Arzt über, denen er nur durch den Nachweis, der Patient hätte sich auch bei hinreichender Aufklärung zu dem Eingriff entschlossen, entgehen kann. In solchen Fällen handelt es sich um den Einwand des rechtmäßigen Alternativverhaltens bzw. der hypothetischen Einwilligung.
Der Diskussionsschwerpunkt innerhalb der Aufklärungsproblematik hat sich im Laufe der Zeit verschoben. Es stellt sich die Frage, ob das Maß der geforderten Aufklärung die Grenzen dessen überschreitet, was das Selbstbestimmungsrecht des Patienten fordert, und ob nicht ein Übermaß an aufklärungspflichtigen Fakten letztlich das Ziel verfehlt, indem es den Patienten durch die Fülle von Informationen verwirrt, zusätzlich unnötig verängstigt und ihm eine selbstbestimmte Entscheidung erschwert oder gegebenenfalls sogar unmöglich macht.[101]
In dieser offenen Frage des Umfangs der ärztlichen Aufklärungspflicht konnte bislang keine hinreichende Übereinstimmung erzielt werden. Allgemein anerkannt wurde bislang nur, daß die Gegenstände der Aufklärung allgemein entsprechend den patientenspezifischen Merkmale neben dem ärztlichen Befund, die Art, die Tragweite, die Dringlichkeit, den voraussichtlichen Verlauf, sowie die notwendigen Folgen des geplanten Heileingriffs umfassen. Aber auch die Art und die konkrete Wahrscheinlichkeit der verschiedenen, mit der Behandlung verbunden Risiken im Verhältnis zu den entsprechenden Heilchancen, die möglichen anderen Behandlungsweisen und die ohne den Eingriff zu erwartenden Risiken einer Verschlechterung des Gesundheitszustandes sind in den Umfang der Aufklärung mit einzubeziehen.[102]

Einigkeit besteht insoweit, als daß der Ratschlag des Hippokrates[103], dem Kranken das meiste zu verbergen und ihm nichts von dem zu sagen, was kommen wird und ihn bedroht, in der heutigen Zeit keinerlei Geltung mehr beanspruchen kann. Er ist weder mit der jetzigen Berufsanschauung des Arztes, noch mit dem Selbstbestimmungsrecht des Patienten vereinbar.
Nur ausnahmsweise, wenn der Patient es ausdrücklich erklärt, auf die Aufklärung zu verzichten, entbindet den Arzt von seiner Pflicht. Als Ausnahmefall sind

---

[101] Weißauer, S.18.
[102] Hausschild, a.a.O., S. 29, Mertens in MüKo § 823 Rd. 424ff.; Kim, Aufklärungspflicht, S. 117.
[103] Schmidt, Der Arzt im Strafrecht, 1939, S. 98f. zitiert nach BGH NJW 1959, 812; Bauer/ Heene, S. 156 ff.

die Maßstäbe hieran aber sehr streng zu halten, denn ansonsten würde der Arzt den Patienten um sein Selbstbestimmungsrecht betrügen.[104]
Rechtlich unproblematisch ist es daher für den Arzt bei einem ausdrücklichen Verzicht des Patienten, da er in diesem Fall lediglich feststellen muß, inwieweit der Patient wirklich ernsthaft und freiwillig verzichtet. Rechtliche Schwierigkeiten ergeben sich immer bei einem schlüssigen Aufklärungsverzicht des Patienten.[105] Insbesondere kann von einem rechtswirksamen Aufklärungsverzicht des Patienten immer dann ausgegangen werden, wenn der Arzt das Verhalten und die Äußerungen des Patienten unter Berücksichtigung der Verkehrsanschauung eindeutig dahingehend verstehen durfte, daß er im Bewußtsein der Komplikationsmöglichkeiten mit dem Eingriff einverstanden ist.[106]

Es ist anerkannt, daß der Patient nach einer vorangegangenen Untersuchung über solche Umstände aufzuklären ist, die für die Entscheidung eines „verständigen Patienten" ins Gewicht fallen könnten, wobei sich Umfang und Intensität nicht abstrakt, sondern nach herrschender Ansicht konkret am Einzelfall zu bestimmen sind. Sinn und Zweck einer solchen Selbstbestimmungsaufklärung ist es, dem Patienten eine sinnvolle Wahrnehmung seines Selbstbestimmungsrechts zu ermöglichen, so daß er am Ende selbst entscheiden kann, ob er den Eingriff durchführen lassen will, oder nicht.
In diesem Rahmen erschöpft sich die Selbstbestimmungsaufklärung nicht in der Belehrung des Patienten über in Betracht zu ziehende Risiken, sondern umfaßt auch über die Diagnose und den Verlauf des medizinischen Eingriffs.[107]

Neben den einzelnen Stufen der Aufklärung ist diese aber auch an eine zeitliche Grenze gebunden. Sie muß als Wirksamkeitserfordernis der Einwilligung in einem angemessenem zeitlichen Rahmen vor dem medizinischen Eingriff erfolgen. Sie darf aber auch keinen längeren Zeitraum zurückliegen. Abhängig vom Einzelfall wird eine Frist von 3 Tagen hierbei als angemessen betrachtet.[108]

Probleme entstehen jedoch durch den Umstand, daß der Kranke häufig gar nicht in der Lage ist, sich eine Vorstellung von der Art und den Folgen der Behandlung zu machen. Der Patient ist, sofern die ernsthafte Erkrankung die Gesamt-

---

104 Schlosshauer-Selbach, NJW 1985, 660 (662 f.); ausführlich hierzu Kim, Aufklärungspflicht, S. 175 ff.; Tempel, NJW 1980, 609 (614); BGH, NJW 1973, S. 556 (558); BGH VersR 1973, 244 (246); BGHZ 29, 46 (54).
105 OLG Bremen, MedR 1983, 111 f.; Ehlers, Ärztliche Aufklärung, S. 101; Deutsch, Medizinrecht, S. 99; Mertens in MüKo, § 823 Rdnr. 445; m.w.N. Th. Zimmermann, S. 104 ff.
106 BGH NJW 1976, 363 (364); BGH VersR 1961, 1036ff.
107 St. Rspr. RG 66, 181; RGZ 168, 206; BGHZ 29, 46, 176, 181; BGH NJW 1976, 365; Eser in Schönke/Schröder § 223 Rdnr. 40; Ehlers, Ärztliche Aufklärung, S. 54; Kim, Aufklärungspflicht, S. 63ff.; Weißauer, S. 22; Zipf, S. 38; Kern/ Laufs, Ärztliche Aufklärungspflicht, S. 7ff., 53; Ponsold/ Bockelmann, Gerichtliche Medizin, S. 25; Helmchen/ Pietzker/ Möllhoff, Psychiatrie und Recht, S. 24ff.
108 Kern/ Laufs, Ärztliche Aufklärungspflicht, S. 41.

persönlichkeit betrifft, nicht nur in physischer, sondern auch in seelischer Not und kann, besonders bei psychischer Erkrankung, weder das Für und Wider der medizinischen Behandlungsanzeige verständig abwägen, noch sich einen von unkontrollierbaren Stimmungen, Befürchtungen und Vorurteilen freien Entschluß abringen.[109]

II.3.1. Der Aufklärungsadressat

Aufzuklären ist stets derjenige, dessen Einwilligung zur Vornahme des Eingriffs erforderlich ist. In der Regel wird dies der Patient selbst sein. Diesbezüglich darf aber auch der Umstand nicht unberücksichtigt bleiben, daß die Aufklärung nur gegenüber einem Patienten Sinn hat, der fähig ist, in Bezug auf Art, Zweck und Folgen der Behandlung einen Willensentschluß zu fassen, denn nur ein Patient der hierzu auch in der Lage ist, kann sich dann mit der Behandlung wirksam einverstanden erklären.[110] Dies ist dann aber eine Frage der bereits dargestellten[111] Einwilligungsfähigkeit.
In den Fällen der Einwilligungsunfähigkeit entfällt keinesfalls die Aufklärungsverpflichtung, sondern richtet sich an den gesetzlichen bzw. gewillkürten Vertreter.[112]

II.3.2. Die Diagnoseaufklärung

Differenziert man nun nach der Art der Aufklärung, so steht an erster Stelle die Diagnoseaufklärung, d.h. die Information des Patienten über den ärztlichen Befund. Im Wesentlichen hat der Arzt den Patienten darüber aufzuklären, daß er überhaupt krank ist und an welcher Krankheit er speziell leidet.[113]
Der psychisch erkrankten Patienten ist entsprechend seiner Aufnahmefähigkeit und seines Intellekts in verständlichen Worten darzulegen, an welcher Krankheit er leidet und welche möglichen Ursachen hierzu führen konnten.

---

[109] BGHZ 29, 46 ff. (51), Neidhardt, NJW 1956, 1097 ff.
[110] BGH, NJW 1966, 1855.
[111] Vgl. Abschnitt III.1.1.
[112] Deutsch, Medizinrecht, S. 327.
[113] Kern/ Laufs, Ärztliche Aufklärungspflicht S.54; Rieger, Lexikon des Arztrechts, Rdnr. 279; Kim, a.a.O., S. 64ff.

Von diesem Grundsatz sind aus therapeutischen Gründen auch Ausnahmen zulässig, insbesondere bei besonders schweren Krankheitsbilder und infausten Prognosen kann die Aufklärung kontraindiziert sein.[114]
In diesen Fällen kann der Arzt nach pflichtgemäßem Ermessen auf Grund seines „therapeutischen Privilegs“ auf die Mitteilung der Diagnose verzichten. Ob man tatsächlich dieses Privileg dem Arzt zusprechen sollte, erscheint sehr fraglich, denn auch der BGH[115] ist diesem mehrfach und in aller Deutlichkeit entgegengetreten. Eine abschließende Stellungnahme hierzu ist im vorliegenden Fall entbehrlich, da es bei der Elektrokrampftherapie als indizierte Behandlungsmaßnahme nur selten denkbar ist, gerade weil es sich hierbei um Krankheitsbilder psychischer Art handelt, die den Patienten bereits aus ihrem Gesamtumstand heraus und ihrem Gefühlserleben bekannt sind. Es besteht nach der medizinischen Diagnose nicht die Gefahr des Todes. Nur die beiden psychiatrischen Krankheitsbilder des Stupor und der akuten febrilen Katatonie lassen eine Diagnoseaufklärung entfallen, da der Patient auf Grund seines Besorgnis erregenden Zustandes nicht aufnahmefähig sein wird.
Folglich sollte dieser Grundsatz, wenn überhaupt, nur sehr restriktiv Anwendung finden.

II.3.3. Die Verlaufsaufklärung

Desweiteren muß der Arzt den Patienten über den Verlauf der Behandlung aufklären. Dies erfaßt in der Regel die Art, den Umfang und die Durchführung der medizinisch intendierten Maßnahme.[116]
Ziel der Verlaufsaufklärung ist es, den Patienten in groben Zügen darüber zu informieren, was mit ihm geschehen soll und wie seine Krankheit voraussichtlich verlaufen könnte, wenn er dem Eingriff nicht zustimmt.
Auf die Elektrokrampftherapie angewandt bedeutet dies, daß der Arzt dem Patienten zunächst das Wesen des Eingriffs zu erläutern hat. Bezugnehmend auf die medizinischen Ausführungen bedeutet das, daß der Arzt ihm die allgemein bekannte Wirkungsweise der Elektrokrampftherapie darstellen sollte. Hierzu gehört, daß der Arzt offenlegt, daß in dem Gehirn des Patienten ein künstlich ausgelöster Epelepsieanfall mittels elektrischer Energie herbeigeführt wird. Je nach Verständnis des Patienten sollte dann die Elektrodenplazierung und deren Anbringung am Schädel dargestellt werden. Der Arzt sollte dem Patienten verdeutlichen, daß sowohl die bilaterale als auch die unilaterale Anwendungsmethode der Elektrokrampftherapie in Betracht kommt. Mittels einer Risiko-Nutzen-

---

[114] Schramm, Schutzbereich der Norm, S. 198ff.; Kern/ Laufs, Ärztliche Aufklärungspflicht S. 55; Wolfslast in Byrd/ Hruschka/ Joerden, S. 304ff.

[115] BGHZ 29, 176 (182; BGHZ 85, 327 (333); BGHZ 107, 222 (226)

[116] Kern/ Laufs, Ärztliche Aufklärungspflicht S.58; Schramm, a.a.O., S. 200 ff.; Giesen, Arzthaftungsrecht, S. 131 f.; Kim, a.a.O., S. 66 ff.

Abwägung sollten die Argumente vorgebracht werden, warum der einen oder anderen Methode der Vorzug gegeben wird.
Dem Patienten sollte auch im Rahmen des Verlaufs der Behandlung erläutert werden, daß der Eingriff bereits nach wenigen Minuten abgeschlossen ist und er in einem gesonderten Raum, betreut durch das Pflegepersonal, aufwachen werde.
Hierhin gehört die Information des Arztes über die sicheren, zwangsläufig entstehenden Folgen der Elektrokrampftherapie.[117] Die Information, daß der Patient bis zu einer ¾ Stunde nach dem Erwachen benötigen wird, um seine Orientierung zunächst zum Ort und danach zur Zeit wieder zu finden, sowie den Umstand, daß Kopfschmerzen und Verwirrtheitszustände oft kurz nach der Behandlung auftreten werden.
Weiterhin muß die Durchführung der Narkose durch den Anästhesisten erläutert werden. Hierbei wird auf die gängige Aufklärungspraxis verwiesen.[118]

II.3.4. Die Alternativaufklärung

Auch wenn der Arzt sich bereits für die Anwendung der Elektrokrampftherapie entschieden hat, ist problematisch, ob und gegebenenfalls inwieweit er seinen Patienten auch über alternative Behandlungsmethoden informieren muß. Stellungnahmen des BGH zufolge, ist die Wahl der Behandlungsmethode primär die Angelegenheit des Arztes, so daß generell seine Verpflichtung, dem Patienten alle medizinischen Möglichkeiten darzustellen und diese Wahl zu begründen, entfällt.[119] Ausgangspunkt dieser Argumentation des BGH waren jedoch mehrere, gleich erfolgsversprechende und übliche Behandlungsmethoden.
An dieser Stelle gewinnt die Kontroversität der Elektrokrampftherapie erneut an Bedeutung, da die mangelnde Kenntnis über die Wirkungsweise und die umstrittenen Nebenwirkungen die Alternativaufklärung notwendig erscheinen lassen. Dieses Ergebnis ist mit der Verpflichtung zur Wahrung des Selbstbestimmungsrechts des Patienten, alternativ über die zur Verfügung stehenden Behandlungsmaßnahmen informiert zu werden, zu begründen, insbesondere wenn man der Ansicht folgt, die Elektrokrampftherapie habe persönlichkeitsverändernde Wirkung.
Selbst der BGH folgt der Verpflichtung zur Alternativaufklärung bei stark umstrittenen Behandlungsmethoden (Außenseitermethode)[120], so daß in Anlehnung

---

[117] Kern/ Laufs, Ärztliche Aufklärungspflicht S. 59; Weißauer, S. 18 der hierzu an Hand einzelner Beispiele ausführt, daß die Anforderungen der Rechtsprechung an die allgemein bekannten Risiken sehr gering sind.; Rieger, Lexikon des Arztrechts, Rdnr. 256.

[118] Kern/ Laufs, Die ärztliche Aufklärungspflicht, S. 86 f.; Weißauer, S. 20 f.; allgemein hierzu Steffen/ Dressler, Rechtsprechung zum Arzthaftungsrecht, Rdnr. 200 ff.

[119] BGHZ 1982, 2121 (2122); BGHZ 102, 17 (22).

[120] BGH NJW 1978, 587; BGHZ 102, 17 (22).

an dessen Argumentation bei der Anwendungsoption der Elektrokrampftherapie die Verpflichtung des Arztes begründet wird, den Aufklärungsadressaten über alternative Behandlungsmöglichkeiten aufzuklären.

II.3.5. Die Risikoaufklärung

Weitaus schwieriger ist die Frage der Risikoaufklärung, dem Hauptanwendungsfall der Selbstbestimmungsaufklärung zu beantworten. Ziel dieser Risikoaufklärung ist es, dem Patienten Informationen hinsichtlich der Gefahren des beabsichtigten Eingriffs, insbesondere über vorübergehende oder dauernde Nebenfolgen zu geben, die sich auch bei der Anwendung der allergrößten ärztlichen Sorgfalt und der Durchführung lege artis nicht ausschließen lassen.[121]
Uneinheitlich ist jedoch in diesem Zusammenhang der konkrete Aufklärungsumfang hinsichtlich des mit dem Eingriff verbundenem Risiko, über möglicherweise auftretende Komplikationen und Nebenwirkungen der Behandlungsmaßnahme.

Zur Konkretisierung des Umfangs der ärztlichen Aufklärungspflicht stellte sich der BGH ursprünglich auf den Standpunkt, daß die Verpflichtung zur Risikoaufklärung generell nur dann besteht, wenn eine typischerweise mit dem Eingriff verbundene Gefahr besteht. Das Maß und der Umfang sollte sich, wie später noch auszuführen sein wird, allein nach der Häufigkeit und der Schwere der auftretenden Komplikationen und damit nach dem Grad der Gefährlichkeit richten.[122] Eine Aufklärung über möglicherweise auftretende schädliche Folgen war daher insoweit entbehrlich, wenn diese nur in äußerst seltenen Fällen auftraten und anzunehmen war, daß sie für den Entschluß zur Einwilligung in die ärztliche Behandlungsmaßnahme des verständigen Patienten nicht ernsthaft ins Gewicht fielen.[123]
Diese, allein auf der Komplikationsdichte basierenden Rechtsansicht, stieß bei der praktischen Anwendung auf zahlreiche Schwierigkeiten, insbesondere auf das Fehlen hinreichend wissenschaftlich abgesicherter Daten über die Zwischenfallshäufigkeit bei bestimmten ärztlichen Eingriffen.[124] Selbst der BGH erkannte dieses Problem und vermied es dementsprechend, Zahlenverhältnisse zwischen Komplikationsdichte und Aufklärungsbedürftigkeit aufzustellen, sondern begnügte sich mit der Formel, daß sich das Maß und der Umfang der Aufklärung nach Häufigkeit und Schwere auftretender Komplikationen zu richten hätten.

---

[121] Laufs in Laufs/ Uhlenbruck, Arztrecht, § 64 Rdnr. 1.
[122] BGHZ 29, 46 (57); BGHZ 29, 176 (181).
[123] BGHZ 29, 176 (180ff.).
[124] Tempel NJW 1980, 609 (611).

Es entwickelte sich in diesem Zusammenhang eine nicht unumstrittene Tendenz geführt von Kern/Laufs[125] und Tempel[126], daß die Aufklärungslast um so geringer sei, je dringlicher der Eingriff indiziert ist. Im Umkehrschluß wurde hieraus gefolgert, daß bei zweifelhafter Indikation eine weitestreichende Aufklärung zu verlangen ist, [127] während eine pauschale Aufklärung um so eher ausreicht, wenn es um eine unaufschiebbare oder gar lebensrettende Maßnahme geht.[128] In Anwendung dieser Faustregel unterschieden die Begründer dieser Ansicht daneben zwischen den einzelnen Drindlichkeitsstufen, auf die vorliegend nicht näher eingegangen werden wird.
Diese Formel vom reziproken Zusammenhang zwischen Indikation und Aufklärungspflicht ist bereits mit der Begründung für verfassungswidrig gehalten worden, daß sie dazu führe, daß sich das Selbstbestimmungsrecht im Ergebnis um so stärker verkürzen ließe, desto ernstlicher die Krankheit des Patienten sei.[129] Das BVerfG[130] hat diese Kritik indessen zurückgewiesen und die bisherige Rechtsprechung als verfassungsgemäß bestätigt mit der Folge, daß die Formel weiterhin anwendbar ist.
Weitere kritische Stimmen[131] hingegen kehrten die oben dargestellte Regel um, in dem sie folgende Formulierung vorschlugen: „Je geringer die Dringlichkeit des Eingriffs, desto schärfer die Aufklärungspflicht, d.h. desto eher muß der Arzt auch über fernliegende Risiken aufklären." Vertreter diese Ansicht wollen den möglicherweise entstehenden Eindruck entgegenwirken, daß die medizinisch begründete Dringlichkeit eines Eingriffs die geschuldete Aufklärung gegen Null tendieren lassen könnte und damit das Selbstbestimmungsrecht des Patienten begrenzt.

Im Zusammenhang mit der Elektrokrampftherapie hat der BGH[132] Leitlinien für die Risikoaufklärung aufgestellt, nach denen Maß und der Umfang der ärztlichen Risikoaufklärung gegenüber dem Patienten von dem Grad der Gefährlichkeit des Eingriffs in die körperliche Integrität bestimmt werden, insbesondere welche Art der Risiken hierfür in Betracht zu ziehen sind, wie groß im konkreten Fall die Gefahr ihres Eintritts ist und wie schwer sie im Verhältnis zu den

---

[125] Kern/Laufs, Die ärztliche Aufklärungspflicht, S. 68ff.
[126] Tempel, NJW 1980, 609 (612).
[127] Sternberg-Lieben, S. 195; BGH VersR 1972, 153 ff.; Eser in Schönke/ Schröder § 223 Rdnr. 40; Kern/ Laufs; Ärztliche Aufklärungspflicht S. 53; Giesen, Arzthaftungsrecht, Rdnr. 235; Hausschild, Der Maßstab der ärztlichen Aufklärung, S. 33.
[128] Eser in Schönke/ Schröder § 223 StGB Rdnr. 40; Im Ergebnis werden so auch die Stufen der Dringlichkeit des medizinischen Eingriffs von Kern/ Laufs, Ärztliche Aufklärungspflicht S. 69 ff dargestellt.
[129] BVerfGE 52, 113 (183ff Minderheitsvotum).
[130] BVerfGE 52, 113 (177).
[131] M.w.N. Schramm, Schutzbereich der Norm, S. 206.
[132] BGH, NJW 1956, 1106-1108; Darstellung im Überblick bei Giesen/ Walter, JURA 1991, 182 ff, ausführliche Analyse bei Geilen, Einwilligung und ärztliche Aufklärungspflicht, S. 31ff.

Folgen wiegen, die für den Patienten zu erwarten wären, wenn die vorgesehene Behandlung unterbliebe. Dabei wurde das Kriterium der Gefährlichkeit des Eingriffs der medizinischen Behandlungsmaßnahme nach den wissenschaftlichen Erkenntnissen im Zeitpunkt der Durchführung der Behandlung bestimmt.[133] Zumindest hinsichtlich des Behandlungszeitraumes zwischen 1951-1952 galt die Elektrokrampftherapie nicht als ein harmloser Eingriff, weshalb die erhöhte Aufklärungsverpflichtung außer Frage stand.[134] Auf Grund dessen verurteilte der BGH einen Arzt zum Schadensersatz, weil er den Patienten über die mögliche Folge einer Knochenfraktur nicht aufklärte, obgleich deren Häufigkeit von einem Sachverständigen mit nur 7% angegeben wurde.

Dieser Maßstab wurde allgemein von vielen Ärzten als zu engherzig bezeichnet.[135]

Folge zahlreicher Diskussionen war, daß in einem weiteren, zweiten Elektroschockurteil[136] von der bisherigen Rechtsprechung der Umfang der Aufklärungsverpflichtung reduziert wurde. Der BGH stellte fest, daß eine „Aufklärung nur dann nicht erforderlich sei, wenn Schäden nur in äußerst seltenen Fällen auftreten und anzunehmen ist, daß sie bei einem verständigen Patienten für seinen Entschluß, in die Behandlung einzuwilligen, nicht ernsthaft ins Gewicht fallen würden. ...Ebenso kann die Gefährlichkeit eines Eingriffs nicht nach der Häufigkeit der Komplikationen beurteilt werden, die in den Anfangszeiten der neuen Therapie beobachtet wurden.“[137] Dennoch hat der BGH trotz der anfänglichen Lockerung auch in diesem Urteil die Ansichten der Ärzte verworfen, daß bei einem psychisch kranken Patienten nur der Arzt auf Grund der genauen Sachkunde des Einzelfalles entscheiden könne, inwieweit er den Patienten aufklären werde, da es seine alleinige Aufgabe sei, den Patienten zu beruhigen und ihm die Angst vor dem Eingriff zu nehmen, nicht aber durch eine weitgehende Aufklärung das Gegenteil zu bewirken. Eine unbeschränkte Aufklärung über mögliche Komplikationen könne nach dieser Ansicht dazu führen, daß der Patient die Einwilligung zur Schockbehandlung versagen würde und damit sich selbst einer Heilungschance entziehen würde.[138]

Daraus entwickelte man den Gedanken, daß sich die Aufklärungspflicht nur auf die typischen Gefahren der Behandlung beziehen sollte, d.h. auf Gefahren die

---

[133] Kern/ Laufs, Ärztliche Aufklärungspflicht S.92.

[134] BGH NJW 1956, 1106 (1107).

[135] Bockelmann, NJW 1961, 945 (947); Neidhardt, NJW 1956, 1097 (1098) der hierzu die Hinweispflicht des Arztes bezüglich alle denkbaren Nebenwirkungen darstellt, soweit sie nicht atypisch seien, wobei letzteres von der Auswertung medizinischer Statistiken durch den Juristen abhängig gemacht werde. Er erklärt, daß eine derartige Ausdehnung der Aufklärungsverpflichtung von jedem Arzt nur als grotesk empfunden werden muß. Unpassende Vergleiche Neidhardts lassen die Aufklärungspflicht des Arztes im Rahmen der medizinischen Indikation als lächerlich dastehen., Niedermayer, Krankenhausarzt 1956, 8.

[136] BGH, NJW 1959, 811ff.

[137] BGHZ, NJW 1959, 811.

[138] Das Ergebnis würde dann zu der Diskussion des therapeutischen Privileges führen.

mit ihr verbunden zu sein pflegen und mit deren Eintreten nach dem Stande der ärztlichen Erfahrung und Wissenschaft gerechnet werden mußte. Gleichwohl bezeichnete der BGH das Merkmal der Typizität einer Behandlungsgefahr so, daß bestimmte Schäden für die jeweilige Behandlung wie hier der Schockbehandlung deswegen typisch seien, weil sie gerade bei ihr, aber nicht bei anderen Behandlungsarten auftreten.[139]
Es kristallisierte sich die Auffassung heraus, daß die charakteristische Folge oder Komplikation mit einer gewissen Häufigkeit auftreten müsse und eben nicht nur in entfernt seltenen Fällen.[140]
Damit modifizierte der BGH seine Ansicht über den Umfang der Aufklärungsverpflichtung des Arztes im Vergleich zum 1. Elektroschockurteil dahingehend, daß auf eine Komplikation, die nur in einem von tausend Fällen auftaucht, nicht hingewiesen werden muß.
Eine Ausnahme hinsichtlich der restlosen Aufklärungspflicht hat die Rechtsprechung nur für die Fälle zugebilligt, in denen hierdurch das Leben oder die Gesundheit des betroffenen Patienten ernstlich gefährdet sei.[141]

Inzwischen hat der BGH seine Ansicht erneut geändert, in dem es nunmehr bei der Bestimmung der medizinischen Gefahrentypizität entscheidend auf die konkreten gefahrenerhöhenden Umstände, wie z.B. auf die Person und den Krankheitszustand des Patienten, auf die Person des behandelnden Arztes oder auf die sonstigen Rahmenbedingungen des Einzelfalles, ankommt. Diesem Grundsatz entsprechend hat es die Rechtsprechung unter ausdrücklicher Aufgabe ihrer bislang geltenden Auffassung vermehrt abgelehnt, auf ein festes Zahlenverhältnis zwischen der Komplikationsdichte und der typischen Gefahr der Behandlung als Begriffspaar einerseits und der ärztlichen Hinweispflicht andererseits abzustellen.[142]
Die Aufklärung im „großen und ganzen“ genügt daher nicht bei typischen Risiken, die den Laien überraschen müssen, und bei solchen, die zu Ausfällen führen können, die in den besonderen Lebensverhältnissen des Patienten erkennbar schwer wiegen.[143] Daher ist auch über seltene Gefahren, die für die gewählte Behandlung typisch sind und im Falle ihrer Realisierung die Lebensführung des Patienten schwer belasten, aufzuklären, zumal wenn sie für den Patienten überraschend erscheinen.[144]

In der Praxis empfiehlt es sich für den behandelnden Arzt unter Zugrundelegung der Grundsätze der Rechtsprechung, zur Vornahme der Elektrokrampftherapie den Patienten auch über mögliche Hirnschädigungen, starke kognitiven Neben-

---

[139] BGHZ 29, 46.
[140] BGH, NJW 1961, 945 ff.
[141] BGHZ 29, 46 ff (57).
[142] BGH, NJW 1972, 335 (337); OLG Oldenburg NJW 1978, 594.
[143] Laufs/ Kern, Ärztliche Aufklärung, S.95.
[144] m.w.N. Schramm, Schutzbereich der Norm, S. 201.

wirkungen und kardiovaskulären Komplikationen entsprechend seiner Aufnahmefähigkeit aufzuklären.
Zwar handelt es sich hierbei um die umstrittenen Schäden und Störungen, die nicht in jeder Studie nachgewiesen werden konnten, dennoch darf der Umstand nicht unberücksichtigt bleiben, daß andere wissenschaftliche Untersuchungen, beispielsweise der weltweit anerkannten American Psychiatric Association, gewisse Hirnschäden nicht ausschließen konnten[145] und andere Studien gravierende Nebenwirkungen beschrieben. Dieses Erfordernis bestätigt darüber hinaus der Umstand, daß die gesamte Wirkungsweise der Elektrokrampftherapie nach wie vor nahezu unerforscht ist, so daß mangels spezifischer Erkenntnisse derartig beschriebene Nebenwirkungen tatsächlich nicht mit an Sicherheit grenzender Wahrscheinlichkeit auszuschließen sind.
Auch die Anwendung einer modifizierten Elektrokrampftherapie[146] läßt dieses strenge Aufklärungserfordernis nicht entfallen, denn der neuartigen Modifikationen bleibt die Elektrokrampftherapie ein Behandlungsverfahren, das einer besonders umfangreichen und sorgfältigen Aufklärung bedarf.[147] Dem Patienten sind die die Unterschiede hinsichtlich der Plazierung der Elektroden und den damit einhergehenden kognitiver Nebenwirkungen zu erläutern. Insbesondere der sich auf die Elektroden bezogene Hinweis auf die möglicherweise auftretenden anterograden und retrograden Amnesien darf nicht unterbleiben. Dem Patienten ist darzulegen, daß gegebenenfalls auftretende anterograde Amnesien Gedächtnisinhalte beeinträchtigen, die in den ersten Tagen nach der Anwendung der Elektrokrampftherapie erworben wurden. Das in diesem Zusammenhang auftretende rasche Vergessen neu erworbener Informationen sollte 4 Wochen nach der Behandlung in aller Regel nicht mehr auftreten. Gleichwohl muß der Hinweis ergehen, daß in 0,5 % der Patienten dieses Defizit länger anhält.
Weitaus wichtiger erscheint die Aufklärung des Patienten über möglicherweise auftretende retrograde Amnesien. Hierbei handelt es sich um den Verlust von persönlich relevanten autobiographischen Daten. Besonders schwerwiegend wirkt hierbei der, wenn auch selten auftretende Umstand, daß diese zum Teil auch als permanente Störungen isolierter Informationen, sogenannte „gaps" erscheinen können. Auch wenn zum größten Teil diese Amnesien als reversibel gelten und sechs Monate nach der Anwendung der Elektrokrampftherapie nicht mehr auftreten, muß diese kognitive Nebenwirkung dem Patienten offengelegt werden.

Im Gegensatz zum „informed consent" steht das Rechtsinstitut des „informed refusal".[148] Die Aufklärungspflicht erhöht sich dann um einen weiteren Punkt, wenn der Patient die Einwilligung zur Elektrokrampftherapie versagt, obwohl diese nach der Ansicht des Arztes medizinisch indiziert ist.

---

[145] American Psychiatric Association (1978) Electroconvulsive Therapy task force report.
[146] Vgl. Abschnitt B.I.5.II.
[147] Sauer/Lauter, Nervenarzt 1987, 210 (211).
[148] Recht zur Ablehnung einer Behandlungsmethode.

In diesem Fall ist es eine Pflicht des Arztes, nochmals seinen Standpunkt mit aller Eindringlichkeit gegenüber dem Patienten darzulegen, insbesondere die mit der Nichtanwendung der Elektrokrampftherapie verbundenen Risiken und Gefahren, damit er seine Weigerung aufgibt und die notwendige Einwilligung erteilt.[149] Dies ist auch deshalb notwendig, um der Gefahr einer unterlassenen Hilfeleistung gemäß § 323c StGB entgegenzusteuern, denn der Arzt ist verpflichtet, alles mögliche zur Gesundheitserhaltung zu tun, sei es wie in diesem Fall der hinreichenden Aufklärung.

Die Umsetzung der juristischen Forderungen in Bezug auf die Aufklärung entspricht nicht der Praxis, in der sich Patienten über mangelhafte Aufklärung beklagen. Sie seien nicht über möglicherweise starke Nebenwirkungen aufgeklärt wurden, zum Teil hätten sie gar nichts von und über die Behandlung gewußt, obwohl ein Fall der Zwangspsychiatrierung nicht vorlag.[150]
Eine Umfrage an 6 psychiatrischen Krankenhäusern, auf die 99 Ärzte antworteten, bekräftigten dieasen Vorwurf. Das Ergebnis zu dem Informationsverhalten ergab, daß 26 % der befragten Ärzte die Patienten beispielsweise bei der Diagnose Schizophrenie nur allgemein unverbindlich und irreführend aufklären.[151]
Ebenso konnte Ehlers[152] nach einer Auswertung von 52 Universitätskliniken darlegen, daß die dort vorgenommene Aufklärung in 93,8% der Fälle nicht den Vorgaben der Rechtsprechung entsprach.

II.3.6. Die rechtserhebliche Beschaffenheit von Aufklärung und Einwilligung

Hinsichtlich der Art und Weise der ärztlichen Aufklärung gibt es trotz der existierenden Forderungen keine vorgeschriebenen gesetzlichen Bestimmungen, so daß diese Vorgehensweise im Ermessen des jeweiligen Arztes liegt.
Die Aufklärung unterliegt keinen Formvorschriften, obwohl es -anders als die rechtserhebliche Beschaffenheit der Einwilligung- eine Frage der Beweissicherung für den Arzt ist.[153]
Den hierzu existierenden Fragebögen und den formularmäßigen schriftlichen Pauschalerklärungen wird jedoch seitens der Rechtsprechung nur sehr wenig Wert zugemessen, obwohl die Anforderungen an den Beweis für die Durchfüh-

[149] BGH VersR 1954, 98 ff.
[150] So im Fall von A. Deisenhofer.
[151] Neubauer, Psychiatrische Praxis 1993, 166.
[152] Ehlers, Ärztliche Aufklärung, S. 129.
[153] Ehlers, a.a.O., S.61; Kern/ Laufs, Die ärztliche Aufklärungspflicht S. 44; Giesen, Arzthaftungsrecht, S. 295ff.; Schramm, Schutzbereich der Norm, S. 208f.; Kim, Aufklärungspflicht, S. 81ff.; Tempel, NJW 1980, 609-617, S.615; Helmchen/ Pietzker/ Möllhoff, Psychiatrie und Recht, S. 25ff.; Laufs NJW 1992, 1533 (1535).

rung des Aufklärungsgespräches leicht zurückgenommen worden sind.[154] Formulare können allenfalls das Aufklärungsgespräch vorbereiten und unterstützen, es aber keinesfalls ersetzen. Um diese Tendenz zu stärken, hält es der BGH sogar für ausreichend, wenn der Arzt in den Krankenunterlagen dokumentiert, wann und über welche Risiken aufgeklärt worden ist und durch seine Mitarbeiter belegen kann, daß er sich generell um eine sachgemäße Aufklärung bemüht.[155]

Richtigerweise sollte sich der wesentliche Teil im Rahmen eines verständnisvollen Arztgespräches vollziehen, wobei der Aufnahmefähigkeit des Patienten durch den Arzt Rechnung zu tragen ist. Insbesondere sollte der Arzt beachten, daß er in der Regel einen sensibilisierten Patienten vor sich hat, der ganz unterschiedlich auf seine Krankheit und deren Bewältigung reagiert. Er ist deshalb in dem Gespräch mit dem Patienten gezwungen, sich diesen sensibel zu nähern. Damit verhindert er, daß der Patient die genannten Risiken überschätzt. In Zweifelsfällen sollte sich der Arzt durch Rückfragen davon überzeugen, daß der Patient ihn richtig verstanden hat.[156]

In diesem Zusammenhang stellt sich die Frage, ob diese Aufgabe auch auf Fachpersonal delegiert werden kann. Die Praxis spricht dafür, daß der Arzt, der die unmittelbare ärztliche Verantwortung für den Patienten trägt, den Patienten objektiv am besten aufklären kann.[157] Sollte dieser Arzt aber nicht über die erforderlichen psychiatrischen Erfahrungen auf dem Gebiet der Elektrokrampfbehandlung verfügen, so sollte dieses Aufklärungsgespräch durch einen anderen, idealerweise den durchführenden Arzt erfolgen. Die Aufklärung über die Narkose sollte durch den Anästhesisten erfolgen.

Vorschläge wurden durch Weißauer[158] im Anschluß an amerikanische Buchdokumente unterbreitet. Nach ihm soll der Arzt die Aufklärung in zwei Stufen vollziehen.
Dem Patient sollte in der ersten Stufe ein, in allgemein verständlicher Sprache formuliertes Merkblatt ausgehändigt werden, das die Einzelheiten in einer Basisinformation über die Behandlung, die Behandlungsalternativen und die notwendigen und möglichen Folgen des medizinischen Eingriffs enthält. In diesem Merkblatt sollte desweiteren auf seltene Nebenwirkungen und Risiken verwiesen werden und das bestehen der Möglichkeit, daß der Patient im Bedarfsfall

---

[154] BGH, MedR 1985, 168 ff; BGH VersR 1985, 361 ff.; so auch Kern/ Laufs, Ärztliche Aufklärungspflicht, S. 50, der Negativbeispiele für eine mangelhafte Formularaufklärung beschreibt.; ebenso Tempel, NJW 1980, 609 (615f).
[155] M.w.N. Steffen/ Dressler, Rechtsprechung zum Arzthaftungsrecht, S. 151 ff.
[156] Kim, Aufklärungspflicht, S. 83; Sauer/Lauter, Nervenarzt 1987, 210 (211).
[157] Kern/ Laufs, Ärztliche Aufklärungspflicht S. 22; m.w.N. Steffen/ Dressler, a.a.O., S. 148 ff.; Giesen, Arzthaftungsrecht, S. 256 ff.
[158] Weißauer, Arzt und Krankenhaus 1980, 35 ff.; derselbe in Notfallmedizin 1980, 719 (721).

weitere Informationen erhalten kann. Wenn der Patient weitergehende Information wünscht, soll der Arzt in einer zweiten Stufe, in dem konkreten Aufklärungsgespräch, dem vorinformierten Patienten die, für seine Entscheidung wesentlichen individuellen Umstände erläutern und dessen weitergehende Fragen hierzu beantworten. Den Abschluß bildet sodann eine Dokumentation, in der der Patient erklärt, daß er Gelegenheit hatte, Fragen zu stellen und daß er keine weiteren Fragen mehr hat.
Ziel dieser Stufenaufklärung ist ein Kompromiß zwischen einer Totalaufklärung, die dem Patienten alle denkbaren Risiken aufzeigt, und einer Individualaufklärung, die allein auf das individuelle Aufklärungsbedürfnis des einzelnen Patienten abstellt.[159]

Vor allem Schreiber und Wachsmuth[160], als Gegner dieser Aufklärungsform, halten diese für ein bedauerliches Element einer durch die Rechtsprechung mitverschuldeten Defensivmedizin, ein „ärztlich und rechtlich verfehltes Modell“, von der die Ärzte notgedrungen meinen, Gebrauch machen zu müssen. Vereinzelt finden sich sogar Ansichten, die diese Methode mit dem ärztlichen Auftrag gar nicht mehr vereinbar halten und den Grundfehler im bürokratischen System des Krankenhauses sehen. Ehlers führt hierzu aber auch aus, daß der bisher gegangene Weg im Arzthaftungsrecht im Hinblick auf die Aufklärungspflicht ein Irrweg sei, da man versucht, den angestrebten Schadensersatzprozeß bei einem ärztlichen Kunstfehler stets über die Aufklärungspflichtverletzung zu führen.[161]
Man sieht hierin die Gefahr einer Übermaßaufklärung, bedingt durch die Menge an Informationen, die den Patienten ohne Rücksicht auf seine psychosomatische Ausnahmesituation seelisch unnötig belasten und die Aufklärung uferlos überdehnt.
Es wird daher ein ausführliches Aufklärungsgespräch vorgeschlagen, dessen vollständiger Inhalt in den Krankenunterlagen aufgezeichnet sein sollte. Je nach konkreter Sachlage sollte ein weiterer Arzt zu dem Gespräch hinzugezogen werden.[162]

Besonders fortschrittlich zeigt sich die Methode Folkerts[163], der für die Aufklärung des Patienten vor einer Anwendung der Elektrokrampftherapie einen eigens hierfür hergestellten 17 minütigen Informationsfilm herstellte. So wollte er die Informationsübermittlung durch das ärztliche Gespräch unterstützen und die Ängste vor der Behandlung reduzieren. Der Videofilm enthält im wesentlichen den Ablauf der Vorbereitungen und der Durchführung der Elektrokrampftherapie mit hierfür entsprechenden Erläuterungen.

---

[159] Kim, a.a.O., S. 84.
[160] Wachsmuth/Schreiber, Der Chirurg 1982, 594 ff.
[161] Ehlers, Ärztliche Aufklärung, S. 66.
[162] A.a.O.; Kern/ Laufs, Ärztliche Aufklärungspflicht, S. 50.
[163] Folkerts, EKT, S. 36.

Die Einwilligung als das erstrebte Ergebnis der Aufklärung unterliegt ebenso keiner Formvorschrift.[164]
Maßgeblich ist allein, daß die innere Zustimmung des Patienten nach außen manifestiert wird. Hier bringt aber eine schriftliche Dokumentation (schriftliche Einverständniserklärung des Patienten oder Eintrag über den Inhalt der Erklärung und die Zustimmung des Patienten im Krankenblatt durch den Arzt) den Willen das Patienten am stärksten zum Ausdruck.[165] Dennoch ist eine solche nicht erforderlich noch entbehrlich.[166]

Früher wurde sie wie eine rechtsgeschäftliche Willenserklärung behandelt, deren Erteilung in die Kompetenz des gesetzlichen Vertreters fiel..[167]
Später ließ der persönlichkeitsnahe Charakter dieser Einwilligung die Regelung der Geschäftsunfähigkeit und der gesetzlichen Vertretung zu starr erscheinen.[168]
Einigkeit besteht heute insoweit, daß die durch den Patienten erteilte pauschale Einwilligung, bei der der Patient im Unklaren über den tatsächlichen Eingriff bleibt unwirksam. Einverständniserklärungen, die zwar den geplanten Eingriff bezeichnen, im weiteren aber nur ganz allgemein bestätigen, daß man über Verlauf, Erfolg und Risiken informiert worden ist, können ebenfalls eine ordnungsgemäße Aufklärung nicht nachweisen. Insbesondere führt Ehlers hierzu aus, daß die Formulare mit dem Einverständnis nicht darlegen können, daß der Patient die entscheidenden Faktoren gekannt und auch verstanden hat. Andererseits legt er dar, daß je ausgefeilter und perfektionistischer der Text der Formulare und Broschüren ist, desto weniger wird der Patient ihn begreifen.[169]

Es darf aber während des gesamten Klinikaufenthaltes niemals außer Acht gelassen werden, daß es sich um psychisch erkrankte Patienten handelt, die zwar den selben Anforderungen unterliegen, wie die somatisch erkrankten Patienten, aber dennoch auf Grund der psychischen Erkrankung ein erhöhtes Maß an Vertrauen und Verständnis benötigen. Damit erscheint eine Kombination aus der Vorgehensweise von Folkerts und Weißauer den Anforderungen einer hinreichenden Aufklärung für Arzt und Patient gerecht zu werden.

---

[164] Ehlers, a.a.O., S.61; Kern/ Laufs, Die ärztliche Aufklärungspflicht S. 44.
[165] Eser in Schönke/ Schröder § 223 StGB Rdnr. 43; Ponsold/ Bockelmann, Gerichtliche Medizin, S. 22.
[166] Eser in Schönke/ Schröder a.a.O.; BGH NJW 1976, 1790 (1791f.); OLG Düsseldorf VersR 1987, 161 (163).
[167] Holzhauer in Erman, § 1904 Rdnr. 2.
[168] Im Ergebnis zustimmend Ponsold/ Bockelmann, Gerichtliche Medizin, S. 22.
[169] Ehlers, Ärztliche Aufklärung, S. 63 f.

II.4. Zusammenfassung

Im Rahmen der Erörterung der deutschen Rechtslage bei der Anwendung der Elektrokrampftherapie ist zusammenzufassen, daß zwischen der Einwilligung und der Aufklärung ein funktionaler Zusammenhang besteht und sie sich einander bedingen.

Ausgangspunkt der Darstellung war die Rechtsnatur der Einwilligung. Ein Vergleich zwischen der Rechtsprechung und der Literatur führte zu dem Ergebnis, die Einwilligung als Rechtfertigungsgrund zu betrachten mit der Folge, daß jeder ärztliche Eingriff in die körperliche Integrität des Patienten eine tatbestandliche Körperverletzung ist und zwar zunächst unabhängig von der Indikationsstellung und der Durchführung lege artis. Eine rechtfertigende Wirkung kann die Einwilligung aber nur dann erreichen, wenn der Patient oder der gesetzliche Vertreter vorab angemessen über die Anwendung der Elektrokrampftherapie aufgeklärt worden ist und die hierfür erforderliche Einsichts- und Urteilsfähigkeit besitzt. Aber auch das Patiententestament ist geeignet, die Anwendung der Elektrokrampftherapie im Vorfeld rechtsverbindlich zu regeln, so weit der Patient bei der Abfassung dieser Erklärung einwilligungsfähig war.
Hinsichtlich der rechtlichen Anforderungen an die Aufklärungsverpflichtung wurden die einzelnen Stufen und der Umfang der Aufklärung analysiert mit dem Ergebnis, daß auf Grund der fehlenden Erkenntnis über die Wirkungsweise und der Nebenwirkungen sehr strenge Maßstäbe zum Schutze des Selbstbestimmungsrechts des Patienten und des Arztes vor Regreßforderungen anzulegen sind.

III. Rechtliche Voraussetzungen der Anwendung der Elektrokrampftherapie bei einwilligungsunfähigen Patienten

Während der Patient selbst in die Anwendung der Elektrokrampftherapie einwilligen kann, weil er entsprechend seiner geistigen und sittlichen Reife keine begründeten Zweifel entstehen läßt, Wesen, Bedeutung und Tragweite der Therapie zu erkennen, ist die Situation rechtlich problematischer, wenn dem Patienten aus Alters- oder Krankheitsgründen, wegen seiner psychischen Krankheit oder ein geistigen Behinderung eine derartige Einwilligungsfähigkeit fehlt.
Unter einer hierbei relevanten psychischen Krankheit versteht man alle seelischen Störungen, die körperlich nicht begründbar sind, während dessen geistige Behinderungen auf angeborenen oder frühzeitig erworbenen Intelligenzdefekte verschiedener Schweregrade beruhen.
Demgegenüber handelt es sich bei der seelische Behinderungen um eine bleibende psychische Beeinträchtigungen als Folge einer psychischen Krankheiten.[170] In der Regel wird es sich hierbei um erwachsene Kranke handeln, deren abnorme Strukturen sich schon als pathologisch erweisen oder deren geistige Potenzen so schwach ausgebildet oder rückgebildet sind, daß sie der Unterstützung oder der Führung bedürfen.[171] Bei den endogenen und schizophrenen Psychosen, insbesondere den gefahrbedrohenden Ausprägungen des Stupors oder der perniziösen Katatonie, bei denen aus medizinischer Sicht die Anwendung der Elektrokrampftherapie indiziert sein könnte, handelt es sich um eine solche psychische Krankheit im Sinne des § 1896 BGB.[172]

Hauptschwerpunkt des folgenden Abschnitts bildet nunmehr die Frage, wie das vorab dargestellte Recht der Selbstbestimmung durch diese Patienten, die gerade nicht über die Fähigkeit verfügen, die Notwendigkeit des Eingriffs und seine möglichen Konsequenzen zu überblicken und abzuwägen, ausgeübt werden kann.
Für diese Fälle der festgestellten Einwilligungsunfähigkeit des Patienten sieht das Gesetz in § 1896 BGB generell die Bestellung eines Betreuers vor. Das Vormundschaftsgericht kann in diesen Fällen von Amts wegen oder auf Antrag für einen Volljährigen, der auf Grund einer psychischen Krankheit oder einer körperlichen, geistigen oder seelischen Behinderungen seine Angelegenheiten ganz oder teilweise nicht besorgen kann, einen Betreuer für den Aufgabenkreis bestellen, in denen eine Betreuung erforderlich und nicht subsidiär ist. Für den Bereich der Gesundheitsfürsorge statuiert § 1904 BGB insoweit eine Einschränkung, als daß die Einwilligung des Betreuers in eine medizinische Maßnahme der Genehmigung des Vormundschaftsgerichtes bedarf, wenn die begründete Gefahr besteht, daß der Betreute auf Grund der Maßnahme stirbt oder einen

---

[170] BT-Druck 11/4528, S. 116; nähere Ausführungen bei Schmidt/ Böcker, Betreuungsrecht, Rdnr. 4ff.; Müller, Betreuung, S. 116.
[171] Schreiber, FamRZ 1991, 1014-1022, S. 1017.
[172] Schmidt/ Böcker, a.a.O., Rdnr. 820, 871 ff.

schweren und länger dauernden gesundheitlichen Schaden erleidet. Welche medizinischen Maßnahmen jedoch neben der Einwilligung durch den Betreuten zusätzlich der vormundschaftsgerichtlichen Genehmigung bedürfen, wurde durch den Gesetzgeber bislang nicht geregelt und bleibt durch die Rechtsprechung und Literatur ausfüllungsbedürftig.
Ohne die Genehmigung darf diese Maßnahme nur durchgeführt werden, wenn mit dem Aufschub Gefahr verbunden ist.

III.1. Die Elektrokrampftherapie als Heilbehandlungsmaßnahme

Im Rahmen des § 1904 BGB sind medizinischen Maßnahmen die zu beurteilenden Einwilligungsgegenstände.
Die Heilbehandlung als ein gesetzlich bereits festgelegter Unterfall der medizinischen Maßnahme umfaßt in diesem Sinne alle Eingriffe und Behandlungsformen, die nach den Erkenntnissen und Erfahrungen der Heilkunde und nach den Grundsätzen eines gewissenhaften Arztes zu dem Zwecke angezeigt sind und vorgenommen werden, Krankheiten, Leiden, Körperschäden, körperliche Beschwerden oder seelische Störungen zu erkennen, zu verhüten, zu heilen, oder zu lindern. Als kumulative Voraussetzung gilt daneben die medizinische Indikation der Maßnahme, so daß der Eingriff objektiv geeignet sein muß und subjektiv in dieser Absicht vorgenommen wird.[173]
Streitig ist jedoch, wie die medizinische Darstellung im vorangegangenen Bereich B.II. zeigte, ob die Elektrokrampftherapie überhaupt eine derartige Heilbehandlungsmaßnahme im Sinne des § 1904 BGB sein kann.

Auszuschließen ist, daß es sich bei der Elektrokrampftherapie weder um den rechtlich problematischen Fall eines Heilversuchs noch um einen wissenschaftlichen Versuch handelt, so daß die hierfür geltenden Spezialvorschriften keine Anwendung finden.
Daß es sich bei der Elektrokrampftherapie nicht um einen Heilversuch[174] handelt, begründet der Umstand, daß es sich gerade nicht um die indizierte Erprobung neuer Mittel oder Methoden handelt. Vielmehr wird die Elektrokrampftherapie seit 1938 weltweit in der Psychiatrie mehr oder weniger erfolgreich zur Behandlung von endogenen und schizophrenen Psychosen angewendet.
Gleichermaßen handelt sich auch nicht um einen wissenschaftlichen Versuch[175], da der Anwendungsbereich der Elektrokrampftherapie keinesfalls die nicht indi-

---

[173] Rieger, Lexikon des Arztrechts, Rdnr. 802; Voll, Einwilligung im Arztrecht, S. 12f.; Knittel, § 1904 Rdnr. 1 ff.; Mayer, Medizinische Maßnahmen an Betreuten S. 123ff.; Th. Zimmermann, S. 36 ff.; amtliche Begründung zu E 1962/ BT-Druck 4/650, 297f.
[174] Nachweis bei Bork, NJW 1985, 654 (654).
[175] A.a.O.

zierte Forschungsmaßnahme betrifft, bei der die Heilung künftiger Patienten angestrebt wird.

Vermehrt treten aber weltweit Ansichten[176] auf, die die Elektrokrampftherapie auf Grund der gravierenden Nebenwirkungen als menschenunwürdige Behandlungsmaßnahme qualifizieren und deren gesetzliches Verbot fordern, in Folge dessen eine Legitimation dieser Behandlungsmethode als medizinische Maßnahme gänzlich entfallen würde. Ob diese Forderung berechtigt ist, kann an dieser Stelle nicht abschließend beantwortet werden. Hierfür müssen weitere Voraussetzungen aus dem verfassungsrechtlichen Bereich beachtet werden, auf die später einzugehen sein wird.
Grundlegend dürfen aber im Rahmen dieser Beurteilung auch die zahlreichen weltweiten Forschungsberichte und Anwendungsstudien nicht außer Betracht gelassen werden, die tatsächlich die positive Wirkung dieser Maßnahme nachvollziehbar darstellen und beweisen konnten. Insbesondere wiesen zahlreiche Studien nach, daß mit einer 50 bis 90 %igen Besserungsrate die Patienten den bedrohlichen Zustand einer perniziösen Katatonie oder eines Stupors überwinden konnten, um sie dann mit Psychopharmaka weiterbehandeln zu können. Dieses Ergebnis wurde in einer Vielzahl medizinischer Untersuchungen festgestellt und kann daher im Grundsatz kaum wissenschaftlich widerlegt werden. Es handelt sich daher bei der Elektrokrampftherapie nach wie vor um eine Heilbehandlungsmaßnahme, deren Anwendung in den bereits aufgeführten streng indizierten Fällen gewährleistet werden muß.

In diesem Zusammenhang darf auch die Problematik bei der Verabreichung von Psychopharmaka nicht außer Betracht gelassen werden, die gleichfalls nicht nebenwirkungsfrei sind und deren Wirkungsweise ebenso weitestgehend ungeklärt ist. Hinzu kommt, daß die Psychiatrie ein besonders schwieriges Teilgebiet der Humanmedizin darstellt, da sie auf Krankheitsbilder trifft, die weder eindeutig oder nur unter großen Schwierigkeiten bestimmbar sind noch positive Erfolgschancen bereits nach kürzerer Zeit erkennen lassen. Sofern sich daher der Gesundheitszustand eines Patienten mit einer starken endogenen Psychose oder einer Schizophrenie trotz aller ausgeschöpften Behandlungsmöglichkeiten einschließlich der zur Verfügung stehenden medizinischen Medikation nicht verbessert sondern sich sogar zu einem Stupor oder einer perniziösen Katatonie lebensbedrohlich weiterentwickelt, muß die Elektrokrampftherapie als Behandlungsmöglichkeit letzter Wahl, als ultima ratio, zur Verfügung stehen und darf im Grundsatz nicht versagt werden. Dieses Ergebnis wurde in Umfragen bestätigt[177], bei denen die meisten Psychiater von den selben Grundsätzen und Überlegungen ausgehen. Die positiven Stellungnahmen unter Beachtung einer zu-

[176] Vgl. Darstellung der Gegner der Elektrokrampftherapie im Teil B.II.2, 3.; Leibbrand, Sozialpsychiatrische Information 1994, 3 (5).
[177] Vgl. Abschnitt A I.1; so auch Freudenberg, Sozialpsychiatrische Information 1994, 27.

rückhaltenden Anwendung berechtigen die Schlußfolgerung, die Elektrokrampftherapie als Heilbehandlungsmaßnahme zu qualifizieren.

Letztendlich muß auf Grund der, sich in den letzten Jahren gewandelten, Psychiatriepraxis angemerkt werden, daß die wissenschaftliche Forschung heute mit Depressionen ganz anders umgehen kann. Oftmals sind die Psychiater heute in der Lage, entsprechende Patienten mit dem Krankheitsbild der Depression bereits durch die Medikation mit Psychopharmaka, die sich ebenso fortschrittlich weiterentwickelten, hinreichend ambulant zu therapieren. Damit treten schwere Depressionen, die ohnehin nur die Anwendung der Elektrokrampftherapie bei einer streng anzulegenden Indikation rechtfertigen, immer seltener auf. Unter restriktivster Anwendung der Elektrokrampftherapie ist nicht ausschließen, daß diese entsprechend den neusten wissenschaftlichen Erkenntnissen und Erfahrungen und den Grundsätzen eines gewissenhaften Arztes zum Zwecke der Linderung psychiatrischer Erkrankungen einzusetzen ist.
Daß bezogen auf Anwendung der Elektrokrampftherapie erhebliche Unstimmigkeiten hinsichtlich der Existenz und der Intensität der Nebenwirkungen existieren, ist vielmehr den Tatbestandsvoraussetzungen des § 1904 BGB zuzuordnen, nicht aber dem generellen Anwendungsbereich.

III.2. Das Betreuungsrecht[178]

Mit der Änderung des Betreuungsgesetzes durch das Betreuungsrechtsänderungsgesetztes[179] wurde mit Wirkung zum 01.01.1992 an die Stelle der Vormundschaft über Volljährige (§§ 1896-1908 a.F. BGB), als die umfassende dauerhafte Totalfürsorge in allen rechtlich relevanten Bereichen, sowie der Gebrechlichkeitspflegschaft (§§ 1910, 1920a a.F. BGB), als die partielle Fürsoge mit abgegrenzten Wirkungskreis, das einheitliche Rechtsinstitut der Betreuung, dem staatlichen Beistand in Form einer Rechtsfürsorge, eingeführt. So entzog man den unverhältnismäßigen Eingriffen in die Persönlichkeitssphäre die rechtliche Grundlage und stärkte das Selbstbestimmungsrecht des Betroffenen.
Besondere Bedeutung im Rahmen des Arztrechts kam bei der Gesetzesänderung der neu geordneten Rechtsmaterie der §§ 1901, 1904 und 1905 BGB zu, da deren Regelungsbereich unmittelbar den Tätigkeitsbereich der behandelnden Ärzte berührt. Aus dem Grund der Gewichtsverlagerung im Fürsorgerecht gelang eine Veränderung von der bisherigen Vermögensverwaltung hin zur arztrechtlich be-

[178] Einen kompletten Überblick über die Entwicklung des Betreuungsrechts ist bei Schmidt, Die Entmündigung von den Anfängen des BGB bis zu ihrer Ablösung durch das Institut der Betreuung, zu finden.; Historischer Überblick bei Holzhauer, FuR 1990, 249ff.
[179] BtÄndG v. 12.09.1990, BGBl. 1990, Teil I, 2002-2027.

deutsamen Personensorge.[180] Damit konnte die pauschale Entrechtung verhindert und die verbliebene Eigenkompetenz des Betroffenen gefördert werden. Damit konnte eine tatsächliche Erweiterung im Regelungsgehalt des BGB statuiert werden.[181]

Nach dieser neuen Gesetzeslage kann ein Volljähriger, der auf Grund einer psychischen Krankheit oder einer körperlichen, geistigen oder seelischen Behinderung seine Angelegenheiten ganz oder teilweise nicht zu besorgen vermag, auf Antrag oder von Amts wegen im Falle der Erforderlichkeit durch das Vormundschaftsgericht einen Betreuer erhalten, der ihm zur Seite steht und ihn rechtlich vertritt, §§ 1896 Abs.1, 1902 BGB.
Anträge, Wünsche und Vorschläge des Betroffenen sind nunmehr soweit es rechtlich möglich ist, rechtlich verbindlich. Ebenso konnte infolge des einheitlich geltenden Betreuungsverhältnis die Fremdfürsorge auf den tatsächlich erforderlichen Umfang begrenzen werden, so daß dem Willen und der Eigenkompetenz des betroffenen psychisch Kranken mehr Geltung verschaffen wurde, als es vorher je der Fall war.
Ein zentraler Punkt des Betreuungsgesetzes ist neben dem Wegfall der konstitutiven Feststellung der Geschäftsunfähigkeit die Beurteilung der Einwilligungsfähigkeit im Sinne der vorab beschriebenen natürlichen Einsichts- und Urteilsfähigkeit.
Diese wird nunmehr losgelöst von der weiterbestehenden rechtlichen Handlungsfähigkeit des Betreuten zu betrachten sein und wie erörtert keine Auswirkung auf dessen Geschäftsfähigkeit haben. Vielmehr wird sie nach den Regeln über die „natürliche Geschäftsunfähigkeit" gemäß § 104 Nr. 2 BGB bestimmt.[182] Eine Einschränkung dieser ist nur noch durch die Anordnung eines Einwilligungsvorbehaltes gemäß § 1903 BGB möglich, sofern das Vormundschaftsgericht eine erhebliche Gefahr für die Person oder das Vermögen des Betreuten sieht.

Fehlt einem Betreuten die Einwilligungsfähigkeit, so willigt der Betreuer als der gesetzliche Vertreter, sofern dessen Aufgabenbereich die Gesundheitsfürsorge umfaßt, in diagnostische oder therapeutische Maßnahmen ein.
Desweiteren wurde durch das Betreuungsrechtsänderungsgesetz[183] der Subsidiaritätsgrundsatz der staatlichen Betreuung eingeführt. Dementsprechend ist gemäß § 1896 Abs. 2, S. 2 eine Betreuung dann nicht mehr erforderlich, wenn die Angelegenheiten des einwilligungsunfähigen Volljährigen durch einen Bevoll-

---

[180] Frost, Betreuungsrecht, S. 1; Dodegge, NJW 1993, 2353 (2357ff.), derselbe in NJW 1991, 2383 (2387ff.).
[181] Taupitz, JuS 19992, 9; Coester, Jura 1991, 1 (3); so auch Kollmer, Rechtspfleger, 1995, 45ff.
[182] Vgl. Abschnitt B.II.2; Klüser/ Rausch, NJW 1993, 617; Voll, Einwilligung im Arztrecht, S. 86 ff.; m.w.N. Mayer, Medizinische Maßnahmen an Betreuten, S. 62 ff.
[183] BtÄndG v. 25.06.1998, BGBl. 1990, Teil I, 1580.

mächtigten ebenso gut wie durch einen Betreuer besorgt werden können. Voraussetzung ist, daß dieser weder einer Anstalt, einem Heim oder einer sonstigen Einrichtung angehört, in welcher der Betroffene untergebracht ist oder wohnt. Er darf in keinem Abhängigkeitsverhältnis oder einer anderen engen Beziehung zum Betroffenen stehen.
Insbesondere kann nunmehr der Betroffene durch eine Vorsorgevollmacht im Zeitpunkt seiner Einwilligungsfähigkeit rechtsverbindlich eine Dritte Person zur Wahrnehmung seiner Rechte bevollmächtigen. Die Anordnung einer Betreuung ist in diesen Fällen subsidiär.
Dieser Intention des Gesetzgebers zur Folge, kann eine Betreuung heute nur noch als „ultima ratio“ zur Anwendung kommen.[184]
Nur für den Fall des Nichtvorliegens dieser Subsidiarität kann eine Betreuung angeordnet werden, die dem einschränkendem Korrektiv der Erforderlichklausel des § 1896 Abs. 2, S. 1 BGB unterliegt, wonach die Betreuung nur angeordnet werden darf, wenn hierfür ein Bedürfnis besteht. Dieser Grundsatz gilt neben der Anordnung und Festlegung des Umfangs der Betreuung auch für den Rahmen deren Duchführung.[185]

III.3. Die Einwilligungsunfähigkeit und die Einwilligungsbefugnis

Eine wirksame Einwilligung in die Durchführung der Elektrokrampftherapie als Heilbehandlungsmaßnahme durch den Rechtsgutinhaber setzt dessen Verfügungsbefugnis über die in Frage stehenden Rechtsgüter voraus.
Betrachtet man daher aus der Gesamtheit der Darstellungen des Abschnittes D.II.I.1. die Mindestanforderungen an die Einwilligungsfähigkeit, so muß der Patient auf Grund seiner inneren Wertung eine nachvollziehbare Entscheidung treffen können, wenngleich sie auch nicht objektiv vernünftig erscheinen muß. Ihr muß allerdings die Kenntnis der wesentlichen Grundsätze ohne konkretes Detailwissen der Behandlungsmaßnahme zugrunde liegen, wobei eine Reziprokität zwischen dem Schweregrad des Eingriffs und den an die Einwilligungsfähigkeit zu stellenden Anforderungen besteht.

Die Frage, ob der psychisch Kranke oder geistig behinderte Patient über die entsprechende Einwilligungsfähigkeit verfügt, bereitet deshalb nach wie vor in den meisten Fällen große Schwierigkeiten, da keinerlei Grenzwerte existieren, ab wann diese Einsichts- und Urteilsfähigkeit vorliegt. Der Arzt hat daher in einer gewissenhaften Einzelfallentscheidung die Prüfung der Einwilligungsfähigkeit

---

[184] So auch Th. Zimmermann, S. 9 f.; m.w.N. Müller, Betreuung, S. 136; Richter, FamRZ 1989, 909 (910); Schwab, FamRZ 1990, 681 (682f.), derselbe in FamRZ 1992, 493 (495f.).
[185] BT-Druck 11/4528, S. 120f.; ausführlich Diederichsen in Venzlaff/ Foerster, S. 495; Th. Zimmermann, S. 7 f., m.w.N. Müller, Betreuung, S. 128.

eigenverantwortlich vorzunehmen.[186] Wurde bereits eine Betreuung für Gesundheitsangelegenheiten wegen einer psychischen Krankheit oder einer geistigen bzw. seelischen Behinderung angeordnet, so kann dies in einigen Fällen bereits als ein Indiz der fehlenden Einwilligungsfähigkeit gewertet werden.[187]
Sofern er diese Fähigkeit nicht positiv feststellen kann, so hat er die Einwilligung des Betreuers im Rahmen seines Aufgabenkreises oder des Stellvertreters in dieser Gesundheitsangelegenheit einzuholen.[188]
Generell gilt aber eine erwachsene, bei Bewußtsein befindliche Person solange als entscheidungsfähig, bis ein Vormundschaftsgericht eine andere Entscheidung hierzu trifft. Zu einer derartigen Gerichtsentscheidung kann es auf Grund einer medizinischen Diagnose kommen, die Zweifel enthält, ob der Patient fähig ist, eine Entscheidung gegen oder für eine medizinische Behandlungsform zu treffen.[189] Notgedrungen werden Ärzte und Juristen es auf eine durchschnittliche Vernünftigkeit zu rekurrieren haben, die allgemein im menschlichen Verhalten gegenüber der Notwendigkeit ärztlicher Behandlung eingenommen zu werden pflegt.[190] Anhaltspunkte für eine vorliegende Einwilligungsunfähigkeit werden im psychiatrischen Schriften hinreichend genannt und erörtert.[191]
Um den Erfordernissen des Selbstbestimmungsrechtes des einwilligungsunfähigen Patienten dennoch Rechnung zu tragen, wird durch eine bedarfsorientierte Entscheidung ein Betreuer gemäß §§ 1896 ff. BGB, 69 FGG bestellt, der die Interessen des Patienten vertritt. Er ermittelt den mutmaßlichen Willen des Patienten und setzt ihn durch. Sollte hierfür keine Zeit mehr verbleiben, so kann das Handeln des Arztes aus anderen Gründen[192] gerechtfertigt sein.

Die in § 1896 BGB vorausgesetzte Fähigkeit, die eigenen Angelegenheiten selbst zu besorgen, bemißt sich nach der Einwilligungsfähigkeit.
Im Rahmen der Reformbestrebungen erkannte der Gesetzgeber das bestehende Problem der Bestimmung der Einwilligungsfähigkeit und Schwierigkeit der ungeklärten Rechtslage für den Betroffenen. Versuche, dieses Problem durch das Abstellen auf die Geschäftsfähigkeit des Patienten zu verringern, um so differenzierte Maßstäbe zur Prüfung der Einwilligungsfähigkeit entfallen zu lassen, wurde jedoch mit erheblichen Bedenken begegnet.[193] Die Berechtigung derartiger Bedenken bestätigte die Argumentation, daß ein Abstellen auf die Geschäftsfähigkeit bei psychisch Kranken und geistig Behinderten einen differenzierten Beurteilungsmaßstab -wie dem der Einwilligungsfähigkeit- nicht zuläß.

---

[186] Vgl. Abschnitt III.1.1.
[187] Schwab in MüKo § 1904 Rdnr. 6.
[188] Palandt, § 1904 Rdnr. 3; Rieger, Lexikon des Arztrechts, Rdnr. 807; Giesen, Arzthaftungsrecht, S. 216 f.
[189] BGHZ 29, 46 (49ff.).
[190] Sternberg-Lieben, S. 252; Schreiber, in Marquard/ Seidler/ Staudinger, Ethik, S. 73.
[191] Helmchen/ Kanowski/ Koch, Ethikmed, S. 83 ff.
[192] Vgl. hierzu folgenden Abschnitt unter D.III.7.
[193] BT-Druck 11/ 4528, S. 71.

Dies hätte ein zu starres Schema zur Folge, das lediglich im Rahmen der Geschäftsfähigkeit Ausnahmen zuläßt. Da jedoch nur die partielle, aber nicht die relative Geschäftsfähigkeit in der Rechtsprechung anerkannt ist, besteht bei ärztlichen Maßnahmen lediglich die Zustimmungs- oder Ablehnungsmöglichkeit.[194]
Die Entscheidungen werden in diesem Bereich oftmals nach der Schwere und Kompliziertheit des vorzunehmenden Eingriffs bestimmt. Da auch tiefgreifende Eingriffe in die Grundrechte des betroffenen Patienten bevorstehen, sollten seine Entscheidungen bereits in dem Moment rechtliche Relevanz erhalten, wenn sie von einer ausreichenden Einsichts- und Urteilsfähigkeit getragen sind.[195]
Diese Argumentation der ständigen Rechtsprechung überzeugte auch den Gesetzgeber, so daß sich die weitere Frage nach einer gesetzlichen Regelung der Einwilligungsfähigkeit aufdrängte.
Im ersten Diskusions-Teilentwurf wurde daher vorgeschlagen, die Beurteilung der Einwilligungsfähigkeit festzuschreiben. § 1904 Abs. 1 Satz 1 BGB lautete:[196]

> „Der Betreuer kann nicht an die Stelle des Betreuten in eine Untersuchung des Gesundheitszustandes, eine Heilbehandlung oder in einen ärztlichen Eingriff einwilligen, wenn der Betreute selbst einwilligen kann."

Mangels gesetzgebungsreifer Vorschläge, die über die bisherigen Ergebnisse der Rechtsprechung der Bestimmung der Einwilligungsfähigkeit hinausgegangen wären, wurde von einer gesetzlichen Regelung abgesehen.[197] Man erachtete den Inhalt als „selbstverständlich" und sah keine Notwendigkeit für den Erlaß einer derartig detaillierten Regelung. Damit blieb die vorgeschlagene Regelung unübernommen.[198] Versuche, die die Begründung für die Annahme dieser „Selbstverständlichkeit" liefern könnten, schlugen bislang fehl, insbesondere verzichtete selbst die amtliche Begründung hierauf.

Unklar und damit strittig blieb, ob der Gesetzgeber durch die Streichung von dem ursprünglichen Regelungsinhalt Abstand nehmen wollte.
Holzhauer[199] wirft in diesem Zusammenhang die Frage auf, ob der Betreuer gleichwohl entscheidungskompetent bleiben soll, selbst wenn eine abweichende Erklärung des einwilligungsfähigen Betroffenen vorliegt. Die Möglichkeit einer solchen „Doppelkompetenz" von Betreuer und Betreuten beruht seiner Ansicht nach auf der subjektiven Betreuungsbedürftigkeit, die wegen ihrer flexiblen und

[194] Heinrichs in Palandt § 104 Rdnr. 6.
[195] Voll, Einwilligung im Arztrecht, S. 95f.; BT-Druck 11/4528 S. 71.
[196] Holzhauer in Erman, § 1904 Rdnr.1.
[197] BT-Druck 11/4528, S. 71f.; Roßner, Aufklärung, S. 168.
[198] BT-Druck 11/ 4528, S. 141; Holzhauer in Erman, § 1904 Rdnr.4.
[199] A.a.O. Rdnr.5.

damit streng individuellen und konkreten Ausformung die generelle Geschäftsfähigkeit des Betreuten nicht ausschließt, während die Fähigkeit zur Einwilligung in medizinische Maßnahmen gerade nicht der allgemeinen Geschäftsfähigkeit unterliegt.[200] Da die Einwilligung in eine Heilbehandlung keine rechtsgeschäftliche Willenserklärung ist, kann auch der Betreute unter den Voraussetzungen der natürlichen Einsichts- und Steuerungsfähigkeit rechtswirksam einwilligen. Dieser Ansicht entsprechend kann daher sowohl der einwilligungsfähige Betreute, als auch der Betreuer nach hinreichender Aufklärung in die Anwendung der Behandlung einwilligen. Für auftretende Konfliktfälle und damit Einwilligungskonstellationen, die einander wiedersprechen, begründete Holzhauer einen „Vorrang der Betreuerentscheidung", da entsprechend seiner Ansicht dem Betreuten durch den die Betreuung anordnenden Beschluß des Vormundschaftsgerichts die Fähigkeit zur Wahrnehmung des Aufgabenkreises der Gesundheitsfürsorge abgesprochen worden sei.[201]

Demgegenüber erhoben sich starke Stimmen in der Rechtsprechung und der Literatur, die sich bereits als herrschend etablieren konnten und dieselbe Position wie der Gesetzgeber vertreten, indem sie annehmen, der Satz sei tatsächlich als selbstverständlich weggelassen worden. § 1904 BGB ist dahingehend auszulegen, daß der Betreuer nur bei der positiv festgestellten Einwilligungsunfähigkeit des Betreuten eine rechtswirksame Einwilligung abgegeben kann. In den Fällen, in denen der Betreute die natürliche Einsichts- und Steuerungsfähigkeit besitzt, kann er selbst seine Einwilligung in die Behandlungsmaßnahme erteilen.[202] Widerspricht der Betreute einer medizinischen Maßnahme, obwohl an dessen Einwilligungsfähigkeit Zweifel bestehen, muß die Maßnahme unterbleiben.[203] Dementsprechend ist bereits bei zweifelhafter Einwilligungsfähigkeit des Betreuten die Einwilligung des Betreuers in eine medizinische Maßnahme allein nicht mehr ausreichend, auch wenn dieser speziell für den Aufgabenkreis der medizinischen Betreuung zuständig ist. Die medizinische Maßnahme darf daher nur dann angewandt werden, wenn sich sowohl Betreuer als auch Betreuter damit einverstanden erklärt haben. Dieser Rechtsgrundsatz ist zwar nicht positiv normiert worden, liegt aber dennoch dem Gesetz zugrunde.[204]

Eine weitere, weniger vorzugswürdige Ansicht hält diesen Zustand nur durch die Anordnung eines Einwilligungsvorbehaltes analog § 1903 Abs. I S. 1 BGB

---

200 A.a.O. Rdnr.6.

201 A.a.O. Rdnr. 9f.

202 Damrau-Zimmermann, Rdnr. 2; Jürgens u.a., Betreuungsrecht, Rdnr. 200 ff.; Schwab in MüKo § 1904 Rdnr.4; Diederichsen in Palandt § 1904 Rdnr. 2; Peters DAV 1990, 177 (182); Schwab FamRZ 1990, 681 (683, 686); Coester, Jura 1991, 1 (7f.); Kern MedR 1991, 66 (68); LG Berlin, FamRZ 1993, 597 (398); Klüser/ Rausch, NJW 1993, 617 (619).

203 Knittel, § 1904 Rdnr. 5; Peters, DAV 1990, 177 (182).

204 BT-Druck 11/ 6949 S. 72; Frost, Betreuungsrecht, S. 79; Diederichsen in Palandt, § 1904 Rdnr.4; Jürgens, § 1904 Rdnr.2.

für überwindbar mit der Folge, daß der Betreute ohne die Zustimmung des Betreuers nicht mehr widersprechen, der Betreuer hingegen der Maßnahme zustimmen kann.[205] Wegen ihrer Ähnlichkeit zum früheren Rechtsinstitut der Entmündigung ist diese Ansicht aber abzulehnen.[206] Im übrigen widerspricht eine derartige Annahme der herrschenden Meinung, die die Einwilligung als eine Gestattung zur Vornahme tatsächlicher Handlungen ansieht und gerade den rechtsgeschäftlichen Aspekt unberührt läßt.

Eine weitere konträre Auffassung läßt allein die Einwilligung des Betreuers in den ärztlichen Eingriff genügen. Auf Grund der hierbei bestehenden, erheblichen Gefahr, daß der Betreute im Falle seiner Einwilligungsfähigkeit um sein Selbstbestimmungsrecht gebracht wird, ist diese Ansicht unter der verfassungsrechtlichen Betrachtungsweise nicht haltbar, da ansonsten eine Zwangbehandlung Einwilligungsfähiger in Betracht käme.[207]

Vorzugswürdig ist daher einzig und allein die herrschende Meinung, die bei Einwilligungsfähigkeit nur das Handeln des Patienten selbst akzeptiert. Der Grund hierfür liegt neben dem immanenten Grundsatz der Erforderlichkeit einer Betreuerbestellung, Eingriffe in die Rechtssphäre des Betroffenen nur dann und insoweit zuzulassen, als daß diese unabweisbar notwendig sind, auch in der ratio legis des Betreuungsgesetzes selbst, das die Förderung und Stärkung der Eigenkompetenz des Betreuten im Rahmen der ihm noch verbliebenen Restfähigkeiten zum Gegenstand hat. Keinesfalls kann daher der Betreuer mangels Rechtsmacht eine rechtswirksame Einwilligung in die Therapie abgeben, auch wenn diese zum Wohl des Betreuten erfolgen würde. Der Grund für diese Rechtsmachtbeschränkung des Betreuers liegt neben den genannten Gründen auch im höchstpersönlichen Charakter der Bestimmung über den eigenen Körper.
Ein Handeln des Betreuers ist folglich nicht nur entbehrlich, sondern auch unzulässig.[208]

Anders hingegen stellt sich die Situation der festgestellten Einwilligungsunfähigkeit des Betreuten dar, wenn der Betreuer die beabsichtigte medizinische Behandlungsmaßnahme ablehnt. In dieser Fallkonstellation muß der Betreute keinesfalls die Versagung der Einwilligung mit dem Verzicht der Therapie rechtlich „annehmen", da sich neben ihm auch der Arzt an das Vormundschaftsgericht mit einer Anzeige der pflichtwidrigen Verweigerung der Behandlungsmaßnahme wenden kann.
Selbst wenn das Vormundschaftsgericht trotz bestehender Betreuerbestellung in Gesundheitsangelegenheiten zu der Auffassung gelangt, die Einwilligung wurde

205 Bienwald FamRZ 1992, 1125 (1128f.), Schwab in MüKo § 1903 Rdnr. 16; Klüser/ Rausch, NJW 1993, 617 (619); Holzhauer in Erman § 1904 Rdnr. 9.
206 Voll, Einwilligung im Arztrecht, S. 92.
207 Lachwitz, FuR 1990, 266 (269).
208 Mayer, Medizinische Maßnahmen an Betreuten, S. 53f.

zu Unrecht versagt, darf es keinesfalls die eigenen Entscheidung an die Stelle des Betreuers setzen, da das Vormundschaftsgericht lediglich eine Einwilligung genehmigen darf.
Im Falle der pflichtwidrigen Verweigerung der Einwilligung kann das Vormundschaftsgericht den Betreuer lediglich gemäß §§ 1837 Abs. 2, S. 1; 1908i Abs. 1 BGB anweisen, in die Behandlungsmaßnahme einzuwilligen.
Sollte das Vormundschaftsgericht zu der Auffassung der Ungeeignetheit des Betreuers gelangen, so kann dieses den Betreuer gemäß § 69f Abs. 3 FGG, § 1908b Abs. 1 BGB entlassen und selbst bis zur Bestellung eines neuen Betreuers nach §§ 1846, 1908i Abs. 1 BGB die erforderlichen Aufgaben des ursprünglichen Betreuers übernehmen, bzw. vorläufig einen neuen Betreuer bestellen.

III.4. Die ersetzte Einwilligung

Wenn auch der Arzt die Einwilligungsunfähigkeit des Patienten mit der Rechtsfolge feststellte, daß der Patient durch diesen Umstand als Empfänger einer vollumfänglichen Aufklärung zum Zwecke der Wahrnehmung seines Selbstbestimmungsrechts ausscheidet, so bedeutet dies nicht, daß das Erfordernis der Einwilligung vor der Durchführung der ärztlichen Behandlungsmaßnahme entfällt. Sie ist vielmehr von demjenigen zu erteilen, der nun an Stelle des Patienten entscheidungsbefugt ist.[209]

III.4.1. Die Einwilligung durch den Betreuer

Im Rahmen einer Betreuung obliegt die Einwilligung in die medizinische Behandlungsmaßnahme dem Betreuer innerhalb des ihm übertragenen Aufgabenbereichs gemäß § 1902 BGB.

Dieses Ergebnis erscheint zunächst paradox klingen, denn konkret angewandt bedeutet dies eine Fremdbestimmung bei höchstpersönlichen Rechtsgütern.
Der Gesetzgeber ist hinsichtlich der Regelung bestimmter Bereiche, wie die höchstpersönliche Rechtsgüter betreffende Willensäußerungen, zurückhaltend gewesen, wenngleich bereits nach § 1897 Abs. 4 S. 1 BGB dem betreuungsbedürftigen Patienten ein rechtsverbindliches Vorschlagsrecht für die zum Betreuer zu bestellende Person zugestanden wird und § 1901 BGB die Art und Weise der Durchführung der Betreuung regelt. Damit wurde durch den Gesetzgeber jedem einsichtsfähigen Volljährigen die Möglichkeit zur Mitgestaltung seines

[209] Kern/ Laufs, Ärztliche Aufklärungspflicht S. 7; m.w.N. Steffen/ Dressler, Rechtsprechung zum Arzthaftungsrecht, S. 150 f.; Kim, Aufklärungspflicht, S. 105; Roßner, Aufklärung, S. 172; Kern, MedR 1993, 245 (247ff.); Schmidt/Böcker, Betreuungsrecht, Rdnr. 436.

Daseins ermöglicht. Der Betreuer ist im Rahmen des ihm zugewiesenen Aufgabenkreises solange an seine Wünsche gebunden, wie sie seinem Wohl nicht entgegenstehen und deren Ausführung dem Betreuer auch zuzumuten sind. Die Äußerung eines solchen Wunsches, der auch ärztliche Heilbehandlungsmaßnahmen erfaßt unterliegt keiner Form. Somit reicht jedes willensgetragene und tatsächliche Handeln, das eine bestimmte Neigung des Betreuten erkennen läßt.[210] Keinesfalls verkannte der Gesetzgeber hierbei, daß sich das Wohl und die Wünsche des Patienten einander widersprechen können. In einem solchen Fall soll dem Wohl des Patienten der Vorrang eingeräumt werden. Wie dies allerdings praktisch durchzusetzen ist, vor allem ohne das Selbstbestimmungsrecht des Betroffenen unzulässig einzuschränken und die Gefahr eines Mißbrauchs zu erhöhen, konnte der Gesetzgeber bislang nicht aufzeigen.
Aber gerade in dem schwierigen Bereich zwischen Betreuungsrecht und Arztrecht wird das Wohl[211] des Betreuten in der Regel nicht abstrakt feststellbar sein, sondern nur in Bezug auf die konkrete Person und damit unter Bezug auf dessen Wünsche. Ein Vorrang des ausschließlichen Wohls des Patienten kommt daher nur noch für die Fälle in Betracht, in denen der Betreute kraß vernunftswidrige, selbstschädigende Wünsche äußert, denen der Arzt schon aus allgemeinen Grundsätzen nicht entsprechen kann. Richtigerweise sind daher bei der Beurteilung des Wohls des Betreuten neben den objektiven Kriterien auch die subjektiven Vorstellungen in den Abwägungsvorgang mit einzubeziehen. Die Möglichkeit, das Leben eines betreuten Patienten nach dessen Wünschen und Vorstellungen zu gestalten, wird allgemein als seinem Wohl entsprechend verstanden. Unter Beachtung der Zumutbarkeitsklausel des § 1901 Abs. 2 Satz 1 BGB kann sich der Betreuer aber jederzeit solchen Anforderungen des Betreuten entziehen, sofern sie ihm als überzogen erscheinen. Hierzu sollte der Betreuer eine gewissenhafte Interessenabwägung vornehmen, wonach er insbesondere die Gefährlichkeit des Eingriffs, der für den Schutzbefohlenen zu erwartende Nutzen, mögliche Behandlungsalternativen und die Dringlichkeit der Maßnahme selbst mit einbeziehen sollte. Dieser, dem Betreuer zugestandene Beurteilungsspielraum ist nach nicht unbestrittener Ansicht keiner vollumfänglichen vormundschaftsgerichtlichen Kontrolle zugänglich.[212] Gleichwohl hat der Verstoß des Betreuers gegen die Wunschbefolgungspflicht nach herrschender Meinung lediglich im Innenverhältnis zwischen Betreuer und Betreuten Relevanz, so daß nennenswerte Auswirkungen im Außenverhältnis grundsätzlich nicht auftreten werden.[213]

---

[210] Mayer, Medizinische Maßnahmen an Betreuten, S. 83; m.w.N. Müller, Betreuung, S. 174 ff.
[211] Ausführlich a.a.O., S. 66 ff.; ebenso Frost, Betreuungsrecht, S. 23 ff.; Bienwald, FamRZ 1992, 1125 (1127ff.).
[212] A.a.O., S. 67 ff.
[213] M.w.N. Eisenbart, Patiententestament, S. 192, Th. Zimmermann, S. 230 ff.

Um daher möglichst umfassend die Rechte des Betreuten zu erhalten, bedarf es einer funktionierenden Dreiecksbeziehung zwischen dem Betreuten, dem Betreuer und dem Arzt.[214]
Es konnten aber bereits Fälle nachgewiesen werden, in denen das gerade nicht so praktiziert wurde, weil der Arzt, entgegen den Absprachen versuchte, Behandlungsmethoden kraft seiner Wissensüberlegenheit durchzusetzen.[215]
Die idealen Vorstellungen der Rechtsprechung und der Gesetzgebung scheinen daher oftmals nicht der täglichen Praxis in den Krankenhäusern zu entsprechen. Auch das Fehlen spezifischen Fachwissens, die Angst vor Haftungsrisiken und das Gefühl, wenn auch nicht direkt über Leben und Tod so doch über Glück und Unglück, das heißt über die Lebensqualität des Betreuten entscheiden zu müssen, erklärt Fälle, in denen wohl nicht ausschließlich die Interessen des Betreuten vertreten werden.[216]
Aus dem Hintergrund derartiger Informationen begründete sich die verstärkte Forderung nach der rechtlichen Legitimation und der umfassenden gesetzlichen Normierung der Stellvertretung in Gesundheitsangelegenheiten.

Im Hinblick auf § 1904 Abs. 1 BGB stellt sich die Frage, ob die Einwilligung des Betreuers in die Anwendung der Elektrokrampftherapie als Rechtfertigungsgrund für den Arzt ausreicht oder die Genehmigung dieser durch das Vormundschaftsgericht Wirksamkeitsvoraussetzung ist.
Eine Minderheit[217] in der Literatur mißt der Genehmigung des Vormundschaftsgerichts lediglich im Innenverhältnis zwischen Betreuer und Betreutem Bedeutung zu, so daß sie keinen rechtfertigenden Charakter hat. Begründet wird diese Annahme mit der Zielsetzung des Gesetzes, die dem Betreuer die Entscheidungszuständigkeit für die medizinischen Maßnahmen zugewiesen hat und diese auch behalten soll. Sofern der Betreuer die Genehmigung durch das Vormundschaftsgericht nicht einholt, handele er nur im Rahmen des Betreuungsverhältnisses pflichtwidrig.

Dieser Ansicht ist die herrschende Meinung[218], die die Genehmigung des Vormundschaftsgerichtes als Rechtmäßigkeitsvoraussetzung für die Anwendung der Maßnahme qualifiziert, mit der Begründung des § 1904 Abs. 1, S.1 BGB entscheidend entgegengetreten. Dementsprechend muß die Einwilligung des Betreuers und die Genehmigung durch das Vormundschaftsgericht kummulativ vorliegen, um den Eingriff in die körperliche Integrität des Betreuten zu legitimieren.[219]

---

[214] Thar, in BtPrax 1994, 91 (92); so auch Pardey, BtPrax 1995, 81.
[215] A.a.O., S. 91.
[216] A.a.O.
[217] Bienwald, § 1904 Rdnr. 27.
[218] Schwab in MüKo § 1904 Rdnr. 23.
[219] M.w.N. Mayer, Medizinische Maßnahmen an Betreuten, S. 155 f.

Führt der Arzt daher eine medizinische Maßnahme ohne die erforderliche vormundschaftliche Genehmigung durch, so setzt er sich der straf- und zivilrechtlichen Verfolgung aus. Damit trägt neben dem Betreuer auch der Arzt das Risiko einer Fehleinschätzung hinsichtlich der Tatbestansvoraussetzungen des § 1904 Abs. 1 BGB, die nach objektiven Kriterien zu bestimmen sind und nicht der subjektiven Einschätzung der Beteiligten unterliegt. Dies führt nach Ansicht der Literatur zu einer erheblichen Rechtsunsicherheit, der im Ende nur durch die interdisziplinäre Arbeit von Medizin und Rechtswissenschaft entgegengewirkt werden kann.
Bislang befreit nur ein „Negativattest“[220] durch das Vormundschaftsgericht den Betreuer und damit auch den Arzt von ihrem Prognoserisiko. Zumindest sollte der Betreuer in Zweifelsfällen auch aus haftungsrechtlichen Gesichtspunkten die Beratung des Vormundschaftsgerichts in Anspruch nehmen.[221]

Diese Ansicht ist aus Gründen des Schutzzwecks der Norm auch vorzugswürdig, denn der Betreute soll nicht nur vor dem Fehlverhalten seines Betreuers, sondern vor sämtlichen mißbräuchlichen Eingriffen geschützt werden.[222]

III.4.2. Die Stellvertretung in Gesundheitsangelegenheiten

Die bislang umstrittene Frage, ob der Patient im voraus rechtswirksam bestimmen kann, wer seine Entscheidung im Falle seiner Einwilligungsunfähigkeit durchsetzen soll, ist gesetzlich geregelt worden.
Mit der Neuregelung des § 1896 Abs. 2 S. 2 BGB hat das Rechtsinstitut der Vorsorgevollmacht seinen gesetzlichen Niederschlag gefunden, das zur Verwirklichung der Selbstbestimmung des Einzelnen beitrug. Hierdurch wurde die Möglichkeit eröffnet, bereits im Vorfeld einer Betreuungsbedürftigkeit die eigenen Angelegenheiten derart selbst zu regeln, daß einer Vertrauensperson für den Zeitpunkt einer altersbedingten oder sonstigen Geschäftsunfähigkeit eine Vollmacht erteilt wird und trotzdem die Grundsätze des Betreuungsrechts zu wahren sind.[223]
Hiervon streng zu unterscheiden ist die Betreuungsverfügung, die eine Direktive des Patienten hinsichtlich der Person des Betreuers darstellt.[224]

Zunächst ungeregelt blieb, ob diese Möglichkeit dem Einzelnen auch im Bereich der Gesundheitsfürsorge, konkret bei der Einwilligung in medizinische Maß-

---

[220] Schwab in MüKo § 1904 Rdnr. 15, 23; dagegen liegt das Prognoserisiko nach Ansicht von Mayer, Medizinische Maßnahmen an Betreuten, S. 163f. ausschließlich beim Arzt.
[221] Vgl. hierzu FN. 280.
[222] Frost, Betreuungsrecht, S. 148.
[223] BT-Druck 11/4528, S. 122; Eisenbart, Patiententestament, S. 214.
[224] Uhlenbruck, NJW 1996, 1583.

nahmen zustehen sollte. Hierauf folgte eine umfangreiche Auseinandersetzung in der Rechtsprechung und der Literatur, die darauf hinauslief, daß letztendlich keine praktischen Einwände vorzubringen waren, die einer Vorsorgebevollmächtigung für Entscheidungen im Krankheitsfall entgegenstehen.[225]
Mit der Einführung des § 1904 Abs. 2 BGB[226], der die Vertretung in Gesundheitsangelegenheiten explizit regelt, ist auch dieser generelle Streitpunkt erloschen. Wirksamkeitserfordernis einer derartigen Bevollmächtigung ist lediglich, wenngleich umstritten, die Schriftform, die sich ausdrücklich, aber auch nicht wörtlich auf die konkreten Maßnahmen des Abs. 1 beziehen muß.[227] Gegenüber der früheren Praxis, in diesem Fall einen Betreuer nach den oben genannten Grundsätzen zu bestellen, hat die Vertretung in Gesundheitsangelegenheiten den Vorteil der Gewährleistung, daß derjenige, der in diesem Fall die Entscheidung zu treffen hat, auch das volle Vertrauen des Patienten besitzt. Denn im Interesse des Selbstbestimmungsrechts des Patienten darf diesem nicht von vorn herein verwehrt sein, bei zu erwartender Einwilligungsunfähigkeit die Ausübung des Einwilligungsrechts einem Dritten zu übertragen.[228]
Demgegenüber meldet Zimmermann[229] erhebliche Bedenken hinsichtlich der beschränkten Kontrolle des Bevollmächtigten und den bislang nicht konkretisierten Wirksamkeitserfordernissen gegenüber dieser Regelung an.
Auch Bienwald[230] übt an der gesetzlichen Neuregelung insoweit Kritik, als das sie ihr Ziel, staatliche Einmischung und Fremdbestimmung zu vermeiden, verfehlte.

Dennoch erscheint das Rechtsinstitut der Vertretung in Gesundheitsangelegenheiten neben dem Patiententestament der neuere und rechtssicherere Weg zu sein, einem Patienten auch über den Zeitpunkt des Verlustes seiner Einwilligungsfähigkeit hinaus gerade diese Möglichkeit der Einflußnahme auf medizinische Entscheidungen für seine eigene Person zu sichern.
Dem liegt der Gedanke zugrunde, daß eine optimale Durchsetzung des, vom Patienten im Vorfeld artikulierten Willens dann gewährleistet wird, wenn dem Patienten selbst die Möglichkeit gegeben wird, diese Person im voraus zu bestim-

---

[225] Eisenbart, a.a.O., S. 213-225; Schmidt/ Böcker, Betreuungsrecht, Rdnr. 21; Uhlenbruck, MedR 1992, 134 (138ff.); derselbe in NJW 19996, 1583f., ZRP 1998, 46f.; Jensen/ Rühlig, Betreuungsrecht, S. 18; Bienwald, § 1896, Rdnr. 113ff.; Schwab in MüKo § 1896 Rdnr. 144ff.; LG Stuttgart, BtPrax 1994, 64ff.; OLG Stuttgart, BtPrax 1994, 99ff.; BayOLG, FamRZ 1993, 1249f.; BtPrax 1994, 997; Meier, BtPrax, 1994, 190ff.; Schumacher FamRZ 1991, 280 (282f.); Dodegge MDR 1992, 437 (440); Frost, a.a.O., S. 61.
[226] BtÄndG v. 25.06.1998, BGBl. I S. 1580.
[227] Wolfsteiner, NJW 1996, 2417f.
[228] Giesen, Arzthaftungsrecht, S. 216; LG Stuttgart, BtPrax 1994, 64; BT-Druck 13/7158 S. 34; Langenfeld, Vorsorgevollmacht, S. 90f.; Veit, FamRZ 1996, 1309 (1310); a.A: Mayer, Medizinische Maßnahmen an Betreuten, S. 112 ff.
[229] Th. Zimmermann, S. 273.
[230] Bienwald, BtPrax 1998, 164 (165), derselbe in BtPrax 1999, 92f.

men. Selbst nahe Angehörige verfolgen aus persönlichen Gründen nicht immer den Willen des Betroffenen.[231]
Trotz dieses enormen Fortschritts statuierte der Gesetzgeber eine weitere Beschränkung, indem auch die Einwilligungserklärung des Bevollmächtigten einer vormundschaftsgerichtlichen Genehmigung in den spezifizierten, gefahrbegründeten Maßnahmen des § 1904 Abs. 1 BGB bedarf.
Diese Regelung wurde bereits vor ihrer Normierung mit der Begründung begrüßt, sie trage dem Schutzgedanken des Patienten insoweit Rechnung, da dieser hierdurch gegen die ungewollte Einmischung eines nicht autorisierten Dritten in die Entscheidungsfindung für die Situation einer terminalen Erkrankung abgesichert ist.[232]
Demgegenüber hält die Mehrzahl der Juristen diese Genehmigungspflicht durch das Vormundschaftsgericht mit dem Gedanken der Mißbrauchsgefahr für verfehlt, da die Vollmacht in Gesundheitsangelegenheiten quasi wertlos wird.[233]
Das Selbstbestimmungsrecht wurde durch die Bevollmächtigung zur Abgabe einer Entscheidung durch den ausgewählten Stellvertreter im Falle der Betreuungsbedürftigkeit durch eine gerichtliche Genehmigungspflicht weitestgehend unterlaufen.
Insbesondere besteht bei der Gefahr eines Interessenkonfliktes immer noch die Möglichkeit, einen Kontrollbetreuer gemäß § 1896 Abs. 3 BGB zu bestellen.[234]
Damit drängt sich die Frage auf, ob durch diese Novellierung des Betreuungsrechts tatsächlich die Rechtsposition des nunmehr Betreuungsbedürftigen gestärkt oder infolge der Genehmigungspflicht eingeschränkt wurde. Betrachtet man die Rechtslage vor dem 01.01.1999, so war die Stellvertretung in Gesundheitsangelegenheiten anerkannt, da die Einwilligung in eine medizinische Maßnahme nicht unter die gesetzlich geregelten vertretungsfeindlichen Rechtsgeschäfte fällt. Im Umkehrschluß kann angenommen werden, daß einer Übertragung des allgemeinen Persönlichkeitsrechts bezüglich der Vertretung in Gesundheitsangelegenheiten grundsätzlich nichts im Wege steht. Lediglich die Dogmatik und die einzelnen Wirksamkeitserfordernisssse waren bei der rechtlichen Beurteilung nicht unumstritten.[235]

---

[231] Füllmich NJW 1990, 2301 (2302); Eisenbart, Patiententestament, S. 208f.
[232] Uhlenbruck, NJW 1996, 1583 (1584), derselbe in ZRP 1998 46 (47).
[233] A.a.O.
[234] M.w.N. Th. Zimmermann, S. 268 ff., Frost, Betreuungsrecht, S. 59; Uhlenbruck, ZRP 1998, 47.
[235] Zur früheren Rechtslage vgl. Füllmich NJW 1990, 2301 (2302); Meier, BtPrax 1994, 190 (192f.); Eisenbart, Patiententestament, S. 210 ff.; Uhlenbruck, NJW 1996, 1583 (1584), derselbe, MedR 1992, 134 (140ff.); Hubmann, Persönlichkeitsrecht, S. 132 f.; a.A. LG Frankfurt/ Main FamRZ 1994, 125.

III.5. Die Genehmigungspflicht der Elektrokrampftherapie durch das Vormundschaftsgericht

Hauptstreitpunkt und eine der zentralsten Fragen bei der juristischen Betrachtung der Elektrokrampftherapie ist, ob bei einem im Hinblick auf die medizinische Versorgung unter Betreuung stehendem Patienten gemäß §§ 1896 ff. BGB die Einwilligung des Betreuers zur Anwendung der Elektrokrampftherapie ausreichend ist, oder ob auf Grund der möglichen Gefahr des Eintritts schwerer Folgen der medizinischen Maßnahme darüber hinaus die Genehmigung dieser Einwilligung durch das Vormundschaftsgericht gemäß § 1904 Abs. 1 BGB erforderlich ist.
Die in diesem Fall relevante Einwilligung bezieht sich einzig und allein auf die Anwendung der Elektrokrampftherapie als medizinische Heilbehandlungsmaßnahme und ist abstrakt gelöst von dem zugrundeliegenden Behandlungsvertrag zu sehen, da hier die normale rechtsgeschäftlichen Regeln gelten.

Der Anwendungsbereich des § 1904 BGB dient dem Schutz derjenigen Menschen, die mangels Einwilligungsfähigkeit in medizinische Maßnahmen unter Betreuung gestellt werden müssen.

Die Intention des Gesetzgebers für die Schaffung einer Sonderregelung, wie sie § 1904 BGB-E enthielt, war die Notwendigkeit einer gesetzlichen Regelung zur Stärkung der Rechte des Betreuten im Rahmen der Personensorge.[236] Nach der Diskussion mehrerer Textentwürfe[237] bestand die Vorschrift ursprünglich aus zwei Absätzen.[238]
Der Bundesrat[239] drängte darauf, diese Norm, die die Stärkung der Personensorge begründen sollte, ersatzlos zu streichen. Diese Ansicht begründete er mit der bestehenden Distanz des Vormundschaftsgerichts zu den risikoreichen ärztlichen Maßnahmen. Danach sind Arzt und Betreuer eher in der Lage, die Situation und den Schweregrad zu beurteilen. Schließlich kann auch das Gericht sich nur auf die Aussage der Ärzte stützen und ist nicht in der Lage eine eigenständige Entscheidung zu fällen. Wegen der größeren persönlichen Nähe ist der Betreuer viel eher in der Lage zu entscheiden, ob eine risikoreiche Operation im Sinne des betroffenen Patienten liegt. Selbst unter der Voraussetzung der Norm

---

[236] BT-Druck 11/ 4528 S.71 f.

[237] BT-Druck 11/ 4528 S.16 (BtG-E); BT-Druck 11/ 6949 S. 72 (Fraktion DIE GRÜNEN); BT-Druck 11/ 6949 S. 14 (Beschlußempfehlung des 6. Rechtsausschusses).

[238] Vorgebracht durch die Fraktion DIE GRÜNEN, BT-Druck 6949 S. 72:
§ 1904 Abs. 1 BGB „Der Beistand kann nicht anstelle der/des Beistandsberechtigten in eine Untersuchung des Gesundheitszustandes, eine Heilbehandlung oder einen ärztlichen Eingriff einwilligen, wenn der/die Beistandsberechtigte selbst einwilligen kann."
§ 1904 Abs. 2 Satz 2 BGB „Das gleiche gilt für eine nicht nur vorübergehende Behandlung mit Psychopharmaka oder in ihren Auswirkungen vergleichbaren Mitteln. Der bisherige Satz 2 wird Satz 3"

[239] BT-Druck 11/ 4528, S. 208f.

tragen Arzt und Betreuer das Risiko, die Frage nach der Genehmigungspflicht im konkreten Einzelfall falsch zu beantworten. Damit ist die Einwilligung mangels vormundschaftlicher Genehmigung unwirksam. Dies wiederum führt dazu, daß rein vorsorglich immer die Genehmigung des Vormundschaftsgerichtes eingeholt wird, vor allem bei Eingriffen an älteren Menschen. Dies birgt die Gefahr einer unnötigen Inanspruchnahme des Vormundschaftsgerichts und der zeitlichen Verzögerung, die gerade bei schweren Eingriffen schädlich sein kann.
Resultat einer solchen Regelung sei daher lediglich die Belastung des Vormundschaftsgerichtes mit einer Vielzahl von Verfahren, die die Personenfürsorge für den Betroffenen sachlich nicht verbessert.

Die eigentliche Verantwortung soll nach der Intention des Gesetzgebers aber beim Arzt und dem Betreuer bleiben. In Zweifelsfragen steht das Gericht dem Betreuer insoweit zur Verfügung, als das dieser sich beim Vorliegen einer schwer zu treffenden Entscheidung über die Notwendigkeit dieses ärztlichen Eingriffs gemäß § 1837 Abs. 1 Satz 1 BGB durch das Vormundschaftsgericht beraten lassen kann. Damit kann eine Rechtlosstellung des Betreuers nicht eintreten. Das Gericht ist in diesen Fällen verpflichtet, die erforderlichen Ermittlungen z.B. durch die Einholung ärztlicher Stellungnahmen anzustellen.
Eine solche Vorgehensweise ist dem Betreuer immer dann anzuraten, wenn es sich nicht nur um eine reine Routineuntersuchung handelt. Insbesondere sind hierbei auch die haftungsrechtlichen Folgen nicht außer Betracht zu lassen, die eintreten, wenn der Betreuer in eine ärztliche Maßnahme einwilligt, die mit dem eigentlichen Wohl des Patienten nicht vereinbar sein sollte oder es gerade zu aufgezeigten schweren Folgen kommt. Gleiches würde dann auch für eine pflichtwidrig verweigerte Einwilligung gelten.[240]

Dieser Argumentation trat die Bundesregierung mit der Folge entgegen, daß sich nun der Rechtsausschuß[241] damit befassen mußte.
In der Gegenäußerung der Bundesregierung zur Stellungnahme des Bundesrates hieß es, daß die Verbesserung der Personensoge ein wichtiges Reformziel sei, daß durch diese Regelung durchgesetzt werden solle. Dieses Ziel könne aber nicht in der gewünschten Weise herbeigeführt werden, wenn der Betreuer einerseits zwar eine Reihe von Vermögensangelegenheiten nur bei Erteilung der vormundschaftsgerichtlichen Genehmigung erledigen kann, die die Lebensführung des Betreuten nicht gravierend berühren, während er andererseits seine Einwilligung in gefährliche ärztliche Maßnahmen auch ohne die vormundschaftliche Genehmigung wirksam erteilen kann. Zusätzlich werden auch Verbesserungen für den Betroffenen geschaffen, indem durch § 1901 Abs. 2 Satz 1 BGB-E sichergestellt wird, das der Willensvorrang des Betreuten beachtet werde.[242]

---

[240] Peters, Betreuung, S. 331f.; m.w.N. Frost, Betreuungsrecht, S. 152.
[241] BT-Druck 11/ 6949.
[242] BT-Druck 11/4528 S. 227f.

Mit diesen Reformvorschlägen verfolgte man einen weitergehenden Regelungszweck, der im Ende aber nicht in dieser Form durchgesetzt werden konnte. Dennoch besteht auf Grund der amtlichen Begründung der Verdacht, daß zumindest ein weitergehender Regelungsbedarf gesehen wurde.[243]

Der Rechtsausschuß äußerte sich hinsichtlich des Absatzes 1 dahingehend, daß dieser Entwurf auf die Notwendigkeit hinweist, vor einem Eingriff zu prüfen, ob der Betreute nicht selbst einwilligen kann. Mit einem Hinweis der Praxis auf Psychopharmaka und ähnliche Mittel zeigte der Rechtsausschuß die Schutzwürdigkeit der betroffenen Patienten auf. Hieraus zog er den Schluß, daß ein Betreuer nur mit Zustimmung des Vormundschaftsgerichts in die Behandlung mit Psychopharmaka und ähnlichen Mitteln einwilligen darf und das auch nur bei den zeitlich eng begrenzten Behandlungen einer akuten Krise.
Diese Reformvorschläge wurden aber von der Mehrheit für überflüssig gehalten, weil zum einen lediglich eine Selbstverständlichkeit wiederholt wurde und zum anderen waren sie viel zu detailliert.[244]

Ebenso keine Zustimmung fand auch der in der Anhörung vor dem Rechtsausschuß geäußerte Vorschlag, die Verweigerung der Einwilligung des Betreuers in den Fällen der Heilbehandlungsmaßnahmen mit hohem Risiko der vormundschaftlichen Genehmigung zu unterwerfen.[245]
Das hat zur Folge, daß bei einer ablehnenden Haltung des Betreuers gegenüber der Elektrokrampftherapie trotz der Indikationsstellung des behandelnden Arztes, diese nicht der Genehmigungspflicht des Vormundschaftsgerichts unterliegt. Ob diese gewählte Lösung den rechtsstaatlichen Grundsätzen entspricht, mag dahin gestellt bleiben. Angemerkt werden soll nur, daß es hierbei zu einer Verkürzung der Position des Betreuten kommt, die keinesfalls vom Reformgedanken getragen wird. Faktisch resultiert hieraus die Vorenthaltung der Elektrokrampftherapie als Heilbehandlungsmaßnahme in einem medizinisch indizierten Fall. Letztendlich wird es sich hierbei nur um ein rein theoretisch zu behandelndes Problem handeln, dem in der klinischen Praxis der Psychiatrie wohl weniger Bedeutung zugemessen wird.

Zwischenzeitlich erfolgte eine weitere Änderung des Betreuungsgesetzes, die am 01.01.1999 in Kraft trat und die Gesetzeslage vom 01.01.1992 mit dem Zusatz der Zulässigkeit der Stellvertretung in Gesundheitsangelegenheiten aufrechterhielt.[246]
Die Einwilligung durch einen Betreuer bzw. durch einen Bevollmächtigten als die Fremdbestimmung in eine derartig personenbezogenen Angelegenheit muß bei gravierenden medizinische Maßnahmen einer vorangehenden gerichtlichen

---

[243] BT-Druck 11/4528 S. 70 ff.
[244] Frost, a.a.O., S. 78.
[245] Bienwald, § 1904 Rdnr. 2.
[246] BtÄndG v. 25.06.1998, BGBl. I, 1580.

Kontrolle unterworfen werden. Indem die Kontrolle auf gravierende Fälle beschränkt wird, wird eine Überlastung der Vormundschaftsgerichte vermieden.[247] Inwieweit diese Regelung die ursprüngliche Reformbestrebungen bezüglich der Stärkung des Selbstbestimmungsrecht des Patienten und des personellen Elements der Betreuung erreicht, wird uneinheitlich betrachtet.

Kritische Stimmen bezeichnen diese Reform als die „Bürokratisierung" ärztlichen Handelns und sehen die Ursache in einem Mißtrauen gegenüber dem unkontrollierten Zusammenwirken von Betreuer und Arzt. Auf der Grundlage eines zweiten psychiatrischen Sachverständigengutachtens ist der Nutzen einer vorgeschalteten Gerichtsentscheidung bei schweren Krankheiten mit entsprechenden Therapierisiken zweifelhaft. Durch ein derartiges Kontrollverfahren verfehlt die Vorschrift ihren Schutzzweck, da eine medizinisch notwendige Behandlung unterbleiben oder ihre Anwendung verzögert werden kann.
Die ärztliche Praxis wird verunsichert, die „Defensivmedizin" wird gefördert.[248]

III.5.1. Die begründete Gefahr des Todes oder eines schweren bzw. länger dauernden gesundheitlichen Schadens

Bei jeder Einwilligung des Betreuers in eine ärztliche Heilbehandlungsmaßnahme muß dieser sorgfältig überprüfen, ob sein Handeln noch durch das Gesetz legitimiert ist oder ob es sich um eine der, in § 1904 BGB qualifizierten Maßnahmen handelt, die dem Genehmigungsvorbehalt des Vormundschaftsgerichtes unterworfen ist, sofern kein Eilfall nach Abs. 1 Satz 2 vorliegt.
Ob folglich eine medizinische Maßnahme genehmigungsbedürftig ist, kann im Einzelfall für den Betreuer sehr schwierig zu beurteilen sein.
Da es jedoch de lege lata mangels gesetzlicher Regelung kein Verfahren zur Klärung derartiger Rechtsfragen gibt, wäre das Vormundschaftsgericht erst auf einer weiteren Stufe, bei der Überprüfung der Rechtmäßigkeit des bereits vorgenommenen ärztlichen Eingriffs an dem einwilligungsunfähigen Patienten zuständig. Um Problemen aus derartiger Kompetenzfragen vorzubeugen, sollte der Betreuer sinnvollerweise die bereits erläuterte und in § 1837 I 1 BGB geregelte Beratung durch das Vormundschaftsgericht vorab in Anspruch nehmen.

---

[247] Holzhauer in Erman, § 1904 Rdnr. 15.

[248] Schwab in MüKo § 1904 Rdnr. 1; Mayer, Medizinische Maßnahmen an Betreuten, S. 129f.

IV.5.1.1. Die begründete Gefährlichkeit

Das erste Problem bei der Beurteilung einer genehmigungspflichtigen Heilbehandlungsmaßnahme tritt bei der Frage der Auslegung des unbestimmten Rechtsbegriffs der „begründeten Gefahr" für den betreuten Patienten auf.[249]

Der Gesetzgebungsentwurf[250] sah eine Genehmigungspflicht für die konkrete medizinische Maßnahme vor, „wenn zu befürchten ist, daß der Betreute auf Grund der Maßnahme stirbt oder einen schweren und länger andauernden Schaden erleidet".
Die Intention des Gesetzgebers bei der umstrittenen Formulierung der Norm bestand darin, die Schwelle für die Einschaltung des Vormundschaftsgerichtes einerseits wegen deren hoher Arbeitsbelastung nicht zu tief anzusetzen, es andererseits aber vermieden werden sollte, die Schwelle zum Schutz der Betreuten zu hoch anzusetzen. Während der Beratungen, bei denen sich herausstellte, daß auch die Mitglieder des Rechtsausschusses den Begriff unterschiedlich interpretierten, wurde die Bundesregierung gebeten, aus der Rechtsprechung und der Literatur zum Begriff der Gefahr in parallelen Vorschriften des geltenden Rechts Anwendungsbeispiele zu nennen, um so die wahrscheinliche Schwelle für die Anwendung der im Entwurf vorgesehenen Regelung zu verdeutlichen. Man konnte sich dahingehend einigen, daß mit dem Begriff der „begründeten Gefahr" die Schwelle für die Genehmigungsbedürftigkeit gegenüber der „bloßen Gefahr" angehoben werden muß, die aber nicht den Grad der „dringenden Gefahr" erreichen soll. Die Koalitionsfraktionen führten hierzu aus, daß eine Gefahr generell dann als „begründet" anzusehen ist, wenn sie sich bereits aus einer Mitteilung des Arztes, der den Betreuten behandelt oder die Maßnahme durchführt, ergibt.[251]
Aus der Wortwahl des Gesetzgebers wurde abgeleitet, daß es sich bei der begründete Gefahr keinesfalls nur um subjektive Befürchtungen handelt, sondern um objektive, das heißt um ernstliche und konkrete Gefahren.[252]

Weitere Auslegungskriterien statuierte der Gesetzgeber mit den Komponenten der eintretenden Folge und dem Grad der Wahrscheinlichkeit. Gerade letzteres Element wird dem Arzt und dem Betreuer bei dessen Auslegung besondere Schwierigkeiten bereiten. Es ist eine Einzelfallentscheidung und kann nur durch die Rechtsprechung ausgefüllt werden und wird sich letztenendes auch an der Judikatur zur Aufklärungspflicht orientieren müssen.[253] Eine als gesichert anzu-

[249] Th. Zimmermann, S. 24, 40 ff.
[250] BT-Druck 11/ 4528, S. 16.
[251] Bt-Druck 11/6949, S. 72f.
[252] Voll, Einwilligung im Arztrecht, S. 96; Knittel, § 1904 Rdnr. 10; Kern, MedR 1991 66 (68).
[253] A.a.O.; Mayer, Medizinische Maßnahmen an Betreuten, S. 127; m.w.N. Frost, Betreuungsrecht, S. 136 ff.

sehende Ansicht konnte sich, wie der folgende Abschnitt zeigen wird, noch nicht herauskristallisieren.

Bezüglich des, die Genehmigungspflicht auslösenden Gefährdungsgrades hat sich Kern[254] für ein Abstellen auf die Komplikationshäufigkeit ausgesprochen, wenngleich er sich nicht auf ein festes Zahlenverhältnis festlegt.
Dieses Defizit versuchte man auszugleichen, indem man die begründete Gefahr durch eine „nicht unerhebliche Wahrscheinlichkeit von etwa 20%" eingrenzten. Für die Festsetzung eines derartigen Grenzwertes bezüglich der entsprechenden Komplikationsdichte spricht generell der Aspekt der Rechtssicherheit und die mehrfache Verschärfung der Genehmigungsschwelle im Gesetzgebungsverfahren.[255]
In Anlehnung dessen erfolgte durch Schreiber[256] eine Katalogisierung der genehmigungspflichtigen ärztlichen Behandlungsmaßnahmen.

Diese Vorgehensweisen stießen in der Literatur vermehrt auf Kritik. Begründet wurde diese mit dem Umstand, daß die Beurteilung des Gefährdungsgrades immer nur konkret individuell, nicht hingegen abstrakt-generell an Hand des typischerweise mit dem beabsichtigten Eingriff verbundenen Risikos –der Komplikationsdichte- bestimmt werden kann. Insbesondere wird auch die Katalogisierungsmethode mangels vormundschaftsgerichtlicher Bindungswirkung und der statistischen Unsicherheiten bei der Ermittlung der Komplikationsdichte abgelehnt.[257]
Schwab[258] schlägt daher vor, die begründete Gefahr dann anzunehmen, wenn im konkreten Fall der Heilbehandlung ein „signifikant hohes, das Durchschnittsrisiko medizinischer Behandlungen klar übersteigendes Risiko" anhaftet. Sofern hierbei von einer Einzelfallbetrachtung gesprochen wird, so sind die konkreten Verhältnisse des Betreuten, mithin sein Alter, seine Konstitution und seine Krankheitsgeschichte in die Beurteilung einzubeziehen.
Der der Begriff des „medizinischen Durchschnittsrisikos" ist eine reine Fiktion. Denn auch durch zahlreiche Dokumentation einzelner medizinischer Maßnahmen konnte kein statistischer Durchschnittswert ermittelt werden. Daher ist er für eine juristische Betrachtung zu ungenau und vom konkreten Einzelfall zu abhängig. Gleichwohl ist das Abstellen auf das Risiko bei einem Durchschnittspatienten ein denkbarer Ausgangspunkt der vorliegenden Beurteilung. Eine begründete Gefahr im Sinne des § 1904 Abs. 1, S. 1 BGB wäre folglich dann gegeben, wenn die beabsichtigte Behandlungsmaßnahme beim betreuten

---

254 Kern, MedR 1991 66 (69), derselbe in MedR 1993, 245 (248f.).
255 Wiebach/ Kreyßig/ Peters/ Wächter/ Winterstein, BtPrax 1997, 48 (53); Frost, a.a.O., S. 136.
256 Schreiber, FamRZ 1991, 1014.
257 Mayer, a.a.O., S. 126f.; Nedopil, FamRZ 1993, 24 (26); Pardey, BtPrax 1995, 81 (83f.); so auch Dose, FamRZ 1993, 1032 (1033); Wolter-Henseler, BtPrax 1994, 183 ff.
258 Schwab in MüKo § 1904 Rdnr. 12.

Patienten im Vergleich zur selben Maßnahme bei einem Durchschnittspatienten ein erhöhtes Risikopotential in sich birgt. Das kann insbesondere dann der Fall sein, wenn beim Betreuten in Bezug auf die in Aussicht genommene Behandlung einschlägige Vorschädigungen bzw. sonstige Anomalien vorhanden sind oder die allgemeine gesundheitliche Konstitution erheblich von der eines Durchschnittspatienten abweicht. Danach ist maßgeblich, ob die Wahrscheinlichkeit des Gefahreneintritts höher ist als bei einem Durchschnittspatienten.[259]

Zweifelslos läßt sich diese Auslegung bei somatisch erkrankten, einwilligungsunfähigen Patienten mit einer hinreichenden Rechtssicherheit anwenden. Problematisch hingegen erscheint die Projezierung auf den psychisch erkrankten Menschen. Betrachtet man die einzelnen psychiatrischen Grunderkrankungen in ihrer jeweiligen patiententypischen Eigenart, so drängt sich die Frage nach der Vergleichbarkeit mit dem Durchschnittspatienten auf. Insbesondere kann niemand definieren, was denn durchschnittlich „normal" ist. Wenn es aber bereits keinen Ausgangsvergleichspunkt gibt, dann kann es auch keinen Endvergleichspunkt und damit keine Feststellung zu einem möglichen erhöhten Risiko geben. Folglich müssen andere Beurteilungsmaßstäbe angelegt werden.

Inwieweit sich deshalb die vorab dargestellte restriktive Ansicht letztendlich als herrschend etablieren wird, bleibt abzuwarten.

III.5.1.2. Die begründete Gefahr schwerer und länger dauernder gesundheit licher Schäden

Da nur eine längerfristige und schwere Beeinträchtigung das Genehmigungserfordernis des Vormundschaftsgerichts auslösen soll, besteht die Schwierigkeit diese zu interpretieren und bezüglich der Elektrokrampftherapie zu subsumieren. Daß hierbei auch die Gefahr schwerer psychischer Schäden unter den Begriff des gesundheitlichen Schadens zu subsumieren ist, ist trotz des nicht eindeutigen Gesetzeswortlaut, unbestritten. Einschränkend bleibt jedoch zu beachten, daß eine persönlichkeitsverändernde Behandlung, wie sie z.B. bei einer Schizophrenie zum Zwecke der Besserung angezeigt ist, nicht allein deshalb einen gesundheitlichen Schaden darstellt.[260]
Um der Intention des Gesetzgebers hinsichtlich der Frage „schwerer und länger dauernder gesundheitlicher Schäden" gerecht zu werden, kann auf die Wertungen des § 224 StGB a.F. zurückgegriffen werden. Betrachtet man diese gesetzlichen Aufzählungen,[261] so finden sich bei der Wertung dieser Begriffe Parallelen

[259] Mayer, Medizinische Maßnahmen an Betreuten, S. 128 f.
[260] Frost, Betreuungsrecht, S. 146.
[261] „...Folge, daß der Verletzte ein wichtiges Glied des Körpers, das Sehvermögen auf einem oder beiden Augen, das Gehör, die Sprache, oder die Zeugungsfähigkeit verliert oder in er-

zu § 1904 BGB, die bei dessen Auslegung herangezogen werden können. Auch andere Folgen als schwere gesundheitliche Schäden, wie z.B. starke Nebenwirkungen einer Behandlung sind hierbei nicht auszuschließen.
Insbesondere kann damit die schwere eines drohenden Gesundheitsschadens im konkreten Einzelfall danach beurteilt werden, in welcher Weise die möglichen Folgen der Heilbehandlung den Betroffenen in seiner alltäglichen Lebensführung im Vergleich zu einem gesunden Menschen beeinträchtigen.[262]
An dieser Orientierung äußert vor allem Bienwald[263] Bedenken, der auf die unterschiedlichen Zielsetzungen dieser beiden Normen hinweist. Seiner Ansicht nach sei ein schwerer Gesundheitsschaden nicht mit den strafrechtlichen Tatbestandsvoraussetzungen gleichzusetzen.
Die Annahme eines schweren Gesundheitsschadens kommt daher nur in Bezug mittelbar auf die Begleitfolgen der ärztlichen Maßnahme in Betracht.[264]

Abstrakt betrachtet erscheint jedoch weder die Schwere noch die Dauer des gesundheitlichen Schadens als geeignet, die Genehmigungsbedürftigkeit auszulösen. Vielmehr müssen beide Elemente zusammen in Erscheinung treten, um die erhöhten Anforderungen zu rechtfertigen. Denn schwere, aber vorübergehende Beeinträchtigungen, die die medizinische Maßnahme als solche bedingen, treten bei nahezu jedem Eingriffen auf, die aber dann in einer Gesamtbetrachtung nicht als riskant anzusehen sind, sondern die Intention des Gesetzgebers verkennen würde.[265]

Der vorliegende Gesetzeswortlaut des § 1904 BGB spricht bewußt von „länger dauernd“ und gerade nicht von „lange dauernd“, so daß sich entsprechende Parallelen zur sonstigen Gesetzgebung nur schwer ziehen lassen. Dieser zeitliche Aspekt muß in Bezug auf die medizinischen Maßnahme ausgelegt werden, da an Hand einer Risiko-Nutzen-Betrachtung die Heilung von einer bestimmten Krankheit keinen Sinn machen würde, wenn an diese Stelle jahrelange Schäden aus der Behandlung treten. Im Regelfall ging der Gesetzgeber davon aus, daß bei einer Dauer von einem Jahr oder mehr ein länger andauernder Schaden vorliegt.[266]

Zubedenken bleibt hierbei, daß die Schwere des gesundheitlichen Schadens nicht ausschließlich an der Art des Schadens zu messen ist. Außergewöhnliche Schmerzen werden daher die Annahme eines kürzeren Zeitraums rechtfertigen,

---

heblicher Weise dauernd entstellt wird oder in Siechtum, Lähmung oder Geisteskrankheit verfällt...“.

[262] Th. Zimmermann, S. 308 ff.

[263] Bienwald, § 1904 Rdnr. 21f.

[264] M.w.N. Mayer, Medizinische Maßnahmen an Betreuten, S. 133, Frost, Betreuungsrecht, S. 145f.

[265] BT-Druck 11/4528 S. 140; LG Berlin, FamRZ 1993, 597 /(598).

[266] BT-Druck 11/4528 S. 141.

die im unteren Bereich schwerer Schäden liegen. Diesbezüglich darf nicht unberücksichtigt bleiben, daß eine Anknüpfung an das Verhältnis zwischen der Dauer der Behandlung, des Therapieschadens und der Grunderkrankung für die Beantwortung der Frage, ob eine unerwünschte schwere Nebenfolge der Behandlung längerdauernd ist, zu Zufälligkeiten führen kann.[267]

Der zustimmungswürdigen Ausführung Schmidts[268] entsprechend kann eine Einwilligung des Betreuers an Hand der vorab dargestellten Grundsätze ohne die Genehmigung durch das Vormundschaftsgericht aber nur dann angezeigt sein, wenn mit der ärztlichen Maßnahme auch eine Erfolgschance verbunden ist. Das heißt die bestehenden Risiken dürfen die Besserungsaussichten nicht übersteigen.
Genau an dieser Schnittstelle ergeben sich bei dem Versuch der Auslegung dieses unbestimmten Rechtsbegriffs die Besonderheiten bei der Anwendung der Elektrokrampftherapie als Heilbehandlungsmaßnahme. Denn über deren Nebenwirkung bestehen die dargestellten kontroversen Diskussionen.
Insbesondere besteht bei der Beurteilung anderer medizinischer Maßnahmen der gravierende Unterschied bezüglich der Existenz genereller Erfahrungswerte zur Komplikationsdichte und dem allgemeinen Risiko. Anhand derartiger Erkenntnisse kann unter Berücksichtigung des konkreten Einzelfalls und der sich hieraus ergebenden Risiken abgewogen werden, ob bei der Anwendung die begründete Gefahr eines schweren und länger dauernden gesundheitlichen Schadens besteht oder nicht.

In diesem Sinne entspricht es einer gefestigten, wenn auch nicht unbestrittenen Rechtsprechung[269], daß z.B. operative Eingriffe am offenem Herzen, Organtransplantationen, gefäßchirurgische Eingriffe, neurochirurgische Eingriffe an Gehirn und Rückenmark, Gliedmaßenamputationen, radikale Eingriffe bei fortgeschrittener Krebserkrankung, Hysterektomie,[270] Trommelfelloperationen, Kehlkopfoperationen, Augenoperationen wie dem Grauen Star und Operationen bei denen ein erhöhtes Narkoserisiko besteht, nur dann an einwilligungsunfähigen Patienten rechtmäßig durchgeführt werden dürfen, wenn neben der Einwilligung des Betreuers die Genehmigung durch das Vormundschaftsgericht vorliegt, sofern keine Gefahren durch eine Aufschub entstehen.

Versuche, die Elektrokrampftherapie diesen strengen Auslegungsregeln zu unterwerfen, gelangen bislang nicht. Auch die Rechtsprechung[271] kann hierzu kei-

---

[267] Th. Zimmermann, S. 316.
[268] Schmidt-Böcker, Rdnr. 445.
[269] Nachweise bei Knittel, § 1904 Rdnr. 13; Schwab in MüKo § 1904 Rdnr. 12ff.; Th. Zimmermann S. 342ff; a.A. Mayer, Medizinische Maßnahmen an Betreuten, S. 138.
[270] Gebärmutterentfernung.
[271] LG Hamburg, FamRZ 1994, 1204; LG Hamburg, NJW-FER 1998, 203.

ne gesicherten Erkenntnisse liefern. Sie kann aber dennoch als richtungsweisend betrachtet werden.
In den beiden veröffentlichten Entscheidungen des LG Hamburg[272] erfolgte die landesgerichtliche Überprüfung des amtsgerichtlichen Beschlusses bezüglich der Genehmigungspflicht der Elektrokrampftherapie. Weitere erstinstanzliche Beschlüsse hierzu blieben unveröffentlicht.
Auch können die früheren Elektroschockurteile des BGH[273] nur bedingt eine Hilfestellung für eine Rechtsprechungsanalyse bieten, denn Anlaß dieser Urteile war primär die Feststellung des Umfangs der Aufklärungsverpflichtung.[274] Zwar beinhalten beide Urteile Aussagen über die Anwendung, die Wirkungsweise und die möglicherweise eintretenden Nebenwirkungen bei der Anwendung der Elektrokrampftherapie in den 50er Jahren, sie treffen aber nur sekundär einen Aussagegehalt über die „begründete Gefahr" im Hinblick auf die Aufklärungsverpflichtung des Arztes. Bezüglich der neuen, veränderten Gesetzeslage im Betreuungsrecht kann auf diese Argumentation nicht vorrangig zur Begründung zurückgegriffen werden.

Entsprechend den medizinischen Ausführungen muß bei der Beurteilung, ob eine der in § 1904 Abs. 1 Satz 1 BGB aufgeführten begründeten Gefahr durch die Anwendung der Elektrokrampftherapie vorliegt, eine Zweiteilung hinsichtlich der Narkose und dem künstlich herbeigeführte Epelepsieanfall vorgenommen werden.

Unter Berücksichtigung oben dargestellter Grundsätze muß daher positiv ausgeschlossen werden können, daß der Narkose im konkret zu betrachtenden Einzelfall kein signifikant erhöhtes Risikopotential anhaftet.
Das Narkoserisiko wird von sachverständigen Medizinern zwischen 0,01 und 0,02 % für einen primär oder potentiell anästhesiebedingten Todesfall angegeben.[275] Damit kann das Risiko zwar nicht ausgeschlossen werden, es ist aber gering und gegenüber dem Durchschnittspatienten nicht erhöht, so daß für sich allein genommen die Genehmigungspflichtigkeit der Elektrokrampftherapie nicht begründet.

Betrachtet man nun das Auslösens des Grandmal-Anfalls, so ist fraglich, ob hierdurch zunächst die begründete Gefahr des Todes des betreuten Patienten besteht.
Nach medizinischen Untersuchungen konnte festgestellt werden, daß auftretende Todesfälle äußerst gering und kardiovaskulär bedingt waren. Selbst die statistische Erfassung in Kalifornien[276] konnte in den Jahren zwischen 1989 bis 1994

---

272 A.a.O.
273 BGH NJW1956, 1106 ff.; BGH NJW 1959, 811 ff.
274 Vgl. Abschnitt II.1.2.
275 LG Hamburg, FamRZ 1994, 1204.
276 Vgl. Abschnitt C.II.1.1.

keinen Todesfall verzeichnen. Durch die Anwendung der modernen Technik, insbesondere der Überwachungsmedizin, erscheint die Gefahr des Todeseintritts nahezu ausgeschlossen.

Weitaus problematischer ist hingegen die Auslegung der „begründeten Gefahr eines schweren oder länger andauernden gesundheitlichen Schadens" durch den künstlich ausgelösten Epelepsieanfalls. Hier liegt der zwischen den Medizinern streitgegenständliche Schwerpunkt der Diskussion. Die Befürworter der Elektrokrampftherapie führen den Nichteintritt schwerwiegender Gesundheitsschäden als kognitive Nebenwirkungen der Elektrokrampftherapie auf den Einsatz der Kurzpulstechnik, der Narkose und dem kardiovaskulärem EEG Monitoring zurück. Damit wird die Therapieform heute als eine der sichersten medizinischen Behandlungsmaßnahmen angesehen.[277] Diese, nicht kritiklos gebliebene Meinung wird verstärkt dem Vorwurf ausgesetzt, daß die genannten Neuerungen tatsächlich gar keine seien.[278]

Bislang blieb diesbezüglich eine abschließende Klärung dieses unbestimmten Rechtsbegriffs sowohl in medizinischer, als auch in rechtlicher Hinsicht aus. Während eine Ansicht[279] diesen schweren und länger dauernden gesundheitlichen Schaden bei der Anwendung der Elektrokrampftherapie generell annimmt, verneint eine andere[280] diese Frage allein mit den Darstellungen der medizinischen Befürworter der Elektrokrampftherapie über die vernachlässigbar geringen Nebenwirkungen, während eine vermittelnde Ansicht[281] nach der konkreten Anwendungstechnik differenziert.

Der erste Beschluß[282] des LG Hamburgs begründete eine unbeschränkten Genehmigungspflichtigkeit der Elektrokrampftherapie gemäß § 1904 BGB. Dieser Beschluß beruht auf einem Sachverständigengutachten vom 17.01.1994, das auf einer Studie aus Tübingen[283] basiert, bei der von 45 elektrokonvulsiv behandelte Patienten in den Jahren 1976 bis 1990 20% an reversiblen Verwirrtheitszuständen sowie 20% an reversiblen Merkfähigkeitsstörungen und partiellen retrograden Amnesien für biographische und zeitgeschichtliche Ereignisse litten. Der, nach der Art der Amnesien differenzierende Sachverständige führte aus, daß die

---

[277] Vgl. Abschnitt B.I.

[278] Vgl. Abschnitt B.II.2.1.

[279] LG Hamburg FamRZ 1994, 1204ff.; Jürgens u.a., Betreuungsrecht, Rdnr. 207, Saage/ Göppinger, § 1904 Rdnr. 11; BHG NJW 1966, 1855.

[280] Dodegge, FamRZ 1996, 74 (78ff.); Batra/ Bartels/ Foerster, Nervenarzt 1999, 657 (659 ff.) die von der Anwendung der unilateralen Elektrokrampftherapie ausgehen, aber im Endergebnis die Genehnehmigungspflicht des Vormundschaftsgerichts verneinen.

[281] Knittel, § 1904 Rdnr.13a; Beschluß LG Hamburg NJW-FER 1998, 203.; Zimmermann S. 347, Wiebach/ Kreyßig/ Peters/ Wächter/ Winterstein, BtPrax 1997, 48 (51 f.); Th. Zimmermann, S.343 ff.

[282] LG Hamburg, FamRZ 1994, 1204 ff.

[283] Schott/ Bartels/ Heimann/ Buchkremer, Nervenarzt 1992, 422 ff.; vgl. Abschnitt B.I.

nach der Elektrokrampftherapie festgestellten anterograden Gedächtnisstörungen sich einige Wochen, spätestens aber einige Monate nach der Behandlung zurückbildeten, sich das für retrograde Gedächtnisstörungen nicht mit gleicher Sicherheit angenommen werden konnte. Bezüglich letzterer sind bei einer Gruppe von 43 überwiegend depressiv erkrankten Patienten unmittelbar nach der Anwendung von 7 bis 10 Elektrokrampfbehandlungen Erinnerungslücken für Ereignisse aufgetreten, die zum Teil mehrere Jahre zurücklagen. Dieser Zustand verbesserte sich nach sieben Monaten erheblich.
Hieraus zog das Gericht die Schlußfolgerung, daß bei der Anwendung der Elektrokrampftherapie das Risiko bleibender retrograder Amnesien auch für biographische Ereignisse als eine nicht zu vernachlässigende Gefahr einer schwerer und länger andauernden gesundheitlichen Schädigung des Patienten anzusehen ist.

Differenzierter fiel eine zweite Entscheidung des LG Hamburgs vom 25.05.1998 aus.[284] Das Gericht führte in dem Beschluß aus, daß die Anwendung der Elektrokrampftherapie mittels unilateraler Stimulation der nichtdominanten Hemisphere[285] nicht der vormundschaftsgerichtlichen Genehmigung gemäß § 1904 BGB bedarf, da gerade bei dieser Anwendungstechnik keine begründete Gefahr feststellbar ist. Die bisher beschriebenen Schädigungen seien auf Grund der Verbesserungen der Technik als vernachlässigbar gering anzusehen.
Trotzdem hielt das Gericht an seiner Rechtsprechung bezüglich der Anwendung der bilateralen Elektrokrampftherapie fest und stellte klar, daß das Genehmigungserfordernis des § 1904 BGB hierfür bestehen bleibt. Begründet wird diese Differenzierung damit, daß die bilaterale Anwendung nach wie vor eine deutlich größere Gefahr von Nebenwirkungen, insbesondere der retrograden Gedächtnisstörungen autobiographischer Ereignisse, birgt. Insbesondere ist bei der bilateralen Anwendung mit schwerwiegenderen und häufigeren kognitiven Störungen zu rechnen als bei der unilateralen Stimulation. Durch eine Metaanalyse der Literatur bestätigte das Gericht die in dem ersten Beschluß vorgelegte Argumentation. Selbst wenn man von einer Rückbildung der Störungen nach 7 Monaten ausgeht, so muß dies angesichts der Bedeutung, die eine solche Beeinträchtigung für das eigene Persönlichkeitsleben haben kann, als länger andauernd angesehen werden. Das Gericht hielt die Annahme, auch bei einem schwerwiegenden Schaden erst ein längeres Dauern ab einem Jahr anzunehmen, für falsch.
Hauptschwerpunkt bei der Interpretation der begründeten Gefahr des schweren und länger dauernden gesundheitlichen Schadens lag bei beiden Beschlüssen des LG Hamburg direkt bei den kognitiven Nebenwirkungen, speziell der Erörterung anterograder und retrograder Gedächtnisstörungen verursacht durch die Elektrokrampftherapie.

---

[284] LG Hamburg NJW-FER 1998, 203.
[285] Vgl. Ausführungen im Abschnitt Teil B.I.2.3.

Keine explizite Ausführung galt hingegen der äußerst umstrittene Behauptung hinsichtlich der hirn- und persönlichkeitsschädigenden Folgen der Elektrokrampftherapie und dem möglichen Ursprung von Gedächtnisstörungen. Selbst Anwender der Elektrokrampftherapie führen hierzu aus, daß ein gewisses Maß an Hirnschädigung durch die Zerstörung bestimmter Hirnteile unabdingbare Voraussetzung der Besserung des gesundheitlichen Zustandes ist und bezeichnen die Hirnschädigung als den positiven Effekt bzw. als die hinnehmbare Nebenwirkung.

Studien, die derartige Hirnschäden nachweisen sollten, führten den Vergleich, daß die elektroschockbedingten Krampfanfälle ebenso wie die spontanen Krampfanfälle bei Epileptikern einerseits und die schweren Hirn- und Kopfverletzungen andererseits in unterschiedlich lange Perioden der Desorientierung münden die. Dies führt man, sofern sie anhaltend sind, im allgemeinen auf ein organisches Hirnsyndrom zurück. Derartige Hirnschädigungen konnten nach Angabe einiger Mediziner[286] an menschlichen Autopsiestudien, Studien über Hirnströme und an einzelnen CT-Studien nachgewiesen werden. Anwendende Psychiater hingegen dementieren derartige Studien.

Ungeachtet der Ergebnisse dieser konträren Studien bleiben die Behauptungen und die Grundlagenforschung am Zentralnervensystem im Bereich der Psychiatrie auf das Tierexperiment angewiesen, da tote und lebende Hirnmasse auf Grund der starken Veränderung nicht mehr vergleichbar sind. Das erste wissenschaftliche Tierexperiment Deutschlands legte Sommer in den 60 er Jahren vor, in dem sie an 20 Katzen die Wirkungsweise des elektrischen Stroms auf das Hirn untersuchte.[287]

Innerhalb der Nervenzelle konnte der Nachweis erbracht werden, daß durch mehrfaches Einwirken des elektrischen Stroms in der angegebenen Stromstärke von 350 mA eine allmähliche Blockierung der intrazellulären Fermentsysteme zu beobachten war. Dadurch verlangsamte sich zunächst nur der Zellstoffwechsel. Schließlich war die irreversible intrazelluläre Funktionsstörung aber unausbleiblich und ließ sich histologisch als akute Zellerkrankung definieren.

Die ausführlichen Darstellungen zu diesem Tierexperiment ergaben die histologischen Befunde, daß mit steigender Konvulsionsbehandlung eine eindrucksvolle quantitative und qualitative Zunahme der morphologischen Veränderungen eintrat.

Mehrere U.S. amerikanische Tierstudien an Katzen, Hunden und Affen konnten dieses Ergebnis bestätigen, obwohl bei denen die Stimulation eines Elektrokrampfes durch eine entsprechend der Größe des Tieres angepaßte, sehr geringe Stromstärke und mit proportional verkleinerten Elektroden erfolgte. Damit lag die Basis eines Vergleichs zur Applikation der Elektrokrampftherapie am Menschen. Es wurden Schutzvorrichtung des Kopfes gegen Schläge und minimale Dosen an elektrischer Energie zwischen maximal 90 V, 102 mA und einer Ein-

---

[286] Breggin, International Journal of Risk & Safity in Medicine 1998, 5 ff.

[287] Vgl. Abschnitt B.II.3.

wirkzeit von 0,1 s verwendet, die gerade ausreichen, einen Elektrokrampf auszulösen.
Hauptkritikpunkt[288] an derartigen tierexperimentellen Studien sind veraltete Versuchsbedingungen und die fehlende Vergleichbarkeit mit den Voraussetzungen der heutigen Elektrokrampftherapie. Die Krämpfe wurden in sehr kurzen Intervallen induziert und die Tiere nicht beatmet, so daß schwere hypoxische Zustände eintraten oder erheblich überstimmuliert wurde. Insbesondere sind die für das menschliche Gehirn übliche Stromstärken appliziert worden, die für die untersuchten Katzen ca. 10-fach zu hoch waren. Dem trat Sommer entgegen. Sie stimmte letzterer Behauptung zwar zu, schränkte aber ein, daß die Katzen gesunde Hirne hatten. Im Vergleich dazu wies der mit Elektrokrämpfen behandelte Patient bereits krankheitsbedingt Hirnschäden auf. Somit kann von einem objektiven Ergebnis ausgegangen werden.
Hinsichtlich der Kritik an den veralteten Versuchsbedingungen zeigte sich in den Darstellungen der anwendenden Mediziner ein Widerspruch. Eine Studie an Patienten[289] legte dar, keinerlei Hirnschädigungen durch die Elektrokrampfbehandlung nachweisen zu können, obwohl die damals untersuchenden Mediziner mit der Sinuswellentechnik und einer Spitzenstromstärke von 600-700 mA (der Regelfall war 690 mA), maximal jedoch 900 mA und einer Stromzeit 2,7 sec. arbeiteten. Diese Angaben über die elektrische Stromzuführung sind gegenüber den heute verwendeten Angaben[290] weitaus höher. Vergleiche erscheinen insoweit fast paradox, wenn man die jetzige Argumentation verfolgt, die gerade in der heutige Technik und Anwendungsmethoden den Grund der fehlenden Hirnschäden und kognitiven Nebenwirkungen sieht. Sind die beschriebenen Hirnschäden daher zu keinem Zeitpunkt aufgetreten, so beginnt hinsichtlich dieser Argumentation ein Zirkelschluß.

Damit scheinen die gegen derartige Tierexperimente geführten Kritiken solange unberechtigt zu sein, solange sie die Ergebnisse durch gleichgelagerte kontrollierte, wissenschaftliche Tierstudien widerlegen können. Dies ist bislang nicht erfolgt.
Man versuchte lediglich durch das Computertumogramm nachzuweisen, daß kleinere pechtiale Blutungen auftreten, die nicht als Hirnschäden einzustufen sind. In wieweit diese Untersuchungstechnik überhaupt geeignet ist, die in Frage gestellten Hirnschäden darzustellen, bleibt in diesen Studien unberücksichtigt und scheint äußerst fraglich zu sein.

Solange daher keine gesicherten Erkenntnisse über die Wirkung der Elektrokrampftherapie vorliegen und es bei einer empirischen Erklärung bleibt, kann keiner der Studien der Vorrang eingeräumt werden. Umgekehrt bedeutet dies

---

[288] Sauer/ Lauter, Nervenarzt 1987, 201 ff.
[289] Meyendorf/ Bender/ Baumann/ Athen/ Ortlieb, Archiv für Psychiatrie und Nervenkrankheiten 1980, 89 ff.
[290] Vgl. Abschnitt B. I.2.2.

aber auch, daß die bereits festgestellten Hirnschäden, auf denen im Ende die kognitiven Nebenwirkungen beruhen, nicht vernachlässigbar sind.

Darüber hinaus sollte man sich unberücksichtigt der Anwendungstechnik vor Augen führen, daß es sich nach wie vor um einen künstlich ausgelösten Epelepsieanfall unter Narkose und Zugabe krampfhemmender Medikation handelt. Er ist daher in der Wirkung mit einem natürlichen Epilepsieanfall, der das Resultat exzessiver elektrischer Entladungen größerer Neuronenverbände darstellt, vergleichbar. Derartige „natürliche Grandmal-Anfälle können aber bei ca. 50 % der Patienten zu einer chronisch psychischen Veränderung, einer Wesensveränderung, führen.[291]
Man kann daher die Vermutung, daß genau dieser Umstand durch die Elektrokrampfbehandlung nicht eintreten kann, denknotwendig mit hinreichender Wahrscheinlichkeit nicht bestätigen.

In diesem Sinn sollte, solange keine gesicherte und kontrollierte Studie den Gegenbeweis der Unschädlichkeit erbringen kann, von der Genehmigungspflicht sowohl der unilateralen als auch der bilateralen Elektrokrampftherapie ausgegangen werden.

Eine andere, streng an Folkerts orientierte Argumentation verfolgt Dodegge[292], die aber auf Grund ihrer einseitigen Betrachtungsweise nicht zu überzeugen vermag.
In seiner Darstellung qualifiziert er die Elektrokrampftherapie als ein medizinisch anerkanntes und effektives Heilmittel mit zum Teil lebensrettender Wirkung, die im Regelfall nicht der Genehmigungspflicht des Vormundschaftsgerichts unterliegt. Der Grund seiner Annahme liegt in den entwickelten neuen Techniken, speziell der Anwendung der unilateralen Kurzpulsapplikation und der Verwendung von Muskelrelaxation. Andere Ansichten, die die vormundschaftsgerichtliche Genehmigungspflicht der Elektrokrampftherapie bejahen, berücksichtigen dies nicht hinreichend.
Den Schwerpunkt seiner Argumentation legt Dodegge neben den nicht mehr auftretenden Komplikationen auf die möglichen mnesischen Einbußen als Nebenwirkungen einer Elektrokrampfserie. In diesem Rahmen soll man sich streng an die Intention des Gesetzgebers halten, der eine objektive, ernstliche und konkrete Gefahr eines schweren und länger dauernden Gesundheitsschadens dann für vorliegend erachtet, sofern die Schädigung ein Jahr oder länger bestehe. In diesem Zusammenhang kritisiert er den ersten Beschluß des LG Hamburg, in dem er ausführt, daß es sich bei retrograden Gedächtnisstörungen, die sich nach sieben Monaten erheblich zurückbildeten, nicht um gravierende Einbußen handelt. Unter Auswertung zahlreicher, bekannter Studien legte er dar, daß selbst

[291] Fröscher, Neurologie, S. 584 (606).
[292] Dodegge, FamRZ 1996, 74 ff.

dieser Streitpunkt durch die Anwendung der unilateralen Elektrokrampftherapie obsolet geworden ist.
Wenngleich diese Ansicht in sich schlüssig erscheint, so erweckt sie den Eindruck, die Darstellungen der anwendenden Mediziner bestätigen zu müssen. Es fehlt jegliche kritische Auseinandersetzung mit den ausschließlich positiven Studien. Das alleinige Abstellen auf die genannten Studien unter Nichtberücksichtigung weitergehender Studien kann daher das Genehmigungserfordernis durch das Vormundschaftsgericht nicht entfallen lassen.

Den selben Ansatzpunkt verfolgen Batra, Bartels und Foerster[293] in der neuesten wissenschaftlichen Darstellungen der juristischen Betrachtung der Elektrokrampftherapie, die ebenso die vormundschaftliche Genehmigungspflicht der Elektrokrampftherapie bei unter Betreuung stehenden Patienten gemäß § 1904 BGB verneinen.
Unter Bezugnahme auf Dodegge stellen die Autoren die Elektrokrampftherapie als eine sichere und effektive Therapiemaßnahme unter Beachtung der Kontraindikation dar, bei deren unilateralen Kurzpulsapplikation sich die kognitiven Nebenwirkungen erheblich verringerten. Schwere Gesundheitsschäden im Sinne struktureller und funktioneller Schädigungen könnten nach ihrer wissenschaftlichen Erkenntnis unter Berücksichtigung der modernen Therapieverfahren nicht mehr auftreten. Die teilweise beschriebenen starken Nebenwirkungen kann man auf jeweilige Grunderkrankungen zurückführen. Damit erfolgt in Einzelfällen eine differentialdiagnostische Abwägung einer depressiven Symptomatik gegen die Demenz die eine Abschätzung des Ausmaßes der behandlungsinduzierten Störung erschwert.
In der Einschaltung des Vormundschaftsgerichts sehen die Autoren neben einer erhöhten Belastung für den einwilligungsunfähigen Patienten sowohl eine gesundheitsgefährdende Verzögerung des Eingriffs als auch die Gefahr, auf Grund der Grunderkrankung und einer medikamentösen Therapie bedeutend größeren Risiken, wie der Suizidalität und der Chronifizierung, ausgesetzt zu sein.

Trotz alledem vermag auch diese Argumentation nicht überzeugen, da die juristische Darstellung wiederum nur von den positiven medizinischen Studien getragen ist. Damit entsteht infolge der mangelnden umfassenden Betrachtung eine Problemverlagerung, nach der der Aussagewert der Genehmigungsfreiheit der Einwilligung des Betreuers in die Elektrokrampftherapie sehr zweifelhaft erscheint.

Diese Darstellungen der unilateralen Applikation in der Literatur und Rechtsprechung[294] bezüglich der Differenzierung zwischen unilateral und bilateral sind zweifelhaft, da die gemäß der Rechtsprechung unterschiedlich zu beurteilenden vormundschaftsgerichtliche Genehmigungspflicht bezüglich der Plazie-

[293] Batra/ Bartels/ Förster, Nervenarzt 1999, 657 ff.
[294] LG Hamburg, NJW-FER 1998, 203.

rung der Elektroden lediglich eine Problem- und Diskussionsverlagerung, aber keine annäherungsweise Lösung darstellt. Die medizinische Erkenntnis um die Durchführung der unilateralen Elektrokrampftherapie wird in den nunmehr verstärkt publizierten medizinischen Studien, denen sich eine juristischen Wertungen anschließt, mit der Darstellung der positiven Vorzüge der unilateralen Elektrokrampftherapie in den Vordergrund gestellt.[295] Es ist aber nicht nachvollziehbar, inwieweit derartige Studien das Gesamtverhalten der anwendenden Psychiater widerspiegelt.
Der eigentliche Problemschwerpunkt wird durch die Diskussion über die Anwendung der bilateralen bzw. der unilateralen Elektrokrampftherapie überspielt und verliert scheinbar an Bedeutung. Eine Analyse der vorhandenen Studien der klinischen Praxis läßt dieses vermeindlich richtige Ergebnis in einem anderen Licht erscheinen.

Mitte der 70er Jahre wurde von ca. $^3/_4$ der amerikanischen Psychiater ausschließlich die bilaterale Elektrokrampftherapie angewandt.[296] Auch in den 90er Jahren spricht sich die APA nicht ausschließlich positiv für die unilaterale Anwendung aus.[297]
Die Auswertung der klinischen Umfrage aus dem Jahr 1985 in Deutschland bestätigte ebenso, daß auch hier die Mehrzahl der behandelnden Ärzte der bilateralen Anwendung der Elektrokrampftherapie den Vorzug gewährten.[298] Im Jahre 1995 wurden dagegen nur noch bei einem Drittel der Patienten die bilaterale Elektrokrampftherapie angewandt.[299] Es wurden Studien vorgelegt, die die Ergebnisse der unilateralen, nur knapp oberhalb der Krampfschwelle liegenden Stimulation einer Hirnhälfte aufzeigten. Wissenschaftliche Publikationen häuften sich, die dieser Therapie ausschließlich den Vorzug gaben, da nur geringfügig abweichende Ergebnisse bei geringeren kognitiven Einschränkungen erzielt wurden. Der Grund hierfür ist, daß bereits die oben genannte Stimulation mit nur knapp überschwelliger Strömung den generalisierten Krampfanfall herbeiführen kann. Die Entladung erfolgt über der Zentralregion, die eine besonders niedrige Krampfschwelle hat.
Dem halten namenhafte Psychiater weltweit Vergleichsstudien entgegen, die stets die Überlegenheit der bilateralen Elektrokrampftherapie in Form eines rascheren Wirkungseintritts und der deutlicheren Besserung der Krankheitssymptome aufzeigten. Gleichzeitig mußten sie aber auch die erhöhten kognitiven Nebenwirkungen einräumen.
In der weiteren Erhöhung der Stimulusenergie konnte eine nochmalige steigende Responserate bei den Patienten aufgezeigt werden. Um derartige vergleichbare

[295] Folkers, EKT S. 36 ff., 56 ff.; Batra/ Bartels/ Foerster, Nervenarzt 1999, 657 ff.; Dodegge, FamRZ 1996, 74 (78 ff.).
[296] Vgl. Abschnitt B.I.2.3.
[297] American Psychiatric Association (1990) A task force report, 89-91, 103.
[298] Vgl. Tabelle 2 und Graphik 3.
[299] Vgl. Abschnitt B.I.2.3.

Wirkungen mit der unilateralen Stimulation erreichen zu können, benötigt man nachweislich höhere Stromstärken.
Bei dieser Betrachtung dürfen auch nicht die Theorien[300] außer Betracht gelassen werden, die die fehlende heilende Wirkung der unilateralen Verfahrensweise in direktem Zusammenhang mit der Vermeidung von Gedächtnisverlust sehen.
Ebenso ist die Annahme der geringeren Beeinträchtigung der nicht dominanten Hemisphäre bei der unilateralen Stimulation nicht ganz unproblematisch. Bekannt ist, daß hier räumliche Wahrnehmungsfunktionen, visuelle und emotionale Funktionen, nicht hingegen Denk- und Abstraktionsfähigkeiten des Menschens angesiedelt sind. Die Argumentation Breggins, der in der Plazierung der Elektroden über eine Hirnseite weder einen psychologischen noch physiologischen Sinn sieht, geht in ihren Behauptungen soweit, daß der verursachte Schaden möglicherweise sogar viel höher liegt, da die Zentrierung der gesamten Energie auf eine kleinere oder begrenzte Region einer Hirnseite erfolgt. Die unilaterale Anwendung mag daher oberflächlich betrachtet den einzelnen Patienten als Individuum nicht so eklatant schädigen wie die bilaterale Elektrokrampftherapie, wobei aber die destruktive Wirkung außer Acht gelassen wird.
Damit konnten die genannte Studien Anhaltspunkte für einen Nachweis der konkreten Abhängigkeit und der Wirkungsweise des elektrischen Stroms auf das menschliche Gehirn führen.[301]
Richtiger Ansatzpunkt bei der Beurteilung der Genehmigungspflicht kann daher nur die, in das menschliche Hirn geleitete „Intensität des Stroms" sein, der den generalisierten Krampfanfall auslöst. Ein nochmaliger Vergleich der verschiedenen Studien der Mediziner läßt unbenommen erkennen, daß nach wie vor der bilateralen Anwendung der Elektrokrampftherapie der Vorzug eingeräumt wird. Selbst das Argument Folkerts hinsichtlich seiner konkreten Risiko-Nutzen-Analyse bei der Auswahl der Plazierung der Elektroden vermag nicht zu überzeugen, wenn im Ende kein anderes Resultat erzielt wird.

Betrachtet man dieses Extrakt der medizinischen Thesen, so ist es rechtlich kaum vertretbar, der unilateral angewandten Elektrokrampftherapie den Vorzug zu geben und die bilaterale Form nach wie vor hierunter subsumiert. Nicht anders ist der Verzicht auf die Genehmigungspflicht des Vormundschaftsgerichtes zu werten.
Der behandelnde Arzt greift mittels elektrischen Stroms in den kleinsten Bestandteil des Hirns ein. Um diese „zerstörerische" Wirkung erreichen zu können, bedarf es einer patientenabhängigen Zufuhr elektrischer Energie.
Wird der klinische Erfolg der unilateralen Elektrokrampftherapie daher mit 10-20 % niedriger als der, der bilateral durchgeführten Elektrokrampftherapie eingestuft, so ist die Antwort folgerichtig in der applizierten Energie zu suchen. Letztenendes sind daher mehr Anwendung der unilateralen Stimulation erforderlich. Dies führt zu einer Summierung der elektrischen Energie und entspricht

---

[300] Vgl. Abschnitt B.II.2.1.1.
[301] Vgl. Abschnitt B.I.2.3.

den gleichen Anwendungsvoraussetzungen der bilateralen Elektrokrampftherapie.
Die in den zahlreichen Studien aufgezeigte Fortschritte dürfen aber auch nicht über die fehlenden gesicherten, theoretischen Modelle hinweg täuschen.[302] Man muß sich stets vor Augen führen, daß die Wirkungsweise noch eine empirische ist und das Gehirn noch nicht hinreichend erforscht werden konnte. Sämtliche Ausführungen basieren auf Vermutungen und Untersuchungsergebnissen, ohne die Ursache konkret zu klären.
Dazu kommt der Umstand, daß die Elektrokrampftherapie nur in den strengen Indikationsvoraussetzungen angewendet werden darf. Beabsichtigt man daher die Durchführung der unilateralen Elektrokrampftherapie mit den erwiesenen geringen Nebenwirkungen, aber den geringeren klinischen Erfolgen, so bedarf es deren Anwendung nicht.
Es gibt daher keinen wissenschaftlich nachvollziehbaren Grund der Differenzierung der vormundschaftsgerichtlichen Genehmigungspflicht nach der Plazierung der Elektroden, auch unter Berücksichtigung des therapeutischen Privilegs des Arztes.

Unerwähnt bleibt in diesen Darstellungen auch der Umstand, daß die Elektrokrampftherapie nicht das einzige Behandlungsmittel ist, den Patienten von seinem psychischen Leiden zu befreien. Auch bei positivem Erfolg der Anwendung der Therapie ist stets eine medikamentöse Nachbehandlung unumgänglich, um keinen Rückfall zu erleiden. Die Mediziner der Elektrokrampftherapie bestreiten daher die Länge der Wirkungsdauer[303] nicht, sondern verweisen in den meisten Fällen auf die erforderliche Nachbehandlung mit Psychopharmaka.

Ein weitereres zu berücksichtigendes Problem ergibt sich auch aus der Wahl der Konvulsionsgeräte. Die Befürworter, die ausschließlich die positiven Wirkungen der Therapie beschreiben und die hierauf basierenden juristischen Erörterungen sehen es Ende der 90er Jahre nahezu als gesichert an, daß nur die Verwendung von Konvulsoren, wie das durch das Bayrische Staatsministerium gemäß § 5 Abs. 3 MedGV zugelassene Thymatron™ Gerät, die angesprochene geringe Nebenwirkungsrate auf Grund der Applikation der Kurzimpulse „versichern" kann. Eine Darstellung des Medizinprodukterechts wird später zeigen, daß diese strengen Vorschriften tatsächlich eine staatliche Prüfung voraussetzen, die eine Qualitätssicherung derartiger Geräte beinhaltet.
Dem steht jedoch der tatsächliche Umstand entgegen, daß in der Praxis keinesfalls nur dieses Gerät verwendet wird. Vielmehr ergab eine Studie[304] das erschütternde Ergebnis, daß nur 21% dieses Thymatron™ anwenden, während die Mehrzahl der Mediziner immer noch mit dem veralteten Siemens-Sinuswellenkonvulsator arbeiten.

---

[302] Hundt, S.2.
[303] Vgl. Abschnitt B.II.2.6.
[304] Müller/ Klimke/ Jänner/ Gaebel, Nervenarzt, 1998, 15 (20).

Dieses Ergebnis steht in einem krassen Widerspruch zu den medizinischen Darstellungen, deren positiven Resultate gerade auf den neuen Anwendungstechniken, speziell der Applikation der Kurzimpulse, einer Modifikation der Sinuswelle, basieren.[305] Sollte daher selbst die Ansicht der vormundschaftsgerichtlichen Genehmigungsbedürftigkeit als vorzugswürdig eingeschätzt werden, so stellt sich die Frage nach der Brauchbarkeit derartiger Darstellungen, da sie im Ende an der Praxis vorbeigehen.
Um Diskrepanzen zwischen Praxis und Theorie zu vermeiden, sollte dieser Umstand keinesfalls bei der Erörterung der Genehmigungspflicht der Elektrokrampftherapie durch das Vormundschftsgericht außer Acht gelassen werden.

Desweiteren geht die Befürchtung in der Literatur, durch den Bundesrat[306] und den Ärzten[307] fehl, die Genehmigungspflicht der Elektrokrampftherapie führe zu zeitlichen Verzögerungen der Anwendung der medizinischen Maßnahme und einer Überlastung der Vormundschaftsgerichte. In der Regel ist das Vormundschaftsgericht in der Lage, eine solche Genehmigung gemäß § 1904 BGB binnen 24 Stunden zu erteilen. Darüber hinaus wird oftmals die Bedeutung der gesetzlichen Befreiung von der Genehmigungspflicht bei einem Aufschub drohender Gefahr gemäß § 1904 Abs. 1 Satz 2 BGB verkannt.
Ebenso kann aus praktischer Sicht nicht von einer personellen Überlastung der Vormundschaftsgerichte gesprochen werden. Eine Darstellung statistischer Ergebnisse durch Knittel[308] ergab, daß in der Praxis von der Regelung des § 1904 BGB nur sehr zurückhaltend Gebrauch gemacht wird. Ein Gesamtüberblick der Jahre 1992 bis 1996 zeigt, daß die Zahl dieser Verfahren nie 3000 erreichte. Während die Zahl der Genehmigungsentscheidungen in den einzelnen Jahren schwankte, so ist die Zahl der ablehnenden Entscheidungen kontinuierlich zurückgegangen.
Im Jahre 1996 wurden bundesweit 2.664 diesbezügliche Verfahren anhängig. In 2.388 dieser Fälle erteilte das Vormundschaftsgericht eine Genehmigung, während in nur 56 Fällen eine Ablehnungen der medizinischen Maßnahme erfolgte. 220 Anträge wurden anderweitig beendigt. Dem ist anzumerken, daß in den meisten dieser Verfahren es sich um Amputationen von Gliedmaßen solcher Patienten handelte, die entweder noch gar nicht unter Betreuung standen oder aber ein bereits bestellter Betreuer nicht erreichbar war. Zahlenmäßig weitaus geringer hingegen fielen die Anträge auf Erteilung der vormundschaftlichen Genehmigung bei der Verabreichung von Medikamenten aus. Diese Entwicklungstendenz konnte auch eine weitere Studie der FH für Sozialwesen in Esslingen belegen.[309]

---

[305] Vgl. Abschnitt B.I.2.2.
[306] BT-Druck 11/ 4528 S. 208.
[307] Knittel, § 1904 Rdnr. 8c; Th. Zimmermann, S. 20.
[308] A.a.O. Rdnr. 8a ff.
[309] Stolz, BTPrax, 1994, 49, 50ff.; Th. Zimmermann, S. 22 ff.

Geht man von ca. 500 Elektrokrampftherapien pro Jahr aus, so heißt das noch lange nicht, daß diese 500 zu behandelnden Patienten auch einwilligungsunfähig sind. Diese Personengruppe wird vielmehr die Minderheit betreffen, so daß zahlenmäßig im Rahmen der vormundschaftsgerichtlichen Genehmigungsverfahren keinerlei Überlastung entstehen kann.
Selbst wenn man hierdurch von einer hohen Anzahl derartigen Verfahren ausgeht, so kann das kein Argument darstellen, medizinische Maßnahmen an Betreuten wegen der Arbeitsbelastung der Vormundschaftsgerichte nicht unter die staatliche Aufsicht zu stellen.

Ebenso kann dieser, vorrangig in der Literatur extrem restriktiven Auslegung dieser Vorschrift entsprechend der Ansicht des Bundesrates im Gesetzgebungsverfahren nicht gefolgt werden.[310] Insbesondere die Argumentation, das Gericht sei auch nur auf den Rat eines sachverständigen Arztes angewiesen mit der Folge, daß sich die Möglichkeit einer eigenen Güterabwägung auf ein Mindestmaß reduziere, ist insoweit unzutreffend, als daß hierdurch ein Wissensvorsprung des Gerichts gegenüber dem Betreuer und damit eine verbesserte Entscheidungsgrundlage erreicht wird. Denn primär gilt es, einen umfassenden Schutz des betreuungsbedürftigen Patienten zu gewährleisten. Bei medizinisch kontrovers diskutierten Maßnahmen wie der Elektrokrampftherapie ist dieser Schutz nur durch die vormundschaftsgerichtliche Genehmigung der Einwilligung des Betreuers erreichbar. Insbesondere sollte beachtet werden, daß der Gesetzgeber mit dieser Normierung ursprünglich sicherstellen wollte, daß nicht vorsorglich bei jeder Operation älterer Menschen eine Genehmigung durch das Vormundschaftsgericht eingeholt wird.

III.6. Zwischenergebnis

Zum jetzigen Zeitpunkt kann trotz der positiven Stimmen nicht davon ausgegangen werden, daß allein der Betreuer nach der hinreichenden Aufklärung durch den Arzt nach den vorab dargestellten Grundsätzen wirksam in die Anwendung der Elektrokrampftherapie einwilligen kann. Zur Rechtswirksamkeit dieser Einwilligung bedarf es vielmehr deren Genehmigung durch das zuständige Vormundschaftsgericht gemäß § 1904 Abs. 1 BGB.

Dieses Ergebnis rechtfertigt sich aus den vorab dargestellten medizinischen Studien und den hierauf folgenden juristischen Dokumentationen.
Insbesondere Einwände hinsichtlich der unilateralen Applikation konnten vorliegend durch medizinische Studien entkräftet werden, die den Nachweis erbringen konnten, daß der klinischen Erfolg der unilateralen gegenüber der bilateral

[310] Vgl. FN. 277; Mayer, Medizinische Maßnahmen an Betreuten, S. 201 ff.

durchgeführten Elektrokrampftherapie niedriger ist, mit der Folge, daß die Anwendungszahl und damit die applizierte Stromstäke im ersteren Fall steigt.
Bezüglich der Anwendung der Kurzpulstechnik wurde dessen schonendere Applikation keinesfalls in Zweifel gestellt. Der bedenkliche Umstand, daß die Mehrzahl der Kliniken unkontrolliert mit der veralteten Technik arbeiten hingegen verstärkte das Bedürfnis der Genehmigungspflicht, da durch diesen alltäglichen Umstand sämtliche Studien an Wert verlieren.

III.7. Offizielle Stellungnahmen

Vier Jahre lang erarbeitete eine Sachverständigenkommission im Auftrag der Bundesregierung ein „Enquête über die Lage der Psychiatrie in der Bundesrepublik Deutschland". Ziel war es, mangelnde Informationen auf dem Gebiet der psychiatrischen Versorgung auszugleichen. 1975 konnte diese Studie fertiggestellt werden.[311] Ausgangspunkt dieser Enquête stellten die beträchtlichen Mißstände in der Versorgung psychisch Kranker dar. Sie forderte eine wesentliche Verbesserung der damaligen Situation. Man erkannte bereits frühzeitig, daß die psychiatrischen Erkrankungen qualitativ, vor allem aber auch quantitativ kein unbedeutendes Problem darstellen. Die Studie ergab, daß zur damaligen Zeit bereits etwa jeder dritte Bundesbürger an einer psychischen Krankheit litt oder immer noch daran leidet. Ca. 2% der Bevölkerung Deutschlandes erwies sich hierbei als dringend psychiatrisch bzw. psychotherapeutisch behandlungsbedürftig.[312]
Diese kurze Zahlendarstellung verdeutlicht bereits die Dringlichkeit und die soziale Tragweite der Versorgung und Behandlung psychisch Kranker. Um dieser Problematik gerecht werden zu können, bedarf es gravierender Fortschritte unter anderem auf dem Gebiet der Psychiatrie und Psychotherapie/ Psychosomatik.
Die Sachverständigenkommission verzichtete in dem Enquête auf die Erarbeitung eines konkreten Kataloges der psychiatrischen und psychotherapeutischen Forschung, obwohl ein solcher nach Prioritäten geordnet als Vorschlag für bestimmte Forschungsaufgaben in der Zukunft hätte gelten können. Sie stellten aber die Prinzipien der psychiatrischen und psychotherapeutischen/ psychosomatischen Forschung dar.[313]
Leider äußerte sich die Kommission hinsichtlich körperlicher Behandlungsverfahren, wie es die Elektrokrampftherapie darstellt, nur in einem kurzen historischen Abriß.[314] Damit trug das Enquête keinesfalls für eine Versachlichung dieser Problematik bei. Das eine kritische Auseinandersetzung zum damaligen

---

[311] „Enquête über die Lage der Psychiatrie in der Bundesrepublik Deutschland", BT-Druck 7/1124; 7/4200; 7/4201.
[312] BT-Druck 7/4200, S. 7.
[313] A.a.O., S. 396 ff.
[314] A.a.O., S. 61f.

Zeitpunkt mit dem Umgang der Elektrokrampftherapie nicht erfolgte, erscheint insoweit etwas verwunderlich, denn gerade im Zuge der antipsychiatrischen Bewegung erhärteten sich die Vorwürde gegen diese Behandlungsmaßnahme.

Ein Leitlinienentwurf einer Stellungnahme zur Indikation und Durchführung der Elektrokrampftherapie erarbeitete die DGPPN federführend durch Folkerts.[315] Hierbei handelt es sich um eine Zusammenstellung der bisherigen weltweiten Forschungsergebnisse zur Elektrokrampftherapie aus der Sicht der Anwender die im Rahmen verschiedener Konsensuskonferenzen, die am 17.09.1996 anläßlich des DGPPN-Kongress in Düsseldorf veranstaltet wurden, öffentlich vorgestellt und diskutiert werden sollte. Bislang erfolgte hierauf keine öffentliche Publikation in Form einer abschließenden Stellungnahme.

Ebenso nicht offiziell äußerte sich die Deutsche Gesellschaft für soziale Psychiatrie, die sowohl einer Ausweitung der Indikation zur Elektrokrampftherapie als auch einer Aufweichung der Genehmigungspflicht im Rahmen des § 1904 BGB sehr kritisch gegenübersteht. Nach ihrer Ansicht handelt es sich weniger um eine rechtliche als um eine medizinische Frage. Ihrer Ansicht nach kann die Auseinandersetzung mit der Elektrokrampftherapie in Deutschland nur im Zusammenhang mit der spezifisch deutschen Psychiatrie-Geschichte und mit den zahllosen Verbrechen an wehrlosen Psychiatrie-Patienten während des "Dritten Reichs" verstanden werden, die insbesondere die Betrachtung der ethischen Aspekte für die sachgemäße juristische Betrachtung zwingend erforderlich machen.[316]

Mangels offizieller Fachberichte zur Anwendung der Elektrokrampftherapie kann für die vorliegende Beurteilung der Elektrokrampftherapie kein hinreichender Schluß gezogen werden. Eine derartige offizielle Stellungnahme würde einerseits eine Festlegung in eine Richtung, aber auch eine staatliche Ausdrucksargumentation bewirken.

III.8. Die Anwendung der Elektrokrampftherapie in Eilfällen

Die Behandlung nicht einwilligungsfähiger Patienten bedarf grundsätzlich der Einwilligung.
In Eilfällen hingegen, insbesondere bei lebensbedrohlichen Zuständen wie der perniziösen Katatonie oder eines Stupors, bei denen der psychisch erkrankte Patient einwilligungsunfähig ist und weder ein Vertreter in Gesundheitsangelegenheiten, noch eine gerichtliche Betreuerstellung verbunden mit dem Genehmigungserfordernis des Vormundschaftsgerichtes aus Zeitgründen verfügbar sind,

---

[315] Folkerts, Nervenarzt 1996, 509.
[316] Antwort der DGSP vom 15.12.1998 auf die Anfrage im Rahmen dieser Arbeit.

stehen dem Arzt nach den allgemeinen Grundsätzen der ständiger Rechtsprechung für die „lege artis“ durchgeführte Elektrokrampftherapie andere Rechtfertigungsgründe zur Verfügung, die die an sich vorliegende Rechtswidrigkeit des Eingriffs entfallen lassen.
Im Rahmen des § 1904 Abs. 1 S. 2 BGB ist in diesen Fällen dann die Genehmigung des Vormundschaftsgerichts entbehrlich, wenn mit dem Aufschub der Behandlung eine dringende Gefahr für den Patienten verbunden wäre. Diese Vorschrift will eine Gefährdung für das Leben und die Gesundheit betreuter, einwilligungsunfähiger Patienten verhindern, da durch die Einführung eines Genehmigungsvorbehalts die Bürokratisierung der ärztlichen Behandlung zunimmt.[317]
Dabei darf nicht übersehen werden, daß sich § 1904 Abs. 1 Satz 2 BGB entsprechend seines Wortlautes direkt nur auf die Entbehrlichkeit der vormundschaftsgerichtlichen Genehmigung bezieht, jedoch generell das Erfordernis der Einwilligung durch den Betreuer oder den Vertreter in Gesundheitsangelegenheiten unberührt läßt. Hierzu diskutiert Mayer[318] Sonderfälle einer analogen Anwendung dieser Vorschrift auf Fälle fehlender Betreuerbestellung, die er aber mangels Planwidrigkeit ablehnt.
Nachdem die ärztliche Behandlungsmaßnahme durchgeführt wurde, bedarf es keiner nachträglichen Genehmigung durch das Vormundschaftsgericht mehr.[319]

Als Rechtfertigungsgrund ohne die erforderliche Einwilligung durch den Betreuer ist ebenso, anlehnend an die Regelung des §§ 677, 683 BGB die berechtigte Geschäftsführung ohne Auftrag anerkannt. Entsprechend diesem Grundsatz ist der Arzt befugt, den gebotenen medizinischen Eingriff auch ohne die Einwilligung und Aufklärung vorzunehmen, sofern er dem Interesse und dem wirklichen oder mutmaßlichen Willen des Patienten entspricht.[320] Dementsprechend muß der Arzt alle ihm zur Verfügung stehenden Mittel ausschöpfen, um den wirklichen bzw. mutmaßlichen Willen des Patienten zu ermitteln.[321] Das kann durch die Befragung naher Angehöriger geschehen, die ihrerseits aber nicht die eigene Überzeugung darlegen, sondern dem Arzt mitzuteilen haben, wie ihrer Auffassung nach der Patient reagieren würde. Keinesfalls können diese eine stellvertretende Einwilligung erteilen, da eine derartige Entscheidungsbefugnis gesetzlich nicht normiert ist.[322]

---

[317] Schwab in MüKo § 1904 Rdnr. 19.
[318] Mayer, Medizinische Maßnahmen an Betreuten, S. 122.
[319] Diederichsen in Venzlaff/ Foerster, S. 547.
[320] Mertens in MüKo, § 823 Rdnr. 453; Helmchen/ Pietzker/ Möllhoff, Psychiatrie und Recht, S. 26; Weißauer, Notfallmedizin 1980, 719 (720); Mayer, a.a.O., S. 115; m.w.N. Diederichsen in Venzlaff/ Foerster, a.a.O.; Deutsch, NJW 1965, 1985.
[321] Deutsch, Medizinrecht, S. 80f.; Eisenbart, Patiententestament, S. 15.
[322] Th. Zimmermann, S. 79 f.; m.w.N. Mayer, a.a.O., S. 112; Bernsmann, ZRP 1996, 87 (90); Weißauer, Fortschr. Med. 1980, 1629.

Liegen dem Arzt daher klare Anzeichen für eine ablehnende Haltung des Patienten vor, sei es in Form eines wirksamen Patiententestaments oder anderer, rechtsverbindlicher Art, so hat er diesen Willen grundsätzlich zu respektieren und die Elektrokrampftherapie nicht anzuwenden.[323]
Sofern der wirkliche Wille des Betroffenen nicht ermittelt werden kann, muß die Behandlung objektiv im Interesse des Patienten liegen und sein mutmaßlicher Wille nach objektiven Maßstäben ermitteln werden. Hierbei kommt es darauf an, wie sich der im Moment nicht einwilligungsfähige Patient bei objektiver Beurteilung aller Umstände geäußert hätte, wenn er einwilligungsfähig gewesen wäre. Anerkannt ist jedoch, daß die medizinisch indizierte Maßnahme stets im objektiven Interesse des Patienten liegt. In der Regel wird man auch davon ausgehen können, daß der Patient mit der indizierten Behandlung subjektiv einverstanden gewesen wäre.[324]
Ein weiteres einschränkendes Korrektiv stellt der Umstand der Unaufschiebbarkeit der Elektrokrampftherapie dar. Anderenfalls muß zwingend abgewartet werden, bis der Patient wieder einwilligungsfähig ist bzw. eine vom Vormundschaftsgericht bestätigte Einwilligung vorliegt.[325]

Gegen diese Auffassung werden erhebliche Bedenken aus strafrechtlicher Sicht vorgebracht, die die mutmaßliche Einwilligung als eigenständigen Rechtfertigungsgrund behandeln. Begründet wird diese Ansicht damit, daß bei der Ermittlung des mutmaßlichen Willens allein auf die persönlichen Wertvorstellungen des Betroffenen abzustellen ist, und daß so lange nicht auf objektive Kriterien zurückgegriffen werden darf, wie sich Anhaltspunkte für den individuellen Willen finden ließen.[326]
In Analogie zu § 34 StGB soll der Nothilfeeingriff bereits dann als rechtmäßig angesehen werden, wenn dieser sich nach allgemein anerkannten Bewertungsmaßstäben als geeignet und notwendig erweist.[327]
Diese nicht unumstrittene Ansicht ist jedoch der Kritik ausgesetzt, daß die dem Notstandsprinzip immanente Güter- und Pflichtenabwägung mit dem verfassungsrechtlich garantierten Selbstbestimmungsrecht unvereinbar ist. Insbesondere soll bei der Möglichkeit der Ermittlung des mutmaßlichen Willens des Patienten dessen Selbstbestimmungsrecht auch durchgesetzt werden.[328]

---

[323] Rieger, Lexikon des Arztrechts, Rdnr. 808.
[324] Deutsch, a.a.O., S. 80; Mayer, Medizinische Maßnahmen an Betreuten, S. 116; Steffen, MedR 1983, 88 (91f.).
[325] Schäfer in Staudinger, § 823 Rdnr. 482
[326] Roxin, Festschrift für Welzel, S. 447ff., S. 452; ähnlich Sternberg-Lieben, NJW 1985, 2734 (2735).
[327] Nach Mayer, a.a.O., S. 115; Mertens in MüKo § 823 Rdnr. 541; Schäfer in Staudinger, § 823 Rdnr. 481.
[328] Mayer, a.a.O., S. 115f.

Für die Elektrokrampftherapie ist daher in Fällen einer perniziösen Katatonie und eines Stupors eine Behandlung ohne die Einwilligung eines vertretungsberechtigten Dritten denkbar. Zu beachten ist aber immer, daß das entfallende Erfordernis der Einwilligung stets für jede Behandlung gesondert und erneut zu überprüfen ist. Allerdings erfolgt eine Zurechnung der Rechtswidrigkeit des Eingriffs auf alle Behandlungen, wenn eine ganze Schockserie angewandt wurde. Für diese Fälle entfällt eine Einzelfallbetrachtung zugunsten der Elektrokrampftherapie.[329]

III.9. Vergleich der Rechtslage mit anderen genehmigungspflichtigen Heilbehandlungsmaßnahmen

Um das herausgearbeitete Ergebnis der Genehmigungspflichtigkeit der Elektrokrampftherapie als Behandlungsmaßnahme bei unter Betreuung stehender Personen durch das Vormundschaftsgericht gemäß §§ 1896 Abs. 1, 1902, 1904 BGB zu bekräftigen, soll nun ein Rechtsvergleich zu anderen unstreitig bzw. gesetzlich normierten, genehmigungspflichtigen Heilbehandlungsmaßnahmen gezogen werden.

III.9.1. Die Genehmigungspflicht bei der Verabreichung von Psychopharmaka

Dabei bietet sich ein Vergleich der Rechtslage zur Behandlung eines einwilligungsunfähigen Patienten mit Psychopharmaka an, da diese in ihrer Wirkungsweise der Elektrokrampftherapie gleichen. Der hierbei auftretende Streitpunkt bezüglich der Genehmigungspflichtigkeit durch das Vormundschaftsgericht basiert primär auf der persönlichkeitsverändernden Wirkung derartiger Präperate, die unter Umständen eine Lebensgefahr begründen können.[330]

Erneut muß daher die zentrale Konfliktfrage innerhalb der Psychiatrie bei der Beurteilung einer Psychose aufgeworfen werden. Wie auch immer dieser Konflikt zu entscheiden ist, sei es zugunsten der Psychose als Krankheitsmodell oder als Denkmodell der biographischen Krise, so wird ein Verzicht auf Psychopharmaka wohl unerläßlich sein. In der juristischen Judikatur und der Literatur erfährt die medikamentöse Behandlung im Rahmen des Betreuungsrechts eine weitaus größere Berechtigung als die Elektrokrampftherapie mit der Folge, daß eine Entwicklungstendenz hier erkennbar ist.

---

[329] BGH, NJW 1966, 1856.
[330] Th. Zimmermann, S. 360; Schreiber, FamRZ 1991, 1014 (1016); Schwab in MüKo § 1904 Rdnr. 113; Kern MedR 1993, 245 (248).

Bei den, für die medikamentöse Versorgung in Frage kommenden Arzneimittel, die die Vormundschaftsgerichte im Rahmen des § 1904 BGB zu genehmigen haben, fallen letztlich viele auf dem Markt befindliche pharmazeutische Erzeugnisse darunter. Dem Vorschlag Schreibers[331] entsprechend ist danach zu differenzieren, ob eine Kurzzeittherapie von wenigen Tagen bzw. 2 bis 3 Wochen, oder aber eine Langzeittherapie von mehreren Monaten oder Jahren beabsichtigt ist.

Beabsichtigt der behandelnde Arzt eine Kurzzeittherapie, so wird sich in der Regel kein oder ein nur sehr geringes Gefahrenpotential ergeben, so daß die Gefahrenschwelle der Genehmigungspflichtigkeit nicht erreicht wird, unabhängig von der toxischen Wirkung im Einzelfall. Ausnahmen bestehen bei einigen Präperaten, die bereits in den ersten Anwendungen beträchtliche schädigende Nebenwirkungen entfalten, so daß von deren Genehmigungspflicht auszugehen ist.[332]

Denklogisch ist das Gefahrenpotential bei einer Langzeitbehandlung mit Pharmazeutika höher als das einer Kurzzeitbehandlung. Die wohl größte Gefahr besteht bei psychiatrischen Patienten durch die mögliche Ausbildung einer Sucht, die als schwerer und länger andauernder Schaden im Sinne des § 1904 BGB anerkannt ist.[333]
In diesem Sinn stellte Schreiber[334] bezüglich der Psychopharmaka eine Liste auf, in der die von ihm im einzelnen nach Handels- und Substanznamen aufgeführten Medikamente genehmigungspflichtig sein sollten, um so den beurteilenden Personen eine Hilfestellung zu geben und das Problembewußtsein zu schärfen. Um bei der Beurteilung einen objektiven Maßstab einhalten zu können, werden hierunter allgemein nur Psychopharmaka mit gefährlichen Nebenwirkungen genannt, die vorwiegend bei Langzeittherapien bzw. Kurzzeitbehandlungen mit besonderem Risikopotential eingesetzt werden.

Diese Zusammenstellung vom Psychopharmaka, die die vormundschaftsgerichtliche Genehmigungspflicht begründen soll, ist in der Literatur auf häftigen Widerstand gestoßen. Hauptkritikpunkt bildet hierbei neben der Unvollständigkeit und Oberflächigkeit dieser Liste vor allem die abstrakt-generelle Beurteilung des Medikamentes ohne den erforderlichen konkret-individuellen Bezug.

---

[331] Schreiber, FamRZ 1991, 1014 (1017).
[332] A.a.O.
[333] Schreiber, a.a.O. 1017.
[334] Schreiber, a.a.O. 1018 ff.; unwidersprochen übernommen von Holzhauer/ Reinicke §1904 Rdnr. 20f.; positiv als Hilfestellung betrachtet von Stolz, BTPrax, 1994, 49 ff.

Vertreter dieser Ansicht sehen -wenn überhaupt- hierbei lediglich ein Hilfsmittel für die im konkreten Einzelfall zu beurteilende Genehmigungspflichtigkeit.[335]

Damit ist auch bei der Beurteilung der Genehmigungspflicht von Psychopharmaka eine Rechtssicherheit bislang nicht feststellbar. Es existiert zwar mittlerweile eine fast unüberschaubare Fülle an Rechtssprechung und Literatur, die die vormundschaftsgerichtliche Genehmigungspflicht der einzelnen Psychopharmaka stets differenziert beurteilen.[336] So z.B. entschied das LG Berlin[337] die Genehmigungspflichtigkeit der psychopharmakologischen Behandlung eines 49jährigen psychisch erkrankten Patienten mit der Begründung, einer zu erwartenden Schadenswahrscheinlichkeit von 8-10% und dem Umstand, daß die Patientengpruppe der über 40jährigen bis zum dreifachen häufiger an den beschriebenen Nebenwirkungen erkrankt als Patienten jüngeren Alters.
Dieser Beschluß des LG Berlin blieb nicht unwidersprochen, soweit sich das Gericht auf den Eintritt der Schadenswahrscheinlichkeit von 8-10% beruft. Der Grund sich hierauf nicht berufen zu können, sieht insbesondere Mayer[338] in der klinischen Prüfung und Zulassung von Arzneimitteln durch das BGA. Hierdurch wird hinreichend geprüft, ob bei dem jeweiligen Arzneimittel der begründeten Verdacht besteht, trotz bestimmungsgemäßen Gebrauch schädliche Wirkungen zu entfalten, die über ein nach den Erkenntnissen der medizinischen Wissenschaft vertretbares Maß hinausreichen. Für den Fall der Zulassung der in Rede stehenden Psychopharmaka hat das BGA, als ein mit medizinisch wissenschaftlichem Sachverstand und mit den genannten Befugnissen durch den Gesetzgeber ausgestattetes Organ, klar zum Ausdruck gebracht, daß auftretende Nebenwirkungen als vertretbar anzusehen sind. Hieran hat sich auch ein Vormundschaftsgericht zu halten und diese Prüfung nicht zum Gegenstand des eigenen Verfahrens zu machen.

Inwieweit diese Argumentation sachlich zutrifft, erscheint sehr fraglich. Denn dieser Ansicht ist immanent, daß dem Vormundschaftgericht jegliche Prüfungskompetenz für das Schadensrisiko entzogen ist mit der Folge, daß jedes zugelassene Arzneimittel, konkret jedes Psychopharmaka keine unvertretbaren Nebenwirkungen hervorruft. Wohl unberücksichtigt blieb der Umstand, daß selbst das Betäubungsmittelgesetz in der Anlage III die Warnung vor Psychopharmaka und Analgetika auf Grund deren Suchtpotentials enthält.[339]

---

335 Mayer, Medizinische Maßnahmen an Betreuten, S. 142f.; Pardey, BtPrax 1995, 81 (83f.); so auch Dose, FamRZ 1993, 1032 (1033); Wolter-Henseler, BtPrax 1994, 183 ff.; Wiebach/ Kreyßig/ Peters/ Wächter/ Winterstein, BtPrax 1997, 48 (50).

336 Nedopil, FamRZ 1993, 24 (26); LG Berlin, FamRZ 1993, 597 ff.; eine Aufstellung hierzu erarbeitete Th. Zimmermann, S. 360 ff.

337 LG Berlin, FamRZ 1993, 579 (599).

338 Mayer, a.a.O., S. 143 ff., zustimmend Dose, FamRZ 1993, 1032 (1033).

339 Schreiber, FamRZ 1993, 26.

Diese restriktive Ansicht verkennt die Intention des Gesetzgebers, der das Vormundschaftsgericht als eine Kontrollinstanz des Betreuers und im Ende auch des behandelnden Arztes ausstattete. In der unabhängigen Funktion darf es diesem Organ der Rechtspflege nicht versagt werden, seine eigene Ansicht über die möglicherweise auftretenden Nebenwirkungen in dem konkret zu beurteilenden Fall zu bilden.

Aus diesem kurzen Diskussionsstand wird ersichtlich, daß die Frage nach der Genehmigungspflichtigkeit bei der Vergabe von Psychopharmaka gleichermaßen umstritten ist, wie die der Elektrokrampftherapie. In beiden Fällen ist eine hinreichende Klärung bislang nicht ersichtlich, so daß abzuwarten bleibt, wie sich diese Kontroversen entwickeln werden. Eine Rechtssicherheit, die primär angestrebt werden sollte, ist hierbei keinesfalls in Sicht.

III.9.2. Die Genehmigungspflicht der Sterilisation

In der Wissenschaft und der Judikatur sind die Probleme um die Sterilisation aus den unterschiedlichsten Beweggründen die wohl umstrittenste Thematik im Bereich der fürsorgerischen Personensorge der Gegenwart.[340]
Um zahlreichen Streitigkeiten ein Ende zu setzen, wurde die rechtliche Zulässigkeit der Sterilisation eines Betreuten in § 1905 BGB regelt und ist gegenüber § 1904 BGB lex specialis.

Vor der Neuregelung des Betreuungsrechts war die Sterilisation geistig Behinderter mangels gesetzlicher Regelung sowie einander widersprechender Entscheidungen der einzelnen Instanzgerichte eine rechtliche „Grauzone“.[341] Über die einzelnen Eingriffsvoraussetzungen bestand keine Einigkeit, wenngleich die Rechtsprechung in Analogie zu § 6 KastrG eine Genehmigung durch das Vormundschaftsgericht für erforderlich erachtete. Da sich jedoch in Rechtsprechung und Literatur die konträren Auffassungen zuspitzten, war eine gesetzliche Regelung dringend erforderlich.[342]
Über die Einführung und Ausgestaltung des § 1905 BGB wurde im Gesetzgebungsverfahren heftig diskutiert.[343] Das Hauptaugenmerk war bei der gesetzlichen Regelung zunächst auf die umstrittene Frage gerichtet, ob es bei einer Entscheidung über das höchstpersönliche Rechtsgut der Fortpflanzungsfähigkeit

[340] Nachweis geführt durch Kollmer, Selbstbestimmungsrecht, S. 201; Peters, DAV 1990, 177 (183); Schwab, FamRZ 1990, 681 (686).
[341] Frost, Betreuungsrecht, S. 163; Hirsch/ Hiersche, MedR 1987, 135ff.; Kollmer, Rechtspfleger 1995, 45 (47f.).
[342] M.w.N. Mayer, Medizinische Maßnahmen an Betreuten, S. 169 ff.
[343] BT-Druck, 11/6949, S. 73ff.

überhaupt eine stellvertretende Einwilligung und damit eine Vertretung in der Willensbildung geben kann.[344]
Einigkeit bestand insoweit nur dahingehend, daß die Sterilisation einwilligungsunfähiger Betroffener aus der bis dato ungeregelten Grauzone herausgenommenen werden muß. In diesem Sinne erreichte die Intention des Gesetzgebers auch ihre Wirksamkeit, denn in der Begründung zum Regierungsentwurf des Betreuungsgesetzes[345] schätzte man die Zahl der durchgeführten Sterilisationen auf 1.000 pro Jahr, während zwischen 1992 und 1994 lediglich 239 vormundschaftliche Genehmigungen gemäß § 1905 BGB erteilt wurden.[346]
Im Rahmen des gesamten Gesetzgebungsverfahren bestand desweiteren Einigkeit darüber, daß die Einwilligung in eine Sterilisation als höchstpersönliches Recht nur durch den einwilligungsfähigen Betroffenen erfolgen kann und eine Sterilisation gegen deren Willen unzulässig ist und einen Verstoß gegen Art 2 GG darstellt.[347]
Uneinigkeit bestand dahingehend, ob die Sterilisation Einwilligungsunfähiger nicht generell, mit Ausnahme bei einer Lebensgefahr, zu verbieten sei.[348] Dem wurde aber mehrheitlich entgegengehalten, daß auch ein absolutes Verbot nicht den beabsichtigten Schutz erreichen kann, insbesondere auch hierdurch Mißstände auftreten könnten, die das Wohl des Betroffenen gefährden.[349] Eine Abwägung der einzelnen Positionen führte den Gesetzgeber zu dem Ergebnis, die Einwilligung in die Sterilisation eines einwilligungsunfähigen Betroffenen durch einen gesetzlichen Vertreter grundsätzlich zu verbieten, sofern von diesem Grundsatz keine Ausnahme erforderlich ist, die ihrerseits für den Betreuten in § 1905 BGB geregelt ist.[350]
Der mit dieser Regelung verfolgte Zweck, das Leben und die Gesundheit des betroffenen Patienten zu schützen, ist entsprechend der Beachtung des Grundsatzes der Verhältnismäßigkeit verfassungsrechtlich legitim und geboten.[351]

Entsprechend dieser gesetzlichen Regelung kann der, nach § 1899 Abs. 2 BGB besonders bestellte Betreuer in eine Sterilisation, über die der Betreute auf Grund seiner Krankheit oder seiner Behinderung nicht selbst entscheiden kann, nur dann einwilligen, wenn kummulativ die Voraussetzungen des § 1905 Abs. 1 Nr. 1-5 BGB vorliegen, die an den Interessen des Betreuten und ausschließlich an der medizinischen Indikation orientiert sind. Für den Betreuer bedeutet dies, daß er die Interessen des Betreuten wahren und zu vertreten hat, sofern nicht der natürliche Wille des Volljährigen entgegensteht. Beachtlich ist hierbei unabhän-

---

[344] Mayer, a.a.O., S. 172; Hirsch/ Hiersche, MedR 1987, 135 (137).
[345] BT-Druck, 11/4528, S. 74.
[346] BtPrax 1996, 176 (178).
[347] BT-Druck, 11/4528, S. 75, 209, 228; BT-Druck, 11/6949, S. 73ff.
[348] BT-Druck 11/6949, 74f. (Antrag der Fraktion DIE GRÜNEN).
[349] A.a.O.
[350] BT-Druck, 11/4528, S. 75.
[351] Pieroth, FamRZ 1990, 117 (121ff.); Schwab in MüKo § 1905 Rdnr. 3.

gig der Äußerung jede Art der Ablehnung oder der Gegenwehr. Erst wenn aus der Sicht des Betreuers eine Einwilligung zu erklären ist, stellt sich die Frage nach der Genehmigung der Einwilligung durch das Vormundschaftsgericht gemäß § 1905 Abs. 2 S. 1 BGB. Im Umkehrschluß bedeutet diese Regelung aber auch, daß die Genehmigung des Vormundschaftsgerichts keinesfalls die fehlende Zustimmung des Betreuers ersetzen kann, da gerade diese die zwingende Voraussetzung für die Erteilung der Genehmigung ist.[352]

III.9.3. Die Genehmigungspflicht bei der Unterbringung

Die Schwere einer psychischen Erkrankung oder Behinderung kann es im Einzelfall erforderlich machen, in die Bewegungsfreiheit des Betroffenen einzugreifen. Erfolgt diese Einschränkung der persönlichen Bewegungsfreiheit gegen oder ohne den Willen des Betroffenen, so spricht man von einer Freiheitsentziehung bzw. je nach der Intensität des Eingriffs auch von einer Freiheitsbeschränkung mit der Besonderheit, daß letztere nicht dem Anwendungsbereich des § 1906 BGB und auch nicht dem richterlichen Vorbehalt nach Art. 104 Abs. 2, S. 1 GG unterliegt.[353]

Hinsichtlich der Unterbringung psychisch kranker Patienten besteht ein Dualismus zwischen der zivilrechtlichen Unterbringung nach § 1906 BGB und der öffentlich rechtlichen Unterbringung durch die einzelnen Unterbringungsgesetze der Länder. Beide Unterbringungsarten verfolgen einen unterschiedlichen Zweck und ein anderes Ziel. Vereinheitlicht wurde nur das, in der FGG geregelte Verfahrensrecht.[354]
Diese Zweigleisigkeit ist auch sinnvoll, da sich die öffentlich rechtliche Unterbringung besonders für kurzzeitige Kriseninterventionen eignet, während die zivilrechtliche Unterbringung durch einen gesetzlichen Vertreter vor allem dann notwendig ist, wenn mit einer längeren Unterbringung zu rechnen ist und die Befürchtung besteht, daß der Betroffenen krankheitsbedingt auch nach der Unterbringung seine Angelegenheiten nicht alleine besorgen kann.[355]

Die öffentlich-rechtliche Unterbringung wurzelt in den Polizeigesetzen und verfolgt ein sicherheitsrechtliches Ziel. Sie dient damit dem Schutz der öffentlichen Sicherheit und Ordnung. Neben den bundesrechtlichen Regelungen der öffentlich-rechtlichen Unterbringung, wie dem Bundesseuchengesetz und dem Gesetz zur Bekämpfung der Geschlechtskrankheiten, regeln die Unterbringungsgesetze

---

[352] Peters, Betreuung, S. 335 ff.
[353] Nitzinger, Betreuungsrecht, S. 86
[354] Zum Verfahrensrecht in Unterbringungsangelegenheiten vgl. Jürgens u.a., Betreuungsrecht, Rdnr. 524 ff.
[355] Nitzinger, a.a.O., S. 88.

der einzelnen Bundesländer die materiell rechtlichen Voraussetzungen der öffentlich-rechtlichen Unterbringung. Diesen Regelungen entsprechend kann eine Person gegen oder ohne ihren Willen in einem psychiatrischen Krankenhaus oder in sonstiger geeigneter Weise untergebracht werden, wenn auf Grund der psychischen Krankheit eine Gefahr für die öffentlicher Sicherheit und Ordnung besteht oder ihr Leben oder Gesundheit in erheblichem Maße gefährdet ist.[356]

§ 1906 BGB beinhaltet daneben die materiell rechtlichen Regelungen der zivilrechtlichen Unterbringung.
Vor der Novellierung des Betreuungsrechts regelten die §§ 1915, 1897, 1800, 1631b BGB a.F. die zivilrechtliche Unterbringung, ohne deren materiellen Voraussetzungen zu statuieren. Das Erfordernis einer vormundschaftlichen Genehmigung wurde direkt aus dem Grundgesetz abgeleitet.[357]
Argumente, die die Situation im Bereich der Unterbringung mit der des § 1904 BGB gleichsetzten, sind grundsätzlich zutreffend, beruhen aber in erster Linie auf der ganz äußerlichen Betrachtungsweise.

Im Gegensatz zu einer Maßnahme nach § 1904 Abs. 1 S. 1 BGB sind die gesetzlichen Genehmigungsvoraussetzungen bei einer bevorstehenden Freiheitsentziehung oder einer Maßnahme nach § 1906 Abs. 4 BGB durch den Gesetzgeber geregelt worden.[358] Der Betreuer erhält unter den streng statuierten Voraussetzungen des § 1906 BGB die Entscheidungsbefugnis über eine Unterbringung oder eine unterbringungsähnliche Maßnahme.

III.10. Zwischenergebnis

Die vorliegende Analyse hatte die Genehmigungspflichtigkeit der Elektrokrampftherapie bei unter Betreuung stehenden Patienten gemäß § 1904 BGB zum Gegenstand.
Trotz der umstrittenen Ansichten in Rechtsprechung und Literatur, ist die Ansicht als solche, es handelt sich bei der Elektrokrampftherapie um eine nicht genehmigungspflichtige medizinische Maßnahme, nicht vertretbar. Grund hierfür ist der nahezu ungeklärte Wirkmechanismus, als auch die einzelnen Streitigkeiten hinsichtlich der Nebenwirkungen und der Art der Applikation des elektrischen Stroms. Die durch den Gesetzgeber statuierte Rechtslage, daß ein einzelner Betreuer trotz einer hinreichenden Aufklärung durch den Arzt allein die Beurteilungsmaßstäbe zu setzen hat, die erforderlich sind, um entscheiden zu können, ob die Elektrokrampftherapie eine genehmigungspflichtige oder eine nicht genehmigungspflichtige Maßnahme im Sinne des § 1904 BGB ist, ist in dieser

---

[356] A.a.O., S. 87.
[357] BVerfGE 10, 302 (309ff.); zur Entstehungsgeschichte Pardey, FamRZ 1995, 713 (715).
[358] Bienwald in Staudinger, § 1904 Rdnr. 5.

Form nicht haltbar. Es ist nur schwer vorstellbar, daß der Betreuer aus der Vielzahl an medizinisch kontroversen Ansichten die Behandlung an sich realistisch einschätzen kann, denn allein die Aufklärung durch den Arzt genügt seiner Verpflichtung gegenüber dem Betreuten auf pflichtgemäße Ermessensausübung wegen der stark divergierenden Ansichten über die Therapie nicht, sondern rechtfertigt nur die Annahme einer Genehmigungspflicht durch das Vormundschaftsgericht, solange keine gesicherten Kenntnisse und Einigkeit über die Wirkungsweise und die Nebenwirkungen vorliegen.

Die hier vertretene Auffassung birgt die erhebliche Gefahr, daß zunehmend bei der Anwendung der Elektrokrampftherapie durch den Betreuer und den Arzt ein Eilfall angenommen werden wird, um so die gesamte Diskussionsproblematik und spätere haftungsrechtliche Konsequenzen zu umgehen. Insbesondere bietet die vorab aufgezeigte strenge Indikationsstellung der Elektrokrampftherapie für die perniziöse Katatonie und des Stupors die rechtlich zulässige Möglichkeit einer Einwilligung ohne die erforderliche vormundschaftsgerichtliche Genehmigung gemäß § 1904 Abs. 1, S.2 BGB.

Die Intention des Gesetzgebers würde damit aber völlig unterlaufen werden, so daß sich die Frage nach einer detaillierteren gesetzlichen Regelung aufdrängt.

In diesem Sinn konnte ein Vergleich zur Behandlung mit den Psychopharmaka, der Sterilisation und der Unterbringung zeigen, daß eine klare gesetzliche Regelung zu einem besseren Verständnis im allgemeinem Umgang mit einer therapeutischer Maßnahme mit möglicherweise einschneidenden Folgen für die Persönlichkeit des Patienten, sei es im Hinblick auf den Umgang mit der Maßnahme oder den denkbaren Nebenwirkungen, führt. Die anwendende Praxis bewies, daß durch eine ausdrückliche gesetzliche Regelung der Sterilisation und der Unterbringung die Rechtssicherheit für alle Beteiligten um ein Mehrfaches stieg, gleichzeitig aber keine Nachteile für die Personensorge erwuchsen, sondern die Stärkung der Stellung des Betroffenen zur Folge hatte.

Ebenso konnte festgestellt werden, daß sich in dem bislang ungeregelten Bereich der Anwendung von Psychopharmaka der selbe Rechtsstreit entwickelt hat, wie er auch bei der Elektrokrampftherapie besteht. Es ist kaum vorstellbar, daß sich bezüglich dieser beiden Therapiemethoden eine juristische Lösung anbahnen könnte. Es wird weiterhin umstritten bleiben, ob die einzelne ärztliche Behandlungsmaßnahme der Genehmigungspflicht unterliegt oder nicht, jedoch verbunden mit dem Umstand, daß dieser Konflikt in dem Verhältnis Arzt, Betreuer und Betroffener ausgefochten wird.

Als keinesfalls abwegig sollten daher Reformvorschläge hinsichtlich einer konkreten Regelung gefahrgeneigter medizinischer Behandlungsmaßnahmen, speziell der Elektrokrampftherapie mit der Kritik der Bürokratisierung und Vergesetzlichung begegnet werden, da das Wohl des betreuten Patienten nach wie vor im Vordergrund steht.

Solange jedoch der beschriebene Rechtszustand trotz zahlreicher Reformbestrebungen und dem äußerst bedenklichen Umstand fortbesteht, dem Betreuer eine so weit reichende Entscheidungsbefugnis zu gewähren, bedarf es eines gesteigerten Maßes an Kooperationsbereitschaft zwischen allen Beteiligten, bezüglich der einzelfallbezogenen Feststellung der Erforderlichkeit, als auch der objektiven qualitativen Einschätzung der Elektrokrampftherapie hinsichtlich deren Nebenwirkungen. Dies erfordert aber zugleich eine generelle Verbesserung der personellen Ausstattung der Institutionen, die sich mit der Betreuung befassen. Dies sind einerseits die Vormundschaftsgerichte, denen die Möglichkeit einer tiefgründigen Einarbeitung in derartige Spezialgebiete ermöglicht werden sollte, andererseits aber vor allem den eingesetzten Betreuern, denen der erforderliche Sachverstand und Problembewußtsein vermittelt werden sollte, um derartig gravierende Entscheidungen fachlich kompetent beurteilen zu können.
Ohne eine generell verstärkte interdisziplinäre Zusammenarbeit der Rechtswissenschaft und der Medizin, konkret der Psychiatrie, als dem hier einschneidenden Teilgebiet, ist dieses Problem wohl nicht zu lösen, insbesondere dürfen aufbauende Konflikte dieser Berufsgruppen untereinander keinesfalls mittelbar zu Lasten des Betreuten ausgetragen werden.

In diesem Sinn kann die Rechts- und Gesetzeslage der USA, wie es am Beispiel Kaliforniens gezeigt wurde, eine nützliche Hilfestellung für die Umsetzung derartiger gesetzlicher Regelungen in Deutschland bieten.

IV. Die ethische Betrachtung der Elektrokrampftherapie

Vorliegend wurde die Anwendung der Elektrokrampftherapie rein juristisch-formal betrachtet. In der Medizin spielt jedoch zunehmend die Ethik, als die vorherrschende Meinung vom Richtigen und Zulässigen eine bedeutende Rolle, die auf die konkreten Probleme des ärztlichen Berufs ausgerichtet ist.
Ethik, häufig mit Sitte und Moral als Synonyme gebraucht, zielt daher auf das vernünftig-sittliche Verhalten des Menschen, sowie dessen Selbstvervollkommnung ab. Sie begründet in diesem Sinn eine entlastende Funktion des menschlichen Lebens untereinander, weil sie die Garantie dafür übernimmt, daß man sich richtig verhält. Ethik und Recht bauen daher „Sollensordnungen“ für das menschliche Verhalten auf, die sich wohl überschneiden, in aller Regel jedoch nicht widersprechen sollen.[359] Dementsprechend fließt im ärztlichen Berufsbereich, weit mehr als sonst in den sozialen Beziehungen des Menschen, das Ethische mit dem Rechtlichen zusammen.[360]

Das in diesem Zusammenhang zu beurteilende Arztrecht bedarf allgemein wie fast keine andere Rechtsmaterie einer ethischen Grundlage, denn auch das geltende Recht kennt keine ausschließliche Spezialnorm zur Regelung medizinischer Heilbehandlungsmaßnahmen, so daß die allgemein gültigen Gesetzesnormen Anwendung finden, die ihrerseits einer ethischen Betrachtung zugänglich sein müssen.

Aus der Kontroverse und den sich hieraus entwickelten medizinischen und juristischen Darstellungen zur Elektrokrampftherapie ergibt sich die unabdingbare Notwendigkeit, die ethischen Gesichtspunkte einzubeziehen. Dies ist jedoch mit nicht unerheblichen Schwierigkeiten belastet, weil neben dem physischen Eingriff auch der vorangehende schlechte Ruf, das Potential ernsterer neuropsychologischer Nebenwirkungen und die generelle Besorgnis der Physiker bezüglich der technischen Durchführung bei der Beurteilung erschwerend wirken.
Daneben begründet aber auch der legitime Gebrauch und der Schutz vor möglichem Mißbrauch der Elektrokrampftherapie das Recht des Patienten, die Elektrokrampftherapie zu erhalten oder abzulehnen, während aus der Therapiefreiheit des Arztes auch dessen Recht zur Behandlung oder Ablehnung der Elektrokrampftherapie betrachtet werden muß.
Es sind daher konkret die Grenzen aufzuzeigen, die den verantwortlichen Umgang der medizinische Anwendung rechtfertigen, ohne dabei die in Art. 1 Abs. 1 GG geschützte Menschenwürde und das in Art. 2 Abs. 2 GG statuierte Selbstbestimmungsrecht zu verletzen.[361]

---

[359] Kim, Aufklärungspflicht, S. 34 f.
[360] BVerfGE 52, 131 (169).
[361] Eser/ Lutterotti u.a., Vorwort „Das Buch“.

Allgemein formuliert bedeutet das nicht mehr und nicht weniger, daß die Elektrokrampftherapie als medizinische Behandlungsmaßnahme nur dann ethisch vertretbar ist, wenn sie den Einzelnen oder die Allgemeinheit am wenigsten beeinträchtigt und doch zum Ziel der Linderung der psychischen Erkrankung des Patienten führt. Dabei muß die zu erwartende Beeinträchtigung in einem angemessenem Verhältnis zum angestrebten Erfolg stehen.[362]
Keinesfalls dürfen bei dieser Beurteilung Differenzierungen zwischen somatisch und psychisch erkrankten Patienten erfolgen, da die moderne Ethik in der Medizin zentral an dem Konzept der Selbstbestimmung ausgerichtet ist.[363] Trotzdem finden sich Anwendungsfälle, in denen bei dem psychisch Kranken oftmals nicht dieselben „Standards" gewährleistet werden wie sie bei einem normal somatisch erkrankten Patienten üblich sind. Sowohl überspitzte Aussagen, wie „der Patient habe kein Recht auf seine Verrücktheit"[364], als auch bestehende Vorurteile verdeutlichen diesen Konflikt. Abgesehen hiervon darf aber auch nicht verkannt werden, daß auf Grund einer schweren psychischen Erkrankung neben den auftretenden psychopathologischen Veränderungen des Patienten dieser darüber hinaus oftmals gar nicht in der Lage sein wird, seine Gedanken zu ordnen und seine Gefühle korrekt zum Ausdruck zu bringen.
Dementsprechend wird die Auffassung vertreten, daß der Arzt auf Grund diesen alterierten Denkens oftmals besser in der Lage sei, die Interessen des Patienten abzuschätzen. Insbesondere ist es einem Psychiater möglich, sowohl das Risiko eines Suizidversuches als auch anderer Abnormalitäten gegenüber seiner Mitmenschen exakt einzuschätzen. Unterstützt wird das mit dem Argument, daß jedes Mitglied unserer Gesellschaft einen Anspruch darauf hat, vor wahnhaften Taten anderer geschützt zu werden, so wie auch der Einzelne vor selbstgefährdenden Handlungen.
Die wichtigsten Regeln und Prinzipien der ethischen Betrachtung sind daher nach wie vor die Einwilligung nach vorangegangener Aufklärung, das Patientenwohl und das Therapieprivileg. Die Gesamtheit dieser Aspekte rechtfertigt dann die Ethik der Elektrokrampfbehandlung als Heilbehandlungsmaßnahme bei psychiatrisch Kranken.[365]

Die kontroversen Diskussionen setzten sich auch in der ethischen Betrachtung fort. Während einerseits von einem klinischen Verfahren ohne ethische Zwielichtigkeit gesprochen wird, fordern andere, unterstützt durch Verfechter der spezifischen Rechte des Patienten, das gesetzliche Verbot der Elektrokrampftherapie.

Aufgrund des nicht unbedenklichen Eingriffs der Elektrokrampftherapie reicht daher allein die Annahme des Arztes zur Indikationsstellung keinesfalls aus,

---

362 Kindt in Marquard/ Seidler/ Staudinger, Ethik, S. 49.
363 Kahlke/ Reiter-Theil, Ethik, S. 70f.; Kollmer, Selbstbestimmungsrecht, S. 20.
364 Volckart, Maßregelvollzug, S. 92.
365 Bauer/ Henn, S. 114 ff.

sondern es muß einer der vorab dargestellten Rechtfertigungsgründe vorliegen, um die Rechtmäßigkeit der Anwendung zu gewährleisten.
Auch wenn diese dargelegten Erfordernisse von vielen Ärzten mehr als formale, als hilfreiche Stützen angesehen werden, besteht kein Grund, die Anforderungen diesbezüglich zu verändern. Da sich bezüglich dieser Erfordernisse bei der Anwendung der Elektrokrampftherapie jedoch noch keine gefestigte Rechtsprechung herausgebildet hat, gibt es einen sehr großen Beurteilungsspielraum.
Um eine unterschiedliche ethische Bewertung zum Schutz jedes Einzelnen zu vermeiden, müssen ein Grundkonsens und gemeinsame Prämissen für die Behandlungsmethode als solche erschlossen werden.
Hinsichtlich der Anwendung der Elektrokrampftherapie keiner Ansicht ein absoluter Vorrang eingeräumt werden. Einerseits überzeugen die Studien und Untersuchungsergebnisse der Befürworter der Elektrokrampftherapie hinsichtlich der tatsächlich möglichen positiven Wirkung der Behandlungsmaßnahme. Andererseits konnten aber auch die Gegner der Elektrokrampftherapie mögliche schädliche Nebenwirkungen nachvollziehbar darlegen.
Desweiteren darf bei der ethischen Betrachtungsweise trotz der beweisbaren Erfolge nicht außer Acht gelassen werden, daß die Wirkungsweise nur eine empirische ist. Keiner der Anwender kann genaue Erkenntnisse hierüber darlegen, die eine Anwendung unproblematisch erscheinen lassen, so daß nur ein äußerst strenger Indikationsmaßstab ethisch rechtfertigend wirken kann.
Dementsprechend ist die Elektrokrampftherapie in den dargestellten, streng indizierten Krankheitsfällen, unter Einhaltung der rechtlichen Erfordernisse eine Behandlungsmaßnahme, der auch die lebensrettende Wirkung nicht abgesprochen werden kann. Sie ist gerechtfertigt und stößt auf keine tiefgreifenden Problemfelder.[366]

Schwieriger gestaltet sich die Problematik bei einwilligungsunfähigen Patienten, die gerade nicht wirksam in eine Anwendung der Elektrokrampftherapie einwilligen können. Zwar wurde vorab ausreichend über die rechtliche Situation in diesen Fällen ausgeführt, dennoch ist nicht auszuschließen, daß sich die Situation auf ethischer Ebene anders als auf Rechtlicher darstellt. Eine solche weitergehende ethische Rechtfertigung infolge des möglichen persönlichkeitsverändernden Eingriffs ist insoweit problematisch, als daß eine Falschentscheidung des Betreuers quasi einer Zwangstherapierung ohne gesetzlicher Rechtfertigung gleichkommt. Das tangiert dann für sich genommen einerseits die Grenze der Verletzung der Menschenwürde, andererseits gebietet die ebenso dargestellte objektive Gefahr eines psychiatrischen Patienten für seine Umwelt, schützend einzugreifen. Diesen Konflikt heißt es, im Einzelfall zu lösen.
Auch unter dem Gesichtspunkt einer echten Zwangsbehandlung ergibt sich kein anderes Ergebnis, da diese dann unter den strengen Voraussetzungen des § 1906 BGB überprüft wird.

---

[366] Eser/ Lutterotti u.a., Sp. 840.

Anders wiederum sollte auch das Gegenteil, daß heißt die Ethik der Vorenthaltung der Elektrokrampftherapie für therapieresistente Patienten ein zentrales und nicht zu vernachlässigbares Problem darstellen.
Auf Grund seiner Ausbildung und seiner Erfahrung ist es dem Psychiater möglich, psychiatrische Krankheitsbilder wie dem Stupor oder einer perniziösen Katatonie, die mit hoher Wahrscheinlichkeit zum Suizid des Patienten führen können, zu erkennen und zu therapieren. In diesem Sinne übt der Arzt gegenüber dem Patienten eine Garantenstellung zur Wahrung dessen Gesundheit mit der Folge aus, daß er jeden Selbstmordversuch des Patienten nach besten Kräften zu verhindern hat. Als ultima ratio sind dementsprechend durchaus Fälle denkbar, in denen der Arzt diese Gefahr nur durch die Anwendung der Elektrokrampftherapie bannen kann.

Aus der Gesamtheit dieser Darstellung ist es daher vertretbar, die Elektrokrampftherapie als eine Heilbehandlungsmaßnahme zu qualifizieren, die unter den strengen Voraussetzungen ihrer Anwendbarkeit keine tiefgreifenden ethischen Bedenken auslöst.

V. Verfassungsrechtliche Betrachtungsweise

Zieht man ein Resümee der vorangegangenen Ausführungen, so wurde die Anwendung der Elektrokrampftherapie als stark umstrittene, ärztliche Behandlungsmaßnahme juristisch beleuchtet und ethisch gebilligt.
Dabei beschränkten sich die Ausführungen auf einfach gesetzliches Recht. Unberücksichtigt blieb bislang die Überprüfung der Elektrokrampftherapie an höherrangigem Recht, der Verfassung der Bundesrepublik Deutschland. Die Ausführungen lassen erkennen, daß die Anwendung der Elektrokrampftherapie Problemfelder im grundgesetzlich garantierten Bereich des allgemeinen Persönlichkeits- und Selbstbestimmungsrechtes birgt.
Konkret stellt sich daher die Frage der Genehmigungsfähigkeit der Elektrokrampftherapie.

V.1. Der grundrechtlich gewährte Schutz des Selbstbestimmungsrechts

Der Gesetzgeber zog aus den Erfahrungen der deutschen Geschichte die Lehre, die als fundamental zu bezeichnenden Werte der Individuen, wie die persönliche Freiheit, das Selbstbestimmungsrecht, in der neuen Gesellschaftsordnung mit höchstem Verfassungsrang auszustatten.[367]
Dementsprechend führte das BVerfG[368] in seinem Beschluß vom 25.07.1979 bestärkend aus, daß die Beachtung des Selbstbestimmungsrechts des Patienten wesentlicher Teil des ärztlichen Aufgabenbereichs sei.

Die Existenz des Selbstbestimmungsrechts ist in unserem Rechtssystem nunmehr zwar selbstverständlich, dennoch konnte man sich auf eine eindeutige gesetzliche Grundlage bislang nicht einigen.[369]
Zum Teil wird die rechtliche Verankerung in Art. 2 Abs. 1 GG erblickt, wonach jeder das Recht auf die freie Entfaltung seiner Persönlichkeit hat, soweit er nicht die Rechte anderer verletzt und gegen die verfassungsmäßige Ordnung oder das Sittengesetz verstößt. Dieses Grundrecht ist von der bundesverfassungsgerichtlichen Rechtsprechung einerseits zur allgemeinen Handlungsfreiheit erweitert und andererseits zu einzelnen Persönlichkeitsrechten, namentlich dem Grundrecht auf informationelle Selbstbestimmung fortentwickelt worden, die die Verfügung über eigene, auch grundrechtsschützende Rechtsgüter zumindest subsidiär unter den Schutz des Art. 2 Abs. 1 GG stellt.[370] Der Schutz bezieht sich hierbei auf

---

[367] Voll, Einwilligung im Arztrecht, S. 47; Reimer/ Lorenzen, Therapiewochen 1991, 766.
[368] BVerfGE 52, 131 (170).
[369] Insbesondere der Umstand, daß bislang noch nicht die richtige Grundlage geklärt werden konnte, zeigt die Unstimmigkeiten im grundrechtlichen Bereich auf. Kern/ Laufs, Aufklärungspflicht, S. 9; BVerfGE 52, 131 (168); Schweitzer, FamRZ 1996, 1317 (1318).
[370] Pieroth/ Schlink, Rdnr. 419.

Beeinträchtigungen im psychischen Bereich, insbesondere zum Schutz der geistig-seelischen Integrität. Dies setzt jedoch die generelle Fähigkeit zur Selbstbestimmung voraus. Denn wenn sich der einzelne Mensch nicht in dem vollen Besitz seiner intellektuellen und voluntativen Kräfte befindet, ist die Bildung eines freien Willens ausgeschlossen.

Andererseits soll der, als die speziellere Norm betrachtete, Art. 2 Abs. 2 S. 1 GG jedem das Recht auf Leben und körperliche Unversehrtheit gewähren, das innerhalb der grundgesetzlichen Ordnung einen Höchstwert darstellt[371] und das körperliche Dasein und die Gesundheit im biologisch-physiologischen Sinne schützt.

V.2. Die grundrechtliche Verankerung der Einwilligung

Die Einwilligung des Patienten in die Anwendung der Elektrokrampftherapie nimmt, wie bereits oben ausgeführt wurde,[372] eine zentrale Stellung bei der Erörterung der Rechtmäßigkeit des Eingriffs ein. Grund hierfür ist der Umstand, daß die Einwilligung in die ärztliche Behandlungsmaßnahme nach einer vorangegangenen ausreichenden Aufklärung durch einen Arzt die konkrete Ausübung des Selbstbestimmungsrechts einwilligungsfähiger Personen darstellt und Hauptgegenstand der rechtmäßigen Durchführung der Elektrokrampftherapie ist. In diesem Sinne ist es unumgänglich, auch auf die Einwilligung im verfassungsrechtlichen Bereich gesondert einzugehen, da im Falle der positiven Erteilung der grundsätzliche staatliche Schutzanspruch auf körperliche Unversehrtheit in Form eines Abwehrrechts aus Art. 2 Abs. 2 GG entfällt.

Die Einwilligung allgemein betrachtet als eine Erklärung, die Beeinträchtigung eines eigenen Rechtsgutes durch einen anderen Bürger hinnehmen zu wollen, ist in ihrer verfassungsrechtlichen Verankerung strikt zu trennen von der Zulässigkeit eines Grundrechtsverzichts, als eine an den Staat gerichteten Ermächtigung zur Freiheitsverletzung. Während der Einwilligende seine Autonomie gerade durch die jederzeit widerrufliche Rechtsgutpreisgabe verwirklicht, würde sich der auf sein Grundrecht Verzichtende dem Staat gegenüber zumindest in der Weise ausliefern, daß er ihm verbindlich eine grundrechtsschrankenunabhängige Eingriffsbefugnis eröffnet.[373]
Die soziale Funktion der Einwilligung liegt aber vorrangig in der Erweiterung des Handlungsspielraums des Patienten als Rechtsgutinhaber, der gleichsam eine fremde Kraft zur Realisierung eigener Interessen in seine Dienste stellt, sei es

---

[371] BVerfGE 49, 24 (53); Maunz/ Dürig/Herzog Art. 2 I Rdnr. 34ff.
[372] Vgl. Abschnitt D.II.1.
[373] Sternberg-Lieben S. 17; ausführliche Darstellung bei Hillgruber, Der Schutz des Menschen vor sich selbst, S. 135.

durch die Duldung der erwünschten Heilbehandlungsmaßnahme, als Fremdverletzung oder auf eine andere Art. Durch den Fortfall der Verbotsdrohung werden folglich die Chancen des Patienten gesteigert, sich fremder Hände zur Einwirkung auf seine Rechtsgüterwelt bedienen zu können und damit auch gerade die medizinische Hilfe erhalten zu können.
Da eine rechtsgutpreisgebende Einwilligung des Patienten als Rechtsgutinhaber fast immer zweckgerichtet zur Verfolgung eigener, über die bloße Preisgabe hinausgehender Interessen eingesetzt wird, dient die Einwilligung dazu, diese Interessen des Rechtsgutinhabers zu befriedigen. Deren grundrechtliche Absicherung ist nicht mit derjenigen des Gutes in eins zu setzen, dessen Beeinträchtigung konsentiert wurde.[374]
Der Einwilligung des Patienten in die Elektrokrampfbehandlung steht auf Grund dessen von vornherein folglich nicht die Beschränkung entgegen, die nach Rechtsprechung und Literatur der Freiheit des Grundrechtsträgers zum Verzicht auf grundrechtlich geschützte Güter durch das Grundgesetz selbst entzogen sind. Gestattet nämlich ein Patient seinem Arzt die, mit der Elektrokrampftherapie einhergehende Beeinträchtigung seines grundrechtlich geschützten Gutes der körperlichen Integrität und Unversehrtheit, so handelt es sich nicht um einen Grundrechtsverzicht, sondern lediglich um eine schädigende Disposition über seine grundrechtlich geschützten Güter.
Folglich werfen Eingriffe in grundrechtlich geschützte Güter durch einen Privaten Fragen der staatlichen Schutzpflicht und ihre Grenzen auf, denen der Staat durch eine entsprechende Gesetzgebung des Schutzes des Patienten vor Eingriffen durch den Arzt gerecht werden kann und muß.[375]

Verfassungsrechtliche Bedenken hiergegen ergeben sich grundsätzlich nicht. Das BVerfG[376] führte hierbei den vorab dargestellten Rechtsgrundsatz[377] aus, daß bei der gegenwärtigen Rechtslage und der hierzu existierenden Rechtsprechung sowohl strafrechtlich als auch zivilrechtlich die ärztlich angezeigte und kunstgerecht durchgeführte, mit einer Einwirkung auf die körperliche Integrität des Patienten verbundene Heilbehandlung im Falle des Fehlens einer wirksamen Einwilligung als Körperverletzung anzusehen ist. Indem die Rechtsprechung die Wirksamkeit der Einwilligung von einer pflichtgemäßen, allen Anforderungen genügenden Aufklärung abhängig macht, wird hierdurch das Selbstbestimmungsrecht des Patienten geschützt. Die Verfassung gebietet es indes nicht, diesen Schutz rechtlich absolut zu verwirklichen, da sie dem Gesetzgeber zur Regelung dieses Schutzanspruchs einen Spielraum beläßt.

---

374 Sternberg-Lieben S. 20 ff.

375 Vgl. Abschn. D.IV.4; Sternberg-Lieben S. 33; Stern, Staatsrecht Bd. III/2, S. 907 ff., 916ff.; Fink U., Selbstbestimmung und Selbsttötung, S. 130; Amelung, Rechtsgüterschutz, S. 102 ff.

376 BVerfGE, 52, 131 (168f.).

377 Vgl. Abschnitt D.II.1.

Die verfassungsrechtliche Legitimation erfährt die Anwendung der Elektrokrampftherapie daher allein aus den Grundrechten des Einwilligenden und der Drittwirkung dieser, die aus der staatlichen Schutzpflicht resultieren.[378]

V.3. Die grundrechtliche Verankerung der Zwangsbehandlungen und der Übertragung des Selbstbestimmungsrechts

Indem die voran gestellte verfassungsrechtliche Betrachtung der Einwilligung in die Elektrokrampftherapie rechtlich nahezu unproblematisch erscheint.
Es drängt sich nunmehr die Frage auf, wie die Weigerung eines Patienten in die Anwendung der Elektrokrampftherapie hinsichtlich einer Zwangsbehandlung und der Einwilligungsunfähigkeit des Patienten verfassungsrechtlich zu beurteilen ist.[379]

Unter einer Zwangsbehandlung versteht man die, notfalls durch unmittelbaren Zwang durchsetzbare, Anwendung diagnostischer oder therapeutischer Maßnahmen durch einen Arzt ohne oder gegen den ausdrücklichen Willen des Betroffenen.[380] Dem steht grundsätzlich Art. 2 Abs. 2 GG entgegen. In dieses Recht auf körperliche Unversehrtheit kann nur auf Grund eines Gesetztes eingegriffen werden. Die staatliche Behandlungsbefugnis existiert für die Fälle, in denen der psychisch Kranke infolge seines Krankheitszustandes und der damit verbundenen fehlenen Einsichtsfähigkeit die Schwere seiner Erkrankung und die Notwendigkeit der anstehenden Behandlungsmaßnahme nicht zu beurteilen vermag oder trotz einer solchen Erkenntnis sich infolge der Krankheit nicht zu einer Behandlung entschließen kann und die Behandlung mit einem Freiheitsentzug oder der Gefahr ernsterer Gesundheitsschädigungen verbunden ist.[381]
Eine Zwangsbehandlung zum Wohle des betroffenen Rechtsgutsinhabers erfährt ihre Legitimation unter dem Blickwinkel der staatlicher Schutzverpflichtung für die grundrechtlich geschützten Rechtsgüter des Betroffenen.
Dabei muß aber im Rahmen einer möglicherweise bestehenden Einwilligungsfähigkeit des Patienten dessen Selbstbestimmungsrecht gewährleistet werden,

---

[378] Stern, Staatsrecht III/1, S. 1556ff.; Alexy, Grundrechte, S. 412; Schwabe, Grundrechtsdogmatik, S. 211 ff.; Klein, NJW 1989, 1633; BVerfGE 7, 198ff.; BVerfG NJW 1979, 1925 ff. mit dem Hinweis, daß der Schutz des Selbstbestimmungsrechts hätte auch auf anderem konstruktivem Wege erfolgen können. Stürner NJW 1979, 2334ff.; Tempel, NJW 1980, 609 (611); Reuber, Lebens- und Gesundheitsschutz, S. 34ff.

[379] Nachweise bei: Sternberg-Lieben, S. 238; Rieger, Lexikon des Arztrechts, Rdnr. 2003 ff.; Schüler-Springorum in Eser/ Lutterotti u.a., Sp. 1241ff; Schreiber in Marquard/ Seidler/ Staudinger, Ethik, S. 61 ff.; Uhlenbruck in Laufs/ Uhlenbruck, Arztrecht, § 79 Rdnr. 3ff, Ulsenheimer ebenda § 153 Rdr. 1ff.

[380] Rieger, Lexikon des Arztrechts, Rdnr. 2003; ebenso Schreiber in Marquard/ Seidler/ Staudinger, a.a.O.

[381] Schweitzer, FamRZ 1996, 1317 (1318).

insbesondere auch objektiv nach dem Urteil Dritter, „unvernünftig" handeln zu können und die medizinisch indizierte Behandlung abzulehnen. Es ist dem Staat grundrechtlich versagt, hierin einzugreifen.[382]

Demgegenüber schließt auch die Freiheit der Person nicht generell den staatlichen Eingriff aus, der ausschließlich den Zweck verfolgt, einen psychiatrisch Kranken vor sich selbst in Schutz zu nehmen und ihn zu seinem eigenem Wohl in einer geschlossenen Anstalt unterzubringen.
Zwangsbehandlungen sind bei Einwilligungsunfähigen durch das Betreuungsgesetz nicht von vornherein ausgeschlossen. Wenngleich auch im Bereich der ärztlichen Heilbehandlung der grundsätzliche Willensvorrang des Betreuten zu beachten ist.[383] Eine derartige Maßnahme ist nicht nur dann zulässig, wenn es der Schutz der Allgemeinheit verlangt, sondern kann sich auch aus dem Schutz des Betroffenen rechtfertigen.[384]

Bei psychisch Kranken wird sehr häufig die Fähigkeit zur Selbstbestimmung beeinträchtigt sein. In solchen Fällen ist dem Staat fürsorgerisches Eingreifen auch dort erlaubt, wo beim einem Gesunden Halt geboten ist. Fürsorgerische Eingriffe zum Schutz des Kranken auch vor sich selbst sind daher ihrer Zweckrichtung nach zulässig, wobei sich die Eingriffsbefugnis des Staates am strikt zu wahrenden Verhältnismäßigkeitsgebot bemißt.[385] Bei Personen, die infolge krankhaft gestörter Selbstbestimmungsfähigkeit nicht in der Lage sind, selbstverantwortlich Entscheidungen über eigene Rechtsgüter zu treffen, besteht die Pflicht des Staates, die gefährdeten Grundrechtsgüter des Betroffenen auch gegen dessen Willen zu bewahren.[386] Eine derartige Bestimmung ist aber gerade wegen der in Frage stehenden grundrechtlich geschützten Rechte äußerst restriktiv anzuwenden. Insbesondere rechtfertigt die Einweisung in eine psychiatrische Heilanstalt nach dem jeweils einschlägigen Landesunterbringungsgesetz keinesfalls die Ermächtigung zur Anwendung der Elektrokrampftherapie.

V.4. Der Schutzanspruch des Bürgers gegenüber dem Staat

Beeinträchtigungen der Gesundheit und der körperlichen Unversehrtheit können sich in gewisser Weise als irreparabel erweisen, so daß ein wirksamer Rechtsschutz nur darin bestehen kann, bereits die Gefahrenanlage für die Gesundheit dem Schutz der Verfassung zu unterstellen.[387] Den hierbei relevanten verfas-

---

[382] So auch Neubauer, Psychiatrische Praxis 1993, 166 (167).
[383] Diedrichsen in Palandt, § 1904 Rdnr. 3; BT-Druck 11/4528 S.141.
[384] Sternberg-Lieben, S.250.
[385] BVerfGE 58, 208 (224ff.).
[386] Hillgruber, Der Schutz des Menschen vor sich selbst, S. 121 ff.
[387] Seewald, Verfassungsrecht auf Gesundheit, S. 59.

sungsrechtlichen Schutz bietet Art. 2 Abs. 2 Satz 1 GG als das Abwehrrecht gegen jede Art staatlicher Maßnahme, die in das Leben oder die körperliche Unversehrtheit des Menschen eingreift. Daneben tritt Art. 1 Abs. 1 GG, sofern über die Bedrohung der Gesundheit und der körperlichen Unversehrtheit hinausgehend, zugleich die Menschenwürde berührt wird.[388]

Täglich wird das Leben und die Gesundheit der Menschen in unserem Staat vorrangig und in nicht unerheblichem Umfang von nicht-staatlicher, dritter Seite beeinträchtigt, so daß das Verfassungsrecht als solches mit der Frage zu konfrontieren ist, ob die öffentliche Gewalt bestehend aus der Legislative, der Judikative und der Exekutive verpflichtet ist, diese Beeinträchtigungen zu verhindern bzw. einzugrenzen.[389]
Obwohl sich die Anerkennung dieser Schutzpflicht allgemein durchsetzt, ist die dogmatische Begründung in Rechtsprechung und Literatur uneinheitlich. Eine im Vordringen befindliche Meinung hat insoweit keine Zweifel an der Kompatibilität der Schutzpflicht einerseits und der Grundrechtskonzeption andererseits, als daß sie sich als Annex der Abwehrrechte innerhalb einer staatlichen Ordnung darstellt.[390] Andere hingegen leiten diese Schutzpflicht ohne größere Begründung aus der „objektivrechtlichen Funktion“ der Grundrechte ab.[391] Da die Ergebnisse zum selben Ergebnis führen, erübrigt sich eine Streitentscheidung im Rahmen dieser kurzen Darstellung.

Die objektive Schutzpflicht des Staates stellt ein dreipoliges Verhältnis zwischen dem gefährdeten (Patient) und dem gefährdenden Bürger (Arzt) einerseits und dem Staat andererseits dar, der die Grundrechte des gefährdeten Bürgers positiv schützen soll, in dem er in dieser konkreten Situation „vermittelnd“ tätig wird. Betrachtet man diesen Schutzauftrag, so erscheint eine ausreichende Schlichtungsinstanz derartiger Problemsituationen nur durch den Gesetzgeber erfüllbar. Das dies mit der Folge einer noch stärker ansteigenden „Vergesetzlichung“ einhergeht, muß hingenommen werden, da auf der Ebene der Exekutive kein intensiver Schutz geboten werden kann. Sofern mit dieser Argumentation der Schutzanspruch des Bürgers in Gesetzesform beansprucht wird, wird gefordert, daß sich dieser aus dem Wesentlichkeitsprinzip ergibt. Dementsprechend muß im normativen Bereich, vor allem wenn die Ausübung der Grundrechte betroffen wird, der Parlamentsgesetzgeber die wesentlichen Entscheidungen selbst treffen.[392]

---

388 BVerfGE 49, 24 (53); Klein, NJW 1989, 1633.

389 Hermes, Das Grundrecht von Schutz auf Leben und Gesundheit, S. 279. Bei diesen Ausführungen bleibt die Trägerschaft des behandelnden Arztes, die eine unmittelbare staatliche Zurechnung begründet, unberücksichtigt.

390 ausführliche Streitdarstellung bei Stern, Bd. III/1, S. 728ff.; Murswiek, Immissionsschutz, S. 101 (109); Alexy, Grundrechte, S. 412 ff.

391 BVerfGE 7, 198 (205); 35, 79 (114) m.w.N.; 39, 1 (41f.).

392 Preu, JZ 1991, 265 (268).

Auch das BVerfG hat in diesem Zusammenhang in seinen beiden analog gelagerten Entscheidungen zum Immissionsschutz richtungsweisend betont, daß die Entscheidung über die Schutzmaßnahmen nach dem Grundsatz der Gewaltenteilung und dem demokratischem Prinzip in die Verantwortung des vom Volk unmittelbar legitimierten Gesetzgebers gehört.[393] Gleichzeitig stellt sich aber auch die Frage, welchen Einfluß diese Schutzpflicht zugunsten des Gefährdeten auf die staatlichen Maßnahmen gegenüber dem Gefährdenden hat.[394]

Mit derartigen Problemen hat sich die Verfassungsrechtsprechung bezüglich der Geltung der Grundrechte in einem zum Teil noch offenen Ausmaß auf Rechtsbeziehungen an denen der Staat nicht unmittelbar beteiligt ist, bereits mehrfach auseinandergesetzt.[395] Im Mittelpunkt stand dabei der Schutz des Einzelnen durch die Rechtsordnung und das staatliche Gewalt- und Rechtssetzungsmonopol mit den zahlreichen verfahrens- und materiell-rechtlichen Regelungsinstrumentarien zur Verletzungsabwehr.[396] Hierbei wurde die oben aufgezeigte Entwicklungstendenz bestätigt, daß die Grundrechte den Staat zum Tätigwerden verpflichten. Gleichzeitig wird zu Bedenken gegeben, daß ihnen selbst meist nicht entnommen werden kann, welche Vorkehrungen zu treffen sind, um dieser Schutzpflicht gerecht zu werden. Bei der Entscheidung, wie die Schutzpflichten daher zu erfüllen sind, wird den zuständigen staatlichen Organen ein weiter Gestaltungsfreiraum in eigener Verantwortung eingeräumt, in dem sie insbesondere darüber zu befinden haben, welche Maßnahmen zweckdienlich und geboten sind, um einen umfassenden und wirksamen Schutz zu gewährleisten.[397]

Bei technischen Gefährdungen wird davon ausgegangen, daß eine objektivrechtliche staatliche Schutzpflicht bei Gefährdungen dann ausgelöst wird, wenn eine bestimmte Risikogröße eine vorab festzulegende Vergleichsgröße überschreitet.[398] Entsprechend den Ausführungen des BVerfG bestimmt sich der Umfang dieser objektivrechtlichen staatlichen Schutzpflicht neben der Art, der Nähe und dem Ausmaß möglicher Gefahren auch nach der Art und dem Rang des verfassungsrechtlich geschützten Rechtsgutes.[399] Zur weitergehenden Konkretisierung wurde abgeleitet, daß die Schwelle, an der die objektivrechtlichen Schutzpflichten einsetzt, nicht für alle Grundrechte gleich ist. Vielmehr könne diese Schutzpflichtschwelle nur relativ, d.h. im Verhältnis zu einem anderen grundrechtlichen Schutzgut bestimmt werden. Zur Ermittlung der Schutzgut-

---

393 Luckow, Atomrecht, S. 290 mit dem Hinweis auf BVerfGE 56, 54 (81).

394 Luckow, a.a.O., S. 288ff.; Stern, Bd. III/2, S. 1773, 1188.

395 Nachweis bei Benda/ Maihofer/ Vogel, Verfassungsrecht, Rdnr. 49.

396 Nachweis bei Hermes, Das Grundrecht von Schutz auf Leben und Gesundheit, S. 38f.

397 Benda/ Maihofer/ Vogel, Verfassungsrecht, Rdnr. 50; Luckow, a.a.O., S. 290, mit dem Hinweis auf BVerfGE 39, 1 (44); 46, 160 (164); 56, 54 (80f.); Enders, AöR 1990, 610 (628f.).

398 Luckow, a.a.O., S.303f.

399 BVerfGE 49, 89 (142).

schwelle für das höchstrangige Vitalgut der körperlichen Unversehrtheit ist, neben der vorab genannten relativen Rangbestimmung, auch die ständige verfassungsrechtliche Rechtsprechung von Bedeutung. Diese legt den Schutzbereich sehr extensiv aus. Ein solches Verständnis über den Schutzbereich der körperlichen Unversehrtheit läßt zugleich die objektivrechtliche Schutzpflicht folgerichtig früher einsetzen, so daß die Tendenz, die Schutzpflichtschwelle hinsichtlich des Rechtsguts der körperlichen Unversehrtheit höher anzusetzen, gleichgerichtet ist.[400]

Daneben ist aber auch zu bedenken, daß ein effektiver staatlicher Schutz stets ein gewisses Maß an Kontrolle voraussetzt. Somit ergibt sich hieraus die Verpflichtung des Staates, die Beachtung der Vorschriften, die zum Schutz vor Beeinträchtigungen der zu schützenden Güter seitens Dritter erlassen wurden, zu überwachen, solange dies keiner totalen Überwachung gleichkommt.[401]

Diese abstrakt angesprochenen Schutzpflicht des Staates aus Art. 2 Abs. 2 GG - sich auch bei Grundrechtseingriffen durch Dritte „schützend vor seine Bürger zu stellen“- hat auch Bedeutung für die öffentlich rechtliche Steuerung der privatrechtlichen Verhältnisse medizinischer Behandlungen und der Betreuung. Dies gilt um so mehr für den, im Sozialstaat notwendig stärker durchorganisierten Bereich der medizinischen Dienste als einen Teil der sozialen Sicherung.[402] Der hierbei zu analysierende ärztliche Heileingriff bildet insoweit keine Ausnahme, da er mit einem Eingriff in die körperliche Substanz des Patienten verbunden ist und Risiken für Leben und Gesundheit als ungewollte Nebenfolge zumindest in sich bergen kann. An diesem Schutzgedanken ändert auch der Umstand nichts, daß der Patient sich freiwillig und im eigenen Interesse der Behandlungsmaßnahme unterzieht, weil sein Verhältnis zum Arzt doch in der Regel durch eine besondere Hilfs- und Schutzlosigkeit aus Mangel an Sachverstand gekennzeichnet ist. Aus diesem Grunde wird das medizinische Behandlungsverhältnis auch als „ein hochgradig grundrechtssensibles Verhältnis des Patienten und Rehabilitanten zu einem privaten oder amtlichen Träger konzessionierter Heilgewalt“ bezeichnet. In diesem Sinne läßt sich sogar die These aufstellen, aus der Schutzpflicht des Staates eine Verpflichtung zur qualitätssichernden Steuerung des Behandlungsverhältnisses zwischen dem Arzt und seinem Patienten ableiten. Denn es bestehen Anhaltspunkte, daß Inhalt und Vollzug der bisherigen öffentlich-rechtlichen Rechtsvorschriften nur unvollkommen verwirklicht werden. Argumente, die einer solchen Qualitätssicherung mit der Begrenztheit der Mittel des Staates im Rahmen der Gefahrenüberwachungsaufgabe begegnen, sind durch den verfassungsrechtlich hohe Rang des Gesundheitswertes, insbesondere bei

[400] Luckow, Atomrecht, S.311f.
[401] Murswieck, S. 117.
[402] Bogs, ZfS, 99.

der außerordentlichen Gefahrgeneigtheit ärztlicher Heilungschancenförderung, zu entkräften.[403]
Neben diesem Schutzanspruch bei der medizinischen Heilbehandlung besteht ein solcher unter anderem auch bezogen auf Arzneirisiken, den Schutz des ungeborenen Lebens, Risiken durch Fremdstoffe in Lebensmitteln, sonstiger Gefahren für Verbraucher und Arbeitnehmer und bei umweltvermittelten Gefahren, auf die im Rahmen der grundsätzlichen Vergleichbarkeit der Argumentation noch näher einzugehen sein wird.[404] In jeder dieser Konstellation besteht das Hauptaugenmerk in der spezifischen Rolle des Staates als „Garanten" für die grundrechtlichen Schutzgüter.[405]

V.4.1. Ausgangspunkt

Aus der vorangegangenen Begründung ergibt sich der generelle Schutzanspruch des Bürgers gegenüber dem Staat bezüglich der ärztlichen Heilbehandlungsmaßnahme aus Art. 2 Abs. 1 und 2 S. 1 GG, wobei auch das BVerfG[406] ausführt, daß die Grundrechte den Gesetzgeber verpflichten, Gesundheit und Selbstbestimmungsrecht des Patienten gegenüber dem Arzt abzusichern.[407]
In der vorliegenden Arbeit soll nun an Hand der, im Ursprung gleichgelagerten Rechtsmaterien des Arzneimittelrechts, der Gentechnologie, des Umwelt- und Atomrechts entwickelten Argumentation untersucht werden, inwieweit ein solcher konkreter Schutzanspruch des Staates gegenüber dem Patienten bei der Anwendung der Elektrokrampftherapie besteht, insbesondere ob der Staat seine Schutzpflicht bereits erfüllt hat oder aber weitere Maßnahmen zum Schutze des Patienten treffen muß.
Sofern hierbei im Rahmen des § 1904 BGB bereits die Frage der Genehmigungspflicht durch das Vormundschaftsgericht bei, unter Betreuung stehender Patienten erörtert wurde, handelt es sich auf verfassungsrechtlicher Ebene um die konkrete Frage der Genehmigungsfähigkeit der Elektrokrampftherapie. Um hierbei eine praxisorientierte Aussage treffen zu können, soll der Ausspruch Murswieks[408], daß „eine Verfassung, die die reale Lage ignoriert, von ihr überwältigt wird", der Ausgangspunkt sämtlicher Überlegungen bilden.

---

[403] Bogs, a.a.O., S. 99f.
[404] Ausführlich Hermes, Das Grundrecht von Schutz auf Leben und Gesundheit, S. 12-17.
[405] Stern, Bd. III/2, S. 1771.
[406] BVerfGE 52, 131 (168).
[407] Hermes, a.a.O., S. 12 mit dem Hinweis auf BVerfGE 39, 1 (41ff.) die den Umfang dieser Pflicht noch offenlassen.
[408] Murswiek, Immissionsschutz, S. 20.

V.4.2. Der Schutzanspruch im Arzneimittelrecht

Gesundheits- und lebensbedrohende Gefahren im Rahmen der medikamentösen Heilbehandlung existieren unabhängig von der Mitwirkung des Arztes immer dann, wenn es durch die Anwendung der Medikamente zu unerwünschten Risiken und Nebenwirkungen kommt.
Der Arzneimittelhersteller, der ein solches Arzneimittel auf den Markt bringt, schafft daher neben dem positiven Effekt der Heilbehandlung auch eine nicht zu vernachlässigende Gefahrenquelle. Repräsentativ hierfür sind insbesondere die Fälle, die vor allem die breite Masse der Öffentlichkeit ansprachen, wie die Contergan-Katastrophe Anfang der 60er Jahre, oder die AIDS Infektionen aus verseuchten Blutkonserven.[409] Aus diesem Umstand heraus wurde die Schutzpflicht des Staates für Leben und Gesundheit abgeleitet, die durch die staatliche Pflicht zur Arzneimittelkontrolle, einem präventiven Prüfungs- und Zulassungsverfahren des AMG[410] realisiert wurde.[411]

Die historische Entwicklung des Arzneimittelrechts zeigte[412], daß der Schutz, den das Gesetz heute bietet nicht immer so umfassend war. Besonders das, 1961 in Kraft getretene AMG[413] sah lediglich die Registrierung der einzelnen Fertigarzneimittel, unabhängig von einer Wirksamkeits- und Ungefährlichkeitsprüfung vor, obwohl bereits dem BGA im Falle einer Gefährdung die Möglichkeit eines Einschreitens eingeräumt wurde. Auftretende Mißstände zeugten dennoch von der Unzulänglichkeit dieses Arzneimittelrechts, so daß eine Reform dringlichst geboten war.
Eine umfassende Novellierung des AMG[414] verschärfte daraufhin nach amerikanischem Vorbild das Grundwerk zu einem verwaltungsrechtlichen Modell des generellen Verbotes mit Erlaubnisvorbehalt. Danach wurden Fertigarzneimittel durch ein vorheriges Zulassungsverfahren durch das BAG legitimiert. Den Hauptteil des Gesetzes bildete die Arzneimittelsicherheit zum Schutze des Patienten in Bezug auf die Qualität, die therapeutische Wirksamkeit und die Unbedenklichkeit der Verabreichung des Arzneimittels.[415]
Diese zu starren Regelungen wurden der Praxis des Arzneimittelrechts nicht gerecht, so daß Übergangsregelungen geschaffen werden mußten, die heute noch von den Grundprinzipien des absoluten Verbots, der Zulassungsbedürftigkeit, der Registrierung und der Nachzulassung getragen werden.

---

[409] Ulsenheimer in Laufs/ Uhlenbruck, Arztrecht, § 148 Rdnr. 1.
[410] AMG, in der Fassung v. 11.12.1998, BGBl. I, 3586.
[411] Hermes, Das Grundrecht von Schutz auf Leben und Gesundheit, S. 12; Schwabe, Grundrechtsdogmatik, S. 239f.
[412] Deutsch, Medizinrecht, Rdnr. 723 ff.
[413] Gesetz vom 16.05.1961, BGBl I, 533.
[414] Gesetz vom 24.08.1976, BGBl I, 2445.
[415] Ulsenheimer in Laufs/ Uhlenbruck, a.a.O., § 148 Rdnr. 1.

Insbesondere statuiert § 5 AMG das generelle Verbot, bedenkliche Arzneimittel in den Verkehr zubringen, wenn nach dem jeweiligen Stand der wissenschaftlichen Erkenntnis der begründete Verdach besteht, daß das Medikament trotz eines bestimmungsgemäßen Gebrauchs schädliche Wirkungen über ein vertretbares Maß hinaus herbeiführen kann. Hinsichtlich der Ausfüllung des unbestimmten Rechtsbegriffs der schädlichen Wirkung eines Medikamentes ist eine konkrete Risiko-Nutzen Analyse zwischen den therapeutischem Zweck und den Nebenwirkungen anzustellen.[416]
Eine weitere Schutzmaßnahme begründet das AMG mit § 21 Abs. 1, der grundsätzlichen Zulassungspflicht aller Fertigarzneimittel mit Ausnahme der Rezepturarzneimittel (§ 4 Abs. 1 AMG), der Defekturarzneimittel (§ 21 Abs. 2 Nr. 1 AMG), der Arzneimittel der klinischen Prüfung (§ 21 Abs. 2 Nr. 2 AMG), der Standardzulassungen, bei denen eine mittelbare oder unmittelbare Gefährdung nicht zu befürchten ist (§ 36 AMG), sowie bei homöopathischen Arzneimitteln, die eine Registrierung ausreichen lassen (§ 38 AMG).

Um hierbei nicht die Rechtsposition und im Ende auch die Grundrechte des Arzneimittelherstellers zu stark einzuengen, gestaltete der Gesetzgeber einen grundsätzlichen Anspruch auf Zulassung, der nach § 25 AMG nur dann zu versagen ist, wenn die gesetzlich statuierten Versagungsgründe vorliegen. Damit wurde dem BfArM weitestgehend die Darlegungslast derartiger Versagungsgründe zugewiesen, jedoch mit der Erleichterung der Versagung für den Fall, daß der Hersteller im Rahmen der staatlichen Zulassung auf Bedenken der Behörde nicht reagiert bzw. keine ernsthafte Widerlegung versucht.[417] Andererseits sieht das Gesetz in bestimmten Fällen auch eine Beweislastumkehr zu Lasten des Antragstellers vor.

Neben zahlreichen Einzelproblemen[418] eines solchen Zulassungsverfahrens liegt die Hauptschwierigkeit in der Beurteilung des Fehlens der therapeutischen Wirksamkeit des zuzulassenden Arzneimittels, da vom Gesetz die Zulassung nicht deshalb versagt werden darf, weil die therapeutische Wirksamkeit nur in einer beschränkten Zahl von Fällen erzielt werden konnte. Dieser Nachweis gilt gemäß § 25 Abs. 2 AMG als nicht erbracht, wenn der Antragsteller trotz der Anwendung des jeweils gesicherten Standards der wissenschaftlichen Erkenntnis die therapeutische Wirksamkeit nicht darlegen kann. Ist dieser Nachweis gelungen, so erfolgt die Zulassung im Verwaltungsverfahren, zu dessen Zweck das BfArM einzelne Ausschüsse aus Vertretern jeder Fachrichtung einrichtet.

Mit derartigen Regelungen kann nunmehr sichergestellt werden, daß ein „gewissenhafter und ordentlicher Arzneimittelhersteller jedes Arzneimittel, bei dem nicht schon ausreichende Erfahrungen vorliegen, eingehend pharmakologisch

---

[416] M.w.N. Deutsch, a.a.O., Rdnr. 724.
[417] BT-Druck 7/5091 (zu § 24).
[418] Darstellung bei Deutsch, Medizinrecht, Rdnr. 730 ff.

und klinisch prüfen muß, bevor er es in den Handel bringen kann."[419] Als Voraussetzung hierfür ist die, in § 40 AMG vorgeschriebene klinische Prüfung gesetzlich normiert worden, die sich an die positiven präklinischen Untersuchungsergebnisse anschließt und nach der Legaldefinition des § 22 Abs. 2 Nr. 3 AMG die Erprobung am Menschen unter ärztlicher Aufsicht darstellt und sich in vier Prüfungsphasen einteilt.[420]

V.4.3. Der Schutzanspruch im Umweltrecht

Risiken für Leben und Gesundheit drohen jedem Menschen bereits durch die zahlreichen Umweltbelastungen, wie radioaktive Strahlen, Luftverunreinigungen, Schadstoffe oder Lärmeinwirkung, wenngleich diese als die natürlichen Lebensgrundlagen von Natur und Umwelt keine zurechenbaren Schutzgüter eines individualisierbaren Personenkreises darstellen. Daher wurde im Zuge der Verfassungsreform Art. 20a GG[421] nach langjährigen Auseinandersetzungen als Aufgabennorm und Staatszielbestimmung normiert, die über normativ bindenden Kraft für Legislative, Judikative und Exekutive verfügt.

Die heutige Ausprägung des Umweltschutzes stellt daher einen ressoucenökonomischen und ökologischen Interessenschutz dar, der am Ende auf die Erhaltung und Bewirtschaftung der natürlichen Ressourcen, den Schutz der Biosphäre, der Ökosysteme, der natürlichen Kreisläufe und dem gesamten Tier- und Pflanzenschutz gerichtet ist.[422]
Durch die Schaffung dieser Grundgesetznorm wurde das Ziel und die Richtung des staatlichen Handelns und Unterlassens positiv festgelegt, obwohl es der Verantwortung und der Gestaltungsfreiheit des Gesetzgebers unterliegt, die Art und Weise des gebotenen Schutzes und die Auswahl der hierfür geeigneten Mittel nach den gegebenen Bedürfnissen ausgleichend festzulegen.[423]
Hieraus entwickelten sich eine Reihe rechtspolitischer Prinzipien, die ihrer Natur nach zum Teil unbestimmt und mehrdeutig sind, so daß die Komplexität des Umweltschutzes und die hieraus resultierenden Grundsatz- und Einzelprobleme in ihrer Abhängigkeit vom dynamischen Fortschritt der naturwissenschaftlichen Erkenntnisse und der technischen und industriellen Entwicklung weitere erhebliche Anforderungen an den Gesetzgeber stellt.[424]

---

[419] LG Aachen JZ 1971, 507 (514) (Strafprozeß im Contergan-Fall).
[420] Ulsenheimer in Laufs/ Uhlenbruck, Arztrecht, § 148 Rdnr. 2.
[421] Eingeführt am 27.10.1994, BGBl. I, S. 3146
[422] Breuer in Münch/ Schmidt/ Aßmann, Abschnitt 5, Rdnr. 5.
[423] Badura, Staatsrecht, D 44.
[424] Breuer a.a.O., Rdnr. 6, 19.

Aus diesem Grund kann so abstrakt wohl keine Parallele zum rechtlichen Umgang mit der Elektrokrampftherapie gezogen werden. Es muß dementsprechend ein repräsentativer Bereich aus dem Umweltrecht herausgefiltert werden, dessen rechtliche Betrachtung in der Basis mit der Elektrokrampftherapie vergleichbar ist. Aus diesem Grund wird im folgenden auf die Gentechnologie und das Atomrecht speziell eingegangen werden.

V.4.4. Der Schutzanspruch in der Gentechnologie

Eine Analyse der bestehenden kontroversen Ansichten zur Gentechnologie ergab, daß es sich hierbei um eine der brisantesten naturwissenschaftlich-technologischen Neuerungen handelt, die in ethischer und rechtlicher Hinsicht erhebliche Problemfelder aufwirft. Die besondere Schwierigkeit bei der Betrachtung dieser Rechtsmaterie liegt vor allem in dem Umstand, daß es häufig an gesicherten wissenschaftlichen Erkenntnissen fehlt, die eine zuverlässige Aussage über die Eintrittswahrscheinlichkeit eines Schadens zulassen, so daß oftmals nur eine Vermutung besteht, ob ein Schaden eintreten wird oder nicht, der jedoch für den Fall des Eintritts ein erhebliches Ausmaß einnehmen wird.
Reuber[425], der hierzu die einzelnen Einsatz- und Entwicklungsmöglichkeiten, aber auch die hieraus resultierenden immanenten Risiken aufzeigt, gelangt durch eine umfassende Analyse zu der Schlußfolgerung, daß die Gentechnologie nicht mehr, aber auch nicht weniger Risiken als andere Technologien birgt, hält aber im Gegenzug eine gesetzliche Regelung der Schutzmaßnahmen für unverzichtbar. In diesem Sinne bedarf es lediglich einer allgemeinverbindlichen Anordnung geeigneter Sicherheitsmaßnahmen, sofern gentechnologisch manipulierte Organismen in geschlossenen Systemen gehalten werden.
Anders hingegen fällt seine Beurteilung bei Freisetzungen aus, die in den meisten Fällen verboten werden sollten, wenngleich aus seiner Sicht ein Schutzpflicht-Gesetzesvorbehalt vertretbar sei.[426]

Nach zahlreichen wissenschaftlichen, vor allem aber durch den an sich illiberalen Beschluß des VGH Kassel[427], nachdem die gentechnologische Produktion nur auf Grund eines formellen Gesetztes zulässig ist, wurde diese Rechtsmaterie letztenendes durch den Bundesgesetzgeber normiert[428]. Es wurde abgeklärt, daß an der grundrechtlichen Zulässigkeit der Gentechnik auch in Hinblick auf die

425 Reuber, Lebens- und Gesundheitsschutz, S. 12ff, 27.
426 Reuber, a.a.O., S. 213.
427 VGH Kassel JZ 1990, 88ff.
428 Gesetz zur Regelung von Fragen der Gentechnik v. 20.06.1990, BGBl. I S. 1080, jetzt in der Fassung der Bek. v. 16.12.1993, BGBl. I S. 2066, zuletzt geändert durch die sechste Zuständigkeits-VO v. 21.09.1997, BGBl. I S. 2390.

Ausprägung der Forschungs- und der Berufsfreiheit, Art. 5 Abs. 3 GG, Art. 12 Abs. 1 GG, keine Bedenken bestehen.
Darüberhinaus sind zum Schutze der Rechte Dritter vom Gesetzgeber weitergehende notwendige Beschränkungen erlassen worden, so daß vorbeugende Kontrollen und Verbote bestimmter Freisetzungsexperimente nunmehr auch verfassungsrechtlich unbedenklich sind.[429]

Insbesondere leitet der umstrittene Beschluß des VGH Kassel aus dem bei der Gentechnologie „letztlich nicht abschätzbaren biologischen Risiko“ eine abstrakte Gefährdung des Grundrechts auf Leben und körperliche Unversehrtheit nach Art. 2 Abs. 2 GG und damit einen Abwehranspruch ab, nachdem festgestellt wurde, daß die Errichtung und der Betrieb einer gentechnischen Anlage nur aufgrund einer ausdrücklichen gesetzlichen Regelung zulässig ist und das BImSchG auch unter der Berücksichtigung anderer Fachgesetze aus den Grundsätzen des Parlamentsvorbehaltes im Sinne der sogenannten Wesentlichkeitstheorie keine ausreichende Rechtsgrundlage für die Erteilung einer Genehmigung darstellt. In diesem Zusammenhang geht der VGH entsprechend der Feststellung der fehlenden gesetzlichen Regelungen von einem absoluten Verbot aus, sich forschend oder anwendend mit allen Arten der Gentechnologie zu befassen.[430] Daß sich diese Ansicht nur auf die damalige Rechtslage bezieht, verdeutlicht der Umstand, daß selbst der VGH die Schaffung eines gesetzlichen Genehmigungsvorbehalte akzeptiert.[431]

Das GenTG erfuhr daher in den letzten Jahren auf Grund der verschiedensten Anlässe Novellierungen, obwohl die generelle Unterscheidung zwischen den Arbeiten in gentechnischen Anlagen und denen der Freisetzung und des Inverkehrbringens beibehalten wurde. Nach wie vor ist die Errichtung und der Betrieb einer gentechnischen Anlage gemäß §§ 8, 11, 13 GenTG genehmigungspflichtig Die gentechnischen Arbeiten werden entsprechend der Höhe und der Ausrichtung des ihnen immanenten Risikos gemäß § 7 GenTG in vier Sicherheitsstufen unterteilt, an denen sie sich jeweils entsprechend dem Stand der Wissenschaft orientieren müssen und die ausnahmslos einzuhalten sind.
Dementsprechend ist bereits die erste Sicherheitsstufe für eine gentechnologische Anlage erfüllt, wenn absolut kein Risiko für den Menschen und die Umwelt ausgeht. Dadurch sind diese Arbeiten auch nur anmeldepflichtig. Demgegenüber liegt bereits bei geringem Risiko für die genannten Schutzgüter die Sicherheitsstufe 2 für gentechnische Arbeiten vor. Von der Sicherheitsstufe 3 geht der Gesetzgeber aus, wenn ein mäßiges Risiko besteht. Für den Fall, daß die gentechnischen Arbeiten ein hohes Risiko oder ein Verdacht eines solchen Risikos auslösen, wurde eine weitere Sicherheitsstufe eingeführt. Diese Schutzvorkehrungen sollen sicherstellen, daß für den Menschen und die Umwelt mög-

429 Deutsch, Medizinrecht, Rdnr. 647.
430 Anm. zur Entscheidung des VGH Kassel von Rupp JZ 1990, 91.
431 M.w.N. bei Fluck, UPR 1990, 81 (84).

lichst keine Risiken ausgehen. Hinsichtlich der Zuordnung der einzelnen gentechnischen Arbeiten zu den einzelnen Sicherheitsstufen wurde die Bundesregierung gemäß § 7 Abs. 2 GenTG ermächtigt, nach Anhörung der Kommission eine Rechtsverordnung[432] mit der Zustimmung des Bundesrates zu erlassen.

Damit ist der Rechtssteit um den Gesetzesvorbehalt beim Betreiben gentechnischer Anlagen beendet. Das verfassungsrechtliche Grundsatzproblem zwischen dem Gesetztesvorbehalt einerseits und der technischen Sicherheit andererseits, blieb bislang ungelöst. Insbesondere stellt sich nach wie vor die Frage, ob der sozialstaatlich erweiterte Gesetzesvorbehalt dazu führt, daß die wissenschaftliche, wirtschaftliche und allgemeine Handlungsfreiheit gehemmt ist, solange der Gesetzgeber keine positive Zulassungsentscheidung getroffen hat. Eine pauschale Gesetzesabhängigkeit der grundrechtlichen Freiheit „in grundlegenden normativen Bereichen“ kann dabei wohl kaum die Lösung sein.[433]

V.4.5. Der Schutzanspruch im Atomrecht

Das Atomrecht, als ein sensibilisierter Bereich möglicher Grundrechtsverletzungen wurde durch den Bund im Rahmen der konkurrierenden Gesetzgebung durch das Gesetz über die friedliche Verwendung der Kernenergie und den Schutz gegen ihre Gefahren[434] geregelt.
Ausgangspunkt zahlreicher Diskussionen im Atomrecht war die viel besprochene Kalkar-Entscheidung des BVerfG, die in vielen grundrechtsdogmatischen Fragen als richtungsweisend gilt und erstmals die staatliche Schutzpflicht näher begründete.[435]
In diesem Beschluß führte das BVerfG[436] aus, daß das Atomgesetz die Genehmigung eines Kernkraftwerkes nicht zuläßt, „wenn die Errichtung oder der Betrieb der Anlage zu Schäden führt, die sich als Grundrechtsverletzungen darstellen“. Anderenfalls hätte das Atomgesetz gemäß Art. 19 Abs. 1 S. 2 GG das entsprechende Grundrecht ausdrücklich einschränken müssen.
Vorliegend besteht die zu beachtende Besonderheit, daß nicht die Genehmigungsvorschrift des § 17 Abs. 2 AtG die Grundrechte Dritter verletzt, sondern allenfalls die behördliche Entscheidung im Einzelfall, sofern eine derartige Genehmigung mangels Genehmigungsvoraussetzungen erteilt wurde. In diesem Sinne statuierte das BVerfG die Annahme, daß eine staatliche Ermächtigung Privater zu Grundrechtseingriffen eine Einschränkung des betreffenden Grund-

[432] GenTechnik-SicherheitsVO in der Bek. V. 14.03.1995, BGBl. I, S. 297.
[433] Breuer in Münch/ Schmidt/ Aßmann, Abschnitt 5, Rdnr. 20.
[434] AtG v. 15.07.1985, BGBl. I S. 1565, zuletzt geändert durch Gesetz am 06.04.1998, BGBl. I S. 694.
[435] BVerfGE 49 (89ff.).
[436] BVerfGE 49, 89 (129, 140f, 144ff.).

rechts begründet, bezüglich derer es einer gesetzlichen Ermächtigungsgrundlage bedarf, so daß insoweit zwischen der Ermächtigung zu staatlichen oder zu privaten Grundrechtseingriffen kein Unterschied besteht. Dementsprechend handelt es sich um einen, dem Staat zurechenbaren Eingriff eines Privaten in das Leben und die Gesundheit als grundgesetzlich geschütztes Rechtsgut, sofern dieser staatlich genehmigt wurde und die Genehmigung ihrerseits nicht den verfassungsrechtlichen Anforderungen entsprach, weil entweder die Genehmigungsvoraussetzungen nicht beachtet wurden oder selbst verfassungswidrig sind.
Hierdurch entwickelte sich die Ansicht, daß die Grundrechtsverletzung selbst nicht in der Beeinträchtigung des Grundrechts durch den Dritten liegt, sondern in der staatlichen Genehmigung des privaten Eingriffs und damit der staatlichen Erlaubnis der privaten Verletzung des Schutzgutes.

In ihrem Aussagegehalt begründete diese Rechtsprechung noch eine weitere, heftig umstrittene These bezüglich der Schwelle des Einsetzens dieser staatlichen Schutzpflicht. Dementsprechend sollte bereits der entfernte Verdacht einer schwerer Folgen der friedlicher Nutzung der Kernenergie ausreichen, die Schutzpflicht des Gesetzgebers konkret auszulösen. Eine Beschränkung dieser Schutzpflicht forderte das BVerfG lediglich mit einer Minimalschwelle der vermuteten Eintrittswahrscheinlichkeit.[437]
Im Rahmen dieser Grundsatzdiskussion konnte man sich bislang nicht einigen, ob der Gefahrenverdacht in den Bereich der Gefahrenabwehr oder der Risikovorsorge einzuordnen ist.[438]
Ohne den Gefahrenverdacht näher zu begründen und ohne sich mit der ordnungsrechtlichen Begriffsbildung auseinanderzusetzen, geht das BVerfG im Kalkar-Beschluß[439] davon aus, daß sich die Schutzpflicht auch auf den Gefahrenverdacht bezieht und zieht dabei die Grenze an der „praktischen Vernunft" und führt konkret aus:

> „Will der Gesetzgeber die Möglichkeit künftiger Schäden durch die Errichtung oder den Betrieb einer Anlage oder durch ein technisches Verfahren abschätzen, ist er weitgehend auf Schlüsse aus der Beobachtung vergangener tatsächlicher Geschehnisse in der Zukunft angewiesen; fehlt eine hinreichende Erfahrungsgrundlage hierfür, muß er sich auf Schlüsse aus simulierten Verläufen beschränken. Erfahrungswissen dieser Art, selbst wenn es sich zur Form des naturwissenschaftlichen Gesetzes verdichtet hat, ist, solange menschliche Erfahrung nicht abgeschlossen ist, immer nur Annährungswissen, das nicht volle Gewißheit vermittelt, sondern durch jede neue Erfahrung korrigierbar ist, und sich insofern immer nur auf dem neusten Stand unwiderlegten möglichen Irrtums befindet. Vom Gesetzgeber im Hinblick auf seine Schutzverpflichtung eine Regelung zu fordern, die mit absoluter Si-

[437] Stern III/1, S. 740; Murswieck, S. 149ff.
[438] Nachweis wird geführt von Reuber, Lebens- und Gesundheitsschutz, S. 79
[439] BVerfGE 49, 89 (142f.)

cherheit Grundrechtsgefährdungen ausschließt, die aus der Zulassung technischer Anlagen und ihrem Betrieb möglicherweise entstehen können, hieße, die Grenzen menschlichen Erkenntnisvermögens verkennen und würde weiterhin jede staatliche Zulassung der Nutzung von Technik verbannen. Für die Gestaltung der Sozialordnung muß es insoweit bei Anschätzungen anhand praktischer Vernunft bewenden."

Dieser herrschenden Rechtsprechung hat sich ein weiter Teil der Lehre angeschlossen, die es ebenso für erforderlich hält, bereits den Gefahrenverdacht in die grundrechtliche Schutzpflicht einzubeziehen, da die Schäden sonst nur einseitig auf den potentiell Geschädigten abgewälzt werden. Zur Begründung wird ausgeführt, daß der Ausgleich der Grundrechtsgüter in dem besagten Dreiecksverhältnis zwischen dem Staat, dem Technologieanwender und dem beeinträchtigtem Bürger gar kein anderes Ergebnis rechtfertigen kann. Die Freiheitsinteressen des Technologieanwenders können insbesondere nicht so hoch gewertet werden, daß ihre Einschränkung zum Schutz Dritter prinzipiell nur dann erforderlich ist, wenn der Beweis eines künftigen Schadens in vollem Umfang erbracht ist. Gleichzeitig wird dabei nicht verkannt, daß der Grad dieser Unsicherheit des Wahrscheinlichkeitsurteils bei der Entscheidung zur Auswahl des Schutzmittels eine besondere Bedeutung und damit einen Gestaltungsspielraum zukommt.[440]
Die hierzu geäußerten Kritiken sehen in einer derartige Restriktion eine Fortschrittshemmung, da jede Neuerung bis zu ihrem Beweis der Ungefährlichkeit als „Teufelswerk" verbannt wird.[441] Dem ist jedoch entgegenzuhalten, daß selbst im allgemeinem Ordnungsrecht der Gefahrenverdacht ausreicht, um ordnungsbehördliche Maßnahmen auszulösen. Auch wenn diesbezüglich stets angeführt wird, daß es in der Anwendung der Technik letztendlich nie einen absoluten Schutz gibt, so muß auf die Möglichkeiten verwiesen werden, daß man dessen Anwendung einerseits strikt verbieten könnte oder andererseits im Falle der Zulassung für eine hinreichende Kontrolle sorgen muß.

Die vorab genannte und durch das BVerfG statuierte Einschränkung bezüglich des atomaren Restrisikos wurde, „als die von allen Bürgern zu tragende sozialadäquate Last" mit der „Schwelle der praktischen Vernunft" bezeichnet, die einer verfassungsrechtlich gebotenen Gefahrenabwehr nicht mehr zugänglich ist mit der Folge, daß die Wahrscheinlichkeit des Schadenseintritts „praktisch" ausgeschlossen werden muß.[442]
Bei dieser Auslegung durch das BVerfG darf nicht verkannt werden, daß es sich keinesfalls um eine verallgemeinerungsfähige Bestimmung des verfassungsrechtlichen Restrisikos handelt, sondern um eine sehr niedrige Festlegung der

440 Reuber, a.a.O., S. 80f.
441 Hermes, Das Grundrecht von Schutz auf Leben und Gesundheit, S. 235.
442 BVerfGE 49, 89 (143).

Restrisikogrenze als notwendige Konsequenz des außerordentlich hohen Schadenspotentials eines Kernkraftwerkes.
Im Umkehrschluß hierzu ist der mögliche Schaden, den eine Risikoquelle generell herbeiführen kann, wohl wesentlich geringer und damit das verfassungsrechtlich tolerable Restrisiko größer, auch wenn es sich konkret um ein Lebensrisiko handelt.[443]
An diese Argumentation anlehnend sollten daher nur Schäden, die nach dem „Standard praktischer Vernunft" „unvorstellbar und ausgeschlossen" sind, den Staat nicht zu Schutzmaßnahmen verpflichten.[444]

Erst in einem weiteren Schritt stellt sich die Frage, wie eine solche staatliche Schutzpflicht ausgestaltet sein muß. Hierzu stehen dem Staat mehrere Möglichkeiten zur Verfügung, den Bürger vor der Gefahr einer Beeinträchtigung durch Dritte zu schützen.[445]
Insbesondere die Fragestellung, ob der Gesetzgeber zwingend zu einer Entscheidung gelangen muß und welcher Gestaltungsspielraum ihm hierbei zur Verfügung steht, nahm das BVerfG bislang nicht einheitlich Stellung.
Einigkeit besteht in diesem Zusammenhang nur insoweit, daß bezüglich einer, der Legislative obliegenden Schutzverpflichtung, die allgemein dargelegten Grundsätze Geltung beanspruchen. Sie richten sich nach der Art und der Bestimmtheit der Rechtsfolge und sind konkret danach beurteilen, ob die Schutzpflicht Rechtssatz oder Grundsatz, strikte Norm oder Programmsatz, Regel oder Prinzip, lex perfecta oder lex imperfecta umfaßt, oder ob der Normencharakter beide Gegenpositionen aufweisen soll.

V.4.6. Vergleichsanalyse

Ein Vergleich des Arzneimittelrechts, des allgemeinen Umweltrechts, der Gentechnologie und des Atomrechts untereinander und letztlich in Bezug auf die Anwendung der Elektrokrampftherapie zeigt, daß diesen Rechtsinstituten die Problematik grundrechtlicher Schutzpflichten in dem Rechtsdreieck Staat↔Dritter↔Betroffener zugrundeliegt und es sich gerade nicht um ein bipolares Verhältnis zwischen dem Staat und dem Bürger handelt, bei dem die Grundrechte in ihrer originären Natur als Abwehrrechte wirken, sondern vielmehr um die grundrechtlich abgeleitete Pflicht des Staates den Bürger vor Eingriffen seiner Mitbürger in dessen Rechtsgüter zu schützen. Während der ersterer Fall in der Regel ein Unterlassen fordert, wird in der zweiten Konstellation ein Tätigwerden angestrebt.

---

[443] M.w.N. bei Murswieck, S. 281 f.
[444] M.w.N. bei Reuber, Lebens- und Gesundheitsschutz, S. 82 ff.
[445] So auch Hermes, Das Grundrecht von Schutz auf Leben und Gesundheit, S. 6ff.; Reubner, a.a.O., S. 88ff.

Versuche, die Anwendung der Elektrokrampftherapie und das Verabreichen von Medikamenten rechtlich zu vergleichen, gestalten sich schwierig, da es sich bei der Elektrokrampftherapie um den konkreten Übergriff des Arztes als Privatperson handelt, während bei der medikamentöse Behandlung der Verursacher der Gesundheitsbeschädigung nicht so klar feststellbar ist. Diese Betrachtung rechtfertigt den Umstand, daß das Arzneimittelrecht so detailliert geregelt ist, insbesondere den Patienten durch das Erfordernis des Wirksamkeitsnachweises bereits im Vorfeld schützt.
Betrachtet man den Konvulsator zur Auslösung des generalisierten Grand-Mal Anfalls, so ist dieser gemäß § 3 Abs. 3 Nr. 7 AMG als Medizinprodukt zu qualifizieren. Die Analyse der möglichen Wirkungsweise ergab, daß es sich um eine elektrische Stimulation handelt, die letztendlich wie ein natürlicher Epelepsieanfall neurohumorale Veränderungen und Beeinflussungen an den verschiedenen Rezeptorsystemen bewirkt und für die Effektivität der Therapie ursächlich ist. Dementsprechend erzielt die Psychiatrie mit der Elektrokrampftherapie im Grundsatz die selbe Wirkung wie bei einer antidepressiven Medikation, die durch chemische Energie die Sensitivität der Rezeptoren verringert. Trotz allem handelt es sich bei der Anwendung der Elektrokrampftherapie nicht um ein Arzneimittel, sondern unterliegt wie später noch auszuführen sein wird dem MPG mit der Folge, daß die strengen Verwaltungsvorschriften hinsichtlich des Wirksamkeitsnachweises in dieser Form nicht gelten.

Dem Umweltrecht, der Gentechnologie und dem Atomrecht liegt verallgemeinert das gemeinsame Grundproblem der nicht abschätzbaren Risiken durch das Betreiben technischer Anlagen durch private Dritte zugrunde. Das diese Ausführungen auch für den vorliegend diskutierten Fall der Anwendung der Elektrokrampftherapie gelten, begründet sich allgemein, vor allem hinsichtlich des Betreuungsrechts, einer Schnittstelle zwischen dem öffentlichen Recht und dem Zivilrecht und der damit verbundenen erhöhten Schutzverpflichtung des Staates.
In diesem Zusammenhang zeigte der Beschluß des HessVGH, der das Schadensrisiko im Umgang mit der Gentechnologie als schlechthin unabschätzbar und von solcher Bedrohung und Irreversibilität einschätzt und es daher mit dem Gefahrenpotential der Kernenergie gleichsetzt, daß man keinesfalls nur abstrakt die Risiken isoliert betrachten kann, sondern auch die bereits in der Gentechnologie vorhandenen Erkenntnisse zum Nutzen für die Menschheit anwenden muß. Dementsprechend darf nicht verkannt werden, daß schließlich wissenschaftliche Forschung allemal nach Wissen strebt, welches noch nicht vorhanden ist und dem deshalb nur bedingt mit einer antizipativen Rechtsregelung vorgebeugt werden kann.[446]
Die zahlreiche Kritik an der Entscheidung des HessVGH verdeutlicht, den bereits bestehenden Schutz des Staates als Rechtsgrundlage zu untersuchen und nur im Falle dessen ungenügenden Schutzes einen Schutzanspruch zuzulassen.

---

[446] Rupp, Anm. zur Entscheidung des VGH Kassel JZ 1990, 91(92).

Nur wenn dieser mangelnde Schutz positiv nachgewiesen werden kann, stellt sich die Frage nach der Fixierung jener Gefahrengrenze, ab welcher sich der, grundsätzlich in das Gestaltungsermessen des Gesetzgebers gestellte, grundrechtliche Schutzauftrag in eine konkretisierbare Gesetzgebungspflicht verwandelt.[447]
Die rechtliche Behandlung und die Argumentation der Gentechnologie ist daher in ihren Grundsätzen vor der Normierung des GenTG mit der Anwendung der Elektrokrampftherapie nahezu identisch. Dies ergibt sich vor allem vor dem Hintergrund, daß in beiden Fällen zwar fragmente, wissenschaftliche Erkenntnisse über die anzuwendenden Methoden vorliegen, die aber in ihrer Gesamtheit nicht ausreichen, den wissenschaftlichen Bereich der Gefahrlosigkeit überhalb einer festzulegenden Risikoschwelle zu erbringen. In diesem Sinne können die juristischen Konflikte hinsichtlich der Rechtsgrundlage an sich, der Reichweite des staatlichen Schutzanspruchs sowie der verfassungsrechtlichen Grundthematik der Wesentlichkeitstheorie auch für die Elektrokrampftherapie diskutiert werden. In Anlehnung an die Vorgehensweise der gesetzlichen Normierung der Gentechnologie, kann ein möglicher Lösungsvorschlag für die Anwendung der Elektrokrampftherapie erarbeitet werden.

Aber auch die Entwicklung des Atomrechts konnte durch die einschlägige Rechtsprechung, speziell der Kalkar-Entscheidung, eine richtungsweisende Tendenz aufzeigen, die bezüglich der zu analysierenden Schlüsselwörter des Gefahrenverdachts und der Eintrittswahrscheinlichkeit stets Ausgangspunkt der Diskussion der staatlichen Schutzpflicht, ausgestaltet durch legislatives Handeln resultierend aus der Pflicht zur Unterlassung von Grundrechtseingriffen, sein wird. Diese allgemeinverbindlichen Grundpositionen bieten für den rechtlichen Umgang mit der Elektrokrampftherapie entscheidende Anhaltspunkte, um das hinnehmbare Restrisiko im Rahmen der Risiko-Nutzen-Analyse zu bestimmen. Diese Feststellung soll dann zu der weitergehenden Erkenntnis und zur Begründung erforderlicher Schutzmaßnahmen verhelfen.
Desweiteren lehrt diese Rechtsentwicklungen, daß der staatliche Schutzanspruch stets auch neben den Grundrechten der Anwender und nicht lösgelöst von diesen zu betrachten ist, so daß eine Beschränkung nur durch oder auf Grund eines Gesetzes den Anforderungen der Verfassung entspricht.

Aus der Gesamtheit dieser Darstellungen, insbesondere unter Beachtung der Wechselwirkung der einzelnen Grundrechte, kann daher der verallgemeinerungsfähige Schluß in Bezug auf die Anwendung der Elektrokrampftherapie gezogen werden, daß an der generellen staatlichen Schutzpflicht gegenüber dem Bürger keine Zweifel bestehen, daß aber auch die rechtliche Würdigung des Gefahrenverdachts, die festzulegenden Risikoschwelle und die Qualitätssicherung

[447] Dietlein, Grundrechtliche Schutzpflichten, S. 112.

dieser Heilbehandlungsmaßnahme unabdingbare Prüfungsschwerpunkte im Rahmen der Frage nach dem juristischen Umgang mit der Elektrokrampftherapie und dem Verfassungsauftrag sind.

V.5. Die Forderung nach einem gesetzlichen Verbot der Elektrokrampftherapie

Mehrfach wurde bereits erwähnt, daß es sich einige Verbände und Organisationen zum Ziel gemacht haben, die Elektrokrampftherapie als ärztliche Heilbehandlungsmaßnahme auf Grund der hierdurch erzeugten „Depersonalisierung" des Patienten gesetzlich verbieten zu lassen. Entsprechend den obigen Ausführungen zur staatlichen Schutzpflicht aus Art. 2 Abs. 2 GG obliegt es nunmehr dem Staat, sich schützend vor die Patienten zu stellen mit dem Ziel, daß derartig behauptete, gesundheitliche Schäden nicht mehr auftreten können.

Diese Forderung rechtfertige sich nach der, nicht immer unpolemischen Ansicht Breggins[448], der die vorab beschrieben These aufstellte, daß infolge der Elektrokrampftherapie irreversible, persönlichkeitsschädigende Hirnschäden verursacht werden. Insbesondere seine Feststellung, der Mensch funktioniere nur noch auf einer subhumanen Ebene, begründet die Forderung nach einem gesetzlichen Verbot durch den Bundesgesetzgeber.

Demgegenüber dürfen aber auch die zahlreichen Gegenstudien nicht vernachlässigt werden, die einige dieser beschriebenen Nebenwirkungen in abgeschwächter Form anerkennen, aber nachweisen, den Patienten dennoch von seinem psychischen Leiden zumindest vorübergehend befreien zu können.
Gerade aber in den Fällen einer strengsten Indikationsstellung der Elektrokrampftherapie, konkret der perniziösen Katatonie, des Stupors oder einer psychiotischen Suizidalität, den typisch psychischen Krankheitsbildern die kurzfristig weder einer Selbstheilung noch einer medikamentösen Behandlung zugänglich sind, sondern vielmehr die mögliche Gefahr eines Todes für den Patienten nicht ausschließen können, drängt sich die entgegengesetzte Frage der Schutzpflicht des Staates gegenüber dem Patienten zur Lebensrettung auf.
Ein Eingreifen des Gesetzgebers auf der Grundlage der vorab dargestellten Schutzpflicht des Staates gegenüber einem gefährdeten Bürger aus Art. 2 Abs. 2 S. 1 GG durch ein Gesetz, das daß Verbot der Anwendung der Elektrokrampftherapie statuiert, erfordert daher den positiven Nachweis der Persönlichkeitsveränderung infolge der Applikation, der bislang in der erforderlichen Form nicht erbracht werden konnte.

---

[448] Vgl. Abschnitt B. II. 2. 2.

Allein die Art und Weise der Publikationen, die an die Öffentlichkeit gerichtet sind und Horrorszenarien der Elektrokrampftherapie aufzeigen, sind nicht geeignet, den wissenschaftlichen Beweis der Persönlichkeitsveränderung zu erbringen.

Desweiteren darf nicht vernachlässigt werden, daß es sich bei der Elektrokrampftherapie um einen ärztlichen Eingriff handelt, der seit 1938 praktiziert wird. Die langjährige Anwendung rechtfertigt zwar keinesfalls die Annahme des Erfolges, indiziert aber dennoch den Grund einer gewissen Notwendigkeit. Ebenso nicht vernachlässigbar ist der Umstand, daß die Elektrokrampftherapie weltweit, auch mit gutem Erfolg eingesetzt wird, obwohl Deutschland hinsichtlich der Anwendungszahlen in einem sehr geringen Bereich liegt. Zwar rechtfertigt die zahlenmäßig höhere Anwendung der Elektrokrampftherapie anderer Länder keinesfalls die Ungefährlichkeit per se, liefert aber ein Indiz für eine anerkannte Heilmethode. Insbesondere überdauerte die Elektrokrampftherapie andere Heilmethoden, wie einige Psychopharmaka. Unter strengster Indikationsstellung traten daher weltweit auch unter erfolgreicher Einführung dieser Psychopharmaka unabdingbare Anwendungsfälle der Elektrokrampftherapie auf. Desweiteren muß auf die zum Teil starken Nebenwirkung bei der Anwendung von Psychopharmaka hingewiesen werden. Für diese Medikamentengruppe gilt der gleiche Ausgangspunkt, wie für die Elektrokrampftherapie auch: Kein Wissenschaftler ist selbst in der heutigen Zeit dazu fähig, sämtliche Hirnprozesse zu erklären und psychische Krankheitsbilder wie eine somatische Erkrankung zu heilen, indem die konkreten, vor allem aber genaustens bekannten Ursachen beseitigt werden. Vielmehr ist der Psychiater auf die empirischen Wirkungen beschränkt und muß an Hand des Detailwissens über die verschiedenen Hirnprozesse versuchen, einen Heilungserfolg zu erzielen. Erkennt man daher die Psychopharmaka als medikamentöse Heilbehandlungsmaßnahmen an, ist nur mit der Ausnahme unterschiedlicher ethische Betrachtungsweisen eine andere Beurteilung in Bezug auf die Elektrokrampftherapie vertretbar.

Unter Würdigung aller wissenschaftlich fundierten Studien konnte keine der beiden Anschauungen einen hinreichenden Glaubhaftigkeitsbeweis für sich allein liefern.

Die Hauptkritik an den beiden konträren Ansichten könnte darin zusehen sein, daß die klinischen Tests jeweils von den untersuchenden, führenden Wissenschaftlern wahrscheinlich ohne die wünschenswerte Neutralität durchgeführt wurden. In diesem Sinne gelangten die Befürworter der Elektrokrampftherapie zu uneingeschränkt positiven Ergebnisse unter Vernachlässigung der geringen Nebenwirkungen, während Gegner der Therapie stets überdurchschnittlich schlechte Ergebnisse erzielten, die sich einerseits zum Teil in den nicht nachweisbaren Therapieerfolgen, andererseits in den zu gravierenden Nebenwirkungen begründeten.

Eine abschließende Gesamtbetrachtung der medizinischen, rechtlichen und ethischen Analyse der Elektrokrampftherapie führt zu dem Ergebnis, daß es sich hierbei unter strengen Indikationsstellungen und der Durchführung „lege artis" um eine medizinische Heilbehandlungmaßnahme handelt, die als ultima ratio Behandlungsmaßnahme keinesfalls dem Therapiebereich der Psychiatrie zu entziehen ist. Dies führt zu dem Ergebnis, daß ein gesetzliches Verbot der Elektrokrampftherapie, insbesondere auch aus der Schutzverpflichtung des Staates, dem Patienten keine Heilbehandlungsmaßnahme vorzuenthalten, nach dem derzeitigen Stand der Wissenschaft nicht in Betracht kommt.

V.6. Die gesetzliche Regelung der Anwendung der Elektrokrampftherapie bei einwilligungsfähigen Patienten

Die Qualifizierung der Elektrokrampftherapie als einen indizierten Eingriff des Psychiaters, der sich primär auf die Wiederherstellung der psychischen Gesundheit richtet, bedeutet nicht, daß sie als ärztliche Maßnahme nicht mehr dem Schutzbereich des Art 2 Abs. 2 GG unterfällt. Entsprechend der gesetzlichen Grundlagen der Schutzverpflichtung des Staates ist trotz der Ablehnung eines gesetzlichen Verbotes der Elektrokrampftherapie diese Behandlungsmaßnahme weiterhin auf einer anderen Schutzstufe abwehrfähig.

In den Schutzbereich der körperlichen Unversehrtheit greifen neben den direkten, auch die indirekte Maßnahmen ein, selbst wenn der Betroffene sich freiwillig der Heilbehandlungsmaßnahme unterzieht, da das Motiv des Arztes die Qualifikation als Eingriff nicht beseitigt, sondern nur rechtfertigt.[449]
Die Schutzdimension des Art. 2 Abs. 2 GG erfordert daher die legislative, gegebenenfalls die exekutive Steuerung von Verhaltensweisen mit belastenden Wirkungen, wenn und soweit diese die körperliche Unversehrtheit der Patienten beeinträchtigen können. Damit stellt auch hier das Grundgesetz die generellen Weichen mit der Folge, daß einfaches Gesetzesrecht die effektive Gefahrenabwehr vor schädlichen Eingriffen übernimmt.[450]
Der Gesetzgeber kann durch die Schaffung einfachen Gesetzesrechts eine Gefahrenvermeidung betreiben, um den Schaden künftig erfolgender Eingriffe überschauen und einschränken zu können, da bereits die positive Feststellung der Schutzverpflichtung des Staates diesen verpflichtet Vorkehrungen zu treffen, die im Ergebnis den hinreichenden Schutz des einzelnen Psychiatriepatienten erwarten lassen.[451]

---

[449] A.a.O., Rdnr. 32.
[450] v. Münch/ Kunig, Art. 2 Rdnr. 67.
[451] Preu, JZ 1991, 265, 268.

Aus der Sicht eines völlig umfassenden Rechtsschutzes käme vorliegend die gesetzliche Regelung der Anwendung der Elektrokrampftherapie aller Psychiatriepatienten in Betracht.
Im Hinblick auf die verfassungsrechtlich gebotenen Schutzverpflichtung des Staates gegenüber dem Bürger handelt es sich bei der Elektrokrampftherapie um eine ärztliche Eingriff, der bereits unter den vorab genannten Grundsätzen[452], wie der Einwilligung, der hinreichenden Aufklärung und der Anwendung lege artis rechtmäßig durchgeführt werden kann.
Eine hierüber hinausgehende Schutzverpflichtung des Staates, z.B. legeslativ einzugreifen, besteht jedoch nur dann, wenn die bereits bestehende Art der Schutzleistung nicht mehr hinreichend wirkungsvoll ist.[453]
Der Grund hierfür liegt insbesondere im positiven Recht, auch nur die Dinge zu regeln, die ein derartiges Bedürfnis implizieren mit der folgenden Einschränkung, daß keinesfalls ein Anspruch gegenüber dem Gesetzgeber darauf besteht, den Sachverhalt bis zu der letzten Lebenserscheinung hinein zu verfolgen und dementsprechend zu regeln.[454]

V.6.1. Hinreichende Ausgestaltung des Gesundheitsschutzes durch einfachgesetzliches Bundes- und Landesrecht

Die Ausgestaltung des Gesundheitsschutzes durch einfachgesetzliches Bundes- und Landesrecht läßt erkennen, daß bereits dort an das Vorliegen von Gesundheitsgefährdungen, wie sie die Anwendung der Elektrokrampftherapie hervorrufen kann, objektiv und subjektivrechtliche Folgen zum Schutz der Gesundheit statuiert sind. Es existieren in der gesamten Rechtsordnung eine Fülle von Rechtsnormen, die sich allein mit der Gesundheit des Menschen befassen, aber keine Garantie dafür sind, daß das Ziel eines bestmöglichen Gesundheitsschutzes heute und auch zukünftig erreicht wird. Im Gegenteil wird sogar behauptet, daß die tendenzielle Entwicklung zur Gesundheitsversorgung das eigentliche Ziel einer Optimierung verfehlt.[455]

Betrachtet man das Zivilrecht unter dem Gesichtspunkt des staatlichen Schutzes des Patienten bei der Anwendung der Elektrokrampftherapie, so kann der Patient gegenüber dem Arzt zunächst aus dem Behandlungsvertrag Primäransprüche ableiten. Schutzaspekte ergeben sich in diesem Zusammenhang durch die richterliche Rechtsfortbildung der positiven Vertragsverletzung.

---

452 Vgl. Abschnitt D. III.

453 Preu, JZ 1991, 265, 268; BVerfGE 39, 1 (44ff., 46f.); Alexy, Grundrechte, S. 420ff; Stern, Bd. III/1, S. 737f.

454 Hubmann, Persönlichkeitsrecht, S. 127.

455 Seewald, Verfassungsrecht auf Gesundheit, S. 1, 59.

Speziell den Schutz von Leben, Körper und Gesundheit hat der Gesetzgeber im Deliktsrecht mit § 823 Abs. 1 BGB und § 823 Abs. 2 BGB in Verbindung mit einem anerkannten Schutzgesetz, das gerade den Schutz der Gesundheit und körperlichen Unversehrtheit dient, normiert, so daß der Arzt oder der entsprechende öffentlich rechtliche Träger bei vorsätzlicher oder fahrlässiger, rechtswidriger Verletzung der genannten Rechtsgüter den hieraus entstandenen Schaden zu ersetzen hat. Zusätzlich gewährt der Gesetzgeber bei dem Vorliegen der genannten Tatbestände auch Ersatz des, hieraus entstehenden immateriellen Schadens in Form von Schmerzensgeld nach § 847 BGB.

Aber auch strafrechtlich bleibt die Verletzung der Gesundheit nicht unberücksichtigt. Insbesondere macht sich der Arzt einer Körperverletzung gemäß §§ 223 ff. StGB strafbar, sofern der Patient nicht wirksam einwilligte bzw. die Aufklärung nach den oben genannten Grundsätzen nicht hinreichend genau war, so daß die hierauf erklärte Einwilligung unberücksichtigt bleibt.

Die zivilrechtlichen Regelungen und die strafrechtlichen Sanktionen rechtfertigen damit die Aussage, der Staat ist mit diesen Regelungen bereits seiner Verpflichtung, sich schützend vor seinem Bürger zu stellen und ihn vor Gesundheitsverletzungen durch die Schaffung einfachen Gesetzesrecht zu bewahren, ordnungsgemäß nachgekommen, da auch die generelle Therapiefreiheit des Arztes nicht unbeachtet bleiben darf. Hierbei handelt es sich um einen in der Rechtsprechung und Lehre gleichermaßen anerkannter Grundsatz, daß der Arzt von Rechts wegen nicht allein auf die schulmedizinische bzw. anerkannte oder die dem gegenwärtigen Stand der medizinischen Wissenschaft repräsentierenden Methode verpflichtet ist. Der Grund, daß dem Arzt ein derartiger Ermessens- und Beurteilungsspielraum zugesprochen wird, der in keinem weiterem Bereich der Wissenschaft so ausgeprägt ist, liegt daran, daß der Heilerfolg im Einzelfall von zahlreichen, rational nicht faßbaren Umständen abhängt.[456]

Einen darüber hinaus gehenden Schutzaspekt begründete der Gesetzgeber im Hinblick auf die Qualitätssicherung der ärztlichen Berufsausübung mit der Normierung des Gesundheitsreformgesetzes, dem Gesundheitsstrukturgesetz und dem zweiten Neuordnungsgesetz, durch die man sich die positive Beeinflussung der Qualität der gesundheitlichen Versorgung erhofft.[457]
Eine konkrete Qualitätssicherung im Hinblick auf die Elektrokrampftherapie blieb bislang aber aus.
Auch die Rechtsfolge des § 135 SGB V als eine Vorschrift über die „Qualitätssicherung der vertragsärztlichen und vertragszahnärztlichen Versorgung“ und damit als umfassendes Verbot mit Erlaubnisvorbehalt für neue Untersuchungs-

---

[456] Laufs in Laufs/ Uhlenbruck, Arztrecht, § 99 Rdnr. 19.

[457] Wienke, in Wienke/ Lippert/ Eisenmenger, S.1; Thomeczek/ Ollenschläger, in Wienke/ Lippert/ Eisenmenger, S.51.

und Behandlungsmethoden bietet eine normierte Qualitätssicherung und mittelbar einen zusätzlichen Schutz für den Patienten.
Dieser Regelung entsprechend dürfen neue Untersuchungs- und Behandlungsmethoden in der vertragsärztlichen Versorgung nur noch dann erbracht werden, wenn der Bundesausschuß der Ärzte und Krankenkassen im Rahmen einer Richtlinie „Empfehlungen“ über die Anerkennung des diagnostischen und therapeutischen Nutzens einer neuen Methode abgegeben hat, die zudem die Empfehlung zur Qualitätssicherung enthalten muß.[458]
Eine derartige Empfehlung für die Anwendung der Elektrokrampftherapie liegt nicht vor. Auch die Anfrage aus dem Jahr 1999 an die führenden deutschen Krankenkassen und Versicherer anderer Art ergaben bei einem Rücklauf von 33,3% ergaben, daß die Problematik der Elektrokrampftherapie so nicht bekannt ist. Es liegt bislang auch kein Antrag auf Rückerstattung entstandener Mehrkosten nach der Anwendung der Elektrokrampftherapie vor.
Dieses Ergebnis wurde durch das bis 1995 geltende Selbstkostendeckungsprinzip gerechtfertigt, bei dem sämtliche, im Krankenhaus angefallenen Kosten in das auszuzahlende Budget einflossen und dieses in tagesgleiche Pflegesätze umgerechnet wurden. Im Rahmen des entsprechend gültigen Tagessatzes, der 1994 bei ca. DM 476 lag, den der Versicherer pro Patient an die Einrichtung zahlte, mußten sämtliche Kosten und damit auch die, aus der Anwendung der Elektrokrampftherapie resultierenden, abgedeckt werden.
Auch die Einführung der Bundespflegesatzverordnung vom 26.09.1994, mit der der Gesetzgeber eine Umstellung der bisher kostenorientierten auf ein leistungsorientiertes Vergütungssystem vornahm, ergab kein anderes Ergebnis. Anstelle der bislang tagesgleichen Pflegesätze erfolgt seit dem 1.1.1996 die Vergütung der Krankenhausleistungen durch Fallpauschalen, Sonderentgelte, Abteilungspflegesätze und dem Basispflegesatz.[459]
Da bislang eine „Empfehlung“ des Bundesausschusses der Ärzte und Krankenkassen hinsichtlich der Elektrokrampftherapie nicht vorliegt und hierbei in der Regel eine stationäre Aufnahme unentbehrlich ist, rechtfertigt die Annahme, daß § 135 SGB V nur ärztliche Leistungen der ambulanten Versorgung betrifft. Der gesetzlich erweiterte Schutzaspekt kann damit keine Geltung für die Anwendung der Elektrokrampftherapie beanspruchen. Inwieweit dieses Ergebnis verfassungsrechtlich zu werten ist, und ob hierdurch bewußt eine Regelungslücke in Kauf genommen wurde, bleibt jedoch abzuwarten und kann an dieser Stelle nicht geklärt werden.

Dennoch besteht bei der Anwendung der Elektrokrampftherapie die Besonderheit der Kontroversität bezüglich der Beurteilung der möglicherweise eintretenden Nebenwirkungen und dem Umstand der empirischen Wirkungsweise, basierend auf fehlenden wissenschaftlichen Erkenntnissen über das menschlichen

---

[458] Spoerr, NJW 1999, 1773.
[459] Hinsichtlich der allgemeinen Rechtslage findet sich ein ausführlicher Überblick über das deutsche Krankenhauswesen bei Bauer/ Pföhler, S. 180 ff.

Hirn. Damit drängt, so daß sich die Frage nach einem weitergehendem Schutzmechanismus staatlicher Seite auf.
In Bezug auf die Anwendung der Elektrokrampftherapie darf daher die Qualitätssicherung als eine ärztliche, berufsrechtlich normierte Aufgabe[460] keinesfalls außer Betracht gelassen werden.
Entgegen einer starken Tendenz im Schrifttum[461] rechtfertigt sich die Zulässigkeit vor allem aber die Notwendigkeit einer externen oder fachfremden Beurteilung. Daß dabei das originäre Handeln des therapierenden Arztes einer Drittkontrolle unterworfen wird, ist im Hinblick auf die Höherwertigkeit der verfassungsrechtlichen Schutzgüter letztlich hinzunehmen.[462]
Mit dem zweiten GKV Neuordnungsgesetz[463] hat der Bundesgesetzgeber diese Richtung der Qualitätssicherung zwar eingeschlagen, jedoch ohne eine konkrete Regelung für den vorliegenden Problemkreis zutreffen.

V.6.2. Hinreichende Ausgestaltung des Gesundheitsschutzes durch das Medizinprodukterecht[464]

Parallel zum Arzmeimittelrecht schreibt auch das Medizinprodukterecht Sanktionen vor, um die Qualitätssicherung der Medizinprodukte zu gewährleisten. Infolge der rasanten Entwicklung der Medizintechnik stellt eine Regelung innerhalb der EU eine zeitgemäße und unabdingbare Notwendigkeit dar.[465] Neben zahlreichen Gesetzen und Verordnungen, die der Umsetzung europäischer Richtlinien dienen, ist neben dem Medizinproduktegesetz[466], die Medizingeräteverordnung[467], die Medizinprodukte- Betreiberverordnung[468] und die Medizinprodukte-Verordnung[469] Prüfungsmaßstab bei der Beurteilung medizintechnischer Produkte.

Im Rahmen der Analyse dieser Gesetze ist erkennbar, daß das gesetzliche Regelwerk um die Medizinprodukte im allgemeinen und die der Elektrokonvulsatoren im speziellen einerseits bereits zum Teil eine umfassende Regelung beinhalten, andererseits nicht unerhebliche Lücken aufweisen.

---

[460] Laufs, NJW 1999, 1758 (1759).
[461] Laufs, a.a.O.; Schneider, in Wienke/ Lippert/ Eisenmenger, S.170.
[462] Schneider a.a.O.
[463] BGBl. I, 1520 v. 23.06.1997.
[464] Im folgenden werden praxisrelevante Darstellungen aufgezeigt, die unter Beihilfe des Sachverständigenbüros „Kindler International“, Berlin erstellt wurden.
[465] Deutsch, NJW 1999, 817.
[466] MPG in der Fassung vom 06.08.1998, BGBl. I, S. 1963
[467] MedGV in der Fassung vom 06.08.1998, BGBl. I,
[468] MPBetreibV in der Fassung vom 29.06.1998, BGBl. I,
[469] MPV in der Fassung vom 17.12.1993, BGBl. I, S. 3138

a) Die Anforderungen der Medizingeräteverordnung

Entsprechend den bisherigen Ausführungen kann davon ausgegangen werden, daß die Gefahr langanhaltender und schwerwiegender kognitiver Nebenwirkungen durch den Einsatz moderner Technik reduziert werden konnte. Es drängt sich folglich die Frage auf, inwieweit die temporäre Differenz zwischen den einzelnen Elektrokonvulsatoren rechtlich zu behandeln ist.
Unumstritten ist, daß auch die Elektrokonvulsatoren und damit auch die Sinuswellengeräte, die nach der MedGV zwischen dem 14. Januar 1985 und dem 14. Juni 1998 in Verkehr gebracht wurden, als sogenannte "Altgeräte" einen Bestandschutz genießen. Im Rahmen einer "Abverkaufsfrist" können diese sogar noch bis zum 30. Juni 2001 als Medizinprodukte weiter in Verkehr gebracht und in Betrieb genommen werden, wenn sie bis zum 14. Juni 1998 nach der MedGV erstmalig in Verkehr gebracht wurden. Diese Regelung bezieht sich auf die Medizinprodukte, die bei Groß- und Zwischenhändlern noch auf Lager liegen.

Gemäß § 2 MedGV sind die Geräte zur Anwendung der Elektrokrampftherapie in der Anlage 1, Punkt 6 als Geräte der Gruppe 1 aufgeführt.
Diesen Gerätetypen ist ein gesteigertes Gefahrenpotential anerkannt immanent. Um dennoch die Sicherheit dieser Geräten zu gewährleisten, werden sie im wesentlichen durch eine Bauartzulassung, der Pflicht auf eine Bauartprüfung, unterzogen. Diese Prüfung beinhaltet die Pflicht zur Aufnahme in das Bestandsverzeichnis, dem Führen eines Medizinproduktebuches inclusive einem Gerätelebenslauf, der Durchführung einer Anwendereinweisung entsprechend den Unterlagen des Herstellers, einer Durchführung von regelmäßigen, meist jährlichen sicherheitstechnischen Kontrollen und der Beachtung von Meldepflichten bei Unfällen und Beinaheunfällen.

Entsprechend den Grundsätzen für die Bauartprüfung[470] wird der Umfang der Prüfungsverpflichtung festgelegt, in dessen Rahmen die Sicherheit bei vorhersehbarem Fehlverhalten des Anwenders bereits mit einbezogen werden.
Als Einzelprüfgrundlagen für Elektrokonvulsatoren gelten die DIN VDE 0750 Teil 1/ 05.82, der Entwurf DIN VDE 0750 Teil 218/ 10.84, sowie der Entwurf DIN VDE 0750 Teil 107/ 02.86.
In der hierzu existierenden Liste 1 der Bauartzulassungen vom 31.12.92 sind hierin lediglich das Thymatron Modell 1[471] und als Ausnahmegenehmigung für die neuen Bundesländer die Pulsstromerweiterung für Minicoma II[472] aufgeführt. Darüber hinaus wurde die Bauartzulassung auf das Thymatron Modell

[470] In der Fassung vom vom 19. Juni 1991, BAnz. Nr. 200a vom 25.10.91, wurden diese aus Gründen des EG-Rechts zwar am 1.4.95 aufgehoben, sind aber als Orientierungshilfe für die Zulassungsbehörde weiterhin von Bedeutung

[471] 02/M-097/90 vom 24.06.90Hersteller: Somatics, Inc. Lake Bluff, Illinois USA.

[472] ANG31/90 vom 15.08.90, Hersteller: Teller, Bad Schwandau.

DG[473] erweitert, das am 15.04.93 durch die TÜV Product Service GmbH ein Sicherheitszeichen[474] ausgestellt bekam, welches die Normenkonformität zusätzlich bestätigt. Bereits im Dezember 1995 erhielt dieses Gerät ein CE-Kennzeichen für die Elektromagnetische Verträglichkeit.
Eine weitere Ergänzung erfolgte diesbezüglich am 07.06.95, wonach die Bauartzulassung durch ein Prüfgutachten der TÜV Product Service GmbH um Handgriffelektroden mit eingebauten Auslösetasten ergänzt wurde.
Weitere Bauartzulassungen dieser Elektrokonvulsatoren konnten im Rahmen dieser Studie weder gelistet werden, noch sind sie bekannt.

Weitaus problematischer stellt sich jedoch die Situation bei bereits betriebenen Elektrokonvulsatoren dar. Diese sind im Rahmen der sogenannten "Altgeräteprüfungen" von autorisierten Prüfstellen und Sachverständigen einmalig nach den Grundsätzen für sicherheitstechnische Prüfung gemäß § 28 Abs. 2 i.V.m. § 27 MedGV zu prüfen. Diese Prüfung enthält unter anderem neben einer Sichtprüfung, die Prüfung der Funktionsfähigkeit, der notwendigen Überwachungs-, Sicherheits-, Anzeige- und Meldeeinrichtungen, der Messung der sicherheitserheblichen Ausgangsparameter und weiterer spezieller technischer und elektrischer Prüfungen.
Bei der Gebrauchsanweisung eines Elektrokonvulsators sind die Angaben eines zwingend vorgeschriebenen Inhalts zu überprüfen. Hierzu zählen, daß die Abgabe eines Schocks über oder in der Nähe von einem defekten Schädelknochen zu vermeiden ist, die Angaben zur Wirkung des Lastwiderstandes auf den Maximalwert von Ausgangsspannung oder –strom, sowie auf die Ausgangskurvenform und die zur Krampfauslösung benötigte elektrische Energie, die für jeden Patienten auf Grund der verschiedenen, bereits vorab aufgezeigten Parameter, unterschiedlich hoch ist. Der Entwurf DIN VDE 0750 Teil 218 erläutert die erste Forderung im Anhang wie folgt:
"Der Schädelknochen stellt für den Strom durch den Kopf des Patienten einen relativ hohen Widerstand dar. Schädeldefekte in der Nähe der Elektroden bewirken Konzentrationen der Stromdichte."
Bei den sicherheitserheblichen Ausgangsparametern sind daher folgende Abweichungen erlaubt:
- Maximal +/- 30 % der eingestellten Ausgangsenergie
- Maximal +/- 15 % der eingestellten Amplitude, Pulsdauer und Stromflußzeit
- Maximal +/- 10 % der vorher gemessenen Dauer der Energieabgabe nach Stromunterbrechung.

Die Elektrokonvulsatoren haben im Rahmen der bundesweiten Altgeräteprüfungen bislang keine nennenswerte Rolle gespielt. In der medizintechnischen Fachliteratur wurden keine Ergebnisse über diese Elektrokonvulsatoren veröffentlicht. Bei den Veranstaltungen zum Erfahrungsaustausch der MedGV-

[473] 02/M-212/93 vom 10.03.93, Hersteller: Somatics, Inc. Lake Bluff, Illinois USA.
[474] Genehmigungs-Ausweis (GS-Zeichen).

Sachverständigen spielten sie ebenso keine Rolle. Worauf das zurückzuführen ist, konnte nicht herausgefunden werden.

b) Die Anforderungen des Medizinproduktegesetzes

Seit dem 2. August 1994 gilt in Deutschland das MPG. In seiner Übergangszeit vom 1. Januar 1995 bis zum 14. Juni 1998 wurde dem Hersteller durch das Gesetz die freie Option gewährt, ihre Medizinprodukte noch nach der dargestellten MedGV mit einer nationalen Zulassung erstmalig in den Verkehr zubringen oder sie bereits nach einer europäischen Zulassung, gekennzeichnet durch das CE-Kennzeichen nach dem MPG zu vermarkten.
Im Unterschied zur MedGV regelt das MPG das Inverkehrbringen, die Inbetriebnahme, das Betreiben und die Anwendung von Medizinprodukten, die erstmalig nach dem 14. Juni 1998 auf den Markt gebracht wurden. Diesen Neugeräten wurden insoweit auch Gebrauchtgeräte gesetzlich gleichgestellt, sofern sie wiederaufbereitet, d.h. sicherheitsrelevant verändert wurden.
Der Hersteller hat hierbei den aktuellen Stand von Wissenschaft und Technik bei der Konstruktion und der Produktion zu berücksichtigen. Dieser Stand ist den einschlägigen DIN Normen zu entnehmen. Zum Teil wird hierbei unter bestimmten Voraussetzungen auch der Standard von Konkurrenzprodukten als Maßstab herangezogen.
Als Mindeststandard hat jedoch der Hersteller eines Medizinproduktes und damit auch eines Elektrokonvulsators in den Geräteunterlagen zunächst die medizinische Zweckbestimmung festzulegen, eine Risikoklassifizierung entsprechend eines Kriterienkataloges vorzunehmen, eine klinische Produktbewertung durchzuführen, eine Risiko-Nutzen-Analyse zu erstellen sowie alle Nebenwirkungen zu beschreiben und die Kontraindikation darzulegen.

Nach den grundlegenden Anforderungen der EG-Richtlinien[475] ist im Rahmen der Gerätedokumentation „unter Berücksichtigung des Ausbildungs- und Kenntnisstandes des vorgesehenen Anwenderkreises" u.a. aufzuführen:

- die Zweckbestimmung
- die Leistungsdaten sowie etwaige unerwünschte Nebenwirkungen
- alle Merkmale zur sicheren Kombination mit anderen Produkten
- die Prüfung der ordnungsgemäßen Installation und der Funktionssicherheit
- die Art und Häufigkeit der Instandhaltungsmaßnahmen und Kalibrierungen
- die Anforderungen an Aufbereitungsverfahren, wie Reinigung, Desinfektion, Sterilisation

[475] EU-Richtlinie 90/385/ EWG des Rates vom 20.06.1990, ABl. EG Nr. L 189, S. 17 und EU-Richtlinie 93/42/ EWG des Rates vom 14.06.199, ABl. EG Nr. L 169, S. 1.

- Hinweise auf besondere Behandlungen oder Aufbereitungen vor der Anwendung
- alle Risiken wechselseitiger Störungen
- Hinweise zur notwendigen Patientenaufklärung
- alle Angaben zur ordnungsgemäßen Entsorgung

c) Die Anforderungen der Medizinprodukte-Betreiberverordnung

Für das Errichten, das Betreiben und die Anwendung von Medizinprodukten hat der Gesetzgeber die bisherigen Anforderungen der MedGV weitestgehend übernommen. Insbesondere für die in der Anlage 1 aufgelistete Gerätegruppen, wozu auch der Elektrokonvulsator zählt, sind aufgrund des hohen Gefahrenpotenzials besondere Pflichten zu erfüllen. Hiervon betroffen sind neben dem Errichter, dem Betreiber gleichso auch die Anwender des speziellen Medizinproduktes. Alle wesentlichen Vorschriften der Medizingeräteverordnung finden sich hier wieder, teilweise bereits konkretisiert.
Eine wesentliche Änderung besteht jedoch in der Rechtserweiterung des Betreibers, dem weitergehende Befugnisse eingeräumt wurden. So z.B. kann dieser nunmehr selbstständig Einweisungen im Einverständnis mit dem Hersteller durchführen, meßtechnische Kontrollen, die die Eichungen bei entsprechenden Nachweis der Eignung ersetzen, sicherheits- bzw. meßtechnischen Kontrollen bei fehlenden Vorgaben und die Dokumentationen auf Datenträgern, wie dem Bestandsverzeichnis und dem Medizinproduktebuch vornehmen.

Die Elektrokonvulsatoren dienen gemäß Anlage der MPBetreibV als "Nichtimplantierbare aktive Medizinprodukte“ zur Erzeugung und Anwendung elektrischer Energie dem Zweck der unmittelbaren Beeinflussung der Funktion der einzelnen Nervenzelle. Folglich dürfen sie nur entsprechend ihrer Zweckbestimmung, die den Herstellerunterlagen zu entnehmen ist und nach den Vorschriften des MPG und der hierzu erlassenen Rechtsverordnungen, wie der MPBetreibV, den allgemein anerkannten Regeln der Technik, sowie den Arbeitsschutz- und Unfallverhütungsvorschriften errichtet, betrieben und angewendet werden. Sie dürfen hingegen nicht betrieben und angewendet werden, wenn sie Mängel aufweisen, durch die Patienten, Beschäftigte oder Dritte gefährdet werden könnten.
Darüber hinaus dürfen sie nur von Personen betrieben oder angewendet werden, die auf Grund ihrer Ausbildung oder ihrer Kenntnisse und praktischen Erfahrungen die Gewähr für eine sachgerechte Handhabung bieten.
Die, durch die Betreiberverordnung vorgegebenen Anforderungen umfassen neben der Qualifikation des Personals, die Informationspflichten, die Instandhaltung der Produkte, die Dokumentation der Vorgänge und die Meldepflichten von Vorkommnissen.

d) Eingreifen durch zuständige Behörden

Gemäß § 28 MPG kann die zuständige Behörde aus Gründen des Gesundheitsschutzes und der Sicherheit oder im Interesse der öffentlichen Gesundheit bei Medizinprodukten vorläufig einschreiten. Ein solcher Fall liegt vor, wenn in der medizinischen Fachliteratur eine besondere Gefährdung beim Einsatz des entsprechenden Medizinproduktes gemeldet wird.
Die zuständige Behörde kann dann das Inverkehrbringen, die Inbetriebnahme, die Anwendung oder Verwendung von Medizinprodukten sowie den Beginn oder die weitere Durchführung der klinischen Prüfung untersagen, beschränken oder von der Einhaltung bestimmter Auflagen abhängig machen. Sie kann den Rückruf oder die Sicherstellung von Medizinprodukten anordnen, sofern andere Maßnahmen nicht ausreichen.

Besteht die Möglichkeit, daß ein Medizinprodukt die Gesundheit oder die Sicherheit auch von Eigentum bei sachgemäßer Installation, Errichtung, Instandhaltung und die, seiner Zweckbestimmung entsprechenden Anwendung oder Verwendung über ein nach den Erkenntnissen der medizinischen Wissenschaft und der Sicherheitstechnik vertretbares Maß gefährden kann, so hat die zuständige Behörde alle geeigneten Maßnahmen zu treffen, um dieses Medizinprodukt vom Markt zu nehmen, Inverkehrbringen, Inbetriebnahme oder Anwenden zu verbieten oder einzuschränken, soweit dies nicht bereits vom Hersteller selbst veranlaßt wurde.
Daneben kann auch verlangt werden, daß das Medizinprodukt von einer benannten Stelle oder von einem Sachverständigen geprüft wird. Die Behörde hat alle, die einer von einem Medizinprodukt ausgehenden Gefahr ausgesetzt sein können, rechtzeitig in geeigneter Form auf diese Gefahr hinzuweisen. Eine hoheitliche Warnung der Öffentlichkeit ist bei Gefahr im Verzug zulässig.
Trifft die zuständige Behörde solche Maßnahmen, teilt sie diese unter Angabe des Vorfalls unverzüglich dem Bundesministerium für Gesundheit mit. Dieses wiederum unterrichtet die Kommission der Europäischen Gemeinschaften, die übrigen Mitgliedstaaten der Europäischen Gemeinschaften und die anderen Vertragsstaaten des Abkommens über den Europäischen Wirtschaftsraum.
In der Begründung ist insbesondere anzugeben, ob die Nichtübereinstimmung mit den Vorschriften des MPG auf die Nichteinhaltung der grundlegenden Anforderungen, auf eine unzulängliche Anwendung der harmonisierten Normen, sofern die Anwendung dieser Norm behauptet wird, oder einen Mangel der Norm selbst zurückzuführen ist.
Das Bundesministerium unterrichtet unter Angabe der Gründe die Kommission der Europäischen Gemeinschaften, damit diese ein Schutzklauselverfahren nach Artikel 7 der Richtlinie 90/385/EWG, Artikel 8 der Richtlinie 93/42/EWG oder Artikel 8 der Richtlinie 998/79/EG einleitet.
Eine solche Aktion muß mittelfristig mit allen Mitgliedsländern der EU abgestimmt werden.

Im Entwurf zum 2. Änderungsgesetz zum Medizinproduktegesetz ist darüber hinaus ein Verbot von irreführender Werbung geplant, welches möglicherweise auch Elektrokonvulsatoren betreffen kann.

Eine Irreführung in diesem Sinn liegt vor, wenn Medizinprodukten eine Leistung beigelegt wird, die sich nicht nachprüfbar begründen läßt. Wenn z.B. fälschlich der Eindruck erweckt wird, daß ein Erfolg mit Sicherheit erwartet werden kann, oder daß bei bestimmungsgemäßer oder längerer Verwendung keine schädlichen Wirkungen eintreten kann. Die Werbung darf daher weder zum Zwecke des Wettbewerbs veranstaltet werden noch in erster Linie den Zwecken des Wettbewerbs dienen, die mit unlauteren Werbemaßnahmen verknüpft sind. Ebenso handelt es sich um eine unzulässige Irreführung, wenn unwahre oder zur Täuschung geeignete Angaben über die Zusammensetzung oder Beschaffenheit von Medizinprodukten oder über die Person, Vorbildung, Befähigung oder Erfolge des Herstellers, Erfinders oder der für sie tätigen oder tätig gewesenen Personen gemacht werden.

Darüberhinaus darf außerhalb der Fachkreise für Medizinprodukte nicht mit Gutachten, Zeugnissen, wissenschaftlichen oder fachlichen Veröffentlichungen, mit der Wiedergabe von Krankengeschichten sowie mit Veröffentlichungen, deren Werbezweck mißverständlich oder nicht deutlich erkennbar ist oder deren Hinweis darauf geworben werden.
Die Relevanz dieser geplanten Regelung wäre für Elektrokonvulsatoren wegen fehlender praktischer Erfahrungen noch zu bewerten.

e) **Meldepflichten bei sicherheitsrelevanten Vorfällen**

Quasi als Frühwarnsystem ist mit der Europäischen Richtlinie für Medizinprodukte ein europäisches Beobachtungs- und Meldesystem eingerichtet worden, welches über die Kette der Medizinprodukteberater, der Sicherheitsbeauftragten, der Bundesoberbehörde, dem Ausschuß für Medizinprodukte und dem Bundesministerium für Gesundheit alle sicherheitsrelevanten Vorkommnisse inclusiver Beinaheunfälle erfassen und in einer europäischen Datenbank zugreifbar ablegen soll.

Gemäß § 29 MPG, dem "Medizinprodukte Beobachtungs- und Meldesystem" hat das Bundesinstitut für Arzneimittel und Medizinprodukte in Berlin als die zuständige Bundesoberbehörde die bei der Anwendung oder Verwendung von Medizinprodukten auftretenden Risiken, insbesondere deren Nebenwirkungen, die wechselseitige Beeinflussung mit anderen Stoffen oder Produkten, Gegenanzeigen, Verfälschungen, Funktionsfehler, Fehlfunktionen und technische Mängel zentral zu erfassen, auszuwerten, zu bewerten und die zu ergreifenden Maßnahmen zu koordinieren.

In der Vergangenheit handelte sich dabei vorrangig um Vorkommnisse, wie Funktionsstörungen, dem Ausfall oder die Änderung der Merkmale oder der Leistung eines Medizinproduks, sowie jede Unsachgemäßheit der Kennzeichnung oder Gebrauchsanweisung, die direkt zum Tod oder zu einer schwerwiegenden Verschlechterung des Gesundheitszustandes eines Patienten oder eines Anwenders oder einer anderen Person führen konnten oder geführt haben konnten.
Darüber hinaus ist jeder Grund technischer oder medizinischer Art gemäß § 29 MPG zu erfassen, der durch die Merkmale und die Leistungen eines Medizinproduktes bedingt ist und zum systematischen Rückruf von Medizinprodukten desselben Typs durch den Hersteller führt.

Das Bundesinstitut für Arzneimittel und Medizinprodukte wirkt bei der Erfüllung dieser Aufgaben mit den Dienststellen der anderen Mitgliedstaaten der Europäischen Gemeinschaften und der anderen Vertragsstaaten des Abkommens über den Europäischen Wirtschaftsraum und der Kommission der Europäischen Gemeinschaften, der Weltgesundheitsorganisation, den für die Gesundheit und den Arbeitsschutz zuständigen Behörden anderer Staaten, den für die Gesundheit, den Arbeitsschutz, den Strahlenschutz und das Eich- und Meßwesen zuständigen Behörden der Länder und den anderen fachlich berührten Bundesoberbehörden, den benannten Stellen im Geltungsbereich des MPG, den zuständigen Trägern der gesetzlichen Unfallversicherung, den fachlich in Betracht kommenden Fachgesellschaften und den Herstellern und Vertreibern sowie mit anderen Stellen zusammen, die bei der Durchführung ihrer Aufgaben die Risiken von Medizinprodukten erfassen.

f) Der Sicherheitsplan für Medizinprodukte

Das Bundesministerium für Gesundheit hat einen Sicherheitsplan für Medizinprodukte erstellt. In diesem werden je nach Gefahrenstufen die Zusammenarbeit der Behörden und Stellen mit allen Beteiligten näher geregelt und die jeweils zu ergreifenden Maßnahmen bestimmt.

Im Sicherheitsplan können Anforderungen und sonstige Voraussetzungen des Umgangs, insbesondere Prüfungen, Produktionsüberwachungen und die Überwachung des Betreibens und Anwendens von Medizinprodukten, Bescheinigungen, Kennzeichnungen, Aufbewahrungs- und Mitteilungspflichten, Informationsmittel und -wege sowie die jeweils nach den Vorschriften dieses Gesetzes zu ergreifenden Maßnahmen bestimmt werden.
Ferner können im Sicherheitsplan Regelungen zu personenbezogenen Daten getroffen werden, soweit diese im Rahmen der Risikoabwehr durch den Sicherheitsplan erfaßt, verarbeitet und genutzt werden. Die Regelungen kann denkbar

auch für solche Daten getroffen werden, die nicht in Dateien verarbeitet oder genutzt werden.

g) Der Sicherheitsbeauftragte für Medizinprodukte

Ein Hersteller oder eine ihm gleichgestellte Person, z.B. der Importeur, der seinen Sitz in Deutschland hat und dort Medizinprodukte erstmalig in den Verkehr bringt, hat eine Person als Sicherheitsbeauftragten für Medizinprodukte zu bestimmen. Diese muß über die zur Ausübung erforderliche Sachkenntnis und Zuverlässigkeit verfügen.
Dieser Sicherheitsbeauftragte hat bekanntgewordene Meldungen über Risiken bei Medizinprodukten zu sammeln, zu bewerten und die notwendigen Maßnahmen zu koordinieren. Er ist für die Erfüllung von Anzeigepflichten verantwortlich, soweit sie Medizinprodukterisiken betreffen.

Der Nachweis der erforderlichen Sachkenntnis als Sicherheitsbeauftragter für Medizinprodukte wird erbracht durch das Zeugnis über eine abgeschlossene naturwissenschaftliche, medizinische oder technische Hochschulausbildung oder eine andere vergleichbare Ausbildung und eine mindestens zweijährige Berufserfahrung. Die Sachkenntnis ist auf Verlangen der zuständigen Behörde nachzuweisen.

Die zuständige Behörde übermittelt die Infomation dem Deutschen Institut für medizinische Dokumentation und Information (DIMDI) zur zentralen Verarbeitung und Nutzung.
Meldungen über Elektrokonvulsatoren sind bislang jedoch noch nicht bekannt geworden. Interessant wären Reaktionen , wenn den Sicherheitsbeauftragten im europäischen Umfeld Problemfälle beim Einsatz von Elektrokonvulsatoren gemeldet werden. Sie müßte sich dann grundsätzlich von der bisherigen Verfahrensweise im Rahmen der MedGV-Umsetzung unterscheiden.

h) Der Medizinprodukteberater

Wer berufsmäßig Fachkreise informiert und in die sachgerechte Handhabung der Medizinprodukte einweist, muß die für die jeweiligen Medizinprodukte die erforderliche medizinische und medizintechnische Sachkenntnis und Erfahrungen besitzen. Diese besitzt, wer eine Ausbildung in einem naturwissenschaftlichen, medizinischen oder technischen Beruf erfolgreich abgeschlossen und eine auf seine Tätigkeit ausgerichtete Schulung durch den Hersteller oder eine von ihm beauftragte Person erhalten hat oder wer durch eine mindestens einjährige

Tätigkeit, die in begründeten Fällen auch kürzer sein kann, Erfahrungen in der Information und, soweit erforderlich, in der Einweisung in die Handhabung der jeweiligen Medizinprodukte erworben hat.

Der Medizinprodukteberater hat der zuständigen Behörde auf Verlangen seine Sachkenntnis nachzuweisen und diese auf dem neuesten Kenntnisstand über die jeweiligen Medizinprodukte zu halten. Er hat Mitteilungen von Angehörigen der Fachkreise über die Nebenwirkungen, die wechselseitigen Beeinflussungen, die Fehlfunktionen, die technischen Mängeln, die Gegenanzeigen, die Verfälschungen oder sonstige Risiken bei Medizinprodukten dem Sicherheitsbeauftragten für Medizinprodukte schriftlich zu übermitteln. Der wirksamste Weg für einen Anwender für eine garantierte Reaktion ist die Meldung eines Vorkommnisses oder „Beinaheunfalls" an den Medizinprodukteberater, mit einer Kopie des Schreibens an den Hersteller, die zuständige Stelle, an das BfArM und an die zuständige Landesbehörde.

i) Ausschuß für Medizinprodukte

Beim Bundesministerium für Gesundheit ist ein Ausschuß für Medizinprodukte eingerichtet worden, der die betroffenen Ministerien hinsichtlich der Durchführung dieses Gesetzes beraten soll.
Dieser Ausschuß besteht aus sachverständige Personen als ehrenamtliche Mitglieder aus dem Kreis der für das Gesundheitswesen, den Arbeitsschutz, den Strahlenschutz und das Eich- und Meßwesen zuständigen Behörden des Bundes und der Länder, den Trägern der gesetzlichen Unfallversicherung, den Ärzten, den Kassenärztlichen Bundesvereinigungen, des Medizinischen Dienstes, der Spitzenverbände der Krankenkassen, des Deutschen Instituts für Normung e. V., der medizinischen, pharmazeutischen und medizintechnischen Wissenschaft und Praxis, des Gesundheitshandwerks, der betroffenen Industrie, des Medizinprodukte-Fachgroßhandels, den Krankenhäusern, den Heil- und Heilhilfsberufen, den beteiligten Wirtschaftskreisen, der Benannten Stellen und den Sozialversicherungsträgern.

Nach Informationen aus Fachkreisen wurden Probleme bei der Anwendung der Elektrokrampftherapie bislang in diesem Ausschuß jedoch noch nicht behandelt.

j) Europäische Datenbank

Das Deutsche Institut für medizinische Dokumentation und Information hat ein Informationssystem über Medizinprodukte eingerichtet und ist mit der Europäi-

schen Datenbank gekoppelt.
Die Aufgaben des DIMDI sind neben der zentralen Verarbeitung und Nutzung von Informationen der zuständigen Behörden, die zentrale Verarbeitung und Nutzung von Basisinformationen der im Verkehr befindlichen Medizinprodukte und die zentrale Verarbeitung und Nutzung von Daten aus der Beobachtung, Sammlung, Auswertung und Bewertung von Risiken bei der Nutzung von Medizinprodukten. Weiterhin gehören die Informationsbeschaffung und Übermittlung von Daten an Datenbanken anderer Mitgliedstaaten und Institutionen der Europäischen Gemeinschaften und anderer Vertragsstaaten des Abkommens über den Europäischen Wirtschaftsraum, insbesondere im Zusammenhang mit der Erkennung und Abwehr von Risiken, den Aufbau und Unterhaltung von Zugängen zu Datenbanken, die einen Bezug zu Medizinprodukten haben, die zentrale Verarbeitung und Nutzung von Angaben im Zusammenhang mit Bescheinigungen, die für Konformitätsbewertungsverfahren ausgestellt, geändert, ergänzt, ausgesetzt, zurückgezogen oder verweigert werden, zu den Aufgaben.

k) Meldepflicht des Betreibers und Anwenders

Der Betreiber oder Anwender hat jede Funktionsstörung, jede Änderung der Merkmale oder der Leistunger sowie jede Unsachgemäßheit der Kennzeichnung oder der Gebrauchsanweisung eines Medizinproduktes, die zum Tode oder zu einer schwerwiegenden Verschlechterung des Gesundheitszustandes eines Patienten, eines Beschäftigten oder eines Dritten geführt haben oder hätte führen können, unverzüglich dem Bundesinstitut für Arzneimittel und Medizinprodukte zu melden.
Hier wird die Meldung unverzüglich an die für den Betreiber zuständige Behörde weitergegeben. Sie informiert weiterhin den Hersteller und die für den Hersteller zuständige Behörde.

Meldungen über Elektrokonvulsatoren sind bislang nicht bekannt geworden.

l) **Zusammenfassung**

Entsprechend dieser Darstellungen können Elektrokonvulsoren, die den strengen Vorschriften des MPG nicht unterliegen, noch bis zum 30. Juni 2001 nach den Vorschriften der MedGV in Verkehr gebracht werden, wenn sie bereits erstmalig "abverkauft" wurden. Nach der MedGV unterliegen diese jedoch den Anforderungen an die höchste Risikogruppe 1 und benötigen eine Bauartzulassung.
Mit der Schaffung dieses komplexen Regelwerkes bietet der Gesetzgeber dem betroffenen Patienten insoweit einen Schutz, als daß der Elektrokonvulsator den

sicherheitstechnischen Maßnahmen wie Anwendereinweisung, regelmäßige Kontrollen, umfangreicher Dokumentation und Meldepflichten verknüpfte, die sowohl in der MedGV als auch in dem MPG definiert sind.
Neu in Verkehr gebrachte Elektrokonvulsoren hingegen benötigen seit dem 14. Juni 1998 eine nach dem MPG festgelegte CE-Kennzeichnung basierend auf einer Konformitätsbewertung mit grundlegenden Anforderungen. Die hierin statuierten Betreiber- und Anwenderpflichten werden durch eine Betreiberverordnung geregelt, die weitgehend die MedGV-Pflichten übernommen hat.
Im Rahmen des europäischen Melde- und Beobachtungssystems sind neue Zuständigkeiten und Verwantwortlichkeiten definiert worden, die eine zuverlässige Marktbeobachtung und schnelle Reaktion auf sicherheitsrelevante Vorkommnisse ermöglichen soll. Dementsprechend können zuständige Behörden einschneidend in den Vertrieb und Betrieb von Elektrokonvulsatoren eingreifen, wenn neue Erkenntnissen der medizinischen Wissenschaft und Sicherheitstechnik vorliegen. Meldepflichten bei Herstellern, Fachhändlern, Lieferanten, Betreibern und Anwendern sollen ein umfassendes Bild über Einsatzrisiken bei Medizinprodukten liefern.

In der Fachliteratur werden alle bei der Anwendung der Elektrokrampftherapie beobachteten Risiken zuverlässig dargestellt, dokumentiert, gesammelt, ausgewertet und in geeignete Maßnahmen umgesetzt, so daß der einwilligungsfähige Patient durch das geltende Recht hinreichend geschützt ist. Damit kommt eine Schutzverpflichtung des Staates gegenüber dieser einwilligungsfähigen Patientengruppe nicht in Betracht.

V.7. Die gesetzliche Regelung der Anwendung der Elektrokrampftherapie bei einwilligungsunfähigen Patienten

Bei der juristischen Beurteilung der rechtmäßigen Anwendung der Elektrokrampftherapie bei unter Betreuung stehenden Patienten müssen differenzierte Maßstäbe angelegt werden, da es diesen Patienten an der erforderlichen Einsichts- und Urteilsfähigkeit fehlt. Das Selbstbestimmungsrecht wird für diese Personen durch Dritte, meistens von staatlicher Seite bestellte Betreuer, ausgeübt. Hierbei ist jegliche Gefahr des Mißbrauchs auszuschließen. Denn allein der Umstand der Einwilligungsunfähigkeit bedeutet weder eine Einschränkung der Grundrechtsfähigkeit noch der Grundrechtsmündigkeit im Hinblick auf Art. 2 Abs. 2 GG. Die Pflicht des Staates bekommt in diesen Fällen eine weitere Bedeutung, deren Rechtsgrundlage im Sozialstaatsprinzip wurzelt.[476]
Das bedeutet, daß für diese Fälle der Anwendung der Elektrokrampftherapie der Staat seiner generellen Schutzpflicht durch konkretes Handeln in gesteigerter

---

[476] Seewald, Verfassungsrecht auf Gesundheit, S. 214.

Form nachkommen muß, um das grundrechtlich geschützte Selbstbestimmungsrecht zu gewährleisten.

Diesem Gedankenzug folgend, bestand die ursprüngliche Hoffnung des Gesetzgebers darin, durch das reformierte Betreuungsrecht nicht nur alte Wertvorstellungen zu korrigieren, sondern auch nachhaltig sicherzustellen, daß sich die soziale Wirklichkeit verändert.

Dem wird aus der täglichen Praxis entgegengesetzt, daß die Fülle verfahrensrechtlicher Details nicht helfend, sondern nur erschlagend wirkt. Es wird kritisiert, daß sich die Beteiligten nur wechselseitig die Verantwortung zuweisen und damit die Umsetzung der ursprünglichen Intention des Gesetzgebers nur wenig gelungen ist.[477] Desweiteren wird der Verwurf erhoben, daß die intensive Überwachung durch das Vormundschaftsgericht den Betreuern und Mitarbeitern bestimmter Einrichtungen tendenziell die Verantwortung nimmt. Hieraus verschlechtert sich das Verhältnis zu den Betreuten.

Es mehren sich die Stimmen, die eine erneute Novellierung des Betreuungsrechts dergestalt fordern, die Vormundschaftsgerichte aus dem ärztlichen und dem sozial-pädagogisch Bereich zurückzurufen.[478]
Im Rahmen dieser Kritik darf nicht verkannt werden, daß der einwilligungsunfähige Patienten zu schützen ist und nicht die persönliche Konflikte der einzelnen Institutionen untereinander zu dessen Lasten ausgetragen werden dürfen. Aufgabe aller Beteiligten ist es, die bestehenden Mißstände aufzudecken, zu beschreiben und vor allem gemeinsam Lösungswege zu suchen. Das Abwarten auf eine bessere Einsicht des Gesetzgebers ist hier wohl nicht der richtige Weg. In diesem Zusammenhang gebietet die Verfassung eine ausreichende Hilfestellungen.[479]

Dementsprechend ist entgegen der Kritiken, das BtG weise bereits eine zu starke Vergesetzlichung auf, zu untersuchen, ob diese gesetzliche Normierungen überhaupt ausreichen, um einen umfassenden Schutz des Betreuten bei der Anwendung der Elektrokrampftherapie zu gewährleisten.

---

[477] Pardey, BtPrax, 81, 81; vgl. auch FN 528.
[478] Zit. nach Pardey, BtPrax, 81 (82); vgl. Abschnitt D.III.1.
[479] So auch Pardey, a.a.O.

V.7.1. Hinreichende Ausgestaltung des Gesundheitsschutzes durch einfachgesetzliches Bundes- und Landesrecht

Die rechtliche Beurteilung der Anwendung der Elektrokrampftherapie bei einwilligungsunfähigen Patienten unterliegt der Regelung des § 1904 BGB.
Entsprechend der vorangegangenen Darstellungen[480] besteht jedoch die Problematik darin, daß der Gesetzgeber bei der Reformierung mit dem alten Grundverständnis neues Recht geschaffen hat, ohne hierbei gerade in dem nicht unproblematischen Bereich der Psychiatrie eine Konkretisierung der Norm vorzunehmen.

Mit der Intention des Gesetzgebers[481], das Selbstbestimmungsrecht des Betreuten, sowie das personelle Element der Betreuung zu stärken, entschied man sich, die Regelung des § 1904 Abs. 1, S. 1 BGB derart zu gestalten, daß die Einwilligung des Betreuers als die Fremdbestimmung im Rahmen der Gesundheitsfürsorge nur bei gravierenden medizinischen Maßnahmen einer vormundschaftgerichtlichen Genehmigung bedarf.
Keinesfalls darf davon ausgegangen werden, daß das vorliegende Problem dem Gesetzgeber unbekannt war, denn Reformvorschläge die das Erfordernis der vormundschaftlichen Genehmigung hinsichtlich der Einwilligung des Betreuers in die Behandlung von Psychopharmaka und ähnlichen Mittel in zeitlich eng begrenzten Behandlungen einer akuten Krise stellten, wurden von der Mehrheit auf Grund zu starker Detaillierung abgelehnt.
Folglich sah der Gesetzgeber keinen Handlungsbedarf, das Vormundschaftsgericht generell als eine Form der staatlichen Kontrolle einzuschalten, sondern erkannte vielmehr einerseits die Gefahr einer bestehenden Distanz des Vormundschaftsgerichts zu den risikoreichen Behandlungsmaßnahmen sowie der hiermit einhergehenden zu starken Belastung und andererseits die bessere Beurteilungsfähigkeit der Situation und des Grades des Eingriffs durch den Arzt und den Betreuer, da sich auch das Vormundschaftsgericht im Wesentlichen nur auf die Aussage der Ärzte stützen könnte. Allein die größere persönliche Nähe des Betreuers zum Betreuten versetzt ihn nach der Ansicht des Bundesrates in die Lage besser entscheiden zu können, ob eine risikoreiche Maßnahme im Sinne des betreuten Patienten liegt.

Es ist daher nicht zu erwarten, daß die Regelung des § 1904 BGB in naher Zukunft eine Ausfüllung und Konkretisierung derart erfahren wird, daß die Einwilligung des Betreuers in die Anwendung der Elektrokrampftherapie einer vorherigen Genehmigung durch das Vormundschaftsgericht unterliegt.
Auch noch so große Bemühungen, die Anwendung der Elektrokrampftherapie bei einwilligungsunfähigen Patienten im Rahmen des § 1904 BGB gesetzlichen Restriktionen zu unterwerfen, gehen fehl, da aus dem Gesichtspunkt der staatli-

---

[480] Vgl. Abschnitt D.III.5.
[481] Vgl. Abschnitt D.III.

chen Schutzpflicht keine Pflicht zum Erlaß spezieller Schutznormen besteht. Allein die uneingeschränkte Geltung des allgemein zivilrechtlichen Nichtschädigungsgrundsatzes begründet keine Rechtspflicht zur Duldung privater Übergriffe in grundrechtlich geschützte Güter und Freiheiten. Aber auch unter dem Gesichtpunkt eines nicht erteilten staatlicher Dispens von dem allgemeinen Nichtschädigungsgrundsatz, kann die Abwehrfunktion der Grundrechte zur Begründung staatlicher Schutzpflichten nicht herangezogen werden, sofern nicht der Staat auf sonstige Weise in das gefährdende private Handeln verstrickt ist.[482] Unabhängig von dem Ausgang dieser Diskussion ist zu hinterfragen, ob eine Konkretisierung überhaupt das vorliegend geforderte Ziel der gesetzlichen Regelung der Anwendung der Elektrokrampftherapie sinnvoll realisieren kann. Unter dem Gesichtspunkt der Rechtssicherheit ist dies zu bejahen.

Jedoch ist im Rahmen der gesamten Diskussion um die Schutzpflicht des Staates gegenüber dem Bürger nicht zu verkennen, daß es einen umfassenden Schutz bereits denknotwendig nicht geben kann, da bei der Anwendung technischer Hilfsmittel stets ein gewisses „Restrisiko", als das unterhalb des rechtlich gebotenen Sicherheitsstandards liegende und deshalb rechtlich erlaubte Risiko, verbleibt. Eine Risikovorsorge unterhalb der Gefahrenschwelle ist daher auch verfassungsrechtlich nicht geboten.[483] Diesem „hinzunehmenden Restrisiko" lassen sich Situationen zuordnen, in denen es nach dem Stand der Wissenschaft und Praxis quasi auszuschließen ist, daß das gewisse Schadensrisiko eintreten wird.[484] Andererseits muß aber stets eine Risiko-Nutzen-Analyse zwischen dem möglicherweise eintretenden Schaden und dem erzielbaren Erfolg angestellt werden. Dabei darf man unter dieser Prämisse allerdings nicht den Schaden als solchen qualifizieren. Jede andere Ansicht, die vom Gesetzgeber eine Regelung fordert, die mit absoluter Sicherheit eine in Betracht kommende Grundrechtsgefährdung ausschließt, verkennt die Grenzen menschlichen Erkenntnisvermögens.[485]

In diesem Sinn bleibt daher der oben genannte Grundsatz zu berücksichtigen, daß ein verfassungsrechtlicher Schutz vor privatem grundrechtsgefährdenden Verhalten generell besteht, bezüglich dessen die Frage nach der einfachrechtlichen Rechtswidrigkeit oder Rechtmäßigkeit ohne Belang ist. Der Grund für diese These ist, daß das einfache Recht den Geltungsbereich verfassungsrechtlicher Anforderungen gar nicht präjudizieren kann, denn der Inhalt einer grundrechtlichen Schutzverpflichtung kann es gerade sein, ein gefährliches, gleichwohl erlaubtes Verhalten für rechtswidrig zu erklären, um damit eine weitere Gefährdungen zu beseitigen.[486] Daß hierbei der grundrechtliche Schutzauftrag als das sogenannten „Finalprogramm" in erster Linie ein gesetzgeberischer Gestal-

[482] Dietlein, Grundrechtliche Schutzpflichten, S. 50f.
[483] Murswieck, S. 87, 281; Enders, AöR 1990, 610 (615).
[484] BVerfGE, 53, 30 (59).
[485] BVerfGE, 49, 89 (142f.).
[486] Dietlein, Grundrechtliche Schutzpflichten, S. 106.

tungsauftrag ist, der „Gefahr von Grundrechtsverletzungen" durch die Übergriffe privater Dritter normativ entgegenzuwirken, wurde bereits erörtert.[487] Zur Realisierung dieses Schutzauftrages wird der Legislative ein verfassungsrechtlich nicht überprüfbarer Ermessensspielraum eingeräumt, der sich auf weite Teile der Gewährung normativen Schutzes erstreckt. Inhaltlich zielen derartige Regelungen auf Kontrolle, Überwachung und der Beschränkung risikobehafteten Handelns bis hin zu dessen kompletten Verbot sowie auf Sanktionierung von Verstößen gegen derartige Schutznormen.[488]

V.7.2. Schlußfolgerung

Mit der Annahme des unzureichenden gesetzlichen Schutzes bei der Anwendung der Elektrokrampftherapie bei unter Betreuung stehenden Patienten ist auf die oben aufgeworfene allgemeine Problematik des Schutzanspruchs des Bürgers gegenüber dem Staat zurückzugreifen. Die abstrakt geschilderte Konstellation ist tatsächlich mit der Folge eingetreten, daß die Verletzung dieser Schutzpflicht zugleich einen Grundrechtsverstoß begründet. Denn die Verletzung der Gesundheit und der körperlichen Unversehrtheit stellt auch die Beeinträchtigung des Grundrechts dar.[489] Damit verletzt der Staat gegenüber seinem Bürger gleichzeitig das Grundrecht als Abwehrrecht, sofern der Eingriff des Staates durch ein Unterlassen staatlicher Maßnahmen erfolgt.[490]

Die klärungsbedürftige Regelungsweite umfaßt neben der konkreten Schutzverpflichtung des Staates gegenüber seinem Bürger aber auch die Frage, ab welcher Gefährdungsstufe ein Schutz gewährleistet werden muß. Im Rahmen dieser Spanne kann lediglich die Erkenntnis, daß keine totale Schutzverpflichtung des Staates besteht, als gesichert angesehen werden. Denn nach dem allgemeinen Rechtsgrundsatz des „ultra posse nemo obligatur", der auch für die Rechtspflichten des Staates gilt, kann eine totale Sicherheit nur durch eine totale Reglementierung und nicht einmal hierdurch vollständig gewährleistet werden.[491]

Mit einem generellen Verbot privater Grundrechtsverletzungen würde der Staat die rechtliche Voraussetzung für den Schutz der grundrechtlichen Schutzgüter zwar schaffen, aber einen effektiven Schutz nicht gewährleisten können. Vielmehr muß das Beeinträchtigungsverbot auch durchgesetzt werden, welches von der Schutzpflicht des Staates gegenüber dem Bürger mit umfaßt ist.

---

[487] BVerfGE 49, 89 (140, 142).
[488] Dietlein, a.a.O., S. 111.
[489] Vgl. Abschnitt VI.4.
[490] Murswiek, Immissionsschutz, S. 107.
[491] Dietlein, a.a.O., S. 105.

Eine effektive Durchsetzung des Eingriffsverbotes erfordert jedoch weitere rechtliche Regelungen, institutionelle und organisatorische Vorkehrungen und Maßnahmen sowie die Androhung und Verhängung von Sanktionen.[492]
Wie im einzelnen diese staatliche Pflicht, den unter Betreuung stehenden Patienten bei der Anwendung der Elektrokrampftherapie vor gravierenden Nebenwirkungen zu schützen, realisiert werden kann, ist rechtlich nicht vorgeschrieben und obliegt dem politischen Gestaltungsspielraum der zuständigen Staatsorgane.[493]
Diese allgemeine These versuchte Murswiek allgemein im Rahmen der staatlichen Verantwortung für die Risiken der Technik zu konkretisieren, indem er einzelne Möglichkeiten zur Durchsetzung derartiger Schutzansprüche aufzeigte.[494]

Auf die Frage, wie ein effektiver Schutz konkret für den Betreuten vor der Anwendung der Elektrokrampftherapie ausgestaltet sein kann, kann in Anlehnung an die Thesen Murswiecks am weitreichendsten nur der Gesetzgeber selbst erfolgen. Insbesondere ist neben dem Schutz der Gesundheit und der körperlicher Unversehrtheit vor allem das dem Betreuer übertragene Selbstbestimmungsrecht zu achten.
Diesbezüglich konnte in den vorangegangenen Abschnitten dargelegt werden, daß ein solcher Schutz bereits durch die straf- und zivilrechtlichen Sanktionen, durch das BetrG und das MPG mit seinen verschiedenen Rechtsverordnungen besteht.

Jedoch zeigte die tägliche Betreuungsrechtspraxis, speziell in dem Bereich des § 1904 BGB, daß dieser Schutz nicht umfassend genug ist und zahlreiche Streitigkeiten die Anwendung erschweren.

Hauptschwerpunkt bildet in diesem Zusammenhang die Frage der Auslegung der unbestimmten Rechtsbegriffe, ob bei der Anwendung der Elektrokrampftherapie die begründete Gefahr besteht, daß der Betreute einen schweren und länger andauernden gesundheitlichen Schaden erleiden kann.
Generell ist davon auszugehen, daß der Betreuer und auf jeden Fall der beurteilende Jurist uneingeschränkt in der Lage ist, derartige unbestimmte Rechtsbegriffe im Sinne des Gesetzes auszulegen. Im Fall der Anwendung der Elektrokrampftherapie eröffnen sich jedoch zwei nicht zu vernachlässigende, ineinandergreifende Problemschwerpunkte.
Zum einen handelt es sich um eine der umstrittensten Therapiemaßnahmen in der Psychiatrie überhaupt. Deshalb wurde im Teil B eine umfassende Darstellung aller existenten Hauptargumente aufgezeigt. Diese Metaanalyse konnte wie

[492] Murswiek, a.a.O., S. 111.
[493] BVerfGE 39, 1 (44; 46).
[494] Murswiek, a.a.O., S.112ff.

erwartet kein medizinisches Problem lösen, aber auch keine gesicherten Anhaltspunkte für die juristische Bearbeitung liefern.
Zum anderen können trotz objektiver Vorgehensweise bei der Untersuchung der vielschichtigen Studien Zweifel an der Aussage über die Erfolge und die Mißerfolge erhoben werden. Beim Versuch einer objektiven Betrachtungsweise werden die Kontroversen beider Seiten durch gegenseitige Polemiken unterstützt, die die Beurteilung der Therapiemethode zusätzlich erschweren.
Doch wie soll sich an dieser Stelle ein Dritter verhalten, der im Rahmen des ihm übertragenem Selbstbestimmungsrecht des betreuten Patienten über die Anwendung oder Versagung der Elektrokrampftherapie entscheiden soll.
Es eröffnet sich ein Rechtsbereich, in dem sich für jeden der Beteiligten ein gesteigertes Potential an Rechtsunsicherheit verbirgt.
Für den Betreuer einerseits, der in der konkreten Situation bei Vorlage aller erforderlichen Voraussetzungen seine Einwilligung in die Anwendung der Elektrokrampftherapie geben muß. Dabei muß er nach einer ordnungsgemäßen Aufklärung durch den Arzt eigenständig prüfen und abwägen, ob die Voraussetzungen des § 1904 BGB vorliegen oder nicht, sich gegebenenfalls Rechtsrat einholen oder die Beratung des Vormundschaftsgerichts gemäß § 1837 Abs. 1 S. 1 BGB in Anspruch nehmen. Je nach Ansicht wird er die Einwilligung in die Behandlung erteilen oder nicht. Damit wird dem Betreuer gerade im Bereich der Anwendung der Elektrokrampftherapie eine sehr weitreichende Entscheidung abverlangt, die sich zwar stets am Wohl des Patienten zu orientieren hat, die aber auch die Gefahr einer Fehlentscheidung in sich birgt. Denn nicht einmal die Mediziner sind in der Lage, diese Art der Therapie richtig einzuordnen. Theoretisch ist daher nur die Beratung über das Vormundschaftsgericht gemäß § 1837 Abs. 1 S. 1 BGB eine echte Hilfestellung für den Betreuer.
Andererseits wird der Betreute der Gefahr einer Gesundheitsverletzung oder der Beeinträchtigung seiner körperlichen Unversehrtheit ausgesetzt.
Sollte er dann in einem Schadensersatzprozeß eine Entschädigung der Folgen der Anwendung der Elektrokrampftherapie geltend machen und das zu entscheidende Gericht nunmehr von einer Genehmigungspflicht der Einwilligung des Betreuers nach § 1904 BGB ausgehen, so hätte das für den Betreuer eine gravierende Pflichtverletzung, für den behandelnden Arzt eine strafrechtliche und zivilrechtliche Ahndung zur Folge.
Eine nachträgliche Zustimmung des Vormundschaftsgerichts ist nicht mehr möglich, da die Elektrokrampftherapie nicht mehr rückgängig gemacht werden kann.
Diese unklare Rechtslage könnte den Arzt veranlassen, stets von der Einwilligungsfähigkeit des Patienten auszugehen, obwohl dies nicht immer der Fall ist. Diese Vorgehensweise birgt dann eine konkrete Gefahr für das Selbstbestimmungsrecht des Patienten.

Dabei ist völlig unerheblich, wie man die Anwendung der Elektrokrampftherapie im einzelnen auch beurteilt mag. Denn fest steht, daß je nach Sach- und

Rechtsbeurteilung der zu betreuende Patient der konkreten Gefahr der unterschiedlichsten Grundrechtsverletzungen, wie denen des Rechts auf Gesundheit und körperliche Unversehrtheit, als auch des Selbstbestimmungsrechts, ausgesetzt ist.
Dementsprechend ist es unter Bereücksichtigung der nahezu unbekannten Wirkungsweise der Elektrokrampftherapie unvertretbar, diese Rechtsunsicherheit aufrechtzuerhalten.
Im Rahmen des § 1904 BGB führt daher nur die Auslegung der Elektrokrampftherapie als genehmigungspflichtige Heilbehandlungsmaßnahme zu einem vertretebaren Ergebnis.

Parallel hierzu konnte im Rahmen der gesetzlichen Regelung bei der Anwendung von Medizinprodukten aufgezeigt werden, daß der Gesetzgeber bereits hinreichend versuchte, seine Schutzverpflichtung gegenüber dem Bürger legislativ auszugestalten. Dennoch erscheint dieser Schutz, ähnlich der Entwicklung des Arzneimittelrechts, noch nicht ausgereift. Sofern das theoretische Konzept einen überzeugenden Schutz bietet, so haben doch zahlreiche Umfragen im Rahmen dieser Studie ergeben, daß eine praktische Umsetzung mangels Kenntnis bislang nicht erfolgte. Möglicherweise liegen die Probleme hier in dem administrativen Umgang mit dieser Rechtsmaterie.

Solange das Problem der Anwendung der Elektrokrampftherapie bei betreuten Patienten keiner gesicherten Ansicht in der Rechtsprechung und Literatur entspricht, kann nur eine „Nachbesserungspflicht" des Gesetzgebers in Frage kommen, die bestehenden gesetzlichen Regeln der jetzigen Situation unter Beachtung der verfassungsrechtlichen Grundsätze anzupassen. Ob es sich dabei vorliegend tatsächlich um eine gesetzliche „Nachbesserungspflicht", oder um eine Neubegründung einfachen Gesetzesrechts oder der Schaffung normenkonkretisierendeer Verwaltungsvorschriften handelt, kann vorliegend dahingestellt bleiben, da nur eine gesetzliche Konkretisierung die erforderliche Rechtssicherheit und damit den Schutz der Grundrechte des Betreuten herbeiführen kann.

Teil E: Schlußbetrachtung

Vorliegend wurde an Hand der Elektrokrampftherapie als eine medizinisch und auch rechtlich umstrittenen ärztlichen Maßnahme aufgezeigt, daß ungesicherte Erkenntnisse gesetzlichen Restriktionen unterworfen werden müssen, ohne sie gleich durch den Gesetzgeber verbieten zu lassen.

Um hierbei den medizinischen Meinungsstreit erfassen zu können, wurde durch eine Metaanalyse der medizinischen Forschung zunächst die Ansicht der Befürworter der Anwendung der Elektrokrampftherapie dargestellt. Aus der Sicht dieser Mediziner wurde im Rahmen einer Replikationsstudie die Behandlungsmethode als ein psychiatrisches Heilverfahren erörtert, im Rahmen dessen neben der allgemeinen Ansicht sowohl die Wirkungsweise, die technische Durchführung, die Indikationsstellungen als auch die Kontraindikationen und die Nebenwirkungen aufgezeigt wurden.

In einem zweiten Schritt wurde auf die gleiche Art und Weise die Elektrokrampftherapie aus der Sicht der Gegner replizierend beleuchtet, insbesondere bezüglich der im Laufe der Jahre entwickelten Modifikationen, der gravierenden Nebenwirkungen und dem Tierexperiment.

Bei dieser Betrachtung konnte keiner der beiden Ansichten der Vorzug gewährt werden. Ausschlaggebend hierfür waren einerseits der mehrfach beschriebene Umstand der empirischen Wirkungsweise und andererseits das Fehlen positiver Nachweise. Zwar behauptete jede der Untersuchungen für sich, den hierfür erforderlichen Beweis erbracht zu haben. Dem muß jedoch entgegengehalten werden, daß dies einseitig geschah und dem in der Regel eine Gegenstudie gegenüber steht. Insbesondere das Tierexperiment hinterließ den festen Eindruck, daß mögliche Hirnschäden zumindest nicht auszuschließen sind. Solange derartige Studien aber nicht in der selben Art und Weise und damit im Tierexperiment widerlegt werden können, kann keiner noch so positiven Studie vollständiges Vertrauen entgegengebracht werden. Der Umstand, daß dies am menschlichen Hirn mit dem heutigen Stand der Wissenschaft und Technik in der geforderten Form nicht erbracht werden kann, rechtfertigt keinesfalls den Verzicht neuster Tierstudien, sondern begründet einzig und allein die noch restriktivere Anwendung bis gesicherte Erkenntnisse vorliegen. Solange kein hinreichendes Wissen über die Behandlungsmaßnahme als solche vor allem bezüglich deren Wirkungsweise vorliegt, verbleibt es bei dem Grundsatz, daß es sich um eine der ungeklärtesten psychiatrischen Behandlungsmethoden handelt.

Über dieses, für den anwendenden Arzt wohl nicht zufrieden stellende Ergebnis kann auch nicht der Status des Arztes als freier Berufsstand und sein allgemeines Therapieprivileg hinweghelfen. Die höchstrichterliche Spruchpraxis hat diesen Grundsatz zwar uneingeschränkt anerkannt, verlangt hierfür aber einen sachlichen Grund für die von ihm mit Überzeugung praktizierte Methode. Sowohl die Exekutive als auch die Judikative können und dürfen sich hierbei nicht zum Richter im medizinischen Methodenstreit entwickeln. Der Arzt hat bei der

Anwendung der Elektrokrampftherapie stets zu bedenken, in Problemfällen mit einem groben Behandlungsfehler belastet zu werden, der die entsprechenden beweisrechtlichen Konsequenzen nach sich zieht.

Zur vorbereitenden Darstellung der Problematik des juristischen Umgangs mit einer medizinisch umstrittenen Behandlungsmethode erfolgte ein kurzer Überblick über den Umgang mit der Methode in den USA. Daß auf das Rechtsgebiet der Vereinigten Staaten von Amerika zurückgegriffen wurde, resultiert aus dem Umstand, daß in diesen Staaten die Elektrokrampftherapie genauso kontrovers diskutiert wird und sich hieraus bereits Gesetzgebungen entwickelt haben, die in der Zukunft auch für Deutschland richtungsweisend sein könnten. Die Schwierigkeit diesbezüglich einen Rechtsvergleich anstellen zu wollen, liegt in der Tatsache, daß es sich um zwei Rechtsordnungen handelt, die auf unterschiedlichen Rechtskulturen beruhen. Die Besonderheiten und Unterschiede des gesellschaftpolitischen Zusammenlebens, der sozialen Strukturen und der unterschiedlichen Gerichtsbarkeiten dürfen dabei nicht außer Betracht gelassen werden. [495] Deswegen wurden neben den Grundzügen nur die Grundgedanken der gesetzlichen Normierung herangezogen, um so Regelungs- und Praktikabilitätsgründe mit einem extistenten Beispiel zu belegen. Eine oberflächigen Betrachtung der allgemeinen Anforderungen, wie z.B. der Einwilligung der Aufklärung und die ersetzte Einwilligung durch Dritte führte zu der Erkenntnis, daß die Unterschiede zum deutschen Recht weniger gravierend sind, wenn man berücksichtigt, daß das nordamerikanische Recht maßgeblich durch das Common und das Statute law geprägt ist.
Besonders signifikant zeichnete sich hierbei die, nicht unumstrittene Rechtsentwicklung in Kalifornien ab, die die Anwendung der Elektrokrampftherapie bei einwilligungsunfähigen Patienten durch den Gesetzgeber einer staatlichen Kontrolle unterwirft. Die dortige Gesetzeslage fordert die Anzeige jedes Anwendungsfalls beim jeweils zuständigen Gesundheitsministerium. Hierdurch konnte bereits eine statistische Erhebung über die einzelnen, sich hieraus ergebenden Parameter für die Jahre 1989-1994 vorgelegt werden. Desweiteren wurde legeslativ die Anzahl der zulässigen Applikationen auf 15 Behandlungen in 30 Tagen bzw. 30 Anwendungen pro Jahr beschränkt. Jede weitergehende Anwendung muß durch einen staatlichen Ausschuß zur Regelung der Angelegenheiten über die Anwendung der Elektrokrampftherapie genehmigt werden.
Aber auch weitere Staaten, wie Massachusetts und Texas statuierten mehr oder weniger ausgereifte Gesetzgebungen hinsichtlich der Restriktion der Anwendung der Elektrokrampftherapie.

An Hand der gesammelten medizinischen Erkenntnisse konnte die Elektrokrampftherapie in ihren einzelnen Anwendungsmodalitäten dem deutschen

[495] Bernat/ Koch/ Meisel in Byrd/ Hruschka/ Joerden, Recht und Ethik, S. 446

Recht unterworfen worden, wobei eine Differenzierung nach der Einwilligungsfähigkeit der Psychiatriepatienten vorgenommen wurde.
In diesem Sinn wurde entsprechend den allgemein geltenden Grundsätzen herausgearbeitet, daß neben der Besonderheit der Beurteilung psychisch kranker Patienten die Einwilligung, die Aufklärung und die Durchführung der Elektrokrampftherapie lege artis unabdingbare Voraussetzungen für die Rechtmäßigkeit des Eingriffs darstellen. Entsprechend der medizinisch unklaren Wirkungsweise und der Nebenwirkungen wurde die Ansicht begründet, daß sich dieser Umstand auch auf die Aufklärung erschwerend niederschlagen muß und daß die bestehenden Aufklärungsbögen hierfür als nicht ausreichend angesehen werden.
Den eigentlichen Schwerpunkt der Beurteilung der Elektrokrampftherapie bildete die Anwendung bei unter Betreuung stehenden Patienten im Sinne des § 1904 BGB. Dementsprechend hat der Arzt in einem ersten Schritt positiv festzustellen, daß dem Patienten die natürliche Einsichts- und Urteilsfähigkeit fehlt, um die Bedeutung und die Tragweite der Anwendung der Elektrokrampftherapie zu erkennen. Er ist damit nicht in der Lage an Hand der möglichen Risiken und Nebenwirkungen eine nachvollziehbare, realitätsbezogene, vernünftige und angemessene Entscheidung fällen zu können. Um in diesen Fällen der Einwilligungsunfähigkeit dem Selbstbestimmungsrecht des Patienten entsprechen zu können, wird durch eine bedarfsorientierte Entscheidung ein Betreuer gemäß §§ 1896ff. BGB, 69 FGG bestellt, der die Interessen der Patienten vertritt, indem er den mutmaßlichen Willen des Patienten ermittelt und durchsetzt. In diesem Zusammenhang wurde festgestellt, daß die Einwilligung eines Betreuers nicht die einzigste Möglichkeit der Ausübung des Selbstbestimmungrecht für den einwilligungsunfähigen Patienten ist. Insbesondere wurde von der Zulässigkeit der rechtlichen Bindungswirkung eines Patiententestament und nach neueren Tendenzen auch von der Zulässigkeit eines Stellvertreters in Gesundheitsangelegenheiten ausgegangen.
Entsprechend der medizinischen Darstellung drängte sich jedoch der Verdacht auf, daß es sich bei der Anwendung der Elektrokrampftherapie um eine ärztliche Behandlungsmaßnahme handelt, die die begründete Gefahr eines schweren und länger andauernden Schadens nach sich zieht. Um hierbei den Anwendungsbereich des § 1904 BGB eröffnen zu können, wurde zunächst festgestellt, daß es sich bei der Elektrokrampftherapie in streng indizierten Fällen, wie denen des Stupors und der perniziösen Katatonie um eine Heilbehandlungsmaßnahme handelt, die geeignet ist, den gefahrbedrohenden Zustand der psychischen Grunderkrankung in kurzer Zeit zu überwinden.
Eine Auseinandersetzung mit der Rechtsprechung und der Literatur bezogen auf die Genehmigungspflichtigkeit der Einwilligung des Betreuers durch das zuständige Vormundschaftsgericht führte im Ergebnis zur uneingeschränkten Genehmigungspflicht. Insbesondere wurde die rechtliche Differenzierung zwischen der unilateralen und der bilateralen Anwendung der Elektrokrampftherapie nicht als eine Verbesserung der Applikation, sondern als eine reine Problemverlagerung betrachtet.

Im übrigen wurde die Genehmigungspflicht auf die einzelnen Unstimmigkeiten in der medizinischen Forschung, vor allem aber auf die empirische Wirkungsweise und die fehlenden gesicherten Erkenntnisse gestützt. Nicht verkannt wurde, daß dies keine Behinderung der Wissenschaft als solche darstellt, sondern ein Ausgangspunkt zur weiteren Forschung sein sollte. Aus diesen Grund sollte die Elektrokrampftherapie einer, nicht näher spezifizierten, staatlichen Kontrolle unterworfen werden.
Anläßlich einer reziproken Kontrolle dieser Schlußfolgerung wurde die Anwendung von Psychopharmaka, die rechtliche Situation bei der Sterilisation und die Unterbringung einwilligungsunfähiger Patienten vergleichend betrachtet, die das vorgeschlagene Ergebnis über die Anwendung der Elektrokrampftherapie bestätigten.
Eine Betrachtung des Betreuungsrechts und der derzeitigen Rechtslage führte daher zu dem teilweise nicht zufriedenstellenden Ergebnis, daß die Intention des Gesetzgebers bezüglich der Stärkung des Selbstbestimmungsrechts und der Personensorge des Betreuten nur zum Teil in der Praxis umgesetzt werden konnte. Zahlreiche Problemschwerpunkte blieben bislang jedoch ungeklärt, obwohl der Gesetzgeber diese Probleme erkannte, aber in diesem Fall nicht regelnd eingreifen wollte.

Eine Betrachtung der Elektrokrampftherapie aus rein ethischen Gesichtspunkten führte zu dem Schluß, daß es sich um eine nicht einfach zu beurteilende, aber ethisch zu billigende Therapiemethode handelt.

Mit der Erkenntnis, daß die Anwendung der Elektrokrampftherapie im Falle des einwilligungsunfähigen Patienten der Genehmigungspflicht durch das Vormundschaftsgericht unterliegt, erfolgte eine weitere Auslegungmöglichkeit der unbestimmten Rechtsbegriffe des § 1904 BGB an Hand der medizinischer Kontroversen, dem einfachen Gesetzesrecht, der Rechtsprechung und Literatur.
Bezüglich einer umfassenden Würdigung dieser Problematik erschien es aber notwendig, dieses Ergebnis auch am Verfassungsrecht zu überprüfen. In diesem Sinn wurden sowohl die allgemeinen Rechtsinstitute wie das Selbstbestimmungsrecht, die Einwilligung, die Zwangsbehandlung als auch die Übertragung des Selbstbestimmungsrechts für verfassungsrechtlich unbedenklich angesehen. Problematischer, wenngleich ebenso anerkannt wurde die Feststellung des Schutzanspruchs des Bürgers gegenüber dem Staat bei ärztlichen Heilbehandlungsmaßnahmen. Vergleiche zu anderen risikoreichen Maßnahmen aus dem Arzneimittelrecht, der Gentechnologie, dem allgemeinem Umweltrecht und dem Atomrecht bestätigten das Ergebnis der Handlungsverpflichtung des Gesetzgebers, um so die Gesundheit als das höchste Rechtsgut schlechthin in ausreichendem, wenngleich auch nicht umfassenden Maß zu schützen. In diesem Zusammenhang konnte die Forderung nach einem gesetzlichen Verbot der Elektrokrampftherapie mit den Gründen einer anerkannten Heilbehandlungsmaßnahme widerlegt werden.

Hinsichtlich der Prüfung eines bereits ausreichend gewährleisteten Schutzes durch den Staat bei der Anwendung der Elektrokrampftherapie erfolgte erneut eine Differenzierung der rechtlichen Betrachtung an Hand der Einwilligungsfähigkeit des Patienten.

Dies führte zu dem Ergebniss, daß der einwillligungsfähige Patient durch das einfache Gesetzesrecht bereits hinreichend geschützt wird, so daß ein zusätzliches legeslatives Handeln durch den Gesetzgeber nicht mehr erforderlich ist.

Anders stellt sich indess die Situation eines einwilligungsunfähigen Patienten dar. Nach den geltenden Grundsätzen der Verfassung und dem damit verbundenen Selbstbestimmungsrecht eines jeden begründet sich eine erhöhte Fürsoge des Staates, für den Fall, daß dieser Patient sein Selbstbestimmungsrecht durch Dritte ausüben läßt. Es bedarf einer konkreten Kontrolle, die über das allgemeine Maß hinausgeht. In diesem Sinn erscheint es fraglich, ob der weite Ermessensspielraum des Betreuers, selbst über die Genehmigungspflichtigkeit der Elektrokrampftherapie entscheiden zu können verfassungsrechtlich zulässig ist.

Es wurde dabei die Intention des Gesetzgebers erörtert, der dieses Problem erkannte und bewußt von einer detaillierten Regelung absah und nur die Sterilisation und die Unterbringung konkret regelte.

Es drängt sich daher die Frage auf, die Elektrokrampftherapie in Anlehnung an die gesetzlichen Regelungen in den USA, speziell in Kalifornien, auch in Deutschland auf andere Weise zu regeln. Im Rahmen einer derartigen juristischen Betrachtung wurde die Ansicht, daß der Staat die Vorstellungen von Arzt und Patient über den förderlichen, heilsamen Weg nicht durch eigene therapeutische Maßnahmen verdrängen darf, nicht vernachlässigt. Dem Gesetzgeber muß es möglich sein, unter dem Gesichtspunkt der Gefahrenabwehr das therapeutische Angebot zu begrenzen und Zonen gesteigerter Risiken auszuweisen, um sie so dem Bestimmungsrecht von Ärzten und Patienten zu entziehen. Keinesfalls darf er jedoch die Gesundheitspflege auf solche Heilverfahren beschränken, die von staatlichen Behörden bestätigt wurden., Dies würde auch der Therapiefreiheit widersprechen.

Der Vorteil einer gesetzlichen Regelung der Anwendung der Elektrokrampftherapie bei einwilligungsunfähigen Patienten liegt in der Erhöhung der Rechtssicherheit. Andererseits ist dann auch die Übertragung des Selbstbestimmungsrecht im Falle der Anwendung der Elektrokrampftherapie als empische Behandlungsmaßnahme verfassungsrechtlich unbedenklich, da der Staat durch die gesetzliche Regelung und deren ordnungsgemäßen Überwachung alle erforderliche Schutzvorkehrungen gegenüber den Patienten getroffen hat, gleichzeitig aber die Wissenschaft und die Forschung nicht hemmt.

Anhang

Anhang
Überblick über die bundesstaatliche Gesetzeslage in den USA[1]

U.S. Bundes-staat	Gesetzliche Einführung des Betreuungs-rechts	A	I	MHD	Formerfordernisse und Rücknahmemöglichkeit einer Bevollmächtigung in Gesundheitsangelegenheiten	MHS/C
Alabama	1997 Ala. Code 22-8A (AD) Ala Code 26-1-1 (DPA/HC)	x	x	x	Für die DPA wird eine bestimmte Formulierung gesetzlich gefordert. Die Rücknahme dieser ist jederzeit mündlich, als auch schriftlich möglich.	
Alaska	1988 Alaska Stat. 13.26.332 (DPA)	x	x	x	Die DPA/ MHAD müssen im wesentlichen der gesetzlich vorgeschriebenen Form entsprechen. Die Rücknahme der DPA ist jederzeit möglich, während die MHAP für 3 Jahre Gültigkeit besitzt.	Alaska Stat. 47.30.950-980 (1996)
Arkansas	1965 Ark Code Ann. 28-68-201 (DPA) 28-68-301 (DPA)	x	x	x	Gesetzlich wird ein bestimmter Ausdrucksstiel gefordert. Eine Bevollmächtigung kann zeitlich begrenzt werden. Eine Rücknahme ist jederzeit möglich.	
Arizona	1992 Ariz Rev Stat 36-3221 (LW & HC Directive)	x	x	x	Nur die Verwendung der gesetzlichen Beispielsformulare sind zulässig, nicht jedoch privatrechtliche Formulare. Die Rücknahme der DPA ist jederzeit schriftlich, mündlich, als auch konkludent möglich.	

[1] Fleischner, Center for Publik for ATTAC of NAPAS; Brakel/ Parry/ Weiner, S. 357-365, Westlaw Education; Meisel/ Kabnick, University of Pittsburgh Law Review 1980, 407 (411ff.)

U.S. Bundesstaat	Verantwortung und Selbständigkeit des Vertreters in Gesundheitsangelegenheiten	Eingeschränkte Behandlungsmethoden	Einwilligung bzw. Genehmigung zur EKT durch	
			Betreuer	Gericht
Alabama	Im Rahmen der DPA kann grundsätzlich jede Entscheidung getroffen werden, wenngleich der, durch die DPA Bevollmächtigte seine Einwilligung weder zur psychiatrischen oder zwangsweisen Behandlung, noch zum Schwangerschaftsabbruch und zur Sterilisation geben kann. Im Rahmen der AD/HC beschränkt sich dies auf lebensfördernde Maßnahmen.	EKT: Care-Administration on ECT, N° 430-25	Care-Administration on ECT, N° 430-25, II. 14b	
Alaska.	Grundsätzlich gilt die Anweisung des Vollmachtgebers. Das Patientenwohl ist für die Fälle maßgeblich, bei denen die Wünsche des Patienten nicht erkennbar sind. Die, durch DPA und MHAD Bevollmächtigten können allein oder gemeinsam handeln. Der, durch die DPA Bevollmächtigte kann nicht in die EKT oder eine Zwangsbehandlung einwilligen.	EKT: Alaska Stat 47.30.825 (5)	Alaska Stat 47-30.825 (6)	Alaska Stat 47-30.825 (5) 47-30.825 (6)
Arkansas	Die gesetzliche Lage ist hier nicht eindeutig. Offenbar ist jedoch in Übereinstimmung mit den Anweisungen in der DPA zu handeln. Wenngleich es einer gesetzlichen Regelung fehlt, hängt die Wirksamkeit von der gerichtlichen Entscheidung ab.	EKT: Ark Code.Ann 59-1415(b) (3)		
Arizona	Die Bevollmächtigung ist nur durch die DPA begrenzt.	Ariz Rev Stat 36-561 (A)	Gemeinsame Entscheidung von Betreuer und Gericht. Ariz Rev Stat 36-540 H	

California	1994 Cal Probate Code 4600 (DPA/HC)	x	x	x	Es existieren keine Besonderheiten. Die Rücknahme ist jederzeit bei vorliegender Einwilligungsfähigkeit mög lich, die jedoch im Normalfall vermutet wird.	
Colorado	1992 Colo Rev St 15-14-503	x	x	x	Es existieren keine Besonderheiten. Die Rücknahme ist jederzeit ohne Einschränkung möglich.	
Connecticut	1990 Conn Gen Stat tit 1 ch.7, sec 1-42 (Sort Form Power of Attorney)	x	x	x	Eine gesetzliche Empfehlung besteht nur für die DPA/HC. Die Rücknahme ist nicht ausdrücklich geregelt.	
Delaware	1990 16 Del. Code sec. 2501 (Advance Health Care Directive)	x	x	x	Es ist eine wahlweise Verwendungsmöglichkeit zulässig, ein Vordruck ist jedoch im Gesetz enthalten. Die Rücknahme ist jederzeit bei vorliegender Einwilligungsfähigkeit möglich. Bei Einwilligungsunfähigkeit kann nur der Betreuer unter Mitwirkung des Gerichts diese widerrufen.	
Des.of Columbia	1987 D.C. Code 21-2201 (DPA/HC)	x	x	x	Gesetzlich wird ein bestimmter Ausdrucksstiel gefordert, ein Vordruck ist jedoch im Gesetz enthalten Die Rücknahme ist jederzeit bei vorliegender Einwilligungsfähigkeit mög lich.	

California	Handlungen sind entsprechend den Anweisungen in der DPA oder durch andere Erkenntnisquellen zu erledigen. Bleiben die Wünsche unerkannt, so gilt das Patientenwohl. Der Bevollmächtigte kann weder in eine schwererwiegende psychiatrische Behandlung, eine EKT, eine Sterilisation noch einen Schwangerschaftsabbruch einwilligen.	EKT: Cal Probate Code 5326.7	Cal Probate Code 5326.6 (b); 5326.7 (c)	
Colorado	Grundsätzlich gilt die Anweisung des Vollmachtgebers. Das Patientenwohl ist für die Fälle maßgeblich, bei denen die Wünsche des Patienten nicht erkennbar sind.			
Connecticut	Maßgeblich sind die ausdrücklichen Wünsche, die der Bevollmächtigte im Sinne des Vollmachtgebers durchsetzt. Der Vertreter in Gesundheitsangelegenheiten kann für alle lebenserhaltenden Maßnahmen die Einwilligung erteilen, während der DPA Bevollmächtigte alle anderen Entscheidungen treffen kann.	EKT: Conn Gen Stat tit 17-206d (b) (d)	Conn Gen Stat tit 17-206d (b)	Anhörung, Conn Gen Stat tit 17-206d (b)
Delaware	Grundsätzlich gilt die Anweisung des Vollmachtgebers. Das Patientenwohl ist für die Fälle maßgeblich, bei denen die Wünsche des Patienten nicht erkennbar sind. Die gesetzliche Einarbeitung der „Notfallbehandlung“ läßt den Ausschluß für die bislang durch die AD legitimierten Behandlungen vermuten.	EKT: Del. Code 16, § 5161 (a) (2) (d)	EKT: Del. Code 16, § 5161 (a) (2) (d)	
Des.of Columbia	Grundsätzlich gilt die Anweisung des Vollmachtgebers. Das Patientenwohl ist für die Fälle maßgeblich, bei denen die Wünsche des Patienten nicht erkennbar sind.	EKT: D.C. Code 6-1966	Alternative Einwilligungsbefugnis D.C. Code 6-1967	

Florida	1992 Fla. Stat. Ann. 765.101 (HCAD)	x	x	x	Ein Vordruck ist im Gesetz enthalten, der hingegen nicht für die allgemeine Stellvertretung gilt. Die Rücknahme ist jederzeit auch ohne Einwilligungsfähigkeit möglich.	
Georgia	1990 Ga. Code Ann. 31-36-1 (DPA/HC)	x	x	x	Es existiert eine gesetzliche Empfehlung in Form eines Vordruckes. Die Rücknahme ist jederzeit möglich.	
Hawaii	1992 Haw. Rev. Stat. 551D-2.5 (DPA/HC)	x	x	x	Es existiert eine gesetzlicher Vordruck für die DPA, während die MHAD weitergehende Wirksamkeitserfordernisse erfüllen muß. Die Rücknahme ist jederzeit schriftlich oder mündlich möglich. Für die MHAP gilt das selbe bei vorliegender Einwilligungsfähigkeit.	Haw. Rev. Stat. 327 F-1 (1992)
Idaho	1988 Idaho Code 39-4505 (DPA/HC)	x	x	x	Es existiert eine gesetzliche Empfehlung in Form eines Vordruckes. Die Rücknahme ist jederzeit ohne Einschränkung möglich.	
Illinois	1987 Ill. Stat. Ch. 755 sec. 45/4-1 (DPA/HC)	x	x	x	Es existiert für die DPA/HC eine gesetzliche Empfehlung in Form eines Vordruckes. Die Rücknahme ist jederzeit ohne Einschränkung möglich	Ill Stat. Ch. 55 s 43/1 (1995)

Florida	Grundsätzlich gilt die Anweisung des Vollmachtgebers. Das Patientenwohl ist für die Fälle maßgeblich, bei denen die Wünsche des Patienten nicht erkennbar sind.	EKT: Fla. Stat. Ann 394.459 (3), (b)	Fla. Stat. Ann 394.495 (3), (b)	Anhörung zur Frage der Einwilligungsf. Fla. Stat. Ann 394.495 (3), (a)
Georgia	Jede durch den Bevollmächtigten mögliche Entscheidung kann durch die DPA begrenzt werden. Der Vollmachtgeber kann den Bevollmächtigten auch zu Entscheidungen der Unterbringung legitimieren.			
Hawaii	Für die DPA sind die ausdrücklichen Wünsche bindend, während für die MHAD keine Stellvertretung möglich ist, so daß Entscheidungen bei Auftreten einer Geisteskrankheit durch den DPA Bevollmächtigten zu treffen sind.	Für jede Behandlung mit Außnahme der Notfälle: Haw. Rev. Stat 334E-1	Alternative Einwilligungsbefugnis Haw. Rev. Stat 334E-1334E2(a) (9)	
Idaho	Grundsätzlich gilt die Anweisung des Vollmachtgebers. Das Patientenwohl ist für die Fälle maßgeblich, bei denen die Wünsche des Patienten nicht erkennbar sind.	Für jede spezifische Behandlungsweise: 66-346(a)(4)		
Illinois	Im Rahmen der DPA/HC bedarf es der exakten Übereinstimmung des Willens von Bevollmächtigten und Vollmachtgeber. Der MHAP Bevollmächtigte kann seine Einwilligung zu psychiatrischen Behandlungen und der EKT, begrenzt auf 17 Tage erteilen. Alle weiteren Behandlungen bedürfen der gerichtlichen Genehmigung.	EKT: Ill Stat. Ch. 91, §2-110	Ill Stat. Ch. 91, § 2-110	

Indiana	1991 Ind. Code Ann. 16-36-1-7 LW(1993); Ind. Code Ann. 30-5-1 (DPA)	x	x	x	Es existiert eine gesetzliche Empfehlung in Form eines Vordruckes. Die Rücknahme ist jederzeit ohne Einschränkung möglich	
Iowa	1991 Iowa Code Ann. 144 B.1 (DPA/HC)	x	x	x	Es existiert eine gesetzliche Empfehlung in Form eines Vordruckes. Die Rücknahme ist jederzeit schriftlich möglich	
Kansas	1989 Kan. Stat. Ann. 58-625 (DPA/HC)	x	x	x	Es existiert eine gesetzliche Empfehlung in Form eines Vordruckes. Die Rücknahme ist jederzeit schriftlich möglich	
Kentucky	1994 Ky. Rev. Stat. Ann. 311.621 (Living Directive Act)	x	x	X	Es existiert eine gesetzliche Empfehlung in Form eines Vordruckes. Die Rücknahme ist jederzeit möglich	
Louisiana	1998 La. Civ. Code Art. 2989; R.S. 40:1299.50 (1975)	x	x	x	Es existieren keine Vorgaben. Die Rücknahme ist jederzeit möglich, sofern der Vollmachtgeber ausdrücklich keine Unwiderrufbarkeit wollte.	

Indiana	Ausnahmslos gilt die Entscheidung des Bevollmächtigten.	Für jegliche Behandlungen: Ind. Code Ann. 16-14-1.6-7		Zwangsbeh.: Anordnung der Vorgehensweise Ind.Code Ann. 16-14-1.6-7
Iowa	Grundsätzlich gilt die Anweisung des Vollmachtgebers. Das Patientenwohl ist für die Fälle maßgeblich, bei denen die Wünsche des Patienten nicht erkennbar sind.	EKT: Iowa Code Ann 229.23(2)	Iowa Code Ann 229.23 (2)	
Kansas	Es darf nur in Übereinstimmung mit den ausdrücklichen Wünschen des Vollmachtgebers gehandelt werden. Eine Bevollmächtigung für den Fall der eintretenden Geistesschwäche und zu Fragen der Unterbringung ist möglich	EKT: Kan. Stat. Ann 59-2929 (a)(6)	Kan. Stat. Ann 59-2929 (a)(6)	
Kentucky	Es ist entsprechend den Wünschen des Vollmachtgebers zu handeln.	Für jegliche Behandlungen: Ky. Rev. Stat. Ann. 202A.191 (c)202B. 060 (7)	Alternative Einwilligungsbefugnis Ky. Rev. Stat. Ann. 202A.191(c) 202A.191(g)	
Louisiana	Die Vollmacht muß ausdrücklich zu Gesundheitsangelegenheiten, einschließlich dem Fall der eintretenden Geistesschwäche ermächtigen.	EKT: La. Civ. Code 28.171(F)		

Maine	1989 Me. Rev. Stat. Tit. 18-A, 5-801 (adv. Health Care Directive)	x	x	x	Es existiert für die PA und die MHAD eine gesetzliche Empfehlung in Form eines Vordruckes. Die Rücknahme ist jederzeit ohne Einschränkung möglich	1993 Me. Rev. Stat. Tit. 34-B sec 11001
Maryland	1993 Md. Code Health-Gen. 5-601 (AD)	x	x	x	Die Verwendung eines bestimmten Formulares ist nicht erforderlich. Die Rücknahme ist jederzeit möglich	
Massachusetts	1993 Mass. G.L.c. 201 D (HCP)	x	x	x	Eine wirksame Bevollmächtigung erfordert die Beachtung vorgegebener Elemente. Die Rücknahme ist jederzeit schriftlich oder mündlich möglich.	
Michigan	1990 Mich. Comp. L. 700.496	x	x	x	Gesetzlich wird ein bestimmter Ausdrucksstiel gefordert. Die Rücknahme ist jederzeit ohne Einschränkung unabhängig von der Einwilligungsfähigkeit möglich	
Minnesota	1993 Minn. Stat. 145C.01 (DPA/HC)	x	x	x	Es existiert für die DPA/HC eine gesetzliche Empfehlung in Form eines Vordruckes, nicht hingegen für die MHAD. Die Rücknahme der DPA/HC ist jederzeit möglich. Die Erklärung bezüglich des Geisteszustandes hingegen nur bei Einwilligungsfähigkeit.	1991 Minn. Stat. 253 B. 03-6d

Maine	Im Rahmen der Stellvertretung gelten die Anweisungen des Vollmachtgebers, bei fehlender Anweisung gilt das Patienten wohl. Eine Stellvertretung für den Fall der eintretenden Geistesschwäche ist nicht möglich. Eine Entscheidungsbefugnis für den MHAP Bevollmächtigten existiert nicht.			
Mary-land	Grundsätzlich gilt die Anweisung des Vollmachtgebers. Das Patientenwohl ist für die Fälle maßgeblich, bei denen die Wünsche des Patienten nicht erkennbar sind. Die Vermutung einer Einwilligungsfähigkeit bleibt auch nach erfolgter Zwangsbehandlung bestehen.	Für jegliche Behandlungen: Md. Code Health-Gen 7-602 (d)(1)(ii)		
Massa-chusetts	Grundsätzlich gilt die Anweisung des Vollmachtgebers. Das Patientenwohl ist für die Fälle maßgeblich, bei denen die Wünsche des Patienten nicht erkennbar sind. Die DPA ermächtigt auch zu Gesundheitsangelegenheiten.	EKT: Mass.Ann Laws 123, § 23		Mass.An Laws 123, § 23
Michigan	Es sind vernünftige Anstrengungen zur Ermittlung des wahren Willens zu unternehmen. Sofern dieser nicht zu ermitteln ist, gilt das Patientenwohl.	EKT: Mich. Comp. L. 330.1716 (1)	Mich. Comp. L. 330.1716 (1)(a)	Mich. Comp. L.330.17 16 (1)(a)
Minneso-ta	Im Rahmen einer DPA Bevollmächtigung darf nur in Übereinstimmung mit den Wünschen des Vollmachtgebers gehandelt werden. Sofern dieser nicht zu ermitteln ist, gilt das Patientenwohl. Bei Geisteskrankheiten sind nur die Anweisungen maßgeblich. Der DPA Bevollmächtigte darf in psychiatrische Behandlungsmethoden nur insoweit einwilligen, wenn eine ausdrückliche Erklärung des Vollmachtgebers vorliegt.	Für jeglliche Behandlungen: Minn. Stat. 253B.03 (6)	Minn. Stat. 253B.03 (6)(2)(3)	Nach Anhörung Minn. Stat. 253B.03 (6)(3)

Mississippi	1990 Miss. Code 41-41-151 (DPA/HC)	x	x	x	Es existiert eine gesetzliche Empfehlung in Form eines Vordruckes. Die Rücknahme ist jederzeit bei Einwilligungsfähigkeit möglich	
Missouri	1990 Mo. Ann. Stat. 404.800 (DPA/HC)	x	x	x	Gesetzlich wird ein bestimmter Ausdrucksstiel gefordert. Die Rücknahme ist jederzeit bei Kommunikationsfähigkeit des Patienten möglich. Eine Stellvertretung kann von vorn herein zeitlich begrenzt sein.	
Montana	1991 Mont. Code 72-5-501 HCPA)	x	x	x	Es existiert kein gesetzlich vorgeschlagenes Formular. Die Rücknahme ist jederzeit unter Beachtung von Mt St. 50-9-104 (1) möglich.	
Nebraska	1992 Neb. Rev. Stat. 30-3401 (HCPA)	x	x	x	Das Gesetz erfordert einen zwingenden Inhalt und schlägt hierfür ein Formular vor. Die Rücknahme ist jederzeit möglich.	
Nevada	1987 Nev. Rev. Stat. 449.800 (DPA/HC)	x	x	x	Eine wirksame Bevollmächtigung muß im wesentlichen dem gesetzlich Formular entsprechen. Die Rücknahme ist jederzeit bei Einwilligungsfähigkeit möglich	

Missis-sippi	Es darf nur in Übereinstimmung mit den Wünschen des Vollmachtgebers gehandelt werden. Sofern dieser nicht zu ermitteln ist, gilt das Patientenwohl. Eine Behandlung darf nicht gegen den Willen des Bevollmächtigten erfolgen. Die DPA/HC hat keine Auswirkung auf die gesetzlichen Vorschriften der Notfallmedizin.			
Missouri	Grundsätzlich gilt die Anweisung des Vollmachtgebers. Das Patientenwohl ist für die Fälle maßgeblich, bei denen die Wünsche des Patienten nicht erkennbar sind. Die Entscheidungsbefugnis des Bevollmächtigten reicht nicht weiter als die gesetzlichen Bestimmungen.	EKT: Mo. Ann. Stat. 630.130 (1) 630.130 (5)	Recht zur Versagung: Mo. Ann. Stat. 630.130 (1)(2)	Nach Anhörung: Mo. Ann. Stat.630. 133 (1)
Montana	Für Gesundheitsangelegenheiten wird die DPA nicht angewandt. Hiefür gilt die ADHC (Mt.St. 72-31-201)			
Nebraska	Grundsätzlich gilt die Anweisung des Vollmachtgebers. Das Patientenwohl ist für die Fälle maßgeblich, bei denen die Wünsche des Patienten nicht erkennbar sind. Ein Suizidversuch berechtigt nicht zur Stellvertretung in Gesundheitsangelegenheiten.	Für jegliche Behandlungen: Neb. Rev. Stat 83-1066(3)		
Nevada	Es darf nur in Übereinstimmung mit den Wünschen des Vollmachtgebers gehandelt werden. Sofern dieser nicht zu ermitteln ist, gilt das Patientenwohl. Die Bevollmächtigung gilt nicht für eine Einweisung in die Psychiatrie, die Anwendung der EKT, einer Sterilisation oder einem Schwangerschaftsabbruch.	Für jegliche Behandlungen: Nev. Rev. Stat 433.484 (1) (a)	Nev. Rev. Stat 433.484 (1)(a)(2), (3)	

New Hampshire	1991 N.H. Rev. Stat. 137-J:1 (DPA/HC)	x	x	x	Eine wirksame Bevollmächtigung muß im wesentlichen dem gesetzlich Formular entsprechen. Die Rücknahme ist jederzeit schriftlich, mündlich oder konkludent möglich	
New Jersey	1992 N.J. Stat. 26:2H-53 (AD/HC); 46:2B-8 DPA	x	x	x	Es existieren keine Vorgaben. Die Rücknahme ist jederzeit bei Einwilligungsfähigkeit möglich.	
New Mexico	1995 N.M. Stat. 24-7A-1 (DPA/HC)	x	x	x	Es ist eine wahlweise Verwendungsmöglichkeit zulässig, ein Vordruck ist jedoch im Gesetz enthalten. Die Rücknahme ist jederzeit bei Einwilligungsfähigkeit möglich.	
New York	1990 N.Y. Pub. Health L. 2980 (HCP)	x	x	x	Es existiert eine gesetzliche Empfehlung in Form eines Vordruckes. Die Rücknahme ist jederzeit möglich, sofern der Patient hierzu fähig ist. Eine Stellvertretung kann von vorn herein zeitlich begrenzt sein.	
North Carolina	1998 N.C. Gen. Stat. 32A-15 (HCPA) (1991)	x	x	x	Es existiert eine gesetzliche Empfehlung in Form eines Vordruckes. Die Rücknahme der MHAD ist bei Einwilligungsfähigkeit jederzeit möglich.	1997 N.C. Gen. Stat. 112C-71

New Hampshire	Es darf nur in Übereinstimmung mit den Wünschen des Vollmachtgebers gehandelt werden. Sofern dieser nicht zu ermitteln ist, gilt das Patientenwohl. Behandlungen dürfen nicht gegen den Willen des Vollmachtgebers erfolgen, selbst wenn ihm offensichtlich die Fähigkeit zur Willensbildung fehlt.			
New Jersey	Grundsätzlich gilt die Anweisung des Vollmachtgebers. Das Patientenwohl ist für die Fälle maßgeblich, bei denen die Wünsche des Patienten nicht erkennbar sind. Die DPA ist für die Einwilligung in Gesundheitsangelegenheiten ausreichend.	EKT: N.J. Stat. 30.4-24.2 (d) (2)		N.J. Stat. 30.4-24.2 (d) (2)
New Mexico	Es darf nur in Übereinstimmung mit den individuellen Anweisungen und Wünschen des Vollmachtgebers gehandelt werden. Sofern diese nicht zu ermitteln ist, gilt das Patientenwohl.	EKT: N.M. Stat 43-1-15 (a)		N.M. Stat 43-1-15(b)
New York	Grundsätzlich gilt die Anweisung des Vollmachtgebers. Das Patientenwohl ist für die Fälle maßgeblich, bei denen die Wünsche des Patienten nicht erkennbar sind.			
North Carolina	Im Rahmen der MHAD ist der ausdrückliche Wunsch des Vollmachtgebers maßgeblich. Die MHAD kann mit der ADHC kombiniert werden.	EKT: N.C. Gen. Stat. 122-55.6		N.C. Gen. Stat. 122-55.6

North Dakota	1991 N.D. Cent. Code 1337.1 (Applies to terminally ill & unconscious only)	x	x	x	Es ist zwingend das gesetzlich vorgeschriebene Formular zu verwenden. Die Rücknahme ist jederzeit möglich, sofern der Patient hierzu fähig ist. Eine Stellvertretung kann von vorn herein zeitlich begrenzt sein.	
Ohio	1991 Ohio Rev. Code 1337.11 (DPA/HC)	x	x	x	Eine wirksame Bevollmächtigung muß im wesentlichen den gesetzlichen Vorgaben entsprechen. Die Rücknahme ist jederzeit möglich, sofern der Patient hierzu fähig ist. Eine Stellvertretung kann von vorn herein zeitlich begrenzt sein.	
Oklahoma	1992 Okla. Stat. Tit. 63 sec. 3101	x	x		Es existiert eine gesetzliche Empfehlung in Form eines Vordruckes. Die Rücknahme der MHAD ist bei Einwilligungsfähigkeit jederzeit möglich. Die Rücknahme der Stellvertretung allgemein ist jederzeit möglich.	1995 Okla. Stat. Tit. 43A sec 11-101
Oregon	1989 c. 127.005 (DPA); 127.505 (AD/HC)	x	x	x	Die AP/HC muß in der gesetzlich vorgeschriebenen Form errichtet werden. Die Rücknahme der AD/HC ist jederzeit bei lebenserhaltenden Maßnahmen und der Einsichtsfähigkeit des Patienten möglich. Die Stellvertretung kann von vorn herein zeitlich begrenzt werden. Die Rücknahme der MHAD ist jederzeit bei Einwilligungsfähigkeit möglich (Geltungsdauer 3 Jahre beträgt.)	1993 Or. Rev. Stat. 127.700
Pennsylvania	1982 Pa.Cons. Stat. Tit. 20 sec. 5601 PA				Es existieren keine ausdrücklich geregelten Wirksamkeits- und Rücknahmevoraussetzungen. Der Betreuer kann eine Bevollmächtigung allein zurücknehmen.	

North Dakota	Grundsätzlich gilt die Anweisung des Vollmachtgebers. Das Patientenwohl ist für die Fälle maßgeblich, bei denen die Wünsche des Patienten nicht erkennbar sind. Eine wirksame Einwilligung in die Einweisung einer psychiatrischen Einrichtung kann nur für die Dauer von 45 Tagen erfolgen. Für die Einwilligung in psychiatrische Behandlungsmaßnahmen, Sterilisation od. Schwangerschaftsabbruchs bedarf es der gerichtlichen Genehmigung.	ECT: N.D. Cent. Code 25-03.1-40 (12), (13)	N.D. Cent. Code 25-03.1-40 (12), (13)	N.D. Cent. Code 25-03.1-40 (12), (13)
Ohio	Grundsätzlich gilt die Anweisung des Vollmachtgebers. Das Patientenwohl ist für die Fälle maßgeblich, bei denen die Wünsche des Patienten nicht erkennbar sind.	ECT: Ohio Rev. Code 5122. 271 (E)	Ohio Rev. Code 5122.271 (C)(E)(2) 5123.86, (C) (E) (2)	Ohio Rev. Code 5122.271 (B) 5123.86 (C)
Oklahoma	Grundsätzlich gilt die Anweisung des Vollmachtgebers. Das Patientenwohl ist für die Fälle maßgeblich, bei denen die Wünsche des Patienten nicht erkennbar sind.			
Oregon	Grundsätzlich gilt die Anweisung des Vollmachtgebers. Das Patientenwohl ist für die Fälle maßgeblich, bei denen die Wünsche des Patienten nicht erkennbar sind. Der ADHC Bevollmächtigte kann in die Anwendung der EKT und Psychopharmakatherapie nicht einwilligen. Die ist nur im Rahmen der MHAD, zeitlich begrenzt auf die Anwendung von 17 Tagen, möglich.	EKT: Or. Rev. Stat 426.385 (2)	Or. Rev. Stat 426.385 (2)	
Pennsylvania	Grundsätzlich gilt die Anweisung des Vollmachtgebers. Das Patientenwohl ist für die Fälle maßgeblich, bei denen die Wünsche des Patienten nicht erkennbar sind. Eine Bevollmächtigung in Unterbringungssachen ist möglich.			

Rhode Island	1992 R.I. Gen L 23-4.10 (DPA/HC)				Es ist zwingend das gesetzlich vorgeschriebene Formular zu verwenden.. Die Rücknahme ist bei jederzeit ohne Einschränkung möglich. Die Stellvertretung kann von vorn herein zeitlich begrenzt werden.	
South Carolina	1990 S.C. Code 62-5-501 (AD/HC)				Es existiert eine gesetzliche Empfehlung in Form eines Vordruckes, der auch verwendet werden sollte. Die Rücknahme ist jederzeit ohne Einschränkung möglich.	
South Dakota	1977 S.D. Codified L. 59-7-2.1 (DPA)				Für die MH/AD muß die Vollmacht im wesentlichem dem gesetzlichen Formular entsprechen. Die Rücknahme der MH/AD ist jederzeit bei Einwilligungsfähigkeit möglich, obgleich deren Geltungsdauer 3 Jahre beträgt.	1997 SDCL 27A-16-1 (Declaration for MH Treatment)
Tennesee	1990 Tenn. Code 34-6-201 (DPA/HC)				Es existiert eine gesetzliche Empfehlung in Form eines Vordruckes. Die Rücknahme ist jederzeit bei Einwilligungsfähigkeit möglich.	
Texas	1989 Tex.Civ. Pract.& Rem. Code 135.001 (DPA/HC)				Es existiert eine gesetzliche Empfehlung in Form eines Vordruckes. Die Rücknahme ist jederzeit schriftlich, mündlich oder konkludent möglich	

Rhode Island	Es gelten ausschließlich die konkreten Anweisungen des Vollmachtgebers.	EKT: S.C. Code 44-23-1010	S.C. Code 44-23-1010	
South Carolina	Im Rahmen der MHAD gelten die konkreten Anweisungen des Vollmachtgebers. Das Patientenwohl ist für die Fälle maßgeblich, bei denen die Wünsche des Patienten nicht erkennbar sind. Die MHAD ermächtigt zur Einwilligung in die EKT und der Verabreichung von Psychopharmaka von maximal 30 Tagen. Notfälle können die MHAD überlagern. Für die DPA ist der mutmaßliche Wille des Vollmachtgebers entscheidend, ansonsten gilt das Patienten wohl.	EKT: SDCL 27A-12-20, 27B-8-2 (1)	SDCL 27A-12-20 (1), 27B-8-2 (1), 27B-8-20 (1)	Keine einwilligungsber. Person SDCL 27A-12-20 (2,3), 27B-8-20 (2,3)
South Dakota	Es ist der wahre Wille des Vollmachtgebers zu erforschen, wenn er einwilligungsfähig wäre. Die Notfallmedizin wird hiervon nicht erfaßt.			
Tennesee	Es gelten ausschließlich die konkreten Anweisungen des Vollmachtgebers. Der Stellvertreter kann weder in die Anwendung der EKT, noch der Psychopharmakatherapie einwilligen.			
Texas	Im Rahmen der MHAD gilt die Anweisung des Vollmachtgebers. Das Patientenwohl ist für die Fälle maßgeblich, bei denen die Wünsche des Patienten nicht erkennbar sind. Die MHAD berechtigt zur Einwilligung in die EKT, der Verabreichung von Psychopharmaka und die Einweisung in psychiatrische Anstalten für maximal 14 Tage.			

Utah	1985 Utha Code 75-2-1101 (AD)				Es ist zwingend das gesetzlich vorgeschriebene Formular zu verwenden. Die Rücknahme ist jederzeit bei Einwilligungsfähigkeit möglich.	1996 Utha Stat. 62A-12-501 (Declaration for MH Treatment)
Vermont	1987 Vt. Stat. Tit. 14 s 3451 (DPA/HC)				Eine wirksame Bevollmächtigung muß im wesentlichen den gesetzlichen Vorgaben entsprechen. Die Rücknahme ist jederzeit ohne Einschränkung möglich.	
Virginia	1992 Va.Code 54.1 – 2981 (AD/HC)				Es existiert eine gesetzliche Empfehlung in Form eines Vordruckes. Die Rücknahme ist jederzeit ohne Einschränkung möglich.	
Washington	1989 Wash.Rev. Code 11.94.010 (3) (DPA/HC)				Eine wirksame Bevollmächtigung muß im wesentlichen den gesetzlichen Vorgaben entsprechen. Die Rücknahme ist jederzeit ohne Einschränkung möglich.	
West Virginia	1990 W.Va. Code 16-30A-1 (Medical Power of attorney)				Eine wirksame Bevollmächtigung muß im wesentlichen den gesetzlichen Vorgaben entsprechen. Die Rücknahme ist jederzeit ohne Einschränkung möglich.	

Utah	Grundsätzlich gilt die Anweisung des Vollmachtgebers. Das Patientenwohl ist für die Fälle maßgeblich, bei denen die Wünsche des Patienten nicht erkennbar sind. Die Stellvertretung ermächtigt nicht zur Einwilligung in die Einweisung einer psychiatrische Anstalt oder in eine Sterilisation.			
Vermont	Grundsätzlich gilt die Anweisung des Vollmachtgebers. Das Patientenwohl ist für die Fälle maßgeblich, bei denen die Wünsche des Patienten nicht erkennbar sind.			
Virginia	Grundsätzlich gilt die Anweisung des Vollmachtgebers. Die Bestellung eines Betreuers überlagert die DPA/HC (70.02) Die Stellvertretung ermächtigt nicht zur Einwilligung in die Einweisung einer psychiatrische Anstalt der Anwendung der EKT oder Psychopharmaka.	EKT: Wash.Rev Code 71.05. 370(7)	Wash. Rev. Code 71.05. 370 (7)	Nach Anhörung Wash. Rev. Code 71.05. 370 (7)
Washington	Grundsätzlich gilt die Anweisung des Vollmachtgebers. Das Patientenwohl ist für die Fälle maßgeblich, bei denen die Wünsche des Patienten nicht erkennbar sind.	Für jegliche Behandlungen: W.Va. Code 27-4-4 (b)		
West Virginia	Grundsätzlich gilt die Anweisung des Vollmachtgebers. Das Patientenwohl ist für die Fälle maßgeblich, bei denen die Wünsche des Patienten nicht erkennbar sind. Die Einwilligung in psychiatrische Angelegenheiten, und der Anwendung der EKT ist nicht möglich.	EKT: Wisc.Stat. 51.61(1) (k)		

Wisconsin	1989 Wisc.Stat. 155.01 (PA/HC)				Gesetzlich wird ein bestimmter Ausdrucksstiel gefordert. Die Rücknahme ist jederzeit ohne Einschränkung möglich.	
Wyoming	1991 Wyo.Stat. 3-5-201 (DPA/HC)				Es ist zwingend das gesetzlich vorgeschriebene Formular zu verwenden. Die Rücknahme ist jederzeit bei Einwilligungsfähigkeit möglich.	

Wisconsin	Grundsätzlich gilt die Anweisung des Vollmachtgebers. Das Patientenwohl ist für die Fälle maßgeblich, bei denen die Wünsche des Patienten nicht erkennbar sind.			
Wyoming	Grundsätzlich gilt die Anweisung des Vollmachtgebers. Das Patientenwohl ist für die Fälle maßgeblich, bei denen die Wünsche des Patienten nicht erkennbar sind. Die Stellvertretung ermächtigt nicht zur Einwilligung in die Anwendung der EKT oder von Psychopharmaka.			

Legende

A	**Agent** In diesen Staaten erlaubt das Bundesgesetz die privatrechtliche Bestimmungeines Stellvertreters oder eines Bevollmächtigten in Gesundheitsangelegenheiten
I	**Instruction** In diesen Staaten erlaubt das Bundesgesetz dem Vollmachtgeber bestimmte Anweisungen im Rahmen der Bevollmächtigung zu erteilen.
MHD	**Mental Health Decision** In diesen Staaten erlaubt das Bundesgesetz dem Vollmachtgeber auch für den Fall einer eintretenden Geistesschwäche einen Dritten im voraus einen zu bestimmen, der ihn für diesen Fall wirksam vertreten kann. In einigen Gesetzgebungen erfolgte hierbei eine konkrete Normierung für die entsprechende psychiatrische Behandlungsmethode. In den restlichen Staaten, in denen dies nicht erfolgte, die aber auch die konkrete Behandlungsmethode nicht ausschließen, ist davon auszugehen, daß sich die Bevollmächtigung dann auch auf die entsprechende psychiatrische Behandlungsmethode bezieht.

DPA	Durable Power of Attorney unbeschränkte Vertretungsvollmacht
PA	Power of Attorney Vertretungsmacht
DPA/HC	Durable Power of Attorney For Health Care unbeschränkte Vertretungsvollmacht in Gesundheitsangelegenheiten
HCP	Health Care Proxy Stellvertretung in Gesundheitsangelegenheiten
ADHC	Advance Directive For Health Care Künftige Anordnungen im Rahmen der Gesundheitsangelegenheiten
LW	Living Will Patienten Testament
MHS/ C	Mental Health Statute/ Cite In diesen Staaten sieht das Bundesgesetz die Möglichkeit der Anordnung spezieller oder allgemein aller psychiatrischen Behandlungsmethoden vor.

Literaturverzeichnis

Advocating the legal rights of texans with disabilities/ Advocacy, Incorporated Handout
Materials Online, http://www.advocacyinc.org,
„Declaration for mental health treatment"

Advocating the legal rights of texans with disabilities/ Advocacy, Incorporated Handout
Materials Online, http://www.advocacyinc.org
„How to make an advanced direktive"

Advocating the legal rights of texans with disabilities/ Advocacy, Incorporated Handout Materials-Online, http://www.advocacyinc.org
„Legally adequate Consent

Advocating the legal rights of texans with disabilities/ Advocacy, Incorporated Handout Materials-Online, http://www.advocacyinc.org
„Guardianship for Texans with Disabilities"

Agelink, M.W./ Dammers, S./ Malessa, R./ Leonhardt, M./ Zitzelsberger, A./ Ullrich, H./ Zeit, T.: Nervenarzt 1998, 70-75
„Nutzen und Risiken der EKT bei älteren Patienten mit kardiovaskulären Risikofaktoren"

Alberts-Online, united mental health legal services, inc., http://www.members.aol.com./DKM1/20.Cp.55D.html
„Powers, Duties and liabilities of Guardians of incapacitated persons"

Alexy, Robert: Theorie der Grundrechte
2. Auflage, Frankfurt/ Main 1994
(zitiert: Alexy, Theorie der Grundrechte)

Amelung, Knut: Rechtsgüterschutz und Schutz der Gesellschaft
Frankfurt/ Main 1972
(zitiert: Amelung, Rechtsgüterschutz)

Amelung, Knut: Recht und Psychiatrie 1995, 20-28
„Probleme der Einwilligungsfähigkeit"(Teil 1)

Amelung, Knut: ZStW 1992, 821-833
„Über die Einwilligungsfähigkeit" (Teil 2)

American Psychiatric Association (1990) The practice of electroconvulsive therapy: Recommendations for treatment, training priveleging: A task force report. APA Washington D.C.
(zitiert: American Psychiatric Association (1990), A task force report)

American Psychiatric Association (1978) Electroconvulsive therapy task force report. APA Washington D.C.
(zitiert: American Psychiatric Association (1978) Electroconvulsive therapy task force report)

Anhalt, Erhard: PharmInd 1995, 729-733
„Einführung in den Regelungsbereich für Medizinprodukte einschließlich wichtiger Definitionen"

APA-Online, American Psychiatric Association, Publik Information, http://www.psych.org
„Electroconvulsive Therapy. Background and Ordering Information"

APA-Online, American Psychiatric Association, Publik Information Online, http://www.psych.org
„State Newsletters"

APA-Online, American Psychiatric Association, Publik Information, Online, http://www.psych.org,
„Attempts to ban ECT Renewed in Texas Legislature"

APA-Online, American Psychiatric Associations official statement on ECT, Publik Information, Online, http://www.ect.org,
„Elektroconvulsive Therapy"

Avery, D./ Winokur, G.: Archives of General Psychiatry 1976, 1029-1037
„Mortality in depressed patients treated with electroconvulsive therapy and depressants"

Avery, D./ Winokur, G.: Biological Psychiatry 1977, 507-523
„The efficacy of electroconvulsive therapy and antidepressants in depression"

Badura, Peter: Staatsrecht – Systematische Erläuterung des Grundgesetzes für die Bundesrepublik Deutschland
2., neubearbeitete Auflage, München 1996
(zitiert: Badura, Staatsrecht)

Baer, Rolf: Psychiatrie für Juristen
München, Stuttgart 1988
(zitiert: Bearbeiter in Baer, Psychiatrie für Juristen)

Batra, A. /Bartels, M. /Foerster, K.: Nervenarzt 1999, 657-661
„Zur Frage der Genehmigungspflicht von Elektrokrampftherapie im Rahmen einer Betreuung (§ 1904)"

Bauer, Axel W.: Medizinische Ethik am Beginn des 21. Jahrhunderts: Theoretische Konzepte-klinische Probleme-Ärtztliches Handeln
Heidelberg [u.a.] 1998
(zitiert: Bauer/Bearbeiter)

Becker, Christoph: Propofol und Methohexital-Eine vergleichende experimentelle Untersuchung der Wirkung der bei den Kurznarkotika auf den NON-REM-Schlaf von gesunden Probanden unter Berücksichtigung ihrer Anwendung
Diss. Bonn 1994
(zitiert: Becker)

Benda, Ernst/ Maihofer, Werner/ Vogel, Hans-Jochen: Handbuch des Verfassungsrechts der Bundesrepublik Deutschland
2. neubearbeitete und erweiterte Auflage, Berlin 1994
(zitiert: Benda/ Maihofer/ Vogel, Verfassungsrecht)
Bernat, Erwin/ Koch, Hans-Georg/ Meisel, Alan: Jahrbuch für Recht und Ethik, Bd. 4, 1996
„Das Patiententestament“ und der „Stellvertreter in Gesundheitsangelegenheiten“. Ein Vergleich des deutschen, amerikanischen und japanischen Rechts in Byrd, B.S./ Hruschka, J./ Joerden, J.C. (Hrsg.)
(zitiert: Bernat/ Koch/ Meisel)
Bernsmann, Klaus: ZRP 1996, 87-92
„Der Umgang mit irreversibel bewußtlosen Personen und das Strafrecht“
Bienwald, Werner: Betreuungsrecht: Gesetz zur Reform des Rechts der Vormundschaft und Pflegschaft für Volljährige, Betreuungsgesetz (BtG), Kommentar,
2. Auflage, Bielefeld 1994
(zitiert: Bienwald)
Bienwald, Werner: BtPrax 1999, 92-93
„Weiteres zur Unvollkommenheit der Vorsorgevollmacht gegenüber der Betreuung“
Bienwald, Werner: BtPrax 1998, 164-167
„Die Vorsorgevollmacht-ein gleichwertiger Ersatz der Betreuerbestellung?„
Bienwald, Werner: FamRZ 1992, 1125-1131
„Zur Umsetzung des Betreuungsgesetzes in der Praxis“
Bienwald, Werner: FamRZ 1987, 533-548
„Zur Notwendigkeit und Umfang einer Reform des Vormundschafts- und Pflegschaftsrechts“
Birk, Larissa: Ergebnisse der Elektrokrampftherapie-Eine retrospektive Untersuchung
Diss. Tübingen 1998
(zitiert: Birk, Ergebnisse der EKT)
Bleuler, Eugen: Lehrbuch der Psychiatrie
15. Auflage, Berlin [u.a.]1983
(zitiert: Bleuler, Lehrbuch der Psychiatrie)
Brakel, Samuel/ Parry, John/ Weiner, Barbara: The mentally disabled and the law
3. Auflage 1985, Illinois
(zitiert: Brakel/ Parry/ Weiner; The mentally disabled and the law)
Breggin, Peter Roger: Elektroschock ist keine Therapie
München, Wien, Baltimore 1980
(zitiert: Breggin, Elektroschock)

Breggin, Peter Roger: International Journal of Risk And Safity in Medicine 1998, 5-40
„Electroshock: scientific, ethical, and political issues"
Breggin, Peter Roger: Brain-Disabling Treatments in Psychiatry, Chapter 8/ Electroshock for Depression,
New York 1997
(zitiert: Breggin, Brain-Disabling Treatments in Psychiatry)
Bockelmann, Paul: NJW 1961, 945-951
„Rechtliche Grundlagen und Grenzen der ärztlichen Aufklärungspflicht"
Bogs, Harald: ZfS 1983, 99-102
„Eine medizinalpolitische Grundrechtsthese (Art. 2 Abs. 2 S. 1, 3 GG): Verpflichtung der Selbstverwaltungskörperschaften des Gesundheitswesens und des Staates auf praxisbegleitende Qualitätssicherung
Bork, Reinhard: NJW 1985, 654-659
„Klinische Versuche in der Psychiatrie"
Both, Dietmar: Vergleichende Ergebnisse der Akutbehandlung endogen schizophrener Psychosen mittels Elektrokrampftherapie und Pharmakatherapie Diss. Bonn 1985
(zitiert: Both, Vergleichende Ergebnisse)
Bundesärztekammer-Tätigkeitsbericht 1995, 149-158
„Qualitätssicherung der Medizinprodukte"
Bürgle, Helmut: NJW 1988, 1881-1888
„Auf dem Weg zu einem neuen Betreuungsrecht"

Calev, Avraham/ Phil, D./ Kochavlev, Elena/ Tubi, Nutith/ Nigal, Doron/ Chazan, Shella/ Shapira, Baruch/ Lerer, Bernd: Convulsive Therapy 1991, 184-189
„Change in attitude toward electroconvulsive therapy-Effects of treatment, time since treatment, and severity of depression"
California Statistics- Online,
http://www.banshock.org/links/shocked40000V/studies&statistics
„California Figures from the department of mental health"
Cerletti/ Bini, Archivio generale di Neurologia, Psichiatria e Psicoanalisi 1938, 260-26
„L´elettroshock"
Coester, Michael: Jura 1991, 1-9
„Von anonymer Verwaltung zu persönlicher Betreuung, Zur Reform des Vormund- und Pflegschaftsrechts für Volljährige"
Consensus Conference on ECT (NIH-Statement), Journal of the American Medical Association 1985, 2103-2108
„Electroconvulsive therapy"

Cubillus, Raum & Zeit 1993, 101-110
„Elecktroschock: Psychofolter in deutschen Krankenhäusern“
Culver, Charles M./ Ferrel, Richard B./ Green, Ronald M.: Amer. J. Psych 1980, 586-591
„ECT and Special Problems of Informed Consent“

Damrau, Jürgen/ Zimmermann, Walter: Betreuung und Vormundschaft, Kommentar zum materiellen und formellen Recht,
1. überarbeitete und erweiterte Auflage, Stuttgart [u.a.] 1995
(zitiert: Damrau/ Zimmermann)
Damrau, Jürgen/ Zimmermann, Walter: NJW 1991, 538-
„Das neue Betreuungs- und Unterbringungsrecht“
Degen, Psychologie heute 1984, 7-10
„Heilkrämpfe oder Therapie aus der Folterkammer“
Deutsch, Erwin: Medizinrecht
3.völlig neu bearbeitete Auflage, Berlin [u.a.]1997
(zitiert: Deutsch, Medizinrecht)
Deutsch, Erwin: NJW 1995, 752-755
„Das Gesetz über Medizinprodukte von 1994“
Deutsch, Erwin: NJW 1965, 1985-2032
„Schutzbereich und Tatbestand des unerlaubten Heileingriffs im Zivil recht“
Dietlein, Johannes: Die Lehre von den grundrechtlichen Schutzpflichten
Diss. Berlin 1992
(zitiert: Dietlein, Grundrechtliche Schutzpflichten)
Dodegge, Georg: NJW 1999, 2709-2717
„Die Entwicklung des Betreuungsrechts bis Anfang 1999“
Dodegge, Georg: FamRZ 1996, 74-79
„Die Elektrokrampftherapie“
Dodegge, Georg: NJW 1994, 2383-2391
„Weitere Entwicklungen des Betreuungsrechts
Dodegge, Georg: NJW 1993, 2353-2361
„Erste Entwicklungen des Betreuungsrechts“
Dodegge, Georg: MDR 1992, 437-441
„Freiheitsentziehende Maßnahmen nach § 1906 IV BGB“
Dörner, Klaus: Deutsches Ärzteblatt 1996, C 138
„Rationale Gründe zum Verzicht“
Dörner, Klaus: Sozialpsychiatrische Informationen 1994, 31-32
„Ethische Aspekte der Elektrokrampftherapie“

Dörner, Klaus/ Plog, Ursula: Irren ist menschlich
3. Auflage, Rehburg-Loccum 1986
(zitiert: Dörner/ Plog, Irren ist menschlich)
Dose, Matthias: FamRZ 1993, 1032-1033
„Medikamentöse Versorgung als Heilbehandlung gemäß § 1904 BGB“
Dreier, Horst: Grundgesetz Kommentar, Band 1-Artikel 1-19
Auflage, Tübingen 1996
(zitiert: Bearbeiter in Dreier)
Dröge, Michael J.W.: BtPrax 1998, 199-203
„Patientenverfügung und Erforderlichkeit einer Betreuungsmaßnahme“

Ebert, Dieter: Psychiatrie systematisch
1. Auflage, Bremen 1997
(zitiert: Ebert, Psychiatrie systematisch)
Ehlers, Alexander P.F.: Die ärztliche Aufklärung vor medizinischen Eingriffen – Bestandsauf- nahme und Kritik
Köln [u.a.] 1987
(zitiert: Ehlers, Ärztliche Aufklärung)
Eichhorn, Hans: Psychiatrische Praxis 1989, 148-150
„Gedanken zur Elektrokrampfbehandlung aus der Sicht des psychotherapeutischen Psychiaters“
Eisenbart, Bettina: MedR, 1997, 305-312
„Die Stellvertretung in Gesunndheitsangelegenheiten“
Eisenbart, Bettina: Das Patiententestament
Baden-Baden 1998
(zitiert: Eisenbart, Patiententestament)
Electroconvulsive Therapy, Background Paper
U.S. Department of Health and Human Services
Research-Able, Inc., Vienna Virginia, 1998
(zitiert: Electroconvulsive Therapy, Background Paper)
Eldergill, Mental health Review Tribunals, 1998, 237-280
„Law and Practis“
Elzer, Oliver: Allgemeine und besondere klinische Prüfungen an Einwilligungsunfähigen
Frankfurt/ Main [u.a.] 1998
(zitiert: Elzer, Klinische Prüfungen an Einwilligungsunfähigen)
Enders, Christoph: AöR 1990, 610-636
„Neubegründung des öffentlich-rechtlichen Nachbarschutzes aus der grundrechtlichen Pflicht? Konsequenzen aus dem Gentechnikbeschluß des VGH Kassel vom 6.11.1989“

Erman, Walter: Handkommentar zum Bürgerlichen Gesetzbuch, 2. Band, 9. neubearbeitete Auflage, Münster 1993
(zitiert: Bearbeiter in Erman)
Ernst, Cècile: Schweizerische Ärztezeitung, 1982, 1396-1405
„Die Elektrokrampftbehandlung in der Psychiatrie. Exposé zuhanden der medizinisch-ethischen Kommission der schweizerischen Akademie der Medizinischen Wissenschaften“
Eser, Albin/ Lutterotti/ Sporken/ Illhardt/ Koch, Lexikon Ethik, Medizin, Recht Freiburg 1992
(zitiert: Bearbeiter in Eser/ Lutterotti u.a.)
Exner-Hansen, Bettina: Untersuchungen zu den kardialen und den periphervaskulären hämodynamischen Effekten der Elektrokrampftherapie sowie deren Modifikation durch Esmolol- Eine tierexperimentelle Studie-
Diss. Berlin 1992
(zitiert: Exner-Hansen, Tierexperiment zur EKT)

Felthous, Alan: American Academy of Psychiatry and Law 1993, 69-71
„Legislative Update“
Felthous, Alan: Tex Society of Psychiatric Physicans, 1989, 13-14
„ECT Requires Written Informed Consent“
Fink, Max: Nervenarzt 1993, 689-695
„Die Geschichte der Elektrokrampftherapie in den Vereinigten Staaten in den letzten Jahrzehnten“
Fink, Max: Electrokonvulsive Therapie
New York 1976
(zitiert: Fink)
Fink, Udo: Selbstbestimmung und Selbsttötung
Köln [u.a.] 1992
(zitiert: Fink U., Selbstbestimmung und Selbsttötung)
Fleischner, Robert D.: ATTAC of NAPAS, 1998, 3-6
„Analysis of Advance Directive Statutes and their Application to Mental Health Care and Treatment“
Fluck, Jürgen: UPR 1990, 81-86
„Grundrechtliche Schutzpflichten und Gentechnologie“
Folkerts, Here: Elektrokrampftherapie- Ein praktischer Leitfaden für die Klinik, Stuttgart 1997
(zitiert: Folkerts, EKT)
Folkerts, Here: Der Nervenarzt 1996, 509-514
„Entwurf einer Stellungnahme der DGPPN zur Elektrokrampftherapie

Folkerts, Here: Deutsches Ärzteblatt 1996, C 139-140
„Antwort auf den Diskussionsbeitrag von Dörner, Deutsches Ärzteblatt 1996, C 138-139
Folkerts, Here: Deutsches Ärzteblatt 1995, A 358-364
„Elektrokrampftherapie–Schocktherapie oder ein differenziertes Behandlungsverfahren“
Folkerts, Here: Der Nervenarzt 1995, 241-251
„Elektrokrampftherapie bei neurologischen Krankheiten“
Frank, Leonard-Roy: „The history of shock treatment“
Abgedruckt in deutscher Sprache und mit den Anmerkungen durch den Autor P. Lehmann in Schöne neue Psychiatrie, Band 1, S. 287-332
Berlin 1996
(zitiert: Frank, Schöne neue Psychiatrie)
Freudenberg, Eva: Sozialpsychiatrische Informationen 1994, 27-30
„Elektrokrampftherapie in einer sozialpsychiatrisch orientierten Klinik“
Friedberg, Psychiologie heute 1977, 29-37
„Wie man das Gehirn zerstört: Elektroschocks“
Friedrich, Martin: VersR 1954, 329-330
„Die Aufklärungspflicht des Arztes“
Fröscher, Walther: Lehrbuch Neurologie mit Repetitorium
Berlin [u.a.] 1991
(zitiert: Fröscher, Neurologie)
Frost, Andreas: Arztrechtliche Probleme des neuen Betreuungsrechts
Berlin [u.a.] 1994
(zitiert: Frost; Betreuungsrecht)
Füllmich, Reiner: Der Tod im Krankenhaus und das Selbstbestimmungsrecht des Patienten
Frankfurt a.M.[u.a.] 1990
(zitiert: Füllmich)
Füllmich, Reiner: NJW 1990, 2301-2303
„Zur Ablehnung künstlich lebensverlängender medizinischer Maßnahmen durch nicht entscheidungsfähige Patienten“

Gaebel, W./ Falkai, P.: Der Nervenarzt 1996, 431-433
„Editorial: EKT in Deutschland“
Gaisbauer, Georg: JBl 1991, 656-763
„Ärztliche Aufklärungspflicht bei medikamentöser Heilbehandlung“
Genz, FamRZ 1996, 1324-1327
„Das Betreuungsrechtsänderungsgesetz“

Geilen, Gerd: Einwilligung und ärztliche Aufklärungspflicht
Bielefeld 1963
(zitiert: Geilen, Einwilligung und ärztliche Aufklärungspflicht)
Giesen, Dieter: Arzthaftungsrecht; Die zivilrechtliche Haftung aus medizinischer Behandlung in der Bundesrepublik Deutschland, in Österreich und der Schweiz
4., völlig neu bearbeitete und erweiterte Auflage, Tübingen 1995
(zitiert: Giesen, Arzthaftungsrecht)
Giesen, Dieter/ Walter, Katrin: Jura 1991, 182-186
„Ärztliche Aufklärungspflicht und Selbstbestimmungsrecht des Patienten„
Grüss, Psychiat. Neurol. Med. Psychol. 1985, 160-168
„Ist Elektroschock keine Therapie"

Hasse-Sander, Inge/ Müller, H./ Schurig, W./ Kasper, S./ Möller, H.J.: Der Nervenarzt 1998, 609-616
„Auswirkungen der Elektrokrampftherapie auf die koknitiven Funktionen bei therapieresistenten Depressionen"
Hauschild, Armin: Der Maßstab der ärztlichen Aufklärung im amerikanischen, englischen und deutschem Recht
Baden-Baden 1994
(zitiert: Hauschild, Der Maßstab der ärztlichen Aufklärung)
Hay, Peter: Einführung in das amerikanische Recht
4., überarbeitete Auflage Darmstadt 1995
(zitiert: Hay, Einführung in das amerikanische Recht)
Helmchen, Hanfried/ Kanowski, Siegfried/ Koch, Hans-Georg: Ethikmed 1989, 83-98
„Forschung mit dementen Kranken: Forschungsbedarf und Einwilligungsproblematik"
Helmchen, Hanfried/ Pietzcker, Psychiatrie und Recht
München-Gräfelfing 1983
(zitiert: Helmchen/ Pietzcker/ Bearbeiter, Psychiatrie und Recht)
Heim, Eva: Deutsches Ärzteblatt 1996, C 137-138
„Elektrokrampftherapie- Schocktherapie oder ein differenziertes Behandlungsverfahren?"
Hermes, Georg: Das Grundrecht auf Schutz von Leben und Gesundheit: Schutzpflicht und Schutzanspruch aus Art. 2 Abs. 2 Satz 1 GG
Heidelberg 1987
(zitiert: Hermes)

Hess, Ingo: Elektrokrampftherapie bei pharmakotherapieresistenten endogenen Psychosen: EineVergleichsstudie zur Stimulusstromart.
Diss. Heidelberg 1996
(zitiert: Hess, EKT bei pharmakoresistenten endogenen Psychosen)
Hillgruber, Christian: Der Schutz des Menschen vor sich selbst
München 1992
(zitiert: Hillgruber, Der Schutz des Menschen vor sich selbst)
Hirsch, G./ Hiersche Hans-Dieter: MedR 1987, 135-164
„Sterilisation geistig Behinderter"
Hoffmann-Richter, Ulrike/ Alder, B./ Finzen, A.: Der Nervenarzt 1998, 622-628
„Die Elektrokrampftherapie und die Defibrillation in der Zeitung. Eine Medienanalyse."
Holzhauer, Heinz/ Reinicke, Betreuungsrecht, Kommentar,
Münster 1993
(zitiert: Holzhauer/ Reinicke)
Holzhauer, Heinz: FuR 1990, 249-253
„Abschied von der Entmündigung"
Hubmann, Heinrich: Das Persönlichkeitsrecht
2., veränderte und erweiterte Auflage, Köln [u.a.] 1967
(zitiert: Hubmann, Persönlichkeitsrecht)
Hundt, Wolfgang: Untersuchungen zur Erfassung neurochemischer, neuroendokrinologischer und neurophysiologischer Veränderungen nach der Elektrokrampftherapie
Diss. München 1988
(zitiert: Hundt)

Jensen, Rita/ Röhlig, Hans-Werner: Das neue Betreuungsrecht: Ein Leitfaden für Krankenhäuser, Heime und Sozialstationen
Hannover 1993
(zitiert: Jensen/ Röhlig, Betreuungsrecht)
Johnson, SY.:Law and Psychology Rev 1993, 155-170
„Regulatory Pressures Hamper the Effectiveness of Electroconvulsive Therapy"
Jürgens, Andreas: Betreuungsrecht, Kommentar zum materiellen Betreuungsrecht, zum Verfahrensrecht und zum Betreuungsbehördengesetz.
München 1995
(zitiert: Jürgens)

Jürgens, Andreas/ Kröger, Detlef/ Marschner, Rolf/ Winterstein, Peter: Das neue Betreuungsrecht, Eine systematische Darstellung mit den Änderungen zum 1. Januar 1999
4., neubearbeitete Auflage, München 1999
(zitiert: Jürgens u.a., Betreuungsrecht)

Kahlke, Winfried/ Reiter-Theil, Ethik in der Medizin
Stuttgart 1995
(zitiert: Kahlke/ Reiter-Theil, Ethik)

Kalinowsky, Lothar B.: Der Nervenarzt 1951, 201-203
„Das Problem der Hirnschädigung bei Elektroschockbehandlungen“

Kempker, Kerstin/ Lehmann, Peter: Statt Psychiatrie,
Berlin 1993
(zitiert: Kempker/ Lehmann, Statt Psychiatrie)

Kern, Bernd-Rüdiger: NJW 1994, 753-759
„Fremdbestimmung bei der Einwilligung in ärztliche Eingriffe“

Kern, Bernd-Rüdiger: MedR 1993, 245-251
„Arzt und Betreuungsrecht“

Kern, Bernd-Rüdiger: MedR 1991, 66-71
„Die Bedeutung des Betreuungsgesetzes für das Arztrecht“

Kern, Bernd-Rüdiger: FamRZ 1981, 738-740
„Der Minderjährige als Blutspender“

Kern, Bernd-Rüdiger/ Laufs, Adolf: Die Ärztliche Aufklärungspflicht: Unter besonderer Berücksichtigung der richterlichen Spruchpraxis
1.Auflage, Berlin [u.a.] 1983
(zitiert: Kern/ Laufs, Ärztliche Aufklärungspflicht)

Kim, Min Joong: Aufklärungspflicht im Arztrecht. Eine zivilrechtliche Untersuchung über den Umfang und die Grenzen der ärztlichen Aufklärungspflicht mit rechtvergleichenden Hinweisen
Diss. Göttingen 1989
(zitiert: Kim, Aufklärungspflicht)

Kindler Manfred/ Menke, Medizinproduktegesetz – MPG
4., aktualisierte und ergänzte Auflage, Landsberg/ Lech 1998
(zitiert: Kindler/ Menke, MPG)

Klein, Eckart: NJW 1989, 1633-1640
„Grundrechtliche Schutzpflicht des Staates

Klie, Thomas: Recht auf Verwirrtheit? Das Betreuungsrecht für die Altenarbeit
Hannover 1993
(zitiert: Klie)

Klieser, E./ Klimke, A.: MMW 1994, 153-156
„Die neuroelektrische Therapie“

Klüsener, Bernd/ Rausch, Hans: NJW 1993, 617-622
„Praktische Probleme bei der Umsetzung des neuen Betreuungsrechts“

Knittel, Bernhard: Betreuungsgesetz, Gesetz zur Reform des Rechts zur Vormundschaft und Pflegschaft für Volljährige, Loseblattkommentar
Starnberg-Pecha, Stand 01.01.1999
(zitiert: Knittel)
Koch, Hans-Georg/ Reiter-Theil, Stella/ Helmchen, Hanfried: Informed Consent in Psychiatry: European perspectives of ethics, law and clinical practice
Baden-Baden, 1996
(zitiert: Koch/ Reiter-Theil/Helmchen; Informed Consent)
Kohring, Klaus: Elektrokrampftherapie in der Psychiatrischen Universitätsklinik Heidelberg: Ein Überblick über eine 30jährige Behandlungspraxis
Diss. Heidelberg 1991
(zitiert: Kohring, EKT)
Kollmer, Norbert: Selbstbestimmungsrecht im Betreuungsrecht
Diss. Regensburg 1992
(zitiert: Kollmer, Selbstbestimmungsrecht)
Kollmer, Norbert: Der deutsche Rechtspfleger 1995, 45-50
„Personensorge im Betreuungsrecht“
Kramer, Barry Alan:American Journal of Psychiatry 1985, 1190-1192
„Use of ECT in California, 1977-1983“
Künzel, MPJ 1995, 18-19
„Der Medizinprodukteberater-eine neue Aufgabe für den Hersteller“
Kuhlmann, Goetz-Joachim: NJW 1973, 2239-2240
„Zur ärztlichen Aufklärungspflicht“

Lachwitz, Klaus: FuR 1990, 266-271
„Das neue Betreuungsrecht – Perspektiven für Menschen mit geistiger Behinderung“
Langenfeld, Andrea: Vorsorgevollmacht, Betreuungsverfügung und Patiententestament nach dem neuen Betreuungsrecht
Konstanz 1994
(zitiert: Langenfeld, Vorsorgevollmacht)
Laufs, Adolf: Der ärztliche Heilauftrag aus juristischer Sicht
Heidelberg 1989
(zitiert: Laufs, Der ärztliche Heilauftrag aus juristischer Sicht)
Laufs, Adolf: Arztrecht
2. verbesserte und erweiterte Auflage, München 1984
(zitiert: Laufs, Arztrecht)
Laufs, Adolf: NJW 1999, 1758-1769
„Arzt, Patient und Recht am Ende des Jahrhunderts“

Laufs, Adolf: NJW 1974, 2025-2030
„Die Verletzung der ärztlichen Aufklärungspflicht und ihre deliktische Rechtsfolge“
Laufs, Adolf: VersR 1972, 1-9
„Schutz der Persönlichkeitssphäre und ärztliche Heilbehandlung“
Laufs, Adolf: NJW 1969, 529-533
„Zur deliktsrechtlichen Problematik ärztlicher Eigenmacht“
Laufs, Adolf/ Uhlenbruck, Handbuch des Arztrechts
2., neubearbeitete Auflage, München 1999
(zitiert: Bearbeiter in Laufs/ Uhlenbruck, Arztrecht)
Lebensohn, Zigmund M.: Readings in Law and Psychiatry, 1975, 386-389
„Problems in Obtaining Informed Consent for Electroshock Therapy“
Lehmann, Peter: Schöne neue Psychiatrie, Band 1
Berlin 1996
(zitiert: Lehmann, Schöne neue Psychiatrie)
Leibbrand, Werner, Sozialpsychiatrische Informationen 1994 S. 3-6
„Heilung durch den Schock“
Leick-Belger, Janine/ Kreuter, Heidrun: Pflegezeitschrift 1997, 597-599
„Bei vielen Patienten ist sie das Mittel der Wahl: Die Elektrokrampftherapie“
Leong, Gregory B./ Eth, Spencer: Psychiatr Clin North Am (1991) 14: 1007-1021
„Legal and Ethical Issues in ECT“
Lesser, Harry: J Med Ethics 1983, 144
„Consent, Competency and ECT: A Philosophers´Comment.“
Linnhoff, B./ Vennemann, U.: BtPrax 1993, 89-91
„Die Problematik des § 1904 BGB“
Linzbach, Moritz: Informed Consent. Die Aufklärungspflicht des Arztes im amerikanischen und deutschen Recht
Frankfurt a.M. 1980
(zitiert: Linzbach, Informed Consent)
Luckow, Klaus-Richard: Nukleare Brennstoffkreisläufe im Spiegel des Atomrechts, Anlagenbegriffe, Sicherheitsanforderungen, staatliche Schutzpflicht
Diss. Berlin 1988
(zitiert: Luckow, Atomrecht)

Macdonald, Peter R.: Osgoode Hall Law Journal (1984) Vol. 22, Issue 4, 683-711
„Medical, Ethical and Legal Considerations of Elektroconvulsive Therapy“

Mannseicher, Alfons Elektrokrampftherapie bei Depression–Eine retrospektive Untersuchung zur Indikationsstellung und Vorhersagbarkeit des Therapieerfolges
Diss. München 1986
(zitiert: Mannseicher)

Markus, Jochen: Die Einwilligungsfähigkeit im amerikanischen Recht. Mit einem einleitenden Überblick über den deutschen Diskussionstand
Frankfurt a.M. [u.a.] 1995
(zitiert: Markus, Einwilligungsfähigkeit in amerikanischem Recht)

Marquard, Odo/ Seidler/ Staudinger, Medizinische Ethik und soziale Verantwortung
München [u.a.] 1989
(zitiert: Bearbeiter in Marquard/ Seidler/ Staudinger, Ethik)

Maunz, Theodor/ Dürig, Günter/ Herzog/ Scholz, Grundgesetzkommentar Band I, Loseblattsammlung, München 1990
(zitiert: Maunz/ Dürig/ Hezog/ Scholz)

Mayer, Karl-Georg: Medizinische Maßnahmen an Betreuten- §§ 1904, 1905 BGB, Eine Untersuchung aus zivilrechtlicher Sicht, Band 2
Würzburg 1995
(zitiert: Mayer, Medizinische Maßnahmen an Betreuten)

Meier, Sybille M.: BtPrax 1998, 214-217
„Änderungen durch das Betreuungsrechtsänderungsgesetz"

Meier, Sybille M.: BtPrax 1994, 190-194
„Suizid, Patiententestament und Zulässigkeit der Vertretung in Gesundheits- und anderen höchstpersönlichen Angelegenheiten"

Meisel/ Kabnick, University of Pittsburgh Law Review 1980, 407-564
„Informed Consent to medical treatment: An Analysis of recent legislation

Meyendorf, R./ Bender, W. / Baumann, E./ Athen, D./ Ortlieb, S.: Archiv für Psychiatrie und Nervenkrankheiten 1980, 89-112
„Vergleichende Untersuchungen zur unilateralen und bilateralen Elektrokrampftherapie"

Meyer, Gabi: Die Unfähigkeit des erwachsenen Patienten zur Einwilligung in den ärztlichen Heileingriff: Zugleich eine Besprechung des sogenannten Zahnextraktionsfalles
Frankfurt a.M. 1994 [u.a.]
(zitiert: Meyer, Einwilligungsunfähigkeit)

Meyers Neues Lexikon
Band 9, 2. völlig neu erarbeitete Auflage, Leipzig 1974
Band 15, 2. völlig neu erarbeitete Auflage, Leipzig Auflage 1977
(zitiert: Meyers Lexikon, Band)

Mitteilungen des 52. Deutschen Juristentages in Wiesbaden: NJW 1978, 2185-2194

Mitteilungen der 44. Tagung des Deutschen Juristentages in Hannover: NJW 1962, 1854-1857

Müller, Gabriele: Betreuung und Geschäftsfähigkeit,
Bielefeld 1998
(zitiert: Müller, Betreuung)

Müller, Gertrud: NJW 1956, 1099-1100
„Behandlungsrecht des Arztes und ärztliche Aufklärungspflicht in der Sicht des Arztes und des Juristen“

Müller, U./ Jänner, M.: Nervenarzt 1996, 431-432
„Immer wieder darüber reden- Strategien zur Versachlichung der Diskussion über die Elektrokrampftherapie“

Müller, U. /Klimke, A. /Jänner, M./ Gaebel, W.: Nervenarzt 1998, 15-26
„Die Elektrokrampftherapie in den psychiatrischen Kliniken in der Bundesrepublik Deutschland 1995“

Müller-Eckhard, Hans: Die Krankheit nicht krank zu sein
Stuttgart 1995
(zitiert: Müller-Eckhard)

Münch, Ingo v./ Kunig, Philip: Grundgesetz- Kommentar Bd. 1 Präambel bis Art. 20 GG
4., neubearbeitete Auflage, München 1992
(zitiert: v. Münch/ Kunig)

Münchener Kommentar zum BGB,
Band 5, Schuldrecht Besonderer Teil III, §§ 705-853
3. Auflage, München 1997
(zitiert: Bearbeiter in MüKo))
Band 8, Familienrecht II, §§ 1589-1921 BGB, 3. Auflage, München 1992
(zitiert: Bearbeiter in MüKo)

Murswiek, Diedrich: Die staatliche Verantwortung für die Risiken der Technik-Verfasungsrechtliche Grundlagen und immissionsschutzrechtliche Ausformung
Berlin 1985
(zitiert: Murswieck, Immissionsschutz)

Murswiek, Diedrich: NVwZ 1986, 611-615
„Entschädigung für immissionsbedingte Waldschäden“

National Institutes of Health-Online,
http://www.banshock.org/links/shocked40000V/officialstatements
„Electroconvulsive Therapy. NHI Consens Statement Online 1985 Jun 10-12“
Nedopil, N.: FamRZ 1993, 24-27
„Erwiderung auf den Beitrag von Schreiber, FamRZ 1991, 1014-1022“
Neidhardt, Karl: NJW 1956, 1097-1100
„Behandlungsrecht des Arztes und ärztliche Aufklärungspflicht in der Sicht des Arztes und des Juristen,,
Neubauer, Hildegard: Psychiatrische Praxis 1993, 166-171
„Kriterien für die Beurteilung der Einwilligungsfähigkeit bei psychisch Kranken“
Nitzinger, Elisabeth: Das Betreuungsrecht im internationalem Privatrecht
Diss. Regensburg 1998
(zitiert: Nitzinger, Betreuungsrecht)

Palandt, Otto: Bürgerliches Gesetzbuch, Kommentar
58., neubearbeitete Auflage, München 1999
(zitiert: Bearbeiter in Palandt)
Pardey, Karl-Dieter: BtPrax 1995, 81-86
„Alltagsprobleme im Betreuungsrecht“, insbes. § 1904, § 1906 IV BGB
Parday, Karl-Dieter: FamRZ 1995, 713-717
„Zur Zulässigkeit drittschützender freiheitsentziehender Maßnahmen nach § 1906 BGB“
Parry, Barbara, Am J Psychiatry 1981, 1128-1129
„The Tragedy of Legal Impediments Involved in Obtaining ECT for Patients Unable to Give Informed Consent“
Parry, John: Mental and Physical Disableility Law reporter 1985, 162-169;
http://www.banshock.org/links/ shocked40000V/studies&statistics
„Legal parameters of informed Consent Applied to Electroconvulsive Therapy“
Perron, Walter: Rechtfertigung und Entschuldigung im deutschen und spanischen Recht
-Ein Strukturvergleich strafrechtlicher Zurechnungssysteme-
Baden-Baden 1988
(zitiert: Perron, Rechtfertigung und Entschuldigung)
Peters, Bernd: Die Betreuung Volljähriger. Die Reform des zivilrechtlichen Fürsorgerechts für Volljährige aus der Sicht des Betreuers
Diss. Bremen 1992
(zitiert: Peters, Die Betreuung Volljähriger)

Peters, Uwe-Henrik: Wörterbuch der Psychiatrie und medizinischen Psychologie mit einem englischen und französischen Glossar
3. überarbeitete und erweiterte Auflage, München [u.a.]1990
(zitiert: Peters, Wörterbuch der Psychiatrie)
Peters, Uwe: DAV 1990, 177-190
„Gedanken zu einer Reform des Entmündigungs-, Vormundschafts- und Pflegschaftsrechts für Volljährige"
Pippard, John: British Journal of Psychiatry 1992), 160: 621-637
„Audit of electroconvulsive treatment in two National Health Service regions"
Pieroth, Bodo, FamRZ 1990, 117-124
„Die Verfassungsmäßigkeit der Sterilisation Einwilligungsunfähiger gemäß dem Entwurf für ein Betreuungsgesetz"
Ponsold, Albert/ Bockelmann, Paul: Lehrbuch der gerichtlichen Medizin
3., neubearbeitete Auflage, Stuttgart 1967
(zitiert: Ponsold, Gerichtliche Medizin)
Preu, Peter: JZ 1991, 265-271
„Freiheitsgefährdung durch die Lehre von den grundrechtlichen Schutzpflichten

Reid, Wiliam H: Journal of Electroconvulsive Therapy, C:\WPWHOLD\ECT\ECTINDRS.598
„ECT in Psychiatrists and their families"
Reid, Wiliam H: Journal of Texas Medicine, 1993, 58-62
„Electroconvulsive Therapy"
Reid, Wiliam H./ Keller, Sandy/ Leatherman, Martha/ Mason, Mark: The Journal of Clinical Psychiatrie 1998, 8-13
„ECT in Texas: 19 Month of Mandatory Reporting"
Reimer, Fritz/ Lorenzen, Dirk: Therapiewoche 1991, 766-768
„Todesfälle durch Elektroschocktherapie"
Reimer, Fritz/ Lorenzen, Dirk: Nervenarzt 1981, 554-556
„Die Elektrokonvulsionsbehandlung in psychiatrischen Kliniken der BRD und West-Berlin"
Renfordt, E./ Wardin, B.: Nervenarzt 1985, 153-156
„Elektrokrampf- und Dantrolenbehandlung einer akuten, febrilen Katatonie"
Research-Able, Inc., März 1998 prepared for the U.S. Department of Health and Human Services Substance Abuse and Mental Health Services Administration Center for Mental Health Services, http://www.ect.org
„Table of Contents"

Reuber, Norbert: Lebens- und Gesundheitsschutz und Gesetzesvorbehalt unter besonderer Berücksichtigung der Gentechnologie
Diss. Köln 1993
(zitiert: Reuber, Lebens- und Gesundheitsschutz)
Richter, Gerhard: FamRZ 1989, 909-915
„Das Betreuungsgesetz-Stand der Reformüberlegungen“
Rieger, Hans-Jürgen: Lexikon des Arztrechts“
Berlin 1984
(zitiert: Rieger, Lexikon des Arztrechts)
Roßner, Hans-Jürgen: Begrenzung der Aufklärungspflicht des Arztes bei Kollision mit anderen ärztlichen Pflichten
Frankfurt/ Main 1998
(zitiert: Roßner, Aufklärung)
Roxin, Claus: Festschrift für Hans Welzel, herausgegeben von Stratenwerth, et. al, Berlin 1970, 447-475
„Über die mutmaßliche Einwilligung“
Rufer, Marc: Widerspruch 1992, 113-124
„Biologische Psychitrie und Elektroschock“
Rupp, : JZ 1990, 91-92
„Anmerkung zur Entscheidung des VGH Kassel“

Saage, Erwin/ Göppinger, Horst/ Marschner, Rolf: Freiheitsentziehung und Unterbringung: Materielles Recht und Verfahrensrecht -Kurzkommentar
3.völlig neubearbeitete Auflage, München 1994
(zitiert: Saage/ Göppinger)
Sabella, Joseph D.: Versicherungsrecht 1990, 1186-1193
„Stand der Arzthaftpflichtversicherung in den USA“
Sackeim, Harold A.: Psychopharmacology Bulletin 1986, 482-484
„Acute cognitive side effects of ECT“
Sackeim, Harold A.:/ Prudic, David E./ Devanand/ Kiersky/ Fitzsimons/ Moody/ McElhiney/ Coleman/ Settembrino;
New England Journal of Medicine 1993, 839-846
„Effects of stimulus intensity and electrode placement on the efficacy and cocnitive effects of electrocovulsive therapy“
Sauer, H.: Nervenheilkunde 1992, 142-145
„Elektrokrampftherapie-Risiken und Indikation“
Sauer, H. /Laschka, E./Stillenmunkes, H.-P./ Lauter, H.: Der Nervenarzt 1987, 519-522
„Elektrokrampftherapie in der Bundesrepublik Deutschland“
Sauer, H./Lauter, H.: Der Nervenarzt 1987, 201-209
„Elektrokrampftherapie “

Sauer, H. /Lauter, H.: Der Nervenarzt 1987, 210-218
„Elektrokrampftherapie "
Schlosshauer-Selbach, Stefan: NJW 1985, 660-663
„Zurechnungszusammenhang und Selbstbestimmung bei ärztlicher Aufklärung"
Schmidt, Torsten: Die Entmündigung von den Anfängen des BGB bis zu ihrer Ablösung durch das Institut der Betreuung
Frankfurt/ Main, [u.a.] 1998
(zitiert: Schmidt)
Schmidt, Gerd/ Böcker, Felix: Betreuungsrecht, Eine systematische Einführung aus juristischer und psychiatrischer Sicht
1. Überarbeitete Auflage, München 1993
(zitiert: Schmidt/Böcker, Betreuungsrecht)
Schönke, Adolf/ Schröder, Horst: Strafgesetzbuch, Kommentar
25. neubearbeitete Auflage, 1997
(zitiert: Bearbeiter in Schönke/ Schröder)
Schorn, Gert: DÄBl 1995, A-2890-2893
„Das MPG, Anwendung im ärztlichen Bereich"
Schorn, Gert: MPJ, 1994, 7-14
„Einführung in das Medizinproduktegesetz"
Schorn, Gert: MPJ, 1994, 5-9
„Das Medizinproduktegesetz -Ein Sicherheitsgesetz"
Schott, K./ Bartels, M./ Heimann, H. /Buchkremer, G.: Nervenarzt 1992, 422-425
„Ergebnisse der Elektrokrampftherapie unter restriktiver Indikation"
Schramm, Stephan: Der Schutzbereich der Norm im Arzthaftungsrecht
Karlsruhe 1992
(zitiert: Schramm, Schutzbereich der Norm)
Schreiber, Lothar-Hans: FamRZ 1991, 1014-1022
„Die medikamentöse Versorgung als Heilbehandlung gemäß § 1904 BGB n.F. im neuen Betreuungsrecht"
Schröder, Horst: NJW 1961, 951-955
„Eigenmächtige Heilbehandlung im geltenden Strafrecht und im StGB – Entwurf 1960"
Schumacher, Ulrich: FamRZ1991, 280-284
„Rechtsstaatliche Defizite im neuen Unterbringungsrecht"
Schünemann, Hermann: VersR 1981, 306-310
„Einwilligung und Aufklärung von psychisch Kranken"
Schwab, Dieter: FamRZ 1992, 493-507
„Probleme des materiellen Betreuungsrechts"
Schwabe, Jürgen: Probleme der Grundrechtsdogmatik
Darmstadt 1977
(zitiert: Schwabe, Grundrechtsdogmatik)

Schwalm, Georg: MDR 1962, 689-694
„Gesetzliche Regelung der ärztlichen Aufklärungspflicht?"
Schweizer,: FamRZ 1996, 1317-1324
„Heilbehandlung und Selbstbestimmung"
Seewald, Otfried: Zum Verfassungsrecht auf Gesundheit
Köln 1981
(zitiert: Seewald, Verfassungsrecht auf Gesundheit)
Sherlock, Richard: Journal of medical ethics 1983, 141-143
„Consent, Competency and ECT: some critical suggestions"
Sommer, Helma, Die aktive psychiatrische Therapie unter Berücksichtigung tierexperimenteller Untersuchungen,
Jena 1971
(zitiert: Sommer)
Squire/ Slater, British Journal of Psychiatry 1983, 108-118
„Electroconvulsive therapy and complaints of memory dysfunktion: a prospective three-year follow-up study"
Staudinger, Julius v.: Kommentar zum Bürgerlichen Gesetzbuch mit Einführungsgesetz und Nebengesetz,
2. Buch §§ 823-832, 12. Auflage, Berlin 1986
4. Buch §§ 1896-1921, 12. Auflage, Berlin 1986
(zitiert: Bearbeiter in Staudinger)
Steffen, Erich: MedR 1983, 88-92
„Der verständige Patient aus der Sicht des Juristen"
Steffen, Erich/ Dressler, Wolf-Dieter: Neue Richtlinien der BGH-Rechtsprechung zum Arzthaftungsrecht
7., neubearbeitete Auflage, Köln 1997
(zitiert: Steffen/ Dressler, Rechtsprechung zum Arzthaftungsrecht)
Stern, Klaus: Das Staatsrecht der Bundesrepublik Deutschland; Band III, Halbband 1
München 1988
(zitiert: Stern Bd. III/1)
Stern, Klaus: Das Staatsrecht der Bundesrepublik Deutschland; Band III, Halbband 2
München 1994
(zitiert: Stern Bd. III/2)
Sternberg-Lieben, Detlev: Objektive Schranken der Einwilligung im Strafrecht
Berlin [u.a.] 1997
(zitiert: Sternberg-Lieben)
Stolz, Konrad: BtPrax 1994, 49-53
„Medikamentöse Versorgung von Heimbewohnern nach dem Betreuungsgesetz"
Stone, Alan A.: Am J Psychiatry 1977, 273-279
„Recent Mental Health Litigation: A Critical Perspective"

Stürner, Rolf: NJW 1979, 2334-2338
„Die Einwirkungen der Verfassung auf das Zivilrecht und den Zivilprozeß“

Taylor, P.J.: Journal of medical ethics 1983, 146-151
„Consent, Competency and ECT: a psychiatrist´s review“
Tempel, Otto: NJW 1980, 609-617
„Inhalt, Grenzen und Durchführung der ärztlichen Aufklärungspflicht unter Zugrundelegung der höchstrichterlichen Rechtsprechung“
Thar Jürgen, BtPrax 1994, 91-92
„Einwilligung in Heilbehandlung- durch den Betreuten- durch den Betreuer“
Tröndle, Herbert: MDR 1983, 881-887
„Selbstbestimmungsrecht des Patienten-Wohlfahrt und Plage?“

Uhlenbruck, Wilhelm: ZRP 1998, 46-48
„Entmündigung des Patienten durch den Gesetzgeber?“
Uhlenbruck, Wilhelm: NJW 1996, 1583-1585
„Die Altersvorsorge-Vollmacht zum Patiententestament und zur Betreuungsverfügung“
Uhlenbruck, Wilhelm: MedR 1992, 134-141
„Vorab-Einwilligung und Stellvertretung bei der Einwilligung in einen Heileingriff“

Veit, Barbara: FamRZ 1996, 1309-1317
„Das Betreuungsverhältnis zwischen gesetzlicher und rechtsgeschäftlicher Vertretung“
Venzlaff, Ulrich/ Foerster, Klaus: Psychiatrische Begutachtung,
2., neubearbeitete und erweiterte Auflage, Stuttgart [u.a.] 1994
(zitiert: Bearbeiter in Venzlaff/ Foerster)
Volckart, Bernd: Maßregelvollzug: Das Recht des Vollzugs der Unterbringung nach §§ 63, 63 StGB in einem psychiatrischen Krankenhaus und in einer Entziehungsanstalt
Neuwied 1984
(zitiert: Volckart, Maßregelvollzug)

Voll, Doris: Die Einwilligung im Arztrecht
Auflage, Frankfurt/ Main 1995
(zitiert: Voll, Einwilligung im Arztrecht)

Wachsmuth, W./ Schreiber, H.-L.: Der Chirurg 1982, 594-596
„Die Stufenaufklärung-ein ärztlich oder rechtlich verfehltes Modell“
Wagenitz, Thomas/ Engers, Martin: FamRZ 1998, 1273-1280
„Betreuung-Rechtliche Betreuung-Sozial(rechtlich)e Betreuung“
Wahl, Rainer/ Masing, Johannes: JZ 1990, 553-563
„Schutz durch Eingriff“
Weise, Klaus: Sozialpsychiatrische Informationen 1994, 23-26
„Rechtfertigung eines Schocktherapeuten“
Weiss, Hanspeter: Psychologie heute 1977, 37-49
„Elektroschocks und Körbeflechten“
Weisstub, Law and Mental Health: International Perspectives
New York [u.a.] 1984
(zitiert: Appelbaum in Weisstub)
Weißauer, Walther: Fortschritte in der Medizin, 1980, 1629-1630
„Selbstbestimmung in der Intensivtherapie“
Weißauer, Walther: Notfallmedizin 1980, 719-721
„Die ärztliche Aufklärungspflicht und das Konzept der Stufenaufklärung“
Weißauer, Walther: Arzt und Krankenhaus 1980, 35-38
„Die Problematik der ärztlichen Aufklärungspflicht“
Weitzel, William D.: Am J of Psychiatry, 293-295
„Changing Law and Clinical Dilemmas“
Wetterling, T./ Michels, R./ Dilling, H.: Nervenarzt 1998, 617-621
„Elektrokrampftherapie bei therapieresistener Altersdepression“
Wiebach, Konrad/ Kreysig, Michael/ Peters, Heidi/ Wächter, Claus/ Winterstein, Peter: BtPrax 1997, S. 48-53
„Was ist gefährlich? Ärztliche und juristische Aspekte bei der Anwendung des § 1904 BGB“
Wienand, Betreuungsrecht: Rückblick-Ausblick
Neuwied 1995
(zitiert: Bearbeiter in Wienand)
Wisconsin Coalition for Advocacy, Informed Consent For Electroconvulsive Therapy, 1995
16 N. Caroll Street, Madison, WI 53703
(zitiert: Wisconsin Coalition for Advocacy)
Wolfsteiner, Hans: NJW 1996, 2417-2418
„Kritik am rechtsgeschäftlichen Teil der Altersvorsorge-Vollmacht“

Wolpert, E./ Lolas, F.: Nervenarzt 1977, 239-297
„Zur klinischen Bewährung und technischen Durchführung der unilateralen Elektroschocktherapie“
Wolter-Henseler, Dirk-K.: BtPrax 1994, 183-190
„Betreuungsrecht und Arzneimittel-wann ist eine medikamentöse Heilbehandlung genehmigungspflichtig i.S. des § 1904 BGB?“
Wojnar, Jan: BtPrax 1999, 11-15
„Der Einsatz von Psychopharmaka in der Betreuung demenzkranker Menschen“

Zimmermann, Theodor: Die Auswirkung des Betreuungsrechts in der ärztlichen Praxis
Einwilligung, Vormundschaftsgerichtliche Genehmigung, Forschung
Frankfurt a.M. 1996
(zitiert: Th. Zimmermann)
Zipf, Heinz: Einwilligung und Risikoübernahme im Strafrecht
Neuwied [u.a.] 1970
(zitiert: Zipf)
Zweigert, Konrad/ Koetz, Hein
Die Einführung in die Rechtsvergleichung auf dem Gebiet des Privatrechts, Band II: Institutionen
2., neubearbeitete Auflage, Tübingen 1984
(zitiert: Zweigert/ Koetz)

Sonstige Materialien:
Bundesgesetzblatt, Teil I, 1990, S. 2002 (BtÄndG v. 12.09.1990)
Bundesgesetzblatt, Teil I, 1993, S. 3138 (MPV v. 17.12.1993)
Bundesgesetzblatt, Teil I, 1994, S. 3146 (GGÄG v. 27.10.1994)
Bundesgesetzblatt, Teil I, 1995, S. 297 (GentT-SicherheitsVO v. 14.03.1995)
Bundesgesetzblatt, Teil I, 1997 S. 2390 (GentTG v. 21.09.1997)
Bundesgesetzblatt, Teil I, 1998, S. 694 (AtG v. 06.04.1998)
Bundesgesetzblatt, Teil I, 1998, S. 1580 (BtÄndG v. 25.06.1998)
Bundesgesetzblatt, Teil I, 1998, S. 3586 (AMG v. 11.12.1998)
Bundesgesetzblatt, Teil I, 1998, S. 1963 (MPG v. 06.08.1998)
Bundesgesetzblatt, Teil I, 1998, S. (MedGV v. 06.08.1998)
Bundesgesetzblatt, Teil I, 1998, S. (MPBetreibV v. 29.06.1998)

Bundestagsdrucksache, 4/650
Bundestagsdrucksache, 7/1124
Bundestagsdrucksache, 7/4200
Bundestagsdrucksache, 7/4201
Bundestagsdrucksache, 7/5091
Bundestagsdrucksache, 11/4528
Bundestagsdrucksache, 11/6949
Bundestagsdrucksache, 13/7158

Nichtveröffentlichtes Gutachten I – 99.06, vom 23.10.1999 des öffentlich bestellten und vereidigten Sachverständigen Dipl.-Ing. für Biomedizinische Technik Manfred Kindler, Berlin.

Abkürzungsverzeichnis:

Bezüglich verwendeter Abkürzungen wird verwiesen auf:

Kirchner, Hildebert: Abkürzungsverzeichnis der Rechtssprache
4. Auflage, Berlin/ New York 1993

Printed by
CPI books GmbH, Leck

Kolibri 360 GmbH
Ferdinand-Jühlke-Straße 7
99095 Erfurt, Deutschland
produktsicherheit@kolibri360.de